贝页
ENRICH YOUR LIFE

大萧条的孩子们

社会变迁中的个人生命历程

[美] 格伦·H. 埃尔德(Glen H. Elder, Jr.) 著

田禾 马春华 译

文汇出版社

图书在版编目（CIP）数据

大萧条的孩子们：社会变迁中的个人生命历程 /（美）格伦·H.埃尔德
（Glen H. Elder, Jr.）著；田禾，马春华译. — 上海：文汇出版社，2024.5
ISBN 978-7-5496-4179-6

Ⅰ.①大… Ⅱ.①格…②田…③马… Ⅲ.①社会变迁—研究—美国 Ⅳ.
①K712.07

中国国家版本馆 CIP 数据核字（2023）第 227387 号

Children of the Great Depression: Social Change in Life Experience
ISBN: 9780813333427
Copyright © 1999 Taylor & Francis

Authorized translation from English language edition published by Routledge, a member of Taylor & Francis Group LLC; All Rights Reserved.
本书原版由 Taylor & Francis 出版集团旗下 Routledge 出版公司出版，并经其授权翻译出版，版权所有，侵权必究。

Golden Rose Books Co. Ltd. is authorized to publish and distribute exclusively the Chinese (Simplified Characters) language edition. This edition is authorized for sale throughout Mainland of China. No part of the publication may be reproduced or distributed by any means, or stored in a database or retrieval system, without the prior written permission of the publisher.
本书中文简体翻译版授权由上海阅薇图书有限公司独家出版并限在中国大陆地区销售，未经出版者书面许可，不得以任何方式复制或发行本书的任何部分。

Copies of this book sold without a Taylor & Francis sticker on the cover are unauthorized and illegal.
本书贴有 Taylor & Francis 公司防伪标签，无标签者不得销售。

上海市版权局著作权合同登记号：图字（09-2023-0993）

大萧条的孩子们：社会变迁中的个人生命历程
作　　者 /［美］格伦·H.埃尔德
译　　者 / 田　禾　马春华
责任编辑 / 戴　铮
封面设计 / 王重屹
版式设计 / 汤惟惟
出版发行 / 文匯出版社
　　　　　上海市威海路 755 号
　　　　　（邮政编码：200041）
经　　销 / 全国新华书店
印刷装订 / 上海中华印刷有限公司
版　　次 / 2024 年 5 月第 1 版
印　　次 / 2024 年 5 月第 1 次印刷
开　　本 / 889 毫米 × 1194 毫米　1/16
字　　数 / 385 千字
印　　张 / 27.25
书　　号 / ISBN 978-7-5496-4179-6
定　　价 / 118.00 元

写给25周年版中译本的序言（2022—2023年）

《大萧条的孩子们》25周年版多了第11章，讲述的是我怎样从生命历程的角度调查大萧条和二战期间美国人的生活。我的前言确定了这一工作的基本贡献。

在20世纪的第二个十年，W. I. 托马斯（W. I. Thomas）和弗洛里安·兹纳涅茨基（Florian Znaniecki）共同进行了开创性的研究，并在此基础上出版了五卷本的《身处欧美的波兰农民》。在从欧洲到美国的大规模迁移时期，这项开创性的研究将新的见解带入了一个对于家庭和生活都具有重要意义的历史时代：大规模的农民从波兰的农村迁移到德国尤其是美国的城市工业区。研究的重点是迁移的过程如何影响着人们的传统生活方式和对新世界的适应。

这项研究收集了从信件到生活史，到被访者记录，到实地观察的各种材料。这些材料描绘了各种鲜活生命是如何适应新世界的，但是不能说明生活是如何随着时间流逝而形成因果链的。这需要纵向研究中的历时观察。不过，《身处欧美的波兰农民》为在变动的历史时期家庭变迁和个体经验提供了大量的描述，它们并没有忽视宏观的社会背景和社会变动趋势。在1960年代回顾这项研究的时候，社会学家罗伯特·奈斯比特（Robert Nisbet）（1969：316）指出："毫无疑问，我相信《身处欧美的波兰农民》依然是迄今为止美国社会学家所做的最伟大的研究。"

这部多卷本著作发表二十年后，在纽约市社会科学研究委员会办公室，一群杰出的社会科学家共同讨论了社会学家赫伯特·布鲁默（Herbert Blumer）对《身处欧美的波兰农民》（1939年）的著名述评。《身处欧美的波兰农民》的作者之一W. I. 托马斯出席了会议。那个时候，这部著作的第一版已经售出3000册以上，并且已经出版了多个版本。尽管这部五卷本的作品大部分是在美国售出的，但值得注意的是，它在日本和中国特别受欢迎。

托马斯承认在《身处欧美的波兰农民》中使用回顾性数据存在的局限性，这在他研究20世纪20年代的美国儿童和青少年时变得更加明显。他和妻子多萝西·斯威恩·托马斯（Dorothy Swaine Thomas）关注的是在社会加速变迁时期美国儿童的问题行为及其对家庭的破坏性影响。这项研究使他涉入了美国正在出现的有关儿童发展的科学研究设计。在那个以横截面调查为特征的时期，这个研究计划是要在全美建立儿童研究中心，收集儿童不同发展阶段的数据。托马斯指出，用其他任何方式都无法理解儿童发展。

托马斯和他的妻子住在伯克利市，对人类发展研究所（当时的儿童福利研究所，曾开展奥克兰和伯克利纵向研究）的纵向研究留下了深刻的印象。所有迹象都表明，他与加利福尼亚大学伯克利研究所的工作人员，尤其是伯克利纵向研究主任琼·麦克法兰（Jean MacFarlane）建立了联系。他很快成为这项研究设计的支持者和推动者。1931年，在华盛顿特区布鲁金斯研究所的社会科学方法研讨会上，托马斯为"发展研究的纵向方法"提出了一个有说服力的案例（Volkart，1951：593），这项研究将追踪出生组（cohort），"持续记录他们的经历"。

三十年后，我在北卡罗来纳大学教堂山分校做博士研究时，从图书馆的研究介绍中知道了伯克利纵向研究。这次活动结束后不久，我就受加州大学伯克利分校约翰·克劳森（John Clausen）教授的邀请，与他在人类发展研究所的奥克兰纵向研究中合作，并受邀担任社会学系助理教授职位。我清楚地记得自己对这次机会所抱有的热忱，因为我第一次有机会接触这些有关1920—1921年出生组生活的纵向研究数据档案和研究。

在我与克劳森的第一次会面中，他向我抛出了一个难题，这是一个思考如何将早期岁月和中年生活联系起来的机会。他本来计划与我合作，但他在研究所的领导工作导致原计划无法实施。他鼓励我在这个项目中发挥主导作用。这项安排鼓励我找到一种在情境中思考发展的方法。对于奥克兰出生组来说，这就涉及思考他们在1930年代的大萧条经历以及随后的第二次世界大战的影响。

研究计划的变动使我有大量机会在每周和克劳森会面的时候，利用数据档案中的实际案例来探讨我的想法。这也使得我有机会通过访谈更加熟悉奥克兰研究对象的档案。回顾过去，我认为这是我思考情境中的生命历程并最终呈现为《大萧条的孩子们：社会变迁中的个人生命历程》一书的重要一步。

格伦·H. 埃尔德

Odum 社会学杰出研究教授

参考文献：

Blumer, Herbert（1939），"An Appraisal of Thomas and Znaniecki's *The Polish Peasant in Europe and America,*" New York:Bulletin of the Social Science Research Council.

Nisbet, Robert A.（1969），*Social Change and History,* New York:Oxford University Press, 1969.

Volkart, E.H.（1951），*Social Behavior and Personality:Contributions of W.I. Thomas to Theory and Social Research*, New York:Social Science Research Council.

目 录
contents

25周年版前言（1998年） / 11
初版前言（1974年） / 13
致谢 / 17

第一部分
危机和适应：导言

第一章 大萧条的经历 / 2
　　研究的问题和方法 / 4
　　奥克兰和整个国家的社会经济状况 / 19
　　研究过去：一个谨慎的注释 / 22

第二章 对经济受损的适应 / 27
　　家庭中的受损和适应 / 27
　　人格和成就对地位变化的影响 / 33
　　适应潜力和人格 / 38

第二部分
在大萧条时期长大成人

第三章　经济受损和家庭地位　/46
经济受损和父亲的工作生活　/47
经济变迁中的社会因素　/51
经济谋生中的家庭适应　/53
地位丧失对父母的某些影响　/56
评论　/64

第四章　家庭经济中的孩子们　/67
孩子们的经济角色和家庭角色　/68
孩子们在发展过程中要完成的任务　/74
类似成人经历的向下延伸　/84

第五章　家庭关系　/87
经济受损和婚姻权力　/92
作为"重要他人"的父母　/100
孩子成年后对家庭和父母的看法　/114
经济变迁对家庭经历的影响：总结性观点　/121

第六章　地位变迁与人格　/126
孩子的自我意象和他人意象　/127
自我取向和社会地位　/129
社会地位和奋斗　/145
地位变迁和自我：结束语　/156

第三部分
成年时期

第七章　谋生：奥克兰男子的成人生活　/ 165
奥克兰出生组生命历程中的成人地位　/ 168
工作经历中的职业发展　/ 178
生命历程中的职业成就　/ 187
男性的价值观：大萧条的遗产？　/ 197
小结　/ 216

第八章　不确定性：奥克兰妇女的成人生活　/ 218
妇女生活中的不确定性　/ 219
生命历程中的事件和模式　/ 222
经济受损对生命历程的影响　/ 230
"妇女的位置是在家里"　/ 239
大萧条经历对妇女角色的影响　/ 256

第九章　人格对成人经历的影响　/ 259
童年时代的经济受损对成年后健康的影响　/ 260
作为困境和成长经历的父母身份　/ 273
回顾过去　/ 280
关于政治和未来的观点　/ 285

第四部分
大萧条经历对生活方式的影响

第十章　大萧条的孩子们　/ 292
　　研究途径与其他选择　/ 293
　　大萧条经历对人格和生命历程的影响　/ 296
　　大萧条经历的中心主题　/ 304

第五部分
在"大萧条的孩子们"背后

第十一章　在"大萧条的孩子们"背后　/ 322
　　早期的想法和范式性主题　/ 324
　　生命历程理论的出现　/ 336
　　使生活好转　/ 344
　　反思　/ 357
　　结语　/ 360

附录A　表格　/ 363
附录B　样本特征、数据来源和方法论问题　/ 380
附录C　大萧条的比较　/ 390
参考文献　/ 397
部分参考书目　/ 405

正文表格目录

表1	家庭收入的中位数和收入变化（1929—1933年）	49
表2	孩子的经济和家庭角色	69
表3	母亲对孩子的社会敏感性的描述（1936年）	131
表4	母亲对孩子的情绪化的描述（1936年）	133
表5	按经济受损和阶级出身分类的奥克兰男性的成人地位（1929年）	173
表6	社会经济因素和教育程度对成人地位获得的影响	175
表7	奥克兰男性的活动偏好（1964年）	201
表8	男性认为婚姻中最有价值的方面	209
表9	根据婚龄划分的妇女成年后的生活模式	225
表10	已婚妇女的职业生涯模式（到1964年止）	252
表11	男性和女性被确诊的疾病类别（1954年）	265
表12	关于男性和女性心理功能的临床评分	268
表13	奥克兰和伯克利出生组成员在不同年龄段遇到的历史事件	341

附录A表格目录

A-1	用经济变迁的指标比较所选择城市的萧条状况	363
A-2	维持家庭生计的来源	364
A-3	在两个时期从公共机构所获得的资助	365
A-4	访谈者给母亲评分的平均分数	366
A-5	在1937年对女孩可靠性和勤劳的评分	366
A-6	母亲所报告的孩子们的社会独立性	367
A-7	在经济受损的中产阶级和劳动阶级家庭中，作为母亲占支配地位的决定因素的父母的能力、传统主义和角色表现	367
A-8	男孩和女孩的交往偏好（1933—1934年）	368
A-9	孩子愿意选择的给其建议和帮助的人（1933—1934年）	368
A-10	中学时期男孩、女孩与父母的关系（1929年）	369
A-11	成年后的女儿们对于萧条时期父母的评价	369
A-12	对父亲和母亲作为父母身份的正面评价（1958年）	370
A-13	男孩和女孩的情感状态	370
A-14	男孩和女孩所感知到的同学排斥	370
A-15	成年观察者对整洁的外表的平均评分	371
A-16	成年观察者对男孩和女孩社会交往的平均评分	371
A-17	和社交幻想有关的情感因素和社会因素	372
A-18	男孩和女孩的智力和学业能力倾向	372
A-19	男孩们的动机取向	373
A-20	职业生涯开始的时机	373
A-21	工作和雇主的平均数目	374

A-22	成就动机和智力对于职业流动的影响	374
A-23	职业成就（1958年）和选中的先置因素之间的关系	375
A-24	奥克兰男性活动偏好选择性决定因素	375
A-25	偏重工作的保障性，不愿为了获得更高收入而承担风险	375
A-26	已婚女儿及其父母和丈夫的教育程度的代际比较	376
A-27	已婚妇女成年后的生活状况	376
A-28	妇女的活动偏好	377
A-29	妇女从事全职工作的年限	377
A-30	孩子们给父母带来最多快乐和最多麻烦的年龄（1964年）	377
A-31	奥克兰成年人所属政党（1958—1964年）	378
A-32	青少年家庭在三类样本中的百分比分布	378
A-33	青少年和成人样本中研究对象的智力和家庭特征	378

正文插图目录

图1	家庭的经济受损和孩子性格之间的关系	123
图2	奥克兰男性参军和退伍的年份	169
图3	结过婚的男性的初婚年龄和第一个孩子出生时年龄的百分比分布	170
图4	孩子成年后的职业地位及教育程度与成就动机、智商和1929年阶级出身之间的路径关系	189
图5	经济受损、职业具体化和职业地位间的零相关和偏相关系数（按阶级出身划分）	192
图6	已婚妇女的初婚年龄和初育年龄的百分比分布	224
图7	妇女的教育程度、丈夫的职业地位与她成年前的学习天赋、外表、阶级出身之间的路径关系	237
图8	妇女的活动偏好	241
图9	家庭偏好和母亲的支配地位、家务劳动的参与程度、经济受损之间的相关系数	243
图10	奥克兰和伯克利出生组所处的不同历史时期	327
图11	代际内和代际间问题行为与不稳定的家庭关系之间发生关联的过程	330
图12	通过家庭的进程把收入的急剧减少和儿童的行为联系在一起	339
图13	生命历程理论的出现：研究传统和概念	344

25周年版前言（1998年）

在本书中，格伦·H.埃尔德将两项经典研究合而为一。他通过把与他工作关系密切但是离初次出版日期却相隔很远的两项研究融为一体来实现这个目标，今天在推进发展研究（developmental research）和解决美国社会在我们这个历史时期所面临的严峻问题方面，这两项研究高度相关。他的早期著作《大萧条的孩子们》在25年后的今天再版，作者在书中通过令人信服的数据，证明了历史变迁对于个人发展的影响不仅体现在孩子的某个发展阶段，而且贯穿其整个生命历程，这对当时盛行的以年龄和生命阶段为中心的人类发展理论及相关的研究设计提出了挑战。

但是格伦·H.埃尔德已经更进一步了。自从他的书在1974年出版后，在他根据对连续追踪调查所作出的分析写出的具有挑战性的最后一章中，在有关个人发展的问题上，他提出了具有破坏性的趋势突然逆转的进一步证据："出人意料的是，这些大萧条的孩子们沿着一条具有复原力的轨迹进入他们人生的中年。从他们的社会出身来看，他们过得比人们预期的要好。"在随后的生命历程中，被认为最有利于复原力和应对行为出现的经历，包括以下这些：利用新创造的机会去获得高等教育；在刚刚成年的时候，把婚姻作为支持的重要来源；尤其是服兵役。这些经历所带来的有益影响不是简单累加的，而是彼此强化的。比如，服兵役"常常能为婚姻和高等教育提供新的机会。这些男性通过总动员参军入伍后，可能会碰上潜在的配偶，而且拥有了获得技能训练和高等教育的机会……把这些个人发展经历联系在一起的是由《退伍军人权利法案》提供的教育机会……比如，加州的退伍军人中几乎有一半提到他们曾经因为《退伍军人权利法案》而完成某种程度的教育"。另外，这些经历所带来的益处在它们能够产生最大影响的方面尤为有效。比如，"对于有犯罪历史但很年轻就入伍的退伍军人来说，无论他们童年的差异和中年时期的社会经济状况怎样，所有这些经历都提高了他们的职业地位、工作的稳定性和经济福祉"。正如埃尔德自己所说的那样："我们不需要战争来为我们提供这样的机会。"

他一再提到《退伍军人权利法案》，最终既是对我们这个时代的警示，也是一种行动号召："然而，即使拥有杰出的才华而且非常勤奋，如果没有机会，也无法确保自己的生活能够克服逆境的不利影响而获得成功。"

尤里·布朗芬伯伦纳（Urie Bronfenbrenner）
康奈尔大学雅各布·古尔德·舒尔曼（Jacob Gould Schurman）
人类发展和心理学名誉教授

初版前言（1974年）

萧条、战争和极端的社会骚乱常常会引发重大的社会转变。对个人经历和传记的研究表明，这些危机时期也会重新建构个人的生命历程。有些人的生命是短暂的，或是发展受阻的；而另一些人则找到了生活的目标，抓到了以前无法想象的机会。在危机时期，机会因素似乎在影响生活后果方面起着重要的作用。在这种时候，如果不考虑危机的直接影响，我们将无法详细地说明预期的生命历程。想通过描绘碰撞、反应和最终的影响的不同模式来勾勒"纯粹的后果"（net effect）似乎是不可能实现的。只有把历史学、社会学和心理学的观点与有关个人经历、各种取向和行为的详尽的纵向数据结合起来，才有可能完成这种分析。而这正是格伦·H.埃尔德在本书中所做的，因此这项成就很值得评述。

本书很快就证明了长时间跨度的纵向研究的价值，证明了四十多年前奠定奥克兰成长研究（Oakland Growth Study）的学者的献身精神和预见性，也证明了格伦·H.埃尔德杰出的独创性和非凡的毅力，他为了完全不同的目的收集数据，重新对它们加以定义，并且用这些数据来解释一系列重要的社会学问题。奥克兰成长研究是由赫伯特·斯托尔兹（Herbert Stolz）和哈罗德·琼斯（Harold Jones）在1931—1932年进行的，他们是把它作为检验青少年在青春期这个变动时期的生理、心理和社会因素的一种手段。因此，它最初的名称是青春期成长研究（Adolescent Growth Study）。从研究对象进入初中（平均年龄11或12岁）到六年后高中毕业，研究者在上百个不同的场合中对他们进行了观察、询问、测量和测验。研究者运用了许多当时所能掌握的最好的技术，但现在看来这些技术似乎已经相当原始了。

不过，他们至少在谨慎地——甚至可以说非常用心地——运用它们。早期研究者的主导研究方向是儿童心理学。这些研究者在生理、认知和社交等方面广泛地考察了儿童的个体发展，但相对而言却不太注意使社会化的经历概念化和量化。然而，他们当然也认识到父母的行为和生活环境会使儿童的发展出现差异。哈罗德·琼斯对美国社会科学中与社会阶级测量相关的新发展特别感兴趣。他尽力收集了关于家庭的性质、父亲的职业以及生活水平的其他方面的详细数据。

1960年，我非常荣幸能接替哈罗德·琼斯出任人类发展研究所（Institute of Human Development）所长。作为一个来自不同学科的初来乍到者，我发现这里数据档案的规模具有不可比拟的优势。一项由福特基金会资助的重要的追踪研究，在其研究对象年近40岁时已临近结束。新数据的编码和评分进展顺利，但分析框架尚未成形。这项追踪研究的两位设计者——埃尔斯·弗兰克尔–布伦斯威克（Else Frenkel-Brunswik）和哈罗德·琼斯的相继去世，使项目失去了高级主管。一个庞大而复杂的项目几近于混乱无序。

1962年，格伦·H.埃尔德来到了所里，他刚刚结束了在北卡罗来纳大学的博士后研究，并且已经进行过有关青少年及其家庭的大规模研究。他看起来求知欲惊人，精力充沛，不仅为这个项目带来了社会学和社会心理学研究的扎实知识，还带来了关于青少年发展的理论。在用社会学观点来分析纵向数据上，他是我的理想工作伙伴。我们最初的计划是合写一篇关于研究对象的家庭关系和职业发展的专题论文，但由于我本人疲于应付行政事务，以至于没有足够的精力和时间来完成它。对我的同事来说，这肯定是一段非常不愉快的经历，但是通过对职业发展和婚姻史进行一系列分析，他最终度过了这一时期，并对知识界作出了重要的贡献。随后，他设想从历史的角度来分析数据，并明确研究大萧条如何改变了家庭生活，以及对作为研究对象的孩子们的发展产生何种影响。

本书在这里展示的内容本身就极有意义和价值，它是对生命历程社会学（sociology of the life course）的开创性贡献。我们知道"生活机会"（life chance）取决于历史环境，同时也取决于个人在社会结构中所处的位置。但是，我们只是刚刚开始说明时空中各种特殊经历之间的联系之本质及其对这些经历的适应性反应和长期结果。实际上，大量关于社会化影响的研究只是假设关系、引导或者行为的特殊模式将影响到后来的结果。研究者很少能够从研究对象的儿童时期开始，经过青少年时期，最后到成人时期进行不间断地追踪研究。如果人们试图考察早期经历和后来的个性特征或职业道路之间的特殊关联，通常需要从已知的结果开始，并使用回顾性报告进行倒推。但是，由于在回顾性重建中人们难免会用现有的眼光修正过去的经历，因此论据是脆弱的。只有纵向研究或保存了很长时间的个人档案，才能作为追踪生命历程中导致变化出现的关联的充分基础。只有用这些数据，人们才能够阐明一系列事件、关系和被研究者对自己境遇的解释，它们是个体对于职业、家庭或者其他方面认同的基础。

然而，即使是在纵向研究中，个人的知识难免也会显得不足。一个人不可能检验或审查所有显著的个体经历，即使他知道如何询问所有相关的问题。在这种情况下，较早的调查者收集的数据越丰富、越多样化，后继者在解释以前未曾说明的问题时就越有可能感觉得心应手。不过，整理数据的工作同样也更加复杂和费时。

如果说已有的纵向数据奠定了这种特殊研究的基础，那么这里采用的出生组分析（cohort analysis）这一明晰的框架就极大地超越了大多数纵向研究，向前迈进了一大步。出生组分析的方法是人口研究中的一种颇受称道的技术，然而在社会学研究中则用得较少，在社会心理学调查中就更难见踪影。在出生组分析中，调查者清楚地意识到必须在历史的情境中观察个人的行为。理想的情况是比较不同出生组的经历，而这正是格伦·H.埃尔德目前正在从事的工作。本书只考察了一个单一出生组的经历，但是通过对次群体（subgroup）的创造性分析，研究者能够证明历史时期怎样以极其不同的方式冲击着各个家庭。

本书是作者呕心沥血近十年的作品，与此同时他还出版和发表了许多更具体的其他研究成果。对我来说，目睹这个研究结出丰硕成果仍然是一种受益匪浅的体验，而且我相信回过头来重温他们所研究的奥克兰出生组发展过程的读者将会深有同感。

约翰·克劳森

致　谢

四十多年前，哈罗德·琼斯和赫伯特·斯托尔兹率先提出这个课题的设想，当时他们分别担任位于加州大学伯克利分校儿童福利研究所（该所现在改名为人类发展研究所）的研究所长和行政所长。1932年，他们以奥克兰东南部地区11岁的儿童为样本，启动和领导了追踪儿童成长和发展的纵向研究项目，随后他们又将这项研究扩展到研究样本儿童的整个生命跨度（life span）。在缺乏今天已变得习以为常的财政资助的情况下，他们在30年代成功地建立和维持了一个有关数据收集的庞大项目。这个项目以及对成人进行的定期追踪调查，为研究作为"大萧条的孩子"的奥克兰儿童提供了合适的资料。我非常感谢他们和研究所的其他工作人员，是他们长时期的辛勤劳动建立和发展了这个记录个人发展的珍贵的数据档案库（由 L. S. 洛克菲勒基金会、福特基金会和UHPHS Grant MH 06238资助），我也衷心感谢奥克兰的孩子们，正是因为他们经历了前所未有的社会历史变迁，我才有这样的研究机会。

数据准备和分析的初始部分是我在人类发展研究所任社会学研究教职时（1962—1967年）完成的。1967年我到北卡罗来纳大学社会学系任职后，在教堂山分校继续进行此项研究。在国家科学基金第GS-35253号资金的资助下，手稿的最后修订是在人类发展研究所工作时休假期间（1972—1973年）完成的。在对大萧条经历进行研究的所有阶段，从开始到手稿最终完成，约翰·克劳森热情的鼓励、敏锐的批评和中肯的建议都让我受益匪浅。正是因为在研究所里参与他的项目，我才有机会进行有关个人生命历程的纵向研究，而且正是在这个研究项目的赞助下（Grant NIMH 05300），我才有可能开始进行关于家庭和生活方式的社会经济变迁的研究。如果这种影响，或者更广泛地说，芝加哥学派的影响（可以追溯到W. I. 托马斯），对我的读者来说能像对我一样明显，我将为之感到非常欣慰。

我还应该特别感谢人类发展研究所的工作人员，以及北卡罗来纳大学教堂山分校社会科学研究所的工作人员在数据准备和分析方面给予我的支持；感谢埃拉·巴瑞尼（Ella Barney）、克里斯丁·歌德（Christine Godet）、娜塔丽·鲁彻斯（NataLie Luchese）、琳达·安得森（Linda Anderson）和帕切克·山福德（Patricia Sanford）在我准备草稿时在专业上对我的帮助。M.布鲁斯特·施密斯（M.Brewster Smith）、玛丽·琼斯（Mary Jones）和约翰·克劳森对我的初稿给予了宝贵的批评和评论。纳尔·史迈尔瑟（Neil Smelser）、鲁宾·希尔（Reuben Hill）、约翰·克劳森、玛丽·琼斯、道尔森·依瑞切尼（Dorothy Erichorn）和罗伯特·杰克森（Robert Jackson）阅读和批评了扩充后的手稿。所有这些评论和讨论对修正本书都极有意义。

第七章和第八章是根据以奥克兰成长研究的样本为基础的三篇论文的材料写成的，三篇论文的发表情况如下：《职业流动中的智力和成就动机》，载于《个人关系社会学》第31期（1968年12月），第327—354页；《婚姻流动中的外观和教育》，载于《美国社会学评论》第34期（1969年8月），第519—533页；《成年时期的角色定位、婚姻年龄和生活方式》，载于《梅里尔—帕尔默季刊》第18期（1972年1月），第3—24页。对文献的引用均获得了出版商的许可，所引文献如下：罗伯特·S. 林德（Robert S. Lynd）和海伦·米瑞特·林德（Helen Merritt Lynd）的《变迁中的中镇：社会冲突研究》，哈考特·布雷斯公司，1937年；斯特兹·特克尔（Studs Terkel）的《艰难时代》，兰登书屋，1970年；C. 赖特·米尔斯（C. Wright Mills）的《社会学的想象力》，牛津出版社，1959年；约瑟夫·安德森（Joseph Adelson）的《妇女的解放是一种短命的时尚？》，纽约时代杂志，1972年3月19日；米拉·寇马瑞斯基（Mirra Komarovsky）的《蓝领婚姻》，兰登书屋，1962年；海伦娜·Z. 楼帕塔（Helen Z. Lopata）的《职业：家庭主妇》，牛津大学出版社，1971年；鲁宾·希尔的《三代人中的家庭发展》，Schenkkman，1970年。

在全书的写作过程中，无论是进展顺利还是遇到挫折，我的妻子凯伦（Karen）都始终不渝地理解和支持我。她绝佳的幽默感和富有活力的见解是对一个全神贯注的丈夫最大的帮助。在这里我特别将本书献给她，以感激她的支持。

格伦·H. 埃尔德

第一部分 危机和适应：导言

一场大灾难撼动这个城市达六年之久，它不仅影响着人们的价值观，而且对很多人来说它还影响了他们的实际生活。与大多数人为制造出来的灾难不同，在这场灾难中，社区中几乎无人能够幸免于难；经济萧条的利刃无情地斩向所有的人，不仅割裂了有钱人的生活和希望，而且也粉碎了穷人的生活和希望。在城市史上，这种经历比近代以来任何一种影响着以后生活的情感经历都更为普遍；大萧条的根本冲击产生的经历，几乎已接近于生与死的基本经历。

中镇本身有理由认为，许多家庭聚集在一起，并且"发现"他们自己处于经济萧条之中。但同样肯定真实的是，在另外一些家庭中，经济萧条引起了对幻灭和苦难的永久记忆，这部分可以从离婚率迅速重新攀升到1935年的水平看出来。这两种趋势之间的平衡点何在，至今尚没有人知道。

【报纸社论】这次经济萧条也有它的益处。伟大的精神价值产生于萧条之中……一些家庭失去了他们的汽车，但是却找回了灵魂……从而勇气倍增。躯体安享了更多的平静，尽管美食依然匮乏，但消化力却增强了……教堂重新回到人们的生活之中……因为一些曾经是高尔夫球俱乐部会员的人，再也承担不起享乐所需付出的代价了。

——罗伯特·S.林德和海伦·M.林德《变迁中的中镇》

第一章
大萧条的经历

那是最好的时代,
那是最坏的时代,
那是智慧的年代,
那是怀疑的年代,
那是光明的季节,
那是黑暗的季节,
那是希望的春天,
那是绝望的冬天。

——查尔斯·狄更斯《双城记》

大萧条从各方面都提醒我们,它具有强大的"威力",这体现在它对个人生活和社会制度造成的巨大损失上。但另一方面也有证据表明它让人受益匪浅,即大萧条也是一种具有教育意义的经历,人们因此产生了新的社会适应性。研究者在探索社会变迁和危机时早已注意了这两个极端的情况(Sorokin,1942)。尽管如此,现有的理论和研究还是倾向于忽略历史事件中存在鲜明对比关系的要素和后果。例如,对某些历史学家来说,大萧条是美国社会变革的一道分水岭,而其他人却强调1929年后的制度变革与19世纪末到20世纪的社会变革之间的连续程度。(对"断裂性"理论的批评性分析,参见Kirkendall,1964。)无论是哪一种分析,人们都很少从适应性变化的潜力和病理学(pathology)方面观察危机境遇(crisis situation)。

从某种程度上说，得出大相径庭的结论是由于历史事件发生时所处的位置不同（在20世纪30年代，并不是所有的美国人都承受了严重的经济损失或失业所带来的痛苦），另外则可能是因为个人背景的不同以及他们对所处境遇的解释不同。全国所有的区域都面临着经济停滞和困苦的生活，1933年失业人数达到了劳动力人数的1/3，工作时间缩短和收入减少的人数的比例就更大，但是不同年龄、性别、职业和居住地的人所面临的情况有所不同。[1]一位经济学家收集的证据显示，至少有半数人口在这个时期经济上损失不大。[2]极度的物质匮乏和贫困主要集中在城乡的下层阶级中，在中产阶级中更为常见的是地位和名誉的丧失，以及因此出现的一些焦虑。由于存在着这些差异，30年代的作者们又有着不同的背景，人们对大萧条中的美国人形象有许多迥然不同的解释就不足为奇了。"在一个幅员辽阔的国家，具有完全不同背景和偏好的新闻记者、长短篇小说家自然容易在观察中得出互相矛盾的印象；同一位作者的论点也经常自相矛盾。"[3]

　　自然，这些互相矛盾的报告是否有效便成了问题，但是那些仅仅依靠个人回忆的报告或者相对而言更多地取材于最近出版的有关那段历史时期的报告，在这方面就更成问题（参见Terkel，1970）。过去经常被重构以适应现在。"过去的美好时光"是一个令人惬意的话题，谈到过去时人们总是加以美化，人们常常不愿提及"倒霉的时候"，除非这段时光对一个人目前的境遇和成功的奋斗史意义重大。在这两种情况下，回忆描绘出的大萧条时的生活经历都是一幅模糊的画面。一位作者注意到许多经历了大萧条的美国人都避而不谈他们的经历，他发现时间的流逝对痛苦和不愉快的经历有一种麻醉作用。"也许这是保持个人情感稳定的一种自

---

1 Mitchell, *Depression Decade*（1947）; Sternsher, *Hitting Home*（1970）, pp. 20–21; and Huntington, *Unemployment Relief and the Unemployed*（1939）, p. 6.

2 Eugene Smolensky, *Adjustment to Depression and War, 1930–1945*（San Francisco:Scott, Foresman, 1964）, p. 7. 收入的分配不均是大萧条出现的一个主要原因，而在20世纪30年代这种状况加剧了。"根据美国的标准，1929年的收入分配是极为不均的，收入处于顶层的人获得的更多，而收入处于底层的获得的更少。在大萧条期间，由于低收入家庭失业的情况最为严重，这种情况更加恶化。直到二战爆发，需要大量的劳动力，中低收入家庭的状况才有所好转。" Thomas C. Cochran, *The Great Depression and World War II*（San Francisco:Scott, Foresman & Co., 1968）, p. 2. 也可以参考 Douglass C. North, *Growth and Welfare in the American Past*（Englewood Cliffs, N.I.: Prentice-Hall, 1966）, pp. 174–180。

3 Harvey Swados, ed., *The American Writer and the Great Depression*（Indianapolis: Bobbs-Merrill, 1966）, p. xii.

然方式，但这对历史的真实是无益的：我们只回忆自己愿意回忆的东西。"[4]正如有人批评的那样："真奇怪，每一个描写30年代的人都在为自己辩护。"[5]

有关大萧条中的社会现实（social reality）和生活经历的知识的可靠性，有赖于档案数据的有效性。但是这里的问题在于，即使是这样的数据也十分有限，也无法深入发掘。人们不可能收集其他的信息来填补数据的空白，而且非常不幸的是，这些空白也实在太多了。例如，在大萧条的许多时期，国家没有全国失业率的准确统计数据。事实证明，来自机构档案的档案数据是社区研究的宝贵信息来源，但它们提供的关于家庭和个人主观境遇（subjective situation）和经历的信息（尤其是关于下层社会）非常有限。

从30年代以来，我们所能得到的有关大萧条期间家庭生活的可靠信息为数甚少，有关不同经济困难条件下的孩子们的经历则更少。至于引起了人们的广泛兴趣和猜测的问题——大萧条对于在30年代长大成人的孩子的社会心理影响，我们也缺乏相关资料。这种猜测的一个例子就是赫伯特·甘斯（Herbert Gans）的假设，他认为莱维敦人（Levittowner）"不易冲动"，原因就在于他们童年时的大萧条经历："冲动被认为与冲突、危机和受损相关。大多数在大萧条时期成长起来的莱维敦人，对童年时期的艰苦岁月记忆犹新，他们希望使自己和孩子远离生活的压力。"[6]其他解释成长过程的观点，也同样似乎有些道理。

研究的问题和方法

本书的重点在于研究出生于1920—1921年的某些美国人及其父母生活中的大萧条经历，但是也广泛涉及社会经济的剧烈变动对于家庭变迁和代际关系的影响。我们从30年代早期，到整个二战时期、战后的40—50年代，再到60年代初，一直追踪研究这些加利福尼亚州奥克兰的大萧条的孩子们。

---

4 Milton Meltzer, *Brother Can You Spare a Dime? The Great Depression, 1929–1933*（New York: Knopf, 1969），p. 3。有关探索个人如何重构过去以适应现在的研究，参阅 Fred Davis, *Passage through Crisis*（Indianapolis: Bobbs-Merrill, 1961）。

5 Thomas Lask, "Surfacing in the Thirties"（a review of Albert Halper's *Good-Bye, Union Square*[Chicago: Quadrangle, 1970]），*New York Times*, 6 November 1970.

6 Herbert J. Gans, *The Levittowners*（New York: Pantheon, 1967），p. 201.

加利福利亚大学的奥克兰个人成长研究机构（人类发展研究所）的档案数据，为我们提供了唯一的机会来考察大萧条前出生者家庭生活中的经济变动及其后果。该项目于1931年启动，从1932年开始收集数据，研究的是男孩和女孩的生理、智力和社会性的发展。在1932—1939年间详尽研究的167个孩子，最初是从加州奥克兰地区东北部5个小学中的五、六年级中挑选出来的。从注册学生的家庭背景来看，有两所学校的孩子主要来自劳动阶级（working class）家庭，一所学校的孩子大多来自中产阶级下层（lower-middle-class）的家庭，其他两所学校的孩子则来自中产阶级（middle class）家庭。

这些孩子虽然仅仅代表了经历过大萧条的一个年龄组，但是作为二战兵员、战后的"婴儿潮"及假定的代沟的主要来源，1916—1925年的这个出生组具有历史的重要意义（Cain，1970；Easterlin，1961）。除了极少数例外，他们中的男性在战争期间平均服役的时间为三年，而在"家庭主义"盛行的战后时代，他们中的女性则忙于抚养孩子。他们中的大多数男性和女性都在战争期间结了婚，随后在相对富裕的时候生下了他们的第一个孩子。而他们的孩子许多是在60年代学生抗议运动期间进入大学的。

实际上，大萧条的孩子们和他们自己的孩子有着迥然不同的童年，前者成长于物质匮乏时期，而后者则生活在物质充裕时期。我们的这些调查对象的童年和他们父母的童年也存在着明显的差异：他们的父辈出生于世纪之交，在30多将近40岁的盛年时期碰到了大萧条。不从事体力劳动的父亲，大多是属于"以前所划分的老中产阶级"（old middle class）中自雇（self-employed）的零售商和专业人员。通过婚姻或职业上的成就，他们的子女大多数都奠定了自己的职业生涯，这些职业都与由大萧条时期演变来的组织化社会（organizational society）中的各种官僚机构相关。

我从各个家庭所承受的不同的经济损失（economic loss）入手，来调查其社会和心理影响；我不太关心那些造成养家糊口者在经济损失和失业方面变化的因素。本书的前半部分关注的是中产阶级家庭和劳动阶级家庭在经济受损方面的差异，比如表现在家庭结构、社会经验和孩子们的人格上的差异；在后半部分的章节中，则追溯它们对于孩子们成年后的事业、价值观和心理功能的影响。本项研究以社会经济变迁为关注的焦点，必然要得出有关生命跨度的不同结论，例如我从概念上区分了家庭组织和生活境遇（life situation）的影响，追踪它们对孩子成人后经历的作用。因此，这种分析很像一个漏斗，在初始阶段狭窄、集中，到了成年时期则变得逐渐开阔。特别提到这个特点很重要，因为这种分析的要求与那种以单一的结果或者因变量为中心的研究的要求（例如，"理性的经济行为产生的条件是什么？"）明显不同。[7]

在我们对一个因变量变化的基本来源深感兴趣时，我们更倾向于选择适于分析的自变量，因为它使我们能够（根据某种理论）解释这种变化的可靠来源。例如，什么样的社会因素能够解释妇女在平等主义的性别角色取向（egalitarian sex-role orientation）上所表现出来的差异？如何解释婚姻权力平衡的差异？在研究这些问题时，解释差异的量是评价理论和结果的一个合理的标准，但是当分析者关注的是一个自变量或者先决因素的影响时，如本研究所显示的，它就没有什么价值。我们选择了经济受损（economic deprivation）[8]这个变量来研究，是基于理论和历史依据而不是它在预测一个或多个因变量方面可能具有的效率。就此而言，在我们提出经济受损对生命历程的影响这个问题时，以下两种结果值得关注：经济受损是否会影响到成人经历的某个特定方面？这种影响和其他相关变量（如家庭、社会阶级）的影响相比如何？——这是**相对影响**的问题；还有这种影响是怎样与成人生活的这一特定方面**产生联系**的？——这是个重在解释的问题。

---

[7] R. A. 奈斯比特（Robert A. Nesbit）对马克斯·韦伯关于资本主义如何兴起的问题的论述，是一个有关社会变迁的更为普遍的问题的一个特例："在特定的社会制度或者特定的社会行为模式的历史中，真正的社会变迁是在什么样的条件下发生的？" *Social Change and History*（1969），pp. 275, 277。

[8] economic deprivation、deprived family等是埃尔德这本书中的核心概念，deprive这个词，可以有"剥夺""损失"等译法。"剥夺"在中文习惯中含有"用强制方法夺去"或者"依照法律取消"的意思，这和埃尔德在本书中所指的不太贴切；译为"损失"也不妥，因为埃尔德同时运用了economic deprivation和economic loss，后者译为"经济损失"更为贴切；deprive如果译为"损失惨重"也可以，但是埃尔德还使用了heavy economic loss这个词。现在把deprive译为"受损"，一方面也含有被动的意思，另一方面它不仅可以指经济上的损失，也可以指机会、教育程度等方面的损失。——译者注

研究家庭变迁的方法

在社会变迁的领域中，与抽象的社会系统和社会结构分析相比，本研究关注的主要是具体环境中真实的家庭和个人。关注家庭（父母和孩子齐全的家庭）的社会经济变迁，是研究代际变迁、世代更替中年轻人和老年人的变化动力的关键点。如果家庭对变迁的适应是由习惯的行动方式与新境遇的特点、其所感知到的要求和选择所建构的，那么我们就会期待某种儿童世界的重建——在与他人的关系中，在家庭内和家庭外的环境（extra-familial settings）中所要完成的任务中重建。无论是有意的还是无意的，父母对家庭境遇的改变所作出的回应行动，不可避免地塑造着或者改变着他们对孩子的养育方式。在大萧条中求职的母亲，也许目的确实是补贴家用，但是她们的行动却会给成长中的女儿们带来一系列其他后果。例如，职业母亲（working mother）将为她的女儿树立一种行为模式，并且可能对家庭事务也有一定的影响，因此女儿也将会更多地参与家庭事务。这其中任何一种情况，对价值观的形成和巩固都有影响。

这种方法能使分析者深入地了解变迁产生的过程，此过程为许多有关社会变迁的著名宏观理论——如阶级冲突理论和社会文化进化理论所忽视。[9] 摆在我们面前的问题并不只是"经济变迁是否导致了家庭和代际变迁？"或者"这种变迁的性质是什么？"这些问题，还包括"这些变迁产生的过程是怎样的？"这样的问题。对于30年代尚是孩子的男性和女性，经济变迁与他们成年后的职业生涯在概念上有何关联？显然，这里所提到的这种研究方法的基本要点要归功于 W. I. 托马斯的早期研究，特别是他的经典著作《身处欧美的波兰农民》[10]（与 F. 兹纳涅茨基合

---

9 这个研究途径和"新社会史学"的研究方法是一致的，和历史的"从最基本的开始"也是一致的。参见 Stephan Thernstrom, *Poverty and Progress*（1964）and *The Other Bostonians*（1973）; of Philip Greven, *Four Generations*（1970）; and of Richard Sennett, *Families against the City*（1970）。至于对社会史发展的全面回顾和批评，可以参阅霍布斯鲍姆（Hobsbawm）的 "From Social History to the History of Society"（1971）。

10 根据托马斯的观点，社会科学"必须触及实际的人类经验和态度，这些经验和态度在社会现象的正式组织之下构成了完整、生动和活跃的社会现实……对于社会制度，我们只有不局限于正式组织的抽象研究，分析它在群体的不同成员的个人经历上的表现方式，并且追踪它对于他们生活的影响时，才能对它获得充分的了解"。引自 Volkhart, ed., *Social Behavior and Personality*（1951），p.146。也可以参阅赫伯特·布鲁默对于《波兰农民》（*The Polish Peasant*）的深刻批评，见 *An Appraisal of…"The Polish Peasant"*（1939）。

著）。托马斯将他的分析目光集中于社会结构和人格之间的关系上，并为研究个人和环境之间的断裂（discontinuity）或者不协调（incongruence）之处确定了令人信服的案例，这在他有关危机境遇的理论及对新环境适应的理论中都可以看到。处在本项研究的更为有利的位置上，我们仍非常赞赏托马斯对生活经历这一发展性概念（developmental concept）的重视，赞赏他对生活记录（life record）和生活史（life history）的运用。

处于变迁这一具体境遇下的家庭研究，与家庭变迁中历史事件研究的分析需求巧妙地结合在一起。20世纪主要的历史事件——特别是大规模的移民（从欧洲流向美国，从农村流向城市）、两次世界大战（两次大战至少暂时将父亲和儿子送上了前线，将母亲吸收到劳动大军之中）和大萧条——直接地影响到了数百万个家庭单位，但是这类事件却很少用来解释家庭变迁。根据典型的美国家庭制度，人们将无法理解这些事件–建构（event-structured）的各种条件对于家庭组织、适应和变迁的意义。人们可以在文献中找到一些有用的相关研究，从对危机中的家庭的研究到对家庭单位的追踪研究，均有涉及，但是这些发现在理解家庭和代际变迁方面并没有取得多少进展（Good，1968）。根据所使用的档案资源，目前的这项研究被严格地界定为有关家庭变迁的研究。通过追踪社会经济变化对家庭和生命历程的影响，它在这一研究方向中是具有开创性的。

分析框架中的概念

本研究主要运用五个概念：经济受损、危机境遇或困境（crisis or problem situation）、适应（adaptation）、关联（linkage）和出生组（cohort）。我们将在对经济受损的影响进行评估和解释的时候，运用危机、适应和关联这几个概念来对出生组（在奥克兰的研究中主要是父母和孩子）进行比较。这种比较建立在如下假设之上：社会变迁对年龄各异的个人具有不同的影响，这意味着年龄的差异与境遇的不同意义、适应潜力的差异和可供选择的多少有关，也与事件和生命历程不同的关联有关。我们假设，孩子们最初是通过家庭对新境遇的适应——比如消费和生产活动的变化——而感受到经济受损的影响的。

作为递减性变化的经济受损。经济受损指的是经济变化的递减模式，而不是长期失业、公共救助或贫困所导致的持续性损失。所谓递减性变化，是指一个家庭的经济状况在两个时间点之间的损失，即1929年和大多数经济指标达到最低点的那一年（即1933年）之间的损失。对大多数家庭来说，最低点也并不稳定。由于30年代后半期经济状况的好转，全国又进行了战争总动员，家庭的总体经济地位也相应地有所提高。

无论剧烈程度如何，暂时的经济衰退远远不止造成了一种长期的经济受损状态，它对于家庭和孩子也具有不同的意义。1960年代，经济受损的概念主要运用于下层社会的孩子身上，研究者几乎全都倾向于把经济受损的社会经济形式同人格发展的病态结果联系起来。如果下层阶级群体所面临的各种条件是经济受损的一种极端表现形式，那么它们对孩子的发展一定会产生负面影响（U. S. Dept. of HEW, 1968）。这些环境因素和心理障碍之间的联系是显而易见的，但是在某些条件下，经济受损最终可能使人变得善于随机应变、适应能力非常强，并且具有成熟的责任感。在递减性变化的情况下，更可能出现这种结果，因为这种模式并不仅限于这种家庭：父母和孩子常常缺乏能提高其适应能力的文化、教育、智力等资源。如果调查的范围包括中产阶级家庭，特别是在这些家庭经济衰退主要是因为经济结构错位（structural dislocation）（而不是养家糊口者能力不足）时，这项有关适应潜力的研究就有了进一步发展。工厂倒闭、大公司部门缩减，以及技术人员受雇的机会普遍减少，这种经济下行趋势自1950年就一直存在，但是下行趋势最为剧烈的例子还是出现在大萧条中。特别是对中产阶级来说，经济受损的状况是他们从来没有遭遇过的，它要求人们在经济状况的维系、家庭组织和孩子的社会化方面寻求一种新的适应模式。这项研究包括大量在艰难岁月来临之前属于中产阶级的经济受损家庭。

危机和适应。乍想之下，危机境遇似乎不需要什么澄清和界定，我们大多数人都非常清楚这个词究竟指的是什么——社会错位（social dislocation）、社会瓦解（social disruption）和社会紧张（social strain）等。对人类社会的研究者而言，危机是想象力经久不衰的源泉，这有很多原因：危机揭示了群体生活的内部运作方式、其毋庸置疑的前提、问题百出的特征，并激起社会转型（social transformation）中的适应性冲动。正如奈斯比特所观察到的那样，"只有在某些导致危机的事件的影响下，社会群体、社会组织或者任何形式的社会行为的结构才会发生实质性的变化"（1970：328）。对于美国人的生活而言，或者更广泛地说，对于工业化的西方社会而言，人们普遍认为大萧条是极为严重的危机。考察这种危机，就能探究适应和变迁的早期进程。[11] 但是引发危机的因素究竟是什么呢？

在本项研究中，"危机"指的是处于某种境遇中的家庭所要满足的要求和它对后果的控制之间颇成问题的不一致性（problematic disparity），更确切地说，指的是社会经济需求和满足这种需求的能力之间的差距。[12] 当需求远远高于控制潜力和现实情况时，或境遇的变化明显地使人们控制后果的能力降低时，危机就有可能爆发。前一种情况有可能出现在经济增长和富裕时期，后者则更有可能产生于经济萧条时代。假设人们的期望值最初是稳定的，那么养家糊口者收入的减少，将会在经济需求增加的同时减少家庭可控的选择。

危机境遇对研究变迁十分有利，因为变迁对现实习惯性的解释提出了挑战，并且破坏了既定的惯例。常规生活方式（habitual ways of life）的崩溃产生了新的刺激，它引起了自我和他人的注意，也激发了对自我和他人的意识（consciousness of self and others）。当旧的方式无法应付社会需求和满足基本的需求和标准时，就难以控制事件的发展。当一个群体或个人这样解释或定义所处的境遇时，它就进入了危机阶段，这样就提出了寻求前所未有的解决方案和适应方式的问题。对于生活在收入突然减少和状况突然恶化的家庭的孩子来说，适应可能包括对自我和他人的重新定位、目标的重建或者明确，以及获得新的地位或者角色。

危机既不依附于个人，也不存在于境遇之中，而是在个体与特定境遇的相互作用之下产生的：危机产生于个体和社会境遇的相互作用中，产生于群体及其所

---

11 这是有关孩子如何对危机作出回应的一份意义重大的文献。有关的重要研究包括：Freud and Burlingham, *War and Children*（1943）; Martha Wolfenstein and Gilbert Kliman, *Children and the Death of a President*（Garden City, N.Y.: Doubleday, 1965）; and Coles, *Children of Crisis*（1967）。

12 在社会变迁和集体行为（collective behavior）理论中，危机现象一般都包含在社会紧张的概念中。参阅 Neil J. Smelser, *Theory of Collective Behavior*（New York: Free Press, 1963）。本文接下去将使用 W. I. 托马斯的有关危机境遇和适应的理论。相关论文大多可以在 Volkhart, ed., *Social Behavior and Personality*（1951）中找到。这种扩展的视角，可以参阅 Mechanic, *Medical Sociology*（1968），chap. 9。托马斯有关适应过程的观点，来源于达尔文有关适者生存过程的理论。后者被运用于文化－个性的关系研究，可以参阅 Robert A. LeVine, *Culture, Behavior, and Personality*（Chicago: Aldine, 1973）。

处的社会环境的相互作用中。因此，危机境遇指的是个人或群体与环境之间关系的一种**不同步性**（asynchrony）。应对危机境遇是采用适当方式来处理拥有的资源和可供的选择，以实现对环境或生活境遇的控制，并解决因需求和结果控制之间的不协调所造成的问题。对经济受损的家庭来说，适应的方法包括：减少物质产品的消费，在获取商品和服务方面更多地依赖高强度的体力劳动方式，母亲和家中较大的孩子外出工作。

正如危机产生于个人或群体与境遇的相互作用之中一样，适应方式也是如此。就个人而言，需求和控制之间难以解决的不一致性，在构建新的适应方式时，会激活意识、注意力和解决问题的新方法。通过社会的（预想的和客观的）选择、适应性需求或者境遇要求，以及来自共享资源和社会援助的其他方面的支持，环境因素影响着整个适应过程。在适应过程中，选择的多少或者意志的强弱都是一个经验层面上的问题：在什么样的条件下，行为者才会在各种行为方式中选择某个特定的方式？在第二章我们将用较多的篇幅来讨论这个问题。

有两类个人特征影响着适应的过程：对结果的要求或期望，适应潜力的模式。对于本项研究中的父母和孩子而言，这种潜力主要指资源、流动性和协调性。若干年以前，托马斯就注意到，心智是通过知识发挥作用的，而知识则是建立在"记忆和能力之上，这种能力是指将现在的境遇和过去类似的境遇相比较的能力，以及根据过去的经验修正我们的判断和行动的能力"（Volkhart，1951：218）。根据托马斯的分析框架，就像个人职业生涯所展现的一样，生活组织（life organization）代表控制现实的智力方法的整体。当人处于"新经验在实践中不能被原有经验同化"（Volkhart，1951：157）这种危机关头，人们就在自我反思（self-reflection）的过程中建构和重构生活组织。按照现代心理学，这些控制方法包括一系列的应付机制，比如专心致志、模棱两可的宽容、移情、保持客观等。[13]

个人属性会影响个体应付生活中异常的困难和挫折时的能力，当我们考虑这

---

13 这方面的理论上的贡献，可以参阅 Norma Haan, "Proposed Model of Ego Functioning: Coping and Defense Mechanisms in Relationship to IQ Change," *Psychological Monographs* 77（1963），Whole No. 571。另外有价值的贡献，可以参阅 Daniel R. Miller and Guy E. Swanson, *Inner Conflict and Defense*（New York: Holt, 1960）。

些个人属性时，脑海中浮现的是复原力和智谋。根据个人发展的观点，我们能够在以往战胜困难的经历中瞥见这些属性的踪影。此类经验是为了满足困境的需求所做的准备中的一种主要因素，而且不同的研究都将这种准备同有效的适应联系在一起。不过，这类经验的关键在于它是以失败为标志，还是以通过成功的自我管理实现个人发展为标志（参见Levine和Scotch，1970，特别是第十章）。应付不同境遇的成功经验，培养出了一整套适应行为、一系列使智谋和灵活性得以展现的技巧。复原力意味着一种有能力的自我（competent self）的意象，由个人价值、自信、内在的安全感和自我控制构成（Smith，见Clausen编，1968）。在第二章中，我们将考察父母和孩子的智识能力和阶级地位，这是在家庭变迁的境遇中考察人们适应潜力的两个普遍性指标。

在本项研究中，我们感兴趣的是个体和群体二者对大萧条中社会经济变迁的反应；一方面是父母和孩子的适应，另一方面是家庭单位的适应。长期以来，这项研究都界定了危机境遇中家庭适应潜力的两个基本维度：适应和整合。罗伯特·安吉尔（Robert Angell）对大萧条中的中产阶级家庭的研究（1936年）便是一例[14]。鲁宾·希尔的开创性著作《处于压力下的家庭》（Families under Stress，1949）勾画出的家庭适应性所选取的组成部分，与我们在个体的层面上详细说明的适应潜力的组成要素大致相符。它们包括：约定物质生活标准的伸缩性，角色关系的灵活性，以及应付此前危机的成功性。当我们注意到有孩子的核心家庭由三个单元或三个子系统（配偶、父母和孩子、兄弟姐妹）组成时，这幅画面就变得更加复杂了。尽管这三个单元彼此之间相互依赖，但它们还是各有不同。这表明在同一个家庭内，这些子系统在适应经济困难的有效性方面差异悬殊。正如希尔指出的那样："人们并不能保证婚姻关系美满的夫妻就一定能承担起作为父母的责任，因为作为父母就必须面临许多具有挑战性的麻烦和疾病、猜疑和竞争以及沉重的义务。"（Hill，1949：321）我们应当对婚姻关系以及亲子关系间的适应给予特别关注。

---

[14] 其他有关大萧条中的家庭的研究包括：Cavan and Ranck, The Family and the Depression（1938）; Komarovsky, The Unemployed Man and His Family（1940）; and Bakke, Citizens without Work（1940）。美国社会科学研究会（Social Science Research Council）赞助了一系列有关大萧条的社会影响的研究，其中包括一项著名的有关家庭的研究：Stouffer and Lazarsfeld, Research Memorandum on the Family in the Depression（1937）。

当我们谈到适应的后果时，它指的是按照某一群体或个人的福祉标准作出估量的结果。由于任何一种行动都会影响行为者**和**不同的他人的福祉，所以这些估量框架可能导致对后果的千差万别的评价。比如，让我们考虑一下母亲就业的影响。这种行动对于家庭的经济福祉、婚姻的和谐和稳定、孩子的培养和母亲本人的心理健康方面究竟有什么样的作用？在一种并不赞赏母亲就业的价值情境下，赚钱的好处完全可能被更为严重的婚姻失败和失业的丈夫日益恶劣的情绪所抵消。获得经济收益可以看作母亲进入劳动力市场的预期后果（intended consequences）。她找工作的目的就在于满足家庭经济方面的需要，而不是想对婚姻或家庭事务有更大的影响力，或者贬抑丈夫作为养家糊口者的地位。

在经济生存的严峻要求下，适应的理由在范围和时间上都受到了极大的限制。[15]范围指的是在某一个时间点上考虑的广泛性，比如对于来自亲属的救助和公共援助的影响的一种狭义理解。一种危急的境遇意味着，就家庭或者个人未来的幸福而言，目光短浅的考虑比行动所可能导致的后果影响更大。这种对适应变迁的描述（它把"预期后果"限定在当前的范围内）拓宽了未预期后果（unintended consequence）出现的领域，对有关社会变迁对于儿童社会化影响的著名解释提出反对：在变迁的各个时刻，儿童的社会化随着父母对自己后代的可预期未来所做的适应而不断变化。

英克尔斯（Inkeles）认为："经历过急剧社会变迁的父母，都会寻求和本人成长迥然不同的方式来养育自己的孩子，在抚养孩子的过程中有目的地进行调整，以训练孩子能够更好地适应父母眼中已经发生变化的世界的生活。"[16]这种观点假定了父母的行为中充满着未来意识、理性和选择，而且这似乎最为适用于家庭生存不成问题的这种境遇。在寻求生存的情境中，家庭对直接需求的反应所带来的未

---

15 有关极端损失后果的经典研究，可以参阅 Jahoda, Lazarsfeld, and Zeisel, *Marienthal*（1970），这是30年前德国出版的一本书的英文译著。

16 Inkeles, "Social Change and Social Character"（1955），尤其是第14—15页。在更近期发表的论文中，英克尔斯细致地验证了社会变迁给儿童社会化所带来的未预期后果。（"Society, Social Structure, and Child Socialization," in Clausen 1968, pp. 75–93）。也可以参阅 LeVine, *Culture, Behavior, and Personality*（注释11中曾提到），尤其是第7章"达尔文观点的适用性"（"The Applicability of a Darwinian View"）。

预期后果，对建构一个孩子的经历有着重要的作用。从生存的角度看，劳动分工和权威模式（authority pattern）的变化，可能会使处于大萧条中的作为一个整体的家庭更能适应其所处的环境，而它最终也阻碍了孩子对生活的期望。在危机境遇中，适用于社会单位（social unit）的东西也许并不适用于个体成员的生活。就像我们将要看到的那样，处于30年代经济遭受巨大损失的境遇中，社会化环境和父母对孩子的反应都更关心生存需求的急迫性，而不是孩子们对未来生活的期望。

把社会经济变迁与生活经历、人格联系起来。在本项研究中，我们将系统地阐述一种分析模式，它将详细地阐明大萧条中的社会经济变迁和这种社会变迁在生命历程中产生的心理–社会影响（pscho-social effect）之间的关联。在理论层面上，这些关联回答了为什么经济变迁具有特殊影响的问题；它们为这种关系提供了一种解释，说明了社会变迁影响人们的人格和行为的过程或者机制。[17]

为了说明这些理论关联的结构，让我们假设一个家庭单位在大萧条中的经济受损和女儿的婚姻取向之间存在着联系。我们假定：经济受损使女孩相对较早地对婚姻产生兴趣，而这是通过家庭内部的紧张人际关系和家庭内社会化产生的。这个分析模式提出了两个问题：家庭经济受损对婚姻取向具有这样的影响吗？这种影响是否因为某些中介变量而减小了？另一个问题关注的是前面所提到的两种关联的相对重要性：经济受损对婚姻关系的影响，主要是通过家庭紧张气氛产生的，还是通过家庭内社会化产生的？为了辨析这种婚姻取向整体构想中的特殊关联，我们将对它们每一个都作出更加详细而具体的说明。家庭紧张（family strain）又分为婚姻冲突和父亲在情感上的疏远；家庭内社会化指的是母亲在家中的中心地位、女儿在家中的角色及父母不支持女儿继续接受高等教育等。在利用现有的理论并试图超越它们时，我们在分析中将反复使用相关步骤说明前因变量（antecedent variable）和结果变量（consequence variable）之间的概念关联。

几乎没有什么证据去体现个人生活中这些被概念化了的大萧条经历之间的关

---

17 参阅 Daniel R. Miller, "Personality as a System", 见 Raoul Naroll and Ronald Cohen, eds., *A Handbook of Method in Cultural Anthropology*（Garden City, N.Y.: The Natural History Press, 1970），pp. 509–526。这是一篇在方法上系统阐述社会结构和人格关联的非常优秀的论文。相关的也可以参阅 Elder, "On Linking Social Structure and Personality"（1973）。

联。就30年代家庭的经济受损和儿童成年后的心理健康之间的假设关系而言，我们还面临两个问题：为什么和怎样进行理论分析和实证检验？为了解释这种关系，我们需要具体说明和调查这些中介关联（intervening linkage），这毫无疑问也包括成人经历的各个方面。在把男性的工作价值观同他们在大萧条中的早期经历联系起来的推测中，这方面的缺憾尤其常见。[18]这种"理论"的倡导者也许会说，由于面对父母所处的困境和社区中普遍存在的经济受损现象，经济困窘和失业使工作的价值和职业的保障性在男孩的心中越来越重要。即使30年代的数据表明了这个方面价值观的差异，我们是否可以假设这种差异会持续到他们长大成人后？如果一些曾处于经济受损群体中的男孩进入了白领阶层，而另外一些却一直从事体力劳动，那么这些职业生活（work-life）的差异是否会保证家庭背景和成人后的价值观之间的关系不会出现差别呢？

我们已经按照多阶段的研究途径组织分析。就家庭的适应而言，首先估量经济受损的最直接影响，然后总结大萧条的经历给这些孩子成人后带来的后果及其与经济变迁的联系。在我们转向分析成人期时，第一部分分析的结论就成为模式中的潜在关联。

最为常见的分析模式是将家庭适应和各种条件定义为经济受损和孩子之间的关联。我们将在第二章中充分讨论的这些关联包括：劳动分工的变化——新的经济维持形式的必要性改变了家庭成员的家庭角色和经济角色，养家糊口的责任落到了母亲和家庭中较大的孩子的身上；家庭关系的变化——父亲经济地位的丧失以及由此产生的适应家庭谋生的新方式，都增加了母亲的相对权力，降低了父母控制的程度和有效性，并且减少了曾作为偶像的父亲的魅力；家庭内部的社会压力——各种资源的减少，父母受损失或者受伤害，以及家庭及其成员地位的不一致性，都导致地位模糊不清，各种冲突不断，情绪困扰频发。

在我们勾勒出社会经济变迁对家庭生活内外各个方面的影响时，这种研究方法将产生出各种复杂的网络，各种分析路径向不同方向延伸出去。我们要考虑到

---

18 G. 格雷尔（Geoffrey Gorer）在一篇推测性论文"What's the Matter with Britain?"（1967）中，讨论了英国体力劳动者在"大萧条中所受的创伤"和工作取向的关系。

劳动分工发生了变化：母亲外出求职，女儿在家中承担主要的角色，而大儿子获得一份兼职工作。所有这些应急行为都对父母、孩子和作为整体的家庭单位有着许多影响。母亲进入劳动力市场，对其他家庭成员所要承担的家庭责任、婚姻中权力的平衡和父母的角色模式都具有潜在的影响。为了理清这种复杂的情况，我们将关系的网络分割成供分析的各个部分，并且采用多变量的分析方法。

在本项研究的过程中，关联这个概念提醒我们，T_1 和 T_2 这两个变量之间的关系仅仅是研究过程的一个出发点，但我们仍然必须说明这种关系。由于数据的限制，在某些情况下可选择的解释可能没有经过经验的检验。换言之，数据只能粗略地显示各种中介条件。即便如此，仍然存在着一种把概念上的和经验上的构造联系在一起的规则，它提醒我们注意研究任务的一个重要维度。

出生组和次群体的比较。我们在估量经济变迁对家庭适应和生活后果（life outcome）的影响时考虑了三个不同群体：出生组、特定出生组中的地位群体（statue groups），以及地位群体中经济状况不同的群体。出生组及其组成部分与特殊的生活经历、机会和资源有关，这些又影响着个体在大萧条中的受损经历。[19]

作为同一家庭单位的成员，奥克兰样本中的父母和孩子在大萧条中显然会共同经历许多境遇，尽管由于他们在30年代的童年环境、职业生涯和生命阶段都存在代际差异，他们看待这些境遇的角度会有所不同。每一代人都因自己独特的历史逻辑和在不同的时期共同分享的成长经历而显得与众不同，都因相互关联的活动、资源和他们所处的生命阶段（life stage）所必须完成的义务而独树一帜。特别是急剧变迁的时期，每个人都从他所处的历史世界（history world）——由他们的出生日期决定的——中获取与众不同的观点和处世哲学，这种观点反映了处于特定的历史情境中相互依赖而生活着的鲜活生命。

在剧烈变迁的时代，一个出生组所处的历史阶段和职业生涯的阶段，决定了境遇性解释和适应的各种方式。当每一个出生组遭遇到某个历史事件——无论是

---

[19] 有关年龄组比较研究的理论和方法论问题，在 Riley, Johnson, and Foner, *Aging and Society*（1972），第3卷（尤其是第2章）和 Hyman, *Secondary Analysis of Sample Surveys*（1972）（尤其是第274—290页）中有令人信服的讨论。

萧条还是繁荣，都会"因所处的职业生涯的阶段而与其他出生组的遭遇迥然不同"（Ryder，1965：846）。奥克兰的父母都要直接承担应有的责任，为家庭在经济上的困窘感到羞愧，而他们的孩子此时都太年幼，不可能经历经济方面的挫折，也无法在这个领域承担主要责任。对于这些孩子而言，他们所具有的适应性选择和受到家庭损失之伤害的轻重，都因他们的年龄、所处的社会环境和个人发展阶段而有所不同。在30年代初最为困苦的时期，随着孩子们智力的成熟和情感的发展，奥克兰的孩子们走出了早期童年时期的依赖阶段。而在全国为了二战进行总动员、机会也增多了的时候，他们达到了法定年龄。比奥克兰的孩子早出生十年的人，在经济崩溃最为严重的时候加入了劳动大军，而1929年出生的这个出生组的福祉则完全依赖于他们家庭的各种条件。这些差异清楚地表明了要跨出生组去总结大萧条的经历会冒多大的风险。

在出生组分析中，人们普遍承认，某个历史时期中的某一特殊的刺激性条件对不同的年龄组子群体的影响可能是不同的，这些子群体是按照阶级、性别、种族等因素划分的。卡尔·曼海姆（Karl Mannheim）把这些子群体称为世代单位（generation unit）（Karl Mannheim，1952：276—322）。关于阶级差异，我们知道从未经历过磨难的中产阶级家庭在心理上特别容易受到失业和财产损失的伤害。他们最有可能将失业和收入的丧失看作压力，而且会"过高地估计这些磨难会对他们的社会地位和孩子们的抱负所造成的威胁"（Hansen and Hill，1964：803）。但我们不能假定，某一特定刺激即使对特定地位群体的大多数成员来说，也有着同样的强度和持久性。从我们可以看到的资料来说，大萧条时期的中产阶级家庭都曾有过各种各样的经济受损经历，即使仅在男性失业的家庭中也是这样。由于行为是群体或个人与境遇共同作用的结果，所以它们的种种特点就一定也包括在对经济受损的适应所作的任何估量之中。

与传统的出生组内模式（inter-cohort model）形成对照的是，本项研究关心的是群体之间的差异，关注的是在某个特定出生组中各个阶级群体（class group）内家庭和个人受损的类别（derivational category）。我们的分析围绕着父母和孩子组成的四个群体展开，这四个群体是根据1929年的社会阶级和1929—1933年之间相对的收入损失来划分的。在中产阶级和劳动阶级中，我们将比较成长于相对未受损家庭和受损家庭之中成长者的生活经历和人格。经济相对未受损的家庭收入平均损失了将近20%，大致相当于截至1932年生活支出减少的数目。在两个社会阶级中，大多数受损家庭承受的损失超过了他们1929年收入的一半。

我们研究所选择的那些人都出生在20年代的头两年，在大萧条十年中他们还处于少年期和青春期，二战前才刚从高中毕业。我们的研究对象全是白种人，大多数都是新教徒，大约有3/5来自中产阶级家庭。非体力劳动的家庭几乎全是劳动阶级（相对于更低的阶级而言）。这些家庭中有3/4在大萧条结束后还保持完整，由出生在本地的父母当家做主。根据1933年和1938年斯坦福－比奈（Stanford-Binet）智力测验所获得的平均分数，这些孩子智商的中位数接近113。

在选择研究对象和他们的家庭时，父母有意愿合作和他们在可预见的将来仍打算留在本城是最主要的标准。虽然这种选择程序可能会导致样本出现偏差，即导致中产阶级家庭较多，但奥克兰成长研究的样本与研究对象就读的初中和高中的孩子的横截面样本（cross-section sample）显示，这样做在百分比上并没出现显著差异。（参见表格A-33；注意所有带有A字头数目的表格都可以在附录A中查到。）这些学校中大约有53%~63%的孩子来自中产阶级。所有的孩子都上同样的初中，而且除了少数例外，他们也都上同样的高中。在30年代初，初中的在校生大约有1000人，教员有38位。规模较大的高中大约有1900名学生和92位教员，主要是配合大学的预科教育。

在30年代，孩子的数据来源于教师的观察和社会及情感行为的评分，来源于自填自答的问卷（self-report questionnaire）和与母亲的访谈。[20] 145个青少年样本在成年后至少接受过我们三次后续研究（follow-up）中的一次。第一次后续研究（1953—1954年）包括一系列的访谈、人格调查（personality inventory）以及精神病学上的诊断。第二次后续研究（1957—1958年）主要是一系列长时间的访谈，访谈的平均时间为12小时。第三次后续研究（1964年）包括访谈和通过邮寄的方

---

20 30年代所使用的工具和数据收集方法，基本来源于Harold E. Jones, "Procedures of the Adolescence Growth Study," *Journal of Consulting Psychology* 3（1939）:177–180。用于比较的孩子长大成人后所使用的方法见John A. Clausen, "Personality Measurement in the Oakland Growth Study," in James E. Birren, ed., *Relations of Development and Aging*（Springfield, Ill.: Charles Thomas, 1964）, pp. 165–175。

式发放问卷。通过这些数据，每个研究对象截至1958年的生活史概况就被勾勒出来了。在智商、1929年家庭所处的社会阶级、种族和家庭结构方面，青少年和成人样本之间不存在区别。人们可以在附录中看到对样本更全面的说明和数据的主要来源。

奥克兰和整个国家的社会经济状况

在分析中，我们作出的解释必须考虑到，奥克兰的社会经济状况在多大程度上与美国的其他城市中心和地区的状况具有可比性。尽管奥克兰研究中的孩子们与学校同学们的家庭特点十分接近，如果奥克兰和旧金山海湾周围地区的社会经济状况与其他城市相比好得多，那么分析所获得结果的应用范围也是有限的。由于经济的系统性特征，主要产业的经济衰退相互影响并且跨过了州界就没什么令人奇怪的了。因此我们发现，纽约和加利福尼亚都属于高失业率州。不过和东北部的各州相比，加州感受经济萧条的全面冲击的时间晚了将近六个月（Huntinton，1939：7）。

奥克兰坐落在旧金山海湾的东岸，北部是伯克利人口稠密地区的一部分，南部有许多较小的社区。1929年，该城迅速发展成一个拥有28.4万人口的中心城市，成为海湾地区和西部主要的交通枢纽和物流中心。市民中的劳动力在服务业、物流业和加工业三个产业中平均分配。1929年，这个城市总共有126家企业，根据工资名册显示，总共有4.8万名雇员。他们大多数在造船、公用事业、铁路和航空运输设备制造等行业中工作。在大萧条以前，本市的美国信托公司副总裁就曾评论道："从工业上说，奥克兰已跻身于国内三个发展最快的城市之列。"这幅经济健康发展的图景在大萧条中发生了急剧变化。

就国民经济的大多数指标而言，1933年的上半年是30年代前期经济的最低点，无论在加利福利亚还是在奥克兰都不例外。随后，就业、商业和工业活动中都出现了稳定的增长，直到1937—1938年突然出现并不持久的衰退为止。就全国范围而言，到1933年，制造业中的就业人数下降到1926年的55%，而加州是1926年的54%（Huntinton，1939）。

根据现有的这些失业人数的数据，加州大学一个社会经济研究小组发起的一项研究估计，美国那些通常都能找到工作的人大约有1/3在1933年失业了。到1934年的后半期，这个失业的人群仍然约有1/4的人还没有找到工作。失业的类型包括那些有工作能力却失去工作并在机会降临之前一直在寻找工作的人，也包括那些临时失去工作的人。在加州和奥克兰，有近30%通常能找到工作的人在1932年失去工作。而且在1928—1933年之间，阿拉梅达县（Alameda）接受公共基金援助的家庭的平均数增加了7倍，而奥克兰正是该县的一部分。这种情况在洛杉矶和旧金山也能见到。

我们用三个能够显示城市经济状况的指标，将奥克兰和另外一些我们挑选出来的都市中心进行对比，这样我们就能了解奥克兰在大萧条中的相对状况。这三个指标包括：已发放的建楼许可证，这是衡量建筑活动的一种尺度；零售业中的净销售额，这是衡量商业活动的一种指数；就职于零售业的人数。参与比较的6个城市包括旧金山、洛杉矶、底特律、克利夫兰、亚特兰大和费城。就这三个指数而言，奥克兰在1929—1933年之间出现的经济衰退与其他城市平均衰退程度差不多（参见表A-1）。1933年，奥克兰已发放的建楼许可证只有1929年的40%。而底特律、克利夫兰和费城的情况更为糟糕，但是所有参与比较的城市的平均损失程度与奥克兰的数据非常接近（42%）。

1933—1937年间，奥克兰的建筑行业增长比其他城市的更为显著，而零售业和就业方面的情况与其他城市并无二样。1933年，这6个参与比较的城市的零售业销售总额平均为1929年的50%，而奥克兰则为51%。参与比较的城市中就职于零售业的人数跌至1929年的70%，与奥克兰的情况没有什么明显的差别。从总体上说，在这几个经济指标上奥克兰位居中间。底特律和克利夫兰的经济衰退情况更为严重，而旧金山和亚特兰大则稍好一些。

无论是比较奥克兰的还是全国的家庭经济损失状况，在纵向研究中最为适宜的指标都是家庭收入的中位数。如前所述，奥克兰研究中的经济受损是用1929—1933年（各种经济指标都降到最低点）受访者所提供的家庭收入的相对损失（relative loss）来衡量的。1929年，样本家庭的收入中位数是3179美元，1933年则为1911美元，减少了差不多40%。我们难以找到奥克兰家庭收入的数据，1935年以前全国范围内的准确数据也找不到。根据粗略估计，1929年美国家庭的平均收入为2300美元，1933年为1500美元，下降了近40%。比较1929年和1933年未经审计的纳税人上交的所得税所推导出的全国性收入数据，也可以看到相似的下降，尽管每一年的平均数（3156美元和1989美元）实际上因为排除了那些声称这些年没有净收入（net income）的人而被夸大了。[21] 如果这些数据所显示的收入损失的百分比是可靠的话，那么奥克兰样本家庭中出现的经济衰退与全国范围内家庭的平均损失在程度上就是吻合的。

通过人们写给地方报纸的信件所表达的更为普遍的观点，我们可以发现奥克兰市民对这个城市经济状况的态度及反应的证据。在这类观点中，有人认为，这个城市的公务员应该大幅度削减工资和薪水，这样他们才能与当地普通市民一般的经济状况一致；许多公务员很大程度上都依靠公共基金生活，教师的薪水太高，消防队员和警察应该自动减少工资。但是在问题的另一面，市政当局却常常因为减少学校和公共服务的经费而成为人们攻击的目标。

就这些状况而言，令人奇怪的是，市政当局的一些高级官员的态度和看法却完全不一样。关于1933年奥克兰城市经济的发展状况是否健康这个问题，该市市长就曾认为"奥克兰是少数几个在这个经济状况动荡不定的时期完全有偿付能力的美国城市之一"。与这种印象相符的是奥克兰萧条期间的地方史，它对该市各种社会经济条件的看法比加州和联邦机构所收集的统计数字更为乐观。[22] 鉴于该城市的官员为繁荣的社区和乐观的将来所做的投资，他们有选择性地使用一些观察和统计数据去构造这种幻像也不足为奇。在大萧条早期，否认经济的现状和人们所承受的痛苦是一种极为普遍的政治性反应。林德夫妇在他们有关中西部某个社区的经典研究《变迁的中镇》（1937年）中，描述了商人和政治领导人坚持认为未来是令人乐观的，而对居民的物质需求及其因惨重的经济损失而忍受的痛苦麻木不仁。尽管缺乏大萧条中的奥克兰和其他城市的统计资料，而且许多数据并不令人满意，但同样没有证

---

[21] 这些估算来自 Cabell Phillips, *From the Crash to the Blitz, 1929–1939*（New York: Macmillan, 1969），p. 34 的数据和资料。关于纳税人所得回报的数据，来源于 *Statistical Abstracts of the United States*, 1935, p. 182; 1939, p. 183。

[22] 参阅 Edgar J. Hinkel and William E. McCone, eds., *Oakland, 1858–1938*（Oakland, Calif.: Oakland Public Library, 1939）。

据说明奥克兰的经济状况与其他重要的城市相比有什么不同。

研究过去：一个谨慎的注释

建立在档案数据之上的研究，不可避免地会面对理想模式（ideal model）和研究过程中的可能性之间某种程度的不一致性或某种程度的张力。已确立的问题界定了合适的数据和研究设计所需具备的一系列特征，但是调查者的选择受到过去的决定和行为的限制。一般来说，研究者又不怎么喜欢已有的档案数据。只要"人们更加注意自己的行为并且留下适当的记录"[23]，历史和纵向研究肯定就能更加适当或者更加准确，即使适当性本身也要受到历史的限制。标准与偏好的方法论一道随着知识周期和社会问题的变化而变化。考虑到这些情况，为研究留下广阔空间的数据收集具有其优点。

从任何明确的意义上来说，奥克兰成长研究并不是为了研究大萧条中经济受损的影响而设计的，尽管研究成员非常清楚地了解这些后果对父母和他们的后代生活的影响。就现有的研究而言，数据档案最关键和最有价值的点在于我们可以使用其中包含的1929年和1933年这两年的社会经济信息。在大萧条所包括的所有年份中，就对经济变迁进行比较评估（comparative assessment）来说，这两年最为重要。

从一开始，奥克兰研究就更关心个人发展的生物学和心理学方面，而不是社会文化现象，可是这些文件记录的却是关于家庭生活、学校和社会经历的重要信息和30年代的大环境。直到1962年，这些信息中的大部分还没有进一步被编码或加工，以便于用来做统计分析。站在大萧条中家庭生活的立场来看，这些档案材料的不足主要体现在缺少关于父亲的信息。30年代的行为科学家并不把他们看成是孩子社会化中的主要角色，而在现在的研究中，他们也只是被当作其他家庭成员所感觉到的"那个人"，没有任何直接关于他们的数据。

总之，信息的基本来源包括研究小组中的观察者、研究对象本身、他们的母亲、同学和老师。正如人们所期望的那样，研究中的调查提供了那时有关"最先进技术"的历史写照。调查的对象不是从可能的抽样框中抽取的，而且样本的规

---

23 Frederick Wyatt, "A Psychologist Looks at History," *Journal of Social Issues* 17 (1961): 66–77.

模以中等为最好，人们很少注意抽样与具有普遍化意义的结论之间的关系。从积极的一面来看，重复地使用相同的工具，有可能建构一种对大萧条十年前半期和后半期中许多关键变量的相对稳定的量度。附录B中详细描述了这些工具，同时还对错误的来源和统计分析的模式作出了评价。

其他的抽样问题是长期纵向研究的设计本身所固有的。它们包括样本的损耗（sample attrition）、调查参与的影响等。我们注意到，青少年时期和成人时期样本的损耗，并没有导致这两个时间点上的研究样本在家庭特征、智力上出现什么差异。可是研究者的长期参与有可能对研究对象产生某种影响，而且评估这种影响还没有令人满意的方式。虽然存在这些局限性，在大萧条期间的孩子及他们成年后的生活方面，奥克兰研究还是比其他数据提供了更多的资料和选择。

初步看来，似乎没有理由不能通过回顾性或同期报告，从成年受试者那里获得纵向研究数据档案中缺失的信息。不过由于许多重要的原因，人们经常无法作出这种选择。诸如奥克兰研究这类长期追踪研究项目的参与者，也没有特权去收集他所需要的数据，除非他的计划与数据收集的总体设计相一致。如果对数据的收集毫无控制，那么将完全破坏数据的有序收集，耗尽调查对象的善意。作为个体的研究者的兴趣应当和项目的长期兴趣一致。后面兴趣冲突的例子就很清楚地说明了这种限制的必要性。在目前的研究中，如果能获得关于研究对象后代的适当数据，那么就有可能对大萧条的孩子和战后的各代人进行比较分析。不过这种接触却与在不久的将来所安排的追踪有直接的冲突。

如果我们能够回到20年代，并且根据现在的知识和资源设计一项关于家庭和儿童的研究，我们将采用概率抽样和小组重访研究设计（panel design），跟随着这些儿童从大萧条前期到30年代，到他们成年。小组重访研究设计使测量大萧条前后的各种条件成为可能，因此促进了对由经济受损引起的家庭和个人变化的因果分析。尽管人们努力改善对大萧条期间的家庭和孩子的研究设计，最有名的研究也都是小规模的，并且都在1929年后启动，用的都是精心挑选的非典型样本。大萧条期间的研究没有一个完全满足了上述这些条件，甚至按照现在的标准来看，所能得到的关于社会经济条件的人口数据也是不够的。虽然如此，为了研究的目的，不管有多少限制，对这个历史上的特殊时期的个人生活和经历的调查，只能适应现有的记录去灵活而小心谨慎地使用这些资料,别无其他令人满意的选择。二手分析的标准是"充分利用我们已有的资料"(Hyman,1972:281)。[24]

一般说来,对个人适应危机境遇的历史性解释最突出的特点是,它们或者强调事件和行为发生的时间顺序,或者强调在某个概念框架中进行分析。这两种策略都对理解过去作出了重要的贡献,并且每一种策略都能产生对另一种策略来说弥足珍贵的知识和数据,尽管在一项工作中很难满足双重目标。例如,当作者退回去"清理"(思绪),然后重新开始叙述时,事件流(the flow of events)就被中断了。实际上的损失是,任何一种目的都有可能得不到充分满足。在下面的解释中,我们将首先对在中产阶级和劳动阶级中相对未受损和受损家庭中长大的孩子进行比较分析,特别是要说明把他们的社会经历、人格和生命历程同30年代的经济受损和阶级出身联系起来的各种条件。但是,我们也计划把分析放在历史情境和奥克兰出生组生命历程中的一系列事件模式中。我们希望,这种方法将告诉人们大萧条的经历怎样塑造了这些美国人的生活。

在大量的调查中,研究者研究了人们对危机境遇的适应,这些研究调查提出了与大萧条的孩子们的生活境遇直接相关的一些假设(参见第二章)。但是我们更关心结果的总体模式及其方向、规模、一致性和总体构成,而不是对这些关键假设的检验。在小样本的纵向研究中,结果的意义特别依赖于这种总体看法。统计检验将用来估量差异和关系,但在其他情况下它仅仅作为一种标准。甚至在小样本中重要性并不明确的发现,也可能为将来的研究提出思路和问题。

我们至少可以从两种有利的方面来评价本项研究的价值:一种是对我们理解社会变迁所作的贡献,这种变迁总体通过家庭变迁和广泛的代际间的关系表现出来;另一种是对家庭生活、个体在大萧条中的适应以及曾经历这段历史时期的人

---

[24] 在这个方面,伊斯特林(Easterlin)有关经济序列分析的警告和我们的研究经历极为相似:"一个对于一段较长历史时期的定量研究有兴趣的学者,对于数据的要求和统计方法有强烈的先入之见是不明智的。他很快就会发现自己因数据的支离破碎及概念和统计的相容性问题而陷入绝望之中。他在成为历史序列的消费者的同时,必须准备而且应该成为它的生产者。"Easterlin, *Population, Labor Force, and Long Swings in Economic Growth*(1968),p. 7。K. 埃里克森(Kai Erikson)看到"处理历史资料需要一种能够中和可怀疑性及不确定性的方法"。"Sociology …"(1970),p. 335。

的这种适应对他们生活影响的深刻见解。如果所有的可能都变成了现实，我们将会在两个领域内对知识作出贡献。只要我们对大萧条经历中的这些影响有着某种理解，那么即使不能发现经济受损给个人所带来后果的新的原因，也无关紧要。在从30年代开始美国社会中出现的意义深远的变迁中，大萧条一代成了变迁的主要力量，但是他们在30年代的不同经历还几乎不为人所知，也没有任何研究把这些经历和他们人格的形成（personality formation）和成年后的职业生涯联系起来。父母和他们大萧条中成长起来的孩子们在家庭关系和价值方面的持续性或者对立性，可能是理解当代代际关系和家庭变迁的一个重要因素。

更为普遍的是，我们发现大多数有关经济受损的心理影响的研究都建立在下层阶级人口的横截面抽样的基础上。由于关注极端的、持久的萧条及其与能力匮乏之间的关系，我们忽略了上层阶级的人向下流动时所面临的社会心理问题，不管这种问题是暂时的还是长期的。目前这种关于大萧条中逐渐减少的变迁的研究，包括研究相当数量的那些在萧条前还属于中产阶级家庭的孩子，这种研究关注的是经济受损和个人发展之间的关系中的适应性资源，这是用阶级地位和智力去衡量的。在当代社会中，大量地位较高的家庭都经历了向下流动、失业和经济受损，而这些问题在60年代后期和70年代初的经济衰退期间，已成为某些地区的严重问题。[25] 就连出现在高技术人群中自愿性的职业变化，偶尔也会导致实际上的经济受损和过分的节俭。本项纵向调查的结果，对拓宽关于父母职业变化对孩子的心理影响的认识，以及与童年时期和成年时期的具体损失之影响（不管它们是致病性的还是促进孩子发展的）相关联的条件的认识，都很有价值。[26]

---

25 比如，最近几年有关大萧条重要意义的研究，已经指出了许多工厂停工的社会心理影响。Aiken, Ferman, and Sheppard, *Economic Failure, Alienation, and Extremism*（1968）；Slote, *Termination*（1969）。全面回顾大萧条中有关失业的心理影响的研究，可以参阅 Zawadski and Lazarsfeld in "The Psychological Consequences of Unemployment"（1935）。

26 经济上的急速衰退除了对家庭环境有着影响外，还完全改变了上层阶级许多孩子的社会世界。"在面对经济萧条时，20年代的反正统文化的衰落，表明人们必须放弃社会变迁的线性理论。当前文化上的反叛，预示着经济的稳定和繁荣，这些条件在特定的资本主义经济周期运行的情况下也不能被当作理所当然的。" Milton Mankoff and Richard Flacks, "The Changing Social Base of the American Student Movement," in Philip G. Altbach and Robert S. Laufer, eds., *The New Pilgrims: Youth Protest in Transition*（New York: David McKay, 1972）, pp. 56–57。

任何有价值的研究结论都是富有启发性的，对相对未知的领域中的研究来说尤其如此。正如W.卡森（William Kassen）所说的那样，在这种情境中，纵向课题成了假设的一种宝贵来源，而且特别适合拓宽新的视野和在富有成果的研究中开创新的领域。这些结论可能是当前的研究对理解个人适应社会经济变化的贡献的最合适尺度。[27]

---

27 William Kessen, "Research Design in the Study of Developmental Problems," in Mussen 1960, pp. 36–70。因为进行追踪研究的人了解他们所获得的数据的独特价值和局限性，所以都倾向于在调查中融入W.卡森提出的这种精神。就他们所研究的对象而言，卡森和莫斯（Mussen）指出："我们基本上把这份研究报告看作新假设的来源，而不是作为事实的结论。这促使我们的同事根据他们各自的兴趣选择看法，然后提出更加严格的检验，验证这次研究中没有包括的更富启发性的设想。" *Birth to Maturity*（1962），p. 19。和奥克兰研究有关的研究请参阅Jack Block, *Lives through Time*（1971），这是另外一项对人类发展研究所中的奥克兰样本和指导研究样本所进行的关于人格变迁的卓越研究。

第二章
对经济受损的适应

> 一种危机之所以成为危机，准确地说，是因为人们的共同行动没有效果……在这种时刻，我们需要的是应急性的行动。
>
> ——涉谷保（Tamostu Shibutani）《即兴新闻》

大萧条中的经济变迁给许多家庭造成了一种危机，导致了广泛的适应性反应。根据现有的记录，经济受损的家庭一般都遵循这样一种自我调整的过程：从经历危机到不知所措或家庭解体，然后通过新的行为模式部分恢复，直到最终的稳定（Bakke，1940；Hansen & Hill，1964）。父母所采用的适应方式也影响到他们的孩子的经历。

作为本项研究的一个出发点，我们将首先考察其他研究中关注家庭对于萧条和受损的适应的研究。我们特别关注的是家庭在经济维持中的劳动分工、婚姻权力和亲子关系，以及它们对孩子在家庭中的经历的可能影响。本章的后半部分将把地位的变化与人格和成就联系起来，探索适应潜力在削弱经济艰难对心理健康的影响时的作用。

家庭中的受损和适应

经济受损容易对三个领域中的变化造成压力：家庭生计的维持，主观感受到的家庭地位或位置，以及养家糊口者在家庭中的地位。在大萧条中，维持家庭生计的经历可以用三个方面的适应方式（mode of adaptation）来描述：家庭需求或要求，消费（购买商品和服务），以及经济资源（收入、存款、财产、经济援助等）。经济受损导致的第一个问题就是，收入与家庭需求以及已经习惯的消费水平之间的不一致。在有些家庭中，尽管养家糊口者没有收入了，但是依靠存款、借贷和其他家庭成员的新收入，仍然能够维持家庭原有的财务状况。但是当经济形势进一步恶化时，使需求和消费与现在家庭的经济状况相吻合的压力就增大了。这种适应性调节所带来的后果之一就是家庭经济转向劳动密集型，通过家庭成员的劳动（种植家庭菜园、储藏食品、制衣、洗烫等）来提供更多的商品和服务。

当经济状况变得愈加艰难时，消费对于社会地位的重要性通常就要从属于家庭的实际物质需要了。有人发现，在新英格兰的一个社区中，失业工人和他们家庭的调适，与他们对于现实的定位有关，也与过去的生活方式和现实的可能性之间越来越无法比较有关（Bakke，1940，第七章）。在失业之初，这些家庭总是在回顾过去，并根据过去来确定自己现在的境遇。人们只是削减不太重要的娱乐方面的开支和奢侈性的支出。当补充性收入和其他来源的收入不再能满足家庭的需要时，过去才在现在的迫切需求面前逐渐隐退。于是，人们重新界定自己的基本需求，并相应地重新安排自己的消费。

在经济萧条之前地位越高的家庭，在决定资源的分配方面对地位的考虑就越多：一个家庭"爬得越高"，就越不能接受地位丧失这个现实。研究也表明：即使在蓝领家庭中，"原来生活水平相对较高并认为自己属于'上等家庭，坚持与此地位相符合的标准、规则和责任'的家庭，也会尽最大的努力使自己不从这种地位跌下来"（Bakke，1940：237）。[1]人们试图通过诸如不向朋友和邻居隐瞒自己的信息，以及维持社会地位方面的必要开支（如粉刷房屋，购买百叶窗，在朋友可能会来时给所有的房间供暖）等等，来部分地实现这一目标。

---

[1] 主观损失（subjective deprivation）指的是感觉到的期望和实际的获得之间的差异，它和它所导致的不满，一般被看作导致社会运动出现的主要因素。H.德雷伯（Hal Draper）据此提出，30年代的学生运动部分是中产阶级在社会和经济上衰败的结果。"美国整个中产阶级正被这个阶级所抛弃，学生运动部分是这种非阶级化（declassment）的结果。"见"The Student Movement of the Thirties: A Political History," in Simons 1967, p. 156. 与这种非阶级化有关的不满，在人们的政党偏好从1928年的共和党急剧转向1932年的民主党之中也可以看到。对于本项研究来说，一个重要的问题是父母的不满和政党偏好是如何影响孩子的政治社会化的。在第九章的结束语中，我们会利用有限的数据简要地谈及这个问题。

社会性防御（social defense）是"迷恋事情的旧日面貌"的症状。一味地同过去的满足感和标准相比，只能增强经济受损家庭对现实的不满，使重新调整的过程变得更困难和更漫长。当人们将目前的可能性同过去的一切相比较时，劳动家庭的重新调整过程就会面临"真正的挫折"。当眼前问题的紧迫性将人们的注意力引向"今天的机会而不是过去的成就"时，不满就逐渐变得不那么让人敏感了（Bakke, 1940: 175）。

　　收入和职业的变化导致了家庭地位前后不一致的不同形式。在关系到家庭尊严的三个主要因素——丈夫的收入、职业和教育水平中，只有丈夫的教育水平（还有妻子的教育水平）在大萧条中没有向下流动。因而，收入的减少和职位的丧失共同导致了过去和现在之间的矛盾，并且使他们现在的收入、职位与他们的教育水平不吻合。[2] 受过大学教育的人被迫从事远远低于他们的教育水平的职业以供养家庭，这种现象并不罕见。如果收入和职业被看成是对接受教育所需要的投资的回报，那么当那些男性所获得的回报大大低于人们的一般期望时，我们能够想象得到他们的愤怒程度和挫折感。不过，30年代普遍出现的经济受损，有可能降低人们以及他们家庭的期望值，因为他们意识到无数的家庭都碰到了这种不幸，他们会把这种状况的原因归于外部环境。

　　家庭地位前后不一致的另一种含义是家庭在社会中所处的地位模糊不清。教育、收入和职业都给这个家庭打上了区别于其他家庭的不同的地位印记。他们的邻居可能用他们在经济上的不幸遭遇，而不是用父亲更高的教育水平和职业地位来评价这个家庭的地位，而后者恰恰是这个家庭成员自我评估的依据。由于中产阶级在维持地位方面的投资相对更多，因此，不满和挫折感与经济受损的联系在这个阶层中要比在劳动阶级中更密切（参见第三章）。

　　尽管家庭地位在某种程度上存在的前后不一致性代表了工业社会中一个常见

2　G. 伦斯基（Gerhard Lenski）在他的论文"Status Crystallization: A Non-vertical Dimension of Social Status," *American Sociological Review* 19（1954）: 405–413中，提出了地位的不一致性（status incongruence）的现象，并引起了研究者的注意。有关地位不一致性的影响，可以参阅Malewski, "The Degree of Status Incongruence and Its Effects"（1966）。也可以参阅Thomas F. Pettigrew, "Social Evaluation Theory: Convergence and Applications," in D. Levine, ed., *Nebraska Symposium on Motivation, 1967*（Lincoln: University of Nebraska Press, 1967）。

的结构特征（structural feature），但我们至今尚不能完全理解它对家庭生活的影响。近期的经验研究使一些分析人士把当代美国社会中这种地位的不一致性看成是社会变迁偏好的诸多因素中相对"微不足道"的东西，认为除了地位因素本身的主要影响之外，这种不一致性不能说明什么。[3]假如这种判断适用于当今这个时代，那么它肯定就不适用于像大萧条这样剧烈变动的时期。地位的不一致性是急剧的社会经济变迁的一个突出特点，这种变迁的性质有可能使这种状态变成人们能够意识到的事情。突然的错位往往增强了这种意识，它们可能成为对个人和社会来说都有着重要意义的问题。如果我们假设，当地位的不一致性被视作一个问题时，它会对家庭生活产生影响，那么这就是我们需要考虑的一个重要方面。

经济受损和与之相关的父亲地位的变化，对萧条时期家庭生活中的两个领域有着直接的影响：一是家庭在维持生计过程中的劳动分工；二是家庭关系，包括丈夫和妻子之间的相对权力和亲子关系。收入的大幅度减少增加了对其他替代性谋生方式的依赖，而且强化了家庭经济中劳动密集型的因素。这两个方面的发展都导致母亲和孩子更多地参与经济活动和家务活动。

家庭谋生中的劳动分工

丈夫和父亲角色的失败，使家庭的经济责任转到了其他家庭成员的肩上。在30年代经济条件恶化时，妇女就业显著增加，而且对于她们的丈夫来说也变得更能接受，尽管社区中还有不满的情绪（Bakke，1940：184）。[4]在劳动阶级中，妇女的社会位置总是在家庭内部，除非家中的经济状况再也维持不下去了，且这种状况是由家中的男性生计维持者长期失业造成的。在家中的存款花费殆尽，而信用贷款又超出了可以接纳的限制时，辛苦劳作的男性的妻子只能外出寻找工作，不过家中孩子还太小的妇女很少这样做。

如果家中的经济条件导致母亲不得不外出工作，并因此减少了家庭原本可以

---

[3] Marvin S. Olsen and Judy Corder Tully, "Socioeconomic-Ethnic Status Inconsistency and Preference for Political Change," *American Sociological Review* 37（1972）:560–574。

[4] 尽管家中的各种条件使女性不得不就业，但是失业的男性仍对"骗走了他们的工作"的这些女性怨气冲天。Edwin C. Lewis, *Developing Women's Potential*（Ames:Iowa State University Press, 1968），p. 151。

获得的各种有偿服务，那么除了利用家庭之外的丰富经济资源外，他们也会鼓励孩子参与承担家庭角色。我们的假设是，对家庭福祉的贡献也是按照性别角色划分的，即男孩主要参与经济活动，女孩则在家中从事琐碎的家务劳动。现有的论据显示，在大萧条中年龄较大的孩子接受了这些富有挑战性的要求，而且他们也经常表现出非凡的努力和能力。根据对危机境遇的调查，我们发现，有时候父母角色的变化会使参与维持家庭生计的孩子的角色出现补偿性变化（compensatory change）（参见 Perry 等，1956）。众所周知，孩子们承担了以前由无行为能力或者已经退化成为孩子般状态的父母承担的主要责任。在第四章中，我们将比较中产阶级和劳动阶级内未受损家庭和受损家庭的经济活动中孩子们的角色。

大萧条中的各种条件迫使孩子承担了本应由成人履行的职责，从而使这些孩子拥有本应有的受保护的无忧无虑的青春期成为不可能。正如阿尔伯特·科恩（Albert Cohen）所回忆的那样，在大萧条中已经"没有十几岁的孩子了"。[5] 在更加富裕的时代，青春期容易受到一种完全不同的侵占，即孩子般的顺从和依赖向上延展至成年时期。作为一个消费导向型（consumption-oriented）社会中的剩余劳动力，现在的年轻人因为成人前那种依赖状态的延长而被排除在生产性角色之外。成人期和童年期的延展都要人们付出代价，但是在前一种状况下青少年至少能够承担着有报酬的工作，因此他们也有了超越自身的目标。根据现有的资料，来自经济受损家庭的孩子是家庭经济中的重要因素，他们在劳动和现金收入上的贡献是不可或缺的。此外，大萧条期间的青少年犯罪不仅不普遍，而且同后来更富裕的年代相比可以说很少见（Glaser & Rice，1959）。至少就某些方面而言，下面这句话是千真万确的："富裕与贫困一样，可以轻而易举地摧垮孩子们。"[6]

孩子们的家务劳动和工作经历，除了是对家庭福祉所作出的贡献外，也对培养他们的良好习惯和态度（包括随机应变、责任心和自立等）很有价值。把家庭

---

5 Albert K. Cohen, Foreword to Frank Musgrove, *Youth and the Social Order*（Bloomington: Indiana University Press, 1965），p. ix. 有关的论述可以见拉尔夫·林顿（Ralph Linton）的论述，他认为社会会用两种方法中的任何一种去拒绝正式认同青春期："儿童时期的服从和依赖状态可能向后延长到青春期，成人承担多种社会义务的状况也可能向前延伸到青春期。" "Age and Sex Categories"（1942）。

6 Cyril S. Smith, *Adolescence*（London: Longmans, 1968），p. 7.

责任分派给孩子，暗含着这样一种假设：他们从这种经历中可以学到很多重要的东西，比如"勤劳和守秩序的习惯，尊重他人的权利和观点，使自己的行动服从家庭的总体利益，等等"。[7] 在有关培养孩子的科学文献中，参与家务劳动都被描述为责任感的训练，而一般的理论倾向于把怠惰同劳动的美德（自立、理财的实践和社会责任感）相比较。[8] 不过支持这些益处的可靠的经验论据极其匮乏，[9] 部分原因在于劳动经历不断变化的特性。如果勤劳和责任感是必要的和富有意义的工作所导致的结果，我们就可以假设，在来自经济受损家庭（特别是中产阶级家庭）的孩子中，这些品质应当相当普遍。此外，家庭之外的工作需要在某种程度上脱离父母的控制。

夫妇间的决策和家庭关系

无论是在正常时期还是在危机时期，男人在职业上的成功一般都与他们在家庭中的权力和地位相关。在下层阶级中，由于男人经济地位不稳定且没有什么收入，所以妻子在家庭中普遍具有支配地位，这种现象在大萧条中也极为常见（Scanzoni, 1970）。但当父亲在家庭中的权威主要来自文化传统或者家庭成员的感情时，经济挫折就有可能被战胜。唯一一项系统探索失业的因果影响的研究发现，妻子的态度也是丈夫地位变化中的决定因素（Komarovsky, 1940）。[10] 纽约地区49个家庭抽样中，男人建立在感情和传统基础上的权威与由经济生产和（功利主义的）畏惧支撑的权威明显不同。如果权威建立在感情的基础上，则丈夫的影响是通过个人品德与和谐的关系来维持的。以传统为基础的权威，则指的是妻子相信家庭的领导权是丈夫应有的权利和义务。只有在那些大萧条前妻子就持功利主义态度的家庭中，失业才成

7　John Dewey, *The Child and the Curriculum*（Chicago: University of Chicago Press, 1956），p. 35.

8　参阅 Beatrice Whiting, ed., Six Cultures: *Studies of Child Rearing*（New York: Wiley, 1963）。

9　也可参阅 Cecile T. LaFollette, *A Study of the Problem of 652 Gainfully Employed Married Women Homemakers*（1934）; Esther E. Prevey, "A Quantitative Study of Family Practices in Training Children in the Use of Money," *Journal of Educational Psychology* 36（1945）:411–428; Dale B. Harris, "Work and the Transition to Maturity," *Teachers College Record* 63（1961）:146–153; and Murray A. Straus, "Work Roles and Financial Responsibility in the Socialization of Farm, Fringe, and Town Boys"（1962）。

10　就像大多数其他有关大萧条中的家庭生活的研究一样，卡马诺夫斯基（Komarovsky）的研究也没有获得有关萧条前或者经济危机前的家庭数据。不过，卡马诺夫斯基运用了大量技巧试图重建家庭生活。

为丈夫丧失权威的一个重要原因。该结果与下层阶级的家庭中两个少数种族群体中男性权威的差异一致。在墨西哥裔美国人的家庭中,男性权威由文化传统所支撑,行使权威是丈夫和父亲的权利。在黑人和下层阶级的家庭中,男性权威缺乏传统规范的支持,所以非常容易受到经济状况的侵害。[11]

由于家庭角色是相互依赖的,所以夫妻关系的变化相应地就会影响亲子之间的互动。有关大萧条中的家庭的两项研究得出的结论便可证明这一点(Komarovsky,1940;Bakke,1940)。[12]这两项研究都说明,父亲在婚姻关系中权力和地位的丧失都与亲子关系的相应丧失有关。在妻子居于支配地位的家庭中,父亲在孩子面前几乎没有权威。在经济受损的家庭中,母亲地位的上升大都明显地增强了其对孩子的态度的影响。

为了后面的分析,我们先考察家庭适应的两种主要方式,我们强调这些调适在缓解经济条件对奥克兰研究中的孩子们的影响方面的潜在作用。我们将女孩从事家务劳动和男孩从事有报酬的工作同经济受损家庭的谋生需求联系起来,再将其同这些孩子的个人特征联系起来,因为这些特征影响着他们的工作经历。同样,夫妻之间的权力关系一方面与维持家庭的各种条件有关,另一方面也与亲子关系有关。

在经济受损和孩子们的经历之间还存在着另一种普遍的关联,这种关联是由家庭变化所导致的社会紧张构成的,也是由与经济丧失和地位调整有关的资源成本(resource cost)、前后不一致性和冲突构成的。社会变迁改变了确定和界定自我的日常关系,并使互动和社会纽带(social bonds)都出了问题。

人格和成就对地位变化的影响

既然孩子们被安排在家庭中的各个位置上,那么其位置的任何变化都会影响到他们相对于同龄人和成年人的地位和认同。除了成就和对未来的期望,家庭地

---

11 在居住于城市的墨西哥裔美国人中,家长制的理念已经转变为平等的信念。参阅 Joan W. Moore, *Mexican-Americans*(Englewood Cliffs, N.J.: Prentice-Hall, 1970),chap. 6。

12 这种关系也表现在最近的一项研究中:Charles E. Bowerman and Glen H. Elder, Jr., "Variations in Adolescent Perception of Family Power Structure," *American Sociological Review* 29(1964):551–567。

位显然是决定孩子们的生活境遇和可能获得的报酬的一个主要因素。正如前面提到过的那样,大萧条中的经济受损导致那些决定家庭在社会结构之中位置的因素之间出现了差异,而且这些差异又与规范性期望(normative expectation)不一致。

这种矛盾最明显地表现在下面三种差异上:经济受损前后的经济地位之间的差异,父亲的收入和职业地位之间的差异,父母的收入和教育水平的差异。这种状况至少在三个方面伤害了孩子:它导致了家庭间和家庭内地位的模糊和紧张,它导致了父母对自己的地位感到沮丧或者不满,它使父母作为榜样的相对吸引力出现变化。在同龄人的世界中,由于服装和娱乐方面开支的减少,经济衰退导致了孩子们过去和现在的地位之间产生了明显的差异。

地位的不一致性会通过降低那些能建构互动和定义自我的期望与评价,来培养有关自我和对于他人的意识。在出现冲突的情境(这些情境激发了自我中对于他人的态度)下,人们的行为变得具有自我意识了。[13] 为了理解地位前后不一致给协同行动(coordinated action)所带来的后果,我们最好从只占有单一地位的人开始探讨。行为者所处的位置建构了其他人对他所抱有的期望、他自己对自己的期望,以及其他人对他采取恰当行为的期望。一个没有因彼此冲突的地位而复杂化了的相对稳定的位置,确定了可以预期的一般境遇。它们之间的相互作用是不成问题的,自我认同则反映了与环境的整合和协调。

只要多重地位没有出现相互矛盾,它们就不会对期望中的各种角色功能产生负面作用;但是如果变迁使个体处于地位冲突的位置上,那么他对他人和自身都会有矛盾的表现。在这种情境下角色互补失败,"而以紧张、焦虑或敌意等形式反馈到参与者的理解和自我意识之中"(Speigel, 1960: 365; Zollschan, 1964: 258—280)。在大萧条时期失业的家庭中,这种角色互补的失败是处于重新调整周期中的夫妻之间误解、失望和冲突的常见来源。在各种家庭事务中,以及来自经济受损家庭的孩

---

[13] George Herbert Mead, *Mind, Self, and Society*(Chicago:University of Chicago Press, 1934), p. 162。在大量社会理论家的著作中都能发现社会冲突能够增加行为意识这一假设,其中包括格奥尔格·齐美尔、乔治·赫伯特·米德和卡尔·马克思。用帕克(Park)和伯吉斯(Burgess)的话来说,"只有存在冲突的地方,才会有行为的意识和自我意识"。参阅 Robert E. Park and Ernest W. Burgess, *Introduction to the Science of Society*(Chicagb:University of Chicago Press, 1921), p. 578。

子和其同龄人的关系中,这种失败和对这种失败预期的恐惧并不鲜见。[14]

对父母、配偶和家庭生计维持者这些角色所应采取的适当行为感到的不确定性和抱有的与现实相冲突的期望,使父母和孩子都处于一种无法预期的情境中。卡塞尔(Kasl)和科布(Cobb)认为,父母地位不一致所导致的压力,表现为一种不稳定的自我意象、挫折、令人不满的婚姻、亲子关系,以及专制性的父母权威(Kasl & Cobb,1967)。这些情况给孩子们可能带来的影响包括:对待自我的态度前后不一致、不合时宜,缺乏对父母的认同,以及有被排斥的感觉。这些对待自我的态度,也可能来自地位变化对儿童及其同龄人关系的影响,比如衣着质量的下降等。

自我意识过剩和意象角色的扮演,代表了对令人恐惧的、新鲜的或者易变的情境的适应,在这种情境中,他人的行为和态度是未知的或无法预测的。与不确定性和冲突联系在一起的紧张感,"增强了人们感觉是'内在的'刺激和他们感觉是'外在的'刺激之间的区别。在自我的刺激和他人的期望并不一致时,它就逐渐成了自身的一个客体,因此它所得到的回应与它自己的期望也不完全一致。当自我不再完全按照他人的看法来看待自己时,自我就在自我意识之中成熟起来了"(Gouldner & Peterson,1961:43)。

因此,在经济受损家庭的孩子身上出现的自我意识过剩,会使他们对情感压力(emotional stress)和父母及他人的态度非常敏感。自我意识指的就是对社会暗示(social cues)的一种极其敏感的状态。通过增强社会敏感性,家庭中的危机情境可能会扩大重要他人的影响,并促进个体对自我的评价,从而影响个人改变。因此,我们认为,自我意识过剩、情绪化和不安全感是来自中产阶级和劳动阶级

---

[14] 最好的唯一的来源是 Bakke, *Citizens without Work* (1940)。有人可能会争辩说,大萧条中的各种条件只是增加了地位的模糊程度,这是以成就为取向的流动社会的一般特征。E.拉腊比(Eric Larrabee)说:"我们对地位感到焦虑,因为它非常成问题,也就是说这个系统无法发挥作用。我们不再为出生或者金钱决定的位置所束缚,对于个人来说存在着逃离这些位置的机会,尽管并没有这种要求。在这种完全失序的混乱中,要发现一个人是谁是十分困难的。" *The Self-Conscious Society* (Garden City, N.J.: Doubleday, 1960), p. 44。同样,C.赖特·米尔斯宣称,美国是一个声望不稳定、不确定的社会,而不是一个有着确定和稳定声望体系的社会。当"个人的主张通常不被他人所认可时",整个社会也就造成了"误解的迷津、突然的沮丧和突然放纵的迷乱;个人由于自尊的波动不定而处于紧张和极度焦虑之中"。Mills, *White Collar* (1951), p. 240。

中经济受损家庭的孩子的主要特征（参见第六章）。这里所提到的经济受损的影响，与对处于社会和文化边缘状态的个人的客观描述非常一致。根据这些经典描述，处在不同场合的边缘人，都会具有极强的自我意识、高度敏感、情绪化和紧张。[15]

众所周知，严重限制选择和资源的经济状况，会导致冷漠、需求和目标受限，以及认同的排斥性（identity foreclosure）。[16]这也许能说明奥克兰样本中的一些劳动阶级孩子的生活境遇和适应，但是用来描述30年代后期来自经济受损家庭的中产阶级孩子的状况却不是很恰当。总之，在艰难时期，这些家庭可能还依旧充满着希望和对未来的憧憬，或者至少在30年代末的时候，会因经济条件的改善而重新对未来抱有希望。在这种情境中，家庭的艰难有可能增加未来成就的重要性，而对青少年来说这种成就是地位和自我定位（self-definition）的基础。这种观点来源于下述假设：地位的不一致性是认知紧张（cognitive strain）和情感压力的一个来源；个体会努力使这种情况出现的可能性减少到最小，而使自己的社会地位上升到尽可能高的位置；年轻人在家庭之外去寻求获取他们预期的由潜力和目标所界定的地位。尽管家庭地位不会因受抚养者而改变，但人们能够照此调整所预期的地位，而且这种预期的地位可能会因为家庭受损而成为自我界定的基础，从而变得重要。

对于中产阶级家庭的青少年而言，如果说经济受损增加了他们未来地位的重要性，那么它也使他们因为家庭资源的受损在实现这个目标时碰到了更多的困难，让他们为地位获得（status attainment）承担了更多的责任。萧条"使工作似乎不仅显得宝贵，而且难以获得——也正因为难以获得所以才显得宝贵"（Riesman, 1950: 344）。在家庭对这些年轻人获取成就的支持减少了的情况下，个人资源在决

---

15 Milton M. Gordon, *Assimilation in American Life*（New York: Oxford University Press, 1964），p. 57。有相当数量的文献提到地位的不一致性和情感压力有关，但是对于父母地位的不一致性如何影响了孩子却知之甚少。对成年人的研究，参阅Jackson, "Status Inconsistency and Symptoms of Stress"（1962）；Jackson and Burke, "Status and Symptoms of Stress"（1965）；以及一份文献回顾：Robert L. Kahn and John R. P. French, Jr., "Status and Conflict," in McGrath 1970, chap. 14。

16 参阅Jahoda et al., *Marienthal*（1970）; and Stuart T. Hauser, *Black and White Identity Formation*（New York:Wiley, 1971）。豪泽认为："认同排斥的结构是由停滞（也就是说，多重自我想象的所有方面的变化都显著减少）所界定的。自我想象这种天生的停滞状态是由个人经验——意识——选择有限所导致的。"（第109页）

定地位的前景和获得方面就变得更加重要。当一个目标十分重要，而它的实现却主要依赖于个人资源时，对于能干的年轻人来说，不论是目标还是手段都值得他们深思熟虑。经验研究表明，目标的重要性和对实现目标的期望，都会促使行动者对所采用的手段进行斟酌，对实现目标的相关环境因素产生兴趣，并采取直接的行动（Stotland，1971：17）。

就奥克兰样本而言，与目标取向（goal orientation）相关的这些因素都说明，同那些生活在经济未受损家庭的年轻人相比较，来自经济受损家庭的男孩更早确定成年后他们想做什么事情，而且这种取向是那些个人能力较强和对目标期望值较高的男孩（也就是那些来自中产阶级和高级知识分子家庭的男孩）的主要特性。在这个假设中，我们认为，对未来的地位和实现这一目标的步骤的思考导致了目标取向的具体化（参见第七章）。人们也可能把这种取向看成是家庭地位的不一致性的结果和减少地位不确定性的需要。这种不确定性的减少在某种程度上是通过确定既定目标来实现的。

奥克兰的孩子成人后，实现其目标的一个关键因素是机会。如果结构性的条件不能为这些孩子提供受教育和获得合适职业的机会，那么未来地位重要性的增加、具体化的目标以及决心就没有什么意义。能够觉察到的机会同样也是希望和未来发展的一个基础。经济受损家庭逐渐增加的资金需求和地位变化，将限制它在地位确立（status placement）方面的作用，并且促使年轻人在相对较小的年龄就开始从事全职的工作。[17] 而且，较早地进入工作角色和完成婚姻，作为在机会有限的情况下获得独立的源泉，也有着特别的价值。中产阶级的生活机会比劳动阶级要多，中产阶级的文化环境更有利于他们获得一定的成就。因此，我们认为经济受损对来自劳动阶级的人（特别是对那些没什么能力的人来说）的人生成就（life

---

17 从对教育数据的时间序列分析来看，费里斯（Ferriss）发现了关于经济状况和上学的持续性之间关系的两个假设的支持性证据："当家庭在金钱上的需求增加的时候，就如大萧条中发生的情况一样，学生就会被迫辍学就业"；同时，"当失业状况加剧，工作变得更不充分的时候，诸如注册学生（enrolled student）之类的边缘工人（marginal worker）就更可能留在学校，而不是进入劳动力市场；相反，当工作充分时，更多的边缘工人会被吸收进入就业大军，因此注册的学生也会辍学就业。" Abbott L. Ferriss, *Indicators of Trends in American Education*（New York: Russell Sage Foundation 1969），p. 25。

achievement）的负面作用最大。

人生成就，特别是成年时期的心理健康，取决于与家庭经济受损相关的情感压力的程度及其对人格形成的影响。自我的过度敏感（hyperconsciousness of self）可能是对困境的一种适应性反应，但它也可能导致严重的失眠和恐惧。对于某种特定的境遇或者情境，我们需要了解可能增加情绪困扰和心理失调（psychological disorder）的条件。这个问题促使我们去思考适应潜力（adaptive potential）及其在决定萧条中以及持续到成年以后经济受损的心理影响中的作用。本章的结尾部分将集中讨论这些问题。

适应潜力和人格

如果我们只是在大萧条中经济受损的生活境遇的基础上建构对成年人心理健康的评估，那么他们的健康水平会特别低。在30年代，这些评估基于这一假设：个人的机体非常容易受到环境压力和限制的影响。个人的这种意象在精神分析理论中有所描述，也出现在一位精神分析学家在十年萧条的早期诊断中：恐惧、缺乏信心、持续的谦卑、自虐倾向和沮丧，这些都是由于孩子受到了"父母身上道德崩溃所带来的破坏性后果"影响的结果。[18] 残酷的经济受损所造成的某些病状是精神错乱的重要病源，这些病状包括与身体的安全感、自我和社会的定位，以及认知有关的阻碍了奋斗精神的情形。[19] 但是这些病状和心理功能之间的关系还取决于许多因素，包括个体在适应潜力方面的差异。

甚至在有关大萧条时期受损惨重的记载里，比如在有关奥地利的马林塔尔（Marienthal）的大萧条的经典研究中，家庭的社会经济环境也无法充分解释孩子们的健康状况（Jahoda et al.，1970）。马林塔尔是一个大约有1500个居民的村庄，当它唯一的雇主——一个大型纺织厂——倒闭时，它变成了一个失业的社区。除了80个人以外，整个村庄的人在长达三年的时间里没有工作。根据当时的社会现状调查（sociographic report）记录，人们平均每天的生活费是5便士，餐桌上的肉

---

[18] Beran Wolfe, "Psycho-analyzing the Depression," *The Forum*, April 1932, p. 212.
[19] Alexander H. Leighton, *My Name is Legion*（New York: Basic Books, 1959）.

是马肉，庆典上的常见食品是少量的面包和咖啡。在这种特殊的情况下，调查者发现父母和孩子的要求和愿望都减少了，因而降低了匮乏全面冲击的程度。随着家庭成员的就业，孩子们心理健康所受到的伤害减轻了，但即使是在健康状况良好的家庭中，大多数家庭的成员还是没有工作。为了解释健康状况的变化，我们需要了解更多有关父母和孩子的适应性资源的信息。

为了弄清为什么有的人成功地适应了富有挑战意味的环境，而另外的人却做不到，我们需要知道他们所拥有的资源和动机，他们的家庭和更大的环境所提供的支持，[20]以及事件和环境本身的性质。对一种危机境遇的深入了解包含这三种要素，因为它们共同决定一个人怎样定义事件并对其作出什么样的反应。在奥克兰样本中，当解决问题的技能、丰富的资源和熟练程度成为满足逆境下的需求的财富时，阶级地位直接依赖于个人的资源和环境对处理问题的支持程度。在下面的分析中，我们将把这些因素与适应潜力联系起来，探索经济受损对成年时期的心理健康的持久影响力。

按阶级和智力划分的适应潜力的变化

对个体适应的社会性支持包括准备和强化（reinforcement）两个方面。前者涉及社会化和人们能因此对其生活境遇做好准备的机制。积极的自我意象、解决问题的技巧及竞争意识，是在家庭内做好这种准备的关键。强化包括促使人们从事生产性活动的动机，同时包括赞成和反对在内的评价模式。强化不仅影响到"人们想做什么，而且更重要的是影响到他们在应付特殊挑战时可能使用的方法"（Mechanic，1968：310）。因此，通过准备和强化而提供的社会性支持是个人应变能力和动机的社会性补充（social complement）。

中产阶级家庭不可能直接经历下层阶级家庭所经历的经济困难，并得到与后者相同的教训，但是他们为自己的孩子提供了更多的解决问题的经验和技巧，在

---

20 后面的分析在很大程度上借用了梅卡尼克（Mechanic）的压力－适应模式。参阅他的 *Medical Sociology*（1968）第9章，以及他的论文 "Some Problems in Developing a Social Psychology of Adaptation to Stress," in McGrath 1970, pp. 104–123。

情感上给予了孩子们更多的支持。[21] 与处于较低地位的父母相比，中产阶级的父母除了在经济上占有优势之外，他们还更留心去了解自己社区的运作，对有效解决问题的途径也更熟悉。

在促进对经济变迁作出适应性反应上，产生于下层阶级生活境遇中的对现实的观念降低了早期艰难经历的价值。下层阶级的倾向更多地表现为不信任感和恐惧，对现实的僵化和过于简单化的观念，以及认为人的生活都屈从于外在力量的宿命论。变化不定的环境、有限的工作经历和不完全的教育，都通过模糊性、不确定性和变化阻碍了人们处理问题的能力。[22]

适应性资源的类似差异，在孩子的社会阶级对比中同样也表现出来。中产阶级的孩子因其早期经历，对经济困境和家庭紧张气氛没有什么准备，但是资源和取向方面的优势使他们能对变迁的复杂性和挑战作出适当的反应（Elder, 1971: 29—113）。考虑到通过才能和努力以实施控制的合理预期，处事的动机就有可能来自与经济受损相关的地位变化。作为适应潜力的一种指标，我们认为阶级地位会使经济受损对奥克兰样本中成员的心理影响出现显著差异：经济受损对劳动阶级的心理健康的负面影响，要比对中产阶级的更大。

在危机境遇中，如果一个人非常想采取某种行动，但又缺乏应对现存问题的技巧，他就有可能产生挫折感，会变得极度苦闷。根据人们对自然灾害的研究，个体的适应随着动机、对关系的熟悉程度和对该做什么的了解程度的不同而有所不同（Barton, 1969: 68）。在动机强烈但能力有限的情况下，人们最有可能表现出仓促举动和不适反应。在面临某种灾害时，那些缺乏有关的灾害经历（如军队经历、专业训练等）的人身上集中体现了情感压力和不适反应的影响。在诸如大萧条之类的持续性危机中，对于处在学习和适应过程中的父母和孩子来说，无力行动及其对情感的影响可能只是这个过程中一个短暂的阶段，也可能会导致更为持久的畏缩和踟蹰状况。后一种反应在经济受损极为严重和物质极度匮乏的境遇

---

21 参阅 Straus, "Communication, Creativity, and Problem Solving Ability of Middle- and Working-Class Families in Three Societies（1968），也可参阅 Lloyd Rogler and August B. Hollinghead, *Trapped:Families and Schizophrenia*（New York: Wiley, 1965）; and Dohrenwend and Dohrenwend, *Social Status and Psychological Disorder*（1969）。
22 Melvin L. Kohn, "Class, Family, and Schizophrenia: A Reformulation," *Social Forces* 50（1972）: 295–304.

中更为普遍。

既然情感压力影响了处事能力，那么除了资源和动机外，对自己内部状态的控制就成了决定他们适应潜力的一个重要因素。然而，强烈的防御性反应可能会弄巧成拙，比如对情境的错误或者过于审慎的理解会导致不恰当的行动。有时候，防御本身成了目的，通过积极规避减少了在主动应对方面动机的投入（Mechanic, 1968：308）。在大萧条时期失业男性的酗酒和社会隔离状态，以及对他们工作能力持续的破坏性影响，证明了这种反应及其后果。

个人的特点和家庭对于他们应对能力的支持程度都影响着一种境遇如何被确定，但是如果个体的反应能够具有社会效力，并成为进取心的组成部分，就必须对这一切进行整体的解释。通过观察和与其他家庭成员的互动，这些想法和感觉得到了验证和确认。因此，父母对危机境遇在情感上和行为上的反应成为孩子的潜在反应模式。[23] 通过把阶级地位当作奥克兰研究中孩子们的适应潜力的一种指标，我们认为父母和孩子在应对社会变迁和经济受损时，对现实的观念和处理问题的资源之间有着某种程度的相关性。

童年经历和成人健康

在对地位的研究文献中，有相当多的论述认为童年时承受压力的经历增加了成年时心理失调或患病的倾向（Rahe, 1969）。尽管人们普遍认为"挫折和不幸可能影响个人的成长发育，甚至还可能是影响它们的基本因素，正如它们也可能导致失调反应（maladjustive reaction）一样"，但很少有证据表明充满压力的境遇对孩子们发展的影响。[24] 事实上，许多人只是关心失调这个结果，因此忽视了心理功能的整体状况。经验研究表明，心理健康不仅与积极或消极情绪密切相关，而且也与它们的关系和比例有密切的关系（参见 Bradburn, 1969）。

在欣克尔（Hinkle）和沃尔夫（Wolff）进行的有关成人的一系列回顾性研究中，

---

23 安娜·弗洛伊德（Anna Freud）在对轰炸伦敦时期的儿童的分析中表明，破坏和死亡对孩子的影响和父母对这些事件的反应是一致的。参阅 Freud and Burlingham, *War and Children*（1943）。
24 Stuart Wolf, "Life Stress and Patterns of Disease," in Harold I. Lief, Victor F. Lief, and Nina R. Lief, eds., *The Psychological Basis of Medical Practice*（New York: Harper and Row, 1963）.

有相当多的证据支持"关联倾向"(proneness)这一主题。[25]人们发现生活的变化会引起精神病理学的反应,这种反应在许多疾病的自然史(natural history)中具有重要的因果作用。生活变化越剧烈或越苛刻,健康状况恶化的可能性就越大。许多容易患病的人都承认自己是在因父母离婚而破裂的家庭环境中长大成人的,这些家庭的特点是父母不停地争吵,对于子女持有敌意或者厌弃态度,孩子情感上受到剥夺,以及对孩子提出过分要求和限制。健康的成年人中很少有人曾受过这些情况之一的重要影响。成年时期,离婚、分居、婚姻冲突和薪水微薄的职业经历主要集中发生在那些容易患病的人群中。

卡塞尔和科布关于童年经历对成年时健康的回顾性研究(1967年),得出了与上面相似的结论。那些来自父母在职业地位和教育方面差别悬殊的家庭的成年人,更容易表现出精神萎靡、焦虑和虚弱等症状,并且自认为在精神上更抑郁、狂躁和缺乏自信心。在这些家庭中,父母的婚姻被描述为相对而言没有什么感情,同性的家长也没有扮演具有吸引力的行为榜样角色,他们的子孙后代记忆中的童年是不快乐的和没有安全感。和任何一种回顾性研究一样,这些有关童年时代的记载的有效性必然被看成是不确定的。

在对纽约成年人所作的横截面调查中,也可找到支持压力-病理(stress-pathology)关系的证据,虽然这些结果因阶级出身的不同而有所不同(Langner & Michael, 1963)。那些受访者提到的童年和青少年时期压力因素的数据表明,它们是这些人成年后精神健康状况的一个极其重要的先导因素。这些成人以前受到的损失越多,心理受到伤害的程度也就会越严重。可是,各种压力因素对来自不同社会阶层的人的心理功能的影响是不同的。对于任何一种程度的压力来说,下层阶级的成年人在精神健康方面比来自中产阶级的人承担的风险更大。在这项以及相关的研究中,童年时期的阶级地位是决定这些人适应潜力的重要因素。

格雷戈里(Gregory)的研究表明,在特定的情况下,童年时期的受损经历也

---

25 Hinkle and Wolff, "The Nature of Man's Adaptation to His Total Environment and the Relation of This to Illness" (1957); and L. E. Hinkle, Jr., et al., "An Investigation of the Relation between Life Experience, Personality Characteristics, and General Susceptibility to Illness," *Psychosomatic Medicine* 20 (1958): 278–295.

许对孩子的发展十分有利。[26]格雷戈里利用过去五年得到的所有在卡尔顿（Carlton）学院注册的学生数据，发现失去父母对孩子的学业成就或者健康并没有负面的影响。对于失去父母之一的每一种性别的学生，都按照失去父母的类型、失去父母的性别、失去父母时的年龄及留下来的家长是否又重新结婚进行分组。这些因素都没有对这些学生的毕业状况和学业成就产生负面的影响，也不会与去医疗服务机构接受治疗和精神分析咨询存在关联。相反，有证据表明，由于父母离婚或分居而失去某位父母，实际上激励了一些聪明的学生为取得成就而奋斗，并使他们的心理变得更为健康。

最后，家庭出现压力性事件时孩子的年龄也会使其心理影响出现差异。虽然格瑞戈里发现，孩子失去父母时的年龄不会导致这种差异，但是其他研究普遍表明，在家庭压力和孩子的年龄及成熟状态之间存在一种负相关的关系（有关年龄影响的研究回顾，请参见Wolff, 1969）。在前面提及过的纽约调查表明，如果孩子是在6岁以前而不是在6岁以后经历家庭破裂，并且父母又分别重新组建了家庭，那么他成年时的心理健康所面临的风险会更大。一项纵向研究表明，在有效地处理刺激和外来冲突方面，那些在青少年时期遭遇过严重家庭冲突的人实际上比那些生长在更加平静、更能起支持作用的家庭的孩子更出色（Weinstock, 1967）。但如果家庭冲突出现在孩子更为年幼的时候，这种关系就不会出现。这些冲突与成年时退化的和不良的适应行为有关。这些发现对奥克兰样本都相当重要，因为这些调查对象在30年代还处于前青春期。

虽然在那些依赖回顾性数据的研究中存在着明显的弱点，但是有两个概括性的结论对奥克兰分析非常有帮助。首先，家庭的危机或紧张气氛一般会增加这些孩子成年后个性失调或者健康恶化的风险，虽然这种相关的程度并不确定。在其他条件相同的情况下，危机及其对人提出的要求越极端或者越苛刻，风险也就越大。其次，变迁和充满压力的境遇所造成的心理影响随着个体的适应潜力——个人的资源和动机及环境的支持——程度的不同而不同。适应挑战性境遇的潜力越

---

26 I. Gregory, "Anterospective Data Following Childhood Loss of a Parent. II. Pathology, Performance and Potential among College Students," *Archives of General Psychiatry* 13（1965）:110–120.

小，承受的精神健康风险就越大。那些认知水平超过平均值的年龄较大的孩子和中产阶级的孩子，这种适应潜力相对要大一些。而那些智商较低和家庭地位较低的年幼孩子的这种潜力就有限得多。

第二部分　在大萧条时期长大成人

在大萧条年代，最常见的事情之一——它无疑发生在我的身上——就是这种对父亲失败的感触。从某种程度上来说，他也无法逃避罪责。可以肯定，事情糟透了，但是为什么我应该是那个必须承担家庭不幸的（放一片硬纸壳在鞋底里去上学的）孩子？我并不憎恨我的父亲，仅仅是感到遗憾，因为他没能设法做得更好，没有抓住机会。同样，我也对父亲狂怒地对抗现存的事物感到不安。

在这个时期，他会接受他认为低于他的社会地位的工作。这样就可能发生这些事了：与工头争吵，与老板发生争执。他是一个木匠，不可能对固定路基或者开出租车之类的事感到满足。

我的父亲生活艰辛：他喜欢喝酒。在大萧条期间，他喝得就更为厉害，因此家中冲突频频。许多父亲——我的、别人的——都有离家出走的习惯。他们去芝加哥找工作，去托皮卡找工作，把家眷留在家乡。这些人等待、期望从前的男人会带回什么来。

我认为大多数孩子都无法逃避这个命运。像我这样的长子——必须更早地离开家庭。这不是拒绝接纳自己家庭的问题。我认为任何伟大的经济剧变都会改变人们生存的模式。孩子开始怀疑他们的父母。因为家中的生活必需品匮乏，他们过早地离开了家庭。他们必须尽快找到工作。这与现在这代人不同。

许多年以后我回到家里，情况有了好转。这是在大萧条以后，也是在战后了。对我来说，这几乎不是同一所房子了。我的父亲变成了天使。他们并不富裕，但是他们正在创造财富。他们不再言辞尖刻、互相指责，不再有痛苦，而这都是我当孩子时曾感受过的。

——劳工组织者，熟练手艺工人之子
斯特兹·特克尔《艰难时代》

第三章

经济受损和家庭地位

> 我们曾经非常富有，但是1929年大萧条降临以后，我们变得非常贫穷。我的父亲失去了经纪人的工作，在随后的几个月里也失去了收入。后来他去开货车，每周能赚15美元。
>
> ——奥克兰出生组的成员

当经济在1933年跌到最低点的时候，对奥克兰的许多父母和孩子来说，经济上的极度困难成了摆在眼前的一个新的现实。在20年代末，我们抽取的样本家庭的平均年收入略多于3000美元。三年以后，这个数字跌到2000美元以下。本章的目的在于说明家庭收入急剧变化的前提条件和后果，基本上我们强调的是家庭地位的变迁、维持生计的经济策略，以及父母的心理反应。

在构建衡量经济受损的适当的方法时，还需要考虑许多选择和问题。在本章的第一部分，我将讨论这些问题，说明衡量经济受损的指标，调查奥克兰的父亲们的工作生活与家庭困苦的相关性。考虑到经济灾难的分布不均，我们采用了两种调查方式，因为并不是所有的家庭都曾在经济上受损。30年代期间受损的父亲与那些未受损的父亲在萧条前有什么区别？经济受损如何对家庭生活、父母和孩子产生影响？第一个问题的答案与经济困难的情境有关，但是我们更关心的是这种情况所导致的后果。有两类影响（本章已涉及）对奥克兰孩子的生活境遇特别重要：家庭在经济受损情况下的谋生方式；心理反应、适应和感觉到的父母的地位。父母的适应（无论是客观的还是人们感觉到的）为经济变迁和我们研究的孩子的社会角色、对自我的态度及生活前景之间提供了一种潜在的联系。

经济受损和父亲的工作生活

至少有两个因素决定了经济受损和它所产生的影响：损失或变化的程度，以及它发生的情境。作为经济受损的客观衡量标准，损失程度看似简单，但却具有欺骗性。按照标准的测量规则，受损的百分比至少是对经济受损进行的定序测量（ordinal measure），但是人们对此不能作出更多的说明。从心理－生理或者社会属性的角度来说，10%的受损和20%的受损之间的差异是不可能与更高水平的受损中的同一百分比差异相提并论的。[1]事实上，我们可以通过对连续统两端的相同变化赋予更大的权重，来让这一衡量标准变得令人信服。

通常我们更容易遇到的问题是：从社会变迁来看，什么才是一个有意义的受损百分比？从这个角度来看，有意义的百分比是要到10%、15%还是20%？或者还是要根据最初的地位来确定？就其对维持家庭的资源的影响而言，家庭收入减少1/5对下层家庭的影响会比对上层家庭的影响严重得多，但是后者一般都对威胁到他们的名誉和形象的变化更为敏感（Hansen & Hill，1964：803）。[2]这类经济变迁只在下层阶级中才有意义的假设可能受到的挑战是：中产阶级家庭对失业和经济衰退的主观反应更加强烈。

如果经济变迁是在特定的情境中发生的，那么不同受损程度的影响就提出了一个需要分析的经验性问题。根据我们对阶级受损影响的预期，我们将讨论根据

---

[1] 为了在这个问题上能有所进展，人们了解的就必须比我们现在知道的有关构建评价的参考框架更多。在有关地位心理学的开创性研究中，H. H. 海曼（Herbert H. Hyman）发现仅仅收入本身是很难说明对经济地位的满意程度的。表示不满的人的收入在336 — 4000美元，表示满意的人的收入在900 — 6100美元。一年仅赚336美元的人宣称他比年收入900美元的人"快乐"。反之，一个年薪将近4000美元的人渴望收入能够达到25000美元。参考"The Psychology of Status"（1942）。有关地位变化在心理生理上的意义，可以参阅 Harry Helson, *Adaptation-Level Theory*（New York: Harper and Row, 1964）。特权和经济状况的参考框架是根据所处的阶级位置构建的，我们也可以用1929年的社会阶级作为衡量经济受损发生情境的指标。

[2] 也可以参阅 Jacqueline D. Goodchilds and Ewart E. Smith, "The Effects of Unemployment as Mediated by Social Status," *Sociometry* 26（1963）: 287–293。

1929年父亲的职业和教育程度所定义的中产阶级和劳动阶级的经济变化。[3]收入与教育和职业二者都只是中度相关，而阶级地位则详细地说明了样本中的家庭在萧条前相对的经济地位和社会文化地位。那时奥克兰大约有3/5的家庭属于中产阶级。有1/4的家庭属于中上层阶级（霍林斯黑德指标中的I、II两个层次），36%的家庭属于中下层阶级（第III个层次），有相同百分比的家庭属于劳动阶级（第IV个层次）。样本中只有少数几个家庭是在大萧条之前在经济上就已经严重受损。只有5%的家庭属于下层阶级。[4]就居住区域而言，大多数中产阶级居住在城市西北角赫赫有名的奥克兰山（Oakland Hill）地区或其附近；而劳动阶级家庭一般都住在"公寓"里面，他们的邻居来自不同的地域，其经济地位上的差异比社会地位上的差异大得多。

可以通过计算家庭在1929年至1933年之间的收入损失比例来测算经济受损的程度。根据1932年和1934年访谈中得到的关于社会经济状况的定性资料，只有当收入损失超过40%时，家庭才会频繁地失去财产或者被迫处置财产。这一论据以及生活成本的变化都表明，家庭收入损失达到35%才是在经济上相对未受损和受损的家庭间有意义的分界。美国劳工统计局的估计显示，1929年到1932年期间，奥克兰地区的生活成本降低了18%。[5]这种下降的趋势持续到1933年3月，因此显著减小了未受损家庭的购买力下降幅度。

在下面的分析中，经济上未受损的家庭指的是1929年至1933年间收入减少不到35%的家庭。作为一个群体来看，这些家庭资产的损失并不严重。经济受损的类型包含那些经济损失更为惨重的家庭。在分析的不同点上，我们将根据家庭受损是否伴随着父亲的失业来细分这种类别。表1列出1929年和1933年各社会阶级

---

[3] 社会阶级（1929年）是以建立在父亲的教育和职业基础上的霍林斯黑德指标（Hollingshead index）来衡量的。无论是父亲的职业还是教育，分数都是从7分（没有技能，接受过某种程度的小学教育）到1分（高级行政人员，受过专业训练）。职业的级别以7这个因素加权，教育用4加权。全部的分数被分为五种地位类型。在这项研究中主要是区分中产阶级（I，II，III）和劳动阶级（IV，V）家庭。在相关分析中，我们为了使高分就等于高地位，把职业、教育和社会阶级的分数倒过来使用。

[4] S.M.米勒（S. M. Miller）描述下层社会的生活"总像处于危机中一样，一直在设法摆脱命运的绳索。" S. M. Miller, "The American Lower-Class: A Typological Approach," in Reissman et al. 1964, p. 147.

[5] E. J. Hanna et al., *Report and Recommendations of the California State Unemployment Commission*（San Francisco, 1932）, p. 171.

中经济受损和未受损家庭收入的中位数，以及各群体受损的比例。正如我们所预料的那样，中产阶级平均受损的数额较大，但是两个阶级中经济受损的家庭在经济上相对变化的程度却是可以比较的。

表1 家庭收入的中位数和收入变化（1929—1933年）
（按中产阶级和劳动阶级中受损和未受损家庭划分）

社会阶级（1929年）和经济受损	1929年的收入	1933年的收入	1929—1933年收入的损失	1929—1933年相对收入的变化
中产阶级				
未受损的（N=40）	$4068.00	$3198.00	$850.00	−20%
受损的（N=49）	$3600.00	$1478.00	$2220.00	−64%
劳动阶级				
未受损的（N=21）	$2400.00	$2040.00	$360.00	−15%
受损的（N=46）	$2780.00	$1118.00	$1560.00	−58%

从经济受损的百分比来说，经济受损家庭的经济状况的变化程度是经济未受损家庭的三到四倍。在两个社会阶级中，尤其是在劳动阶级中，经济受损的家庭数目都超过了经济未受损的。1933年，在经济受损的家庭中，社会阶级之间的经济不平等实际上并不存在。1933年，中产阶级中经济受损的家庭在经济上的地位，实际上低于两个阶级中经济未受损的家庭。无论采用什么标准来衡量，经济受损家庭的经济变化都是巨大的，对维持家庭生计和家庭成员的心理健康都有着深远的影响。

经济变化的一个重要方面体现在家庭地位前后不一致的程度上。在1929年，家庭相应的经济身份（economic standing）通常与其阶级地位相一致，这正如父亲的职业和教育状况所显示的那样（tau_c=0.43）。到1933年，对阶级地位用同样的方法进行测量，发现在经济受损的群体中，他们所提及的家庭收入和阶级地位已经没有什么联系了（0.09）。因为父亲的受教育水平在整个萧条期间保持不变，所以仅仅通过这个因素已经无法预测经济受损的家庭在1933年的收入（0.06）。这也是1929—1933年父亲的职业和教育之间的关系不断削弱（从0.60下降到0.45）的唯一家庭群体。这些相关系数（Kendall's tauc，对定序变量进行测量）表示顺序一致的变量值（如较高的社会阶级、较高的收入）对数超过顺序相反的变量值（如高阶层、低收入）对数的程度。变量的取值从–1.0到+1.0。在后面的分析中，无论是出于分析需要还是频率分布需要，我们都会把皮尔逊的r相关系数作为衡量相关的（定距变量的）一种指标。

奥克兰家庭中的收入变化受多种因素的共同影响，这些因素通常与萧条的经济环境有关：工资的削减、年薪的下降或销售额的缩减，工作时间的减少导致失业，短期或长期停业引起的全面失业，以及父亲的缺席。由于在30年代没有收集工作生活史和适当的数据，故在抽样中看不见关于这些条件及其分布的完整记录。不过根据1934年家庭访谈的信息，我们能够确定这个家庭的父亲在1929年到1934年之间是否**曾经**失业。在中产阶级中，失业几乎只出现在经济受损的家庭群体中（52%对9%）。由于在劳动阶级的受损和未受损的群体中，父亲失去工作的情况非常普遍，所以在那段日子的某些时刻，劳动阶级的父亲们失业的百分比较高（59%对33%）。在1929年到1934年期间，中产阶级和劳动阶级中曾有某种失业经历的父亲们最有可能失去职业地位（occupational status），在这个时期有1/3的失业父亲的职业地位下降了一个或更多的层次，而有工作的父亲只有7%的人职业地位下降。

除了1933年（这一年，奥克兰的经济状况处于大萧条的最低点）以外，我们没有关于样本中家庭收入的数据。这意味着我们不可能勾画出经济受损的家庭相对其1929年的经济地位而言复苏或者超越的程度。可是，还是需要对它做某些分析，因为它直接关系到样本中的孩子们，特别是经济受损的中产阶级孩子们的发展和未来前途。原有地位的丧失在这类家庭中表现得最为明显。为了确定经济变迁的长期影响，我们收集了所有能得到的有关30年代末家庭社会阶级地位的论据。我们得到了样本中105个家庭在1941年的社会阶级的足够数据，它们可以与1929年的指标进行对比。这两种测量社会阶级的方法都建立在霍林斯黑德的五级量表的基础上。

这种对比显示了这两个时间段之间的高度稳定性。在1929年和1941年，大多数经济受损和未受损的家庭都位于相同的地位层次上：前者为67%，后者为76%。这两类群体中都只有8%的家庭下降了一个或者更多的层次，其余的家庭则至少上升了一个层次。在中产阶级中，向下流动的家庭被逐渐稳定在1929年的最低水平上。这种衰退我们可以从一个中下阶层家庭的案例中看出来。这个家庭在父亲失去工作以后降到了阶级结构的最底层，并且直到1941年都停留在这个位置上。20年代这位父亲曾是一位小型家具公司的推销员，在大萧条的第一年就失业了，随后三年都一直没有找到工作。到了1934年，他兼职开一辆送货卡车；后来他成了看门人，接着又受雇于一个加油站。奥克兰样本中，这种急剧变化不多，1929年到1941年之间地位有相对小幅降低的情况也很罕见。一般来说，经济受损的家庭在十年大萧条末期都恢复了他们原有的地位。

经济变迁中的社会因素

奥克兰样本中家庭经济受损的差异程度与一个普遍流行的假设相矛盾。这个假设认为，大萧条中的经济拮据是一种普遍的经历，这种经历使美国所有的家庭都处于共同的境遇中，一起承受不幸。当大多数奥克兰家庭都处于经济受损的境遇之中时，有些家庭并没有体会到失业所带来的额外负担，而且有足够多的"富裕"家庭，这加重了那些不幸之人对经济受损的感受。这种经济受损的差异必然要引出下列问题：是什么条件和因素使受损家庭与未受损家庭之间出现分化？在此，我们将考察奥克兰的父亲们的四个特性，它们与经济保障和被雇能力（employability）有关：1929年的职业地位和工作类别、出生地、年龄和受教育程度。[6]

总的来说，我们发现工作地位（work status）和父亲的出生地对经济受损和失业的影响，比父亲的年龄或教育程度的影响都要大。中产阶级中的自雇者，最有可能经历经济受损，而劳动阶级中许多经济受损的父亲都具有外国血统。前者表明在经济萧条的情况下小生意（small business）面临的风险较大，而后者则可能反映了不同的种族地位享受的待遇不同。

在大萧条时期，专业人员经历收入损失和失业的可能性最小，而非技术群体

---

[6] 父亲的年龄也许是他失业后能够成功地重新获得一份工作的最重要的决定因素。参阅Aiken et al., *Economic Failure, Alienation, and Extremism*（1968），p. 36。关于按行业和职业类型划分的全国失业差异，可以参阅Broadus Mitchell, *Depression Decade:From New Era through the New Deal, 1929–1941*（New York:Rinehart and Co. 1947），尤其是第98页。

的可能性最大，比如自雇者在金钱上有所损失，却并没有失去工作。[7]自雇的父亲中有4/5在经济上受损，而没有什么技术的人有2/3经济受损，白领和技术人员有1/2经济受损，专业人员有1/3经济受损。在失业这个方面，无技术工人和白领居首位（40%），其后是自雇者和技术人员（30%），再后则是专业人员和管理人员（14%）。从这些对比我们可以看出，关于失业的论据明显都低估了经济困难的程度，尤其是低估了中产阶级经济困难的程度。因为人们普遍倾向于根据失业数据来评估30年代的萧条状况，所以这一点值得关注。

在和大萧条状况的关系上，自雇者占有一个相当独特的位置。虽然他们的境遇缺乏保障，但这些典型的"老中产阶级"（"old middle class"）仍然具有灵活自主地解决他们自己财务问题的优势。通过削减日常开支、用家庭成员取代非家庭成员及延长营业时间等方法，他们可以使摇晃不止的经济小船得以继续漂流。延长工作日和工作周是那些能在大萧条中拯救自己生意的社会群体的显著特点。

出生在国外的父亲在经济上受损的可能性更大。这种状况在劳动阶级中最为常见（25%对14%），而且也主要是在这个阶层中和经济困难有关。在劳动阶级中，出生在国外的父亲有4/5经济受损，而在国内出生的父亲只有3/5的人有这种经历。对中产阶级进行相同的比较，出生地不同的人在经济受损方面的差异只有8%。总而言之，在所有的职业种类中，出生在国外的人在经济受损方面都位居前列。同样地，他们在30年代的工作生活都不稳定，这从他们失业的时间和职业地位的波动中可以看出来。这种模式也许反映了金融制度和雇主所造就的区别，虽然我们的样本家庭并没有提供这方面的直接证据。

除了这些区别外，我们预测，同土生土长的父亲相比，出生在国外的父亲如果年龄较大又没有什么技术的话，他们就有可能在职业生活方面处于特别不利的地位。在失业群体中，年轻人比年龄较大的人对雇主的吸引力更大。不过年龄并不是决定一个人是否会在经济上受损的一个因素，经济受损的状况在中产阶级和劳动阶级中年龄更

---

[7] 在一项关于成年人（其中有一部分人成长于大萧条时期）的回顾性研究中，可以发现在"老中产阶级"的创业家庭中，经济窘迫的情况也很普遍。他们被问及这个问题："在你长大成人的日子里，你的父母是否曾经有入不敷出的时候？"没有什么技术的父亲的后代最常提到艰难的日子，其次是小企业主和地位较低的商人。Langner and Michael, *Life Stress and Mental Health*（1963），pp. 231–232。

大或更小的父亲中都没有更为普遍。正如人们所认为的那样，一般说来，移民到美国的父亲比出生于本地的父亲受的教育少，但是这种区别还不足以说明劳动阶级中经济受损的和未受损的人之间存在着相当大的种族差异。在这个阶级的经济未受损的人中，受过8年级以上正规教育的比例只是略微高一些（38%对28%）。在中产阶级中，经济未受损的父亲有半数至少受过某种程度的大学教育，而经济受损的父亲受过此类教育的人为41%。导致这种差异的另外一个重要因素就是自雇者的教育程度都相对较低。从历史上来看，这种类型的工作生活为那些缺乏从事地位较高的职业所必需的教育准备的人开辟了取得经济成就的途径。在所有处于半技术性职业类别以上的职业种类中，大萧条期间就业和收入稳定的可能性与正规教育的相关度也很低。

父亲的工作地位、教育程度和出生地解释了家庭经济受损的社会情境。在后续分析的适当地方，它们本身也会被考虑在内。作为标志家庭社会等级的因素（1929年），父亲的职业地位和教育程度界定了家庭经济艰难的两种社会经济情境——中产阶级的和劳动阶级的。家长的国籍也将作为衡量家庭角色的指标进入我们的分析。可是我们主要关心的还是经济受损的**影响**。因此，经济受损的差异代表了一种**特定**的出发点，而不仅仅是需要解释的一个事实。

经济谋生中的家庭适应

经济受损的家庭试图在经济上寻求解决谋生问题的方法时，一般来说有两种适应方法：减少开支和开辟可选择的或补充性的收入来源。面对长期的经济不景气，有必要开辟新的收入来源——母亲进入劳动力市场，亲属资助或出租房屋，以及最后的手段——公共援助。正如人们预测的那样，在样本里的劳动阶级家庭中，每一种资助类型都很普遍。但是即使是在这个群体中，也只有经济受损的人群在努力寻求更多的收入来源。[8]

---

8 我们没有得到有关奥克兰家庭支出调整的系统记录。不过，有关休闲模式的数据的确表现出了休闲的商业形式和经济受损的负相关。比如，在两个社会阶层中，每个月看电影至少两次的父母的比例和经济受损都是负相关的，在中产阶级的父亲中是从49%到24%，在工人阶级的父亲中是从38%到13%。对于母亲来说也有着相似的差异。由于这些数据都是横截面的数据，没有办法确定经济受损在多大程度上能够解释用于商业休闲支出的削减。

家庭在经济资助上的选择

有别于公共援助，这些选择指的是来自家庭劳力和亲属资源的资助，指的是母亲的就业和来自亲属和房客的金钱。从1934年对母亲所作的访谈中，人们得到了有关她们当时工作状况的信息，了解了她们的家庭是否在1929年到1934年期间曾收到过亲属或者房客的什么钱。人们不了解母亲工作的时间和地位，也不清楚来自这方面的收入究竟有多少。虽然如此，这些数据的确为这两种维持家庭生计的重要选择提供了一般性的解释。

在经济低迷的奥克兰地区，舆论不鼓励那些感觉到自己有必要为家庭赚取额外收入或赚钱养家的妇女外出工作，因为"据说她们从那些需要赡养家庭的失业男人那里抢走了工作"。有些时候，尽管妇女还是能够找到工作（通常是低工资的、兼职的工作），并且在许多家庭中经济需求的迫切程度压倒了反对妇女外出工作的情绪，但就业政策还是将已婚妇女排除在外（本地的学区）。在样本里的劳动阶级家庭中，29%的母亲有工作，而中产阶级家庭中外出就业的母亲只有19%。在两个阶级中，收取房租和得到亲属资助的人数更少（分别为16%和21%）。正如人们所预料的那样，在两个社会阶级中，每一种资助类型都更多地出现在经济受损的群体中。

为了确定经济需求的程度，我们根据经济受损和父亲的失业状况把所有的家庭分成三类：经济未受损的家庭、经济受损但父亲仍有工作的家庭、经济受损但父亲失业的家庭。如表A-2所显示的那样，经济受损是两类家庭选择的差异的主要来源。父亲的工作状况对此没有什么影响，但是中产阶级的父亲除外。在中产阶级中，从亲属或者房客那里接受某种资助的家庭的百分比和经济受损的程度直接相关；但是在经济受损而且父亲仍然在业的家庭中，母亲就业的情况最为常见。在自雇者对于经济状况的适应中，可以发现对这种结果的基本解释。虽然这些人的收入损失惨重，但是他们中的许多人仍然能够避免破产或生意倒闭，部分原因在于他们能够通过雇佣家人削减成本。自雇者的妻子中，有40%的人在工作，而没有什么技术的人或技术人员的妻子中，只有25%的人在工作。

在经济未受损的群体中，就业妇女的数量揭示了一个重要的观点。如调查中所估计那样，相对的经济受损表明了家庭收入总量变化的程度，因此它也包括妇女的收入。妇女的收入很可能是经济受损家庭的经济中非常重要的因素，虽然我们并不知它的数量有多少。在某些个案中，这些收入也会使经济受损和未受损的家庭之间出现差异。在家庭适应经济变化的所有方式中，我们在测量经济受损的时候只考虑了母亲的就业。显然，当我们转入社会适应的领域——家长对变化境遇的解释、社会参与和退缩（social involvement and withdrawal）、家庭的角色和关系——时，**家庭收入总量**的减少是衡量经济变化最合适的方法。

公共援助

那个时候缺乏社区对在职母亲的支持，同时也认为接受公共援助或者"救济"就意味着"某个不能养家糊口的男人出了什么事"。在奥克兰，申请救济的家庭数量急剧上升至1929年的6倍多，并且与失业的关系越来越密切，人们依然坚持认为，家庭依赖救济金说明个人能力欠缺。

1929年到1941年期间，奥克兰样本中有1/3的家庭向一些公共机构申请过资助。这些数据来源于该县的一个慈善委员会，该委员会同时也是该城市公共援助的统筹机构。这个城市的津贴补助一般不会超过每月45美元，远远低于当时一个带孩子的工人的最低生活费。[9]

1929年到1941年期间和各种机构联系的108户人家中，寻求直接经济援助的为38%，寻求医疗援助的为44%，为较大的孩子寻求援助的占14%。大多数申请过一次的家庭得到了直接的经济援助，而多次申请的一般包括经济和其他类型的援助。有20个家庭向公共机构提出了三次或更多的申请，主要是劳动阶级家庭。表A-3显示了两个时间段内经济受损（父母失业或未失业）与接受公共援助之间的关系：联邦基金在城市中大规模发放之前的1929—1933年和1934—1941年。在这两个时期，求助于公共机构主要是父亲失业家庭的"最后求助手段"。

同劳动阶级的家庭相比较，中产阶级的家庭很少接受公共援助，而且1934年

---

[9] 在1929年，奥克兰地区带3个孩子的劳动力的最低生活费是每月118美元。即使我们减去生活费下降的部分，每个月的数目也远远超过每月45美元。

以后这种差别还更大。福利是这两个阶级中男人失去工作的家庭获取经济资助的主要来源，而且在1933年以后申请的人数大大增加了，这在一定程度上是因为在奥克兰申请获得联邦基金的可能性变大了，家庭资源也逐渐衰竭。在1929年到1933年期间，有23个家庭至少申请过一次救济；而在以后的数年中，这个数字翻了一倍。有16个家庭在上述两个时期都接受过援助。在整个30年代，受损程度较轻的家庭更愿意利用家庭方案，而不是求助于公共援助。正是在这些家庭中，可供选择的经济支持模式运用得最为明显。母亲就业和亲属资助明显地降低了这些家庭依赖社会的可能性。

尤其是在劳动阶级中，长期依赖公共援助说明这些家庭极端贫困且一片混乱。有一个家庭曾六次申请公共援助，父亲在长达三年的时间内找不到工作。孩子成了其发泄失败和挫折感的目标，他们受到责骂、嘲弄和密切监视。无论孩子们做什么，都不能讨得父亲的欢心。无休止的争吵经常变成夫妻之间的大声吵闹和相互威吓。其他经济受损的父母对他们的境遇则采取听天由命的态度。在一个个案中，父亲在访谈者面前似乎显得十分"轻松自在"，而母亲则"似乎已经学会了不去担心"。

简言之，维持家庭生计的补充形式和接受公共援助，都经常被中产阶级和劳动阶级中经济受损的家庭所采用。然而，对劳动阶级的家庭来说，无论他们的经济受损状况如何，经济谋生的问题都显得更加严峻。在经济未受损的家庭中，接受亲属资助、母亲外出就业和申请公共援助的现象在劳动阶级家庭中更为普遍。1933年，这种家庭有4/5收入低于2500美元，而中产阶级中只有1/3的家庭处于这个水平。在样本总体中，1933年劳动阶级家庭收入低于2500美元的可能性是中产阶级家庭的两倍。在大萧条中，经济困难是大多数劳动阶级家庭必须面对的现实，失业与经济受损接踵而至的时候尤为如此。我们发现，正是在这种境遇中人们才极度依赖于救济款。

地位丧失对父母的某些影响

大萧条中的地位丧失包括经济地位和社会声望两方面的变化。在家庭承受收入损失和失业的痛苦时，人们在20年代确定的期望与自己实际达到的成就和获得的回报相比显得过高了。大萧条之前爬得越高、在地位声望等方面投资越大的人，向下流动时的挫折感就越强烈。如果说同等比例的收入损失给那些勉强维持生计的家庭带来了最严重的经济困难，那么它给地位高的家庭所带来最明显的则是其社会地位的丧失。

为了避免或减少"在社交场合跌份"的代价，这些家庭试图硬充门面来掩盖贫困和艰难的事实——"华丽的社交门面，是当地的家庭在邻居面前维持体面所必须做的"（Lynd & Lynd，1937：145）。在奥克兰和其他地方，社工有时极难劝说中产阶级的服务对象把金钱花在基本需求上，而不是花在对他们来说似乎很重要的地位象征上。"老百姓看不见你吃的什么，"一位服务对象反对说，"但是他们知道你住在哪里。"（Bird，1965：276）在奥克兰样本中，一位来自中产阶级经济受损家庭的女儿回忆道，她的父亲在为母亲提供衣食方面极其吝啬，然而却花费了在当时来说似乎是一笔巨款的钱来粉刷房屋，因为"粉刷一新的房屋大家都能看见"。

中产阶级父母的社会投资，地位丧失的惩罚性对比，以及将不幸归咎于个人的态度，预示着中产阶级中遭受经济受损的父母将承受巨大的情感压力。对生活条件和地位的不满、压抑的情感以及怀疑自己的价值等都可能与中产阶级父母所遭受的经济灾难有关系。尽管在劳动阶级中，这种声望的受损可能不是那么大的问题，尤其是与他们每天都会遇到的经济生存问题相比，但下层阶级相对于中产阶级而言还是处于一种不利地位，由此产生的社会对比加剧了他们的不满。许多调查都发现，处于底层的人中更容易有闷闷不乐、不满及其他烦躁不安的表现。[10]这些考虑因素使得经济受损和失业对劳动阶级中的心理影响变得不确定了。

下面，我们将使用对母亲的采访和孩子的记录两方面的数据来确定经济受损对父母的影响。与这种影响有关的问题，还包括保护自我以免受到负面评价和不利经历的伤害。社交门面（social front）和避开他人不参与社交活动，正是人们在地位确认中避免出现"无人赞誉"局面时自我保护努力的例证。在下面的分析中，

---

[10] 参阅 Norman M. Bradburn and David Caplowitz, *Reports on Happiness: A Pilot Study of Behavior Related to Mental Health*（Chicago: Aldine, 1965）。这项研究的进一步深入，见 Bradburn, *The Structure of Psychological Well-Being*（1970）。

社会退缩（social withdrawal）和酗酒也被认为是减少负面的社会刺激的策略。根据现有的数据，大多数分析都集中于母亲身上。

对母亲情感状态的感受

在1932年、1934年和1936年的家访后，访谈者根据七级评分量表来评估母亲的情感状态和作用。为了增加这些测量的可靠性，根据每一评分量表评估的分数都是这三年访谈的平均值。一种五级评分量表专门用来作为预测萧条心理影响的适宜指标。下面这些标题描绘了每一评分量表中什么样的情况下会给予高分：（1）对地段不满——居住条件不能满足其期望；（2）无能的感觉——感觉低人一等，忸怩不安；（3）疲乏——疲倦的外表，衣着不整，缺乏安定感；（4）安全感——心情轻松，没有烦恼，无忧无虑；（5）不洁的外表——衣着和鞋子不合适，并且破损不堪，仪表不整、邋遢。作为判断，这些评分也许与样本中母亲真正的看法大相径庭。我们没有得到有关母亲对经济受损的主观反应的自我描述。出于分析的目的，我们把经济未受损的群体同经济受损且父亲失业的那部分家庭加以比较。

一般来说，劳动阶级的母亲身上更多地表现出情绪困扰，而且在这个次群体中经济受损的程度对这种症状影响不大（表A–4）。即使那些来自收入最低并且最为依赖救济金的经济损失极为惨重家庭的母亲，在心理健康方面与那些经济未受损家庭的母亲也没有明显的差别。前者只是有少许的不安全感和不满足感。不过，中产阶级中的这两个群体的确出现了实质性差异，这些差异主要与失业和失业所导致的社会地位丧失这种后果有关。如前所述，在中产阶级家庭中，向下流动主要与失业有关。那些来自丈夫失业的家庭的母亲更不满、更疲劳、更有无力感和不安全感。她们在外表上也比那些家庭受损程度较轻的母亲更加邋遢。在这些母亲中，这些情绪困扰程度的证据，和对劳动阶级中各种程度的经济受损的母亲的描述极为类似。更广泛地说，中产阶级中的这个次群体可能很大程度上体现了大萧条研究的发现，它表明了中产阶级和地位较低的群体在不满这个方面具有高度的相似性。[11]

---

11 参阅H. Kornhauser, "Attitudes of Economic Groups," *Public Opinion Quarterly* 2（1938）：260–268。

尽管我们预计，和中产阶级的父母相比，地位的丧失对劳动阶级父母的情感状态没有强烈的影响，但"几乎没有任何明显的影响"，与"遭受不同程度损失的家庭在客观的生活境遇上也大为不同"这一点并不一致。造成这个结果的一个因素是，访谈者对劳动阶级家庭和个人当中存在的差异相对不敏感。中产阶级的标准很可能使他们的判断产生偏差。因为孩子对父母的介绍并不带有外在观察者的文化偏见，而且更加了解家庭压力的实际状况，所以我们将把它们与访谈者给予"对地段不满"这一项的评分作比较。下面的陈述说明了孩子们的感受："我希望我的妈妈更快乐"，这是从列出了孩子们的一系列希望并在孩子上高中时进行调查的问卷得到的。这引导孩子们只在那些能够反映自己真实感受的愿望旁打"√"。

在样本总体中，对母亲的两种评估存在着一定的一致性。对那些声称希望"妈妈更快乐"的男孩和女孩来说，在"对地段不满"一项上，他们的母亲可能被访谈者排在平均值以上（tauc=0.36），而在中产阶级中这种关系更为密切些。然而，劳动阶级孩子的感受，而不是访谈者的评分，的确受经济受损状况的影响更大。希望妈妈更加快乐的比例，从经济未受损的劳动阶级家庭的49%上升到经济受损家庭的68%，在中产阶级的儿童中这种差异就更大了（38%对70%）。尽管对劳动阶级的母亲的描述存在差别，但访谈者和孩子们的感受一般都与我们最初的想法一致，也就是说，中产阶级所受的心理影响更强烈。

我们认为，中产阶级为经济受损所付出的心理代价更多地源自声望的下降，而不是经济上的损失，劳动阶级则可能恰好相反。劳动阶级在经济萧条之前社会地位就低，所以他们更关心的是基本需求而不是社会地位。检验这一差别的一个办法，就是比较两个社会阶层中影响声望的因素和有关母亲态度的经济因素。我们选择1934年时家庭所在社区的地位作为衡量社会地位和声望的指标。在奥克兰，一个家庭所在社区的社会经济状况是其社会地位极为明显的象征。在城市中，"山庄""商业区"和"公寓区"指的是地位悬殊的地区，但是住在奥克兰山庄和住在公寓中的中低收入的邻居之间的声望差异更为重要。就经济受损通过改变居住地来降低声望的程度来说，象征社会地位较低的居住环境是使中产阶级心存不满的一个潜在因素。

家庭的经济需求和压力与家中孩子的数目部分相关。家庭规模越大，经济需求就越大，每个孩子能享受的家庭收入的份额就越少。家庭规模提供了衡量经济压力的客观指标，这种压力与对地位的看法基本无关。家中孩子的数目既不是收入相对减少的原因，也不是其后果，把它看成是传递经济受损影响的情境更为恰当。一般来说，劳动阶级家庭比中产阶级家庭有更多的孩子要吃饭、穿衣和住房，因此这个特点可能部分地说明了地位低下的母亲为什么不满情绪非常普遍。

为了分析两个阶级中社区地位（1934年）和家庭规模对母亲不满情绪的影响，我们按中位数将社区地位分为了两个部分，按有两个孩子和有三个孩子将家庭规模也分为了两部分。通过调整经济受损和就业差异的多元分类分析（multiple classification analysis），评估了这些因素对心怀不满的母亲（评分在均值以上）人数的百分比的主要影响。[12] 数据显示，只有在中产阶级中所处社区的地位才会使母亲的不满出现差异（住在地位较低地区的母亲有51%感到不满，而住在地位较高地区的只有26%感到不满），而有三个或更多的孩子只是在劳动阶级中增强了母亲的不满情绪（从56%上升到80%）。

在谈到居住地区地位低下对中产阶级母亲的影响时，有一种解释认为，这代表了家庭因经济受损和失业之故声望明显下降了。在中产阶级家庭中，经济受损和处在地位低下的社区这二者之间有一定的相关性（tauc=0.24），但是我们不能就此认为：经济受损真的导致了居住区域的向下流动，从而它也引发了母亲的不满情绪。关于居住变化的详细数据无法完全得到。不过有两种观点使这种解释变得令人可信。首先，在劳动阶级中，社区地位和经济受损之间并没有关系，这两个因素都没有影响到地位低下的母亲的不满程度。其次，社区地位的变化主要会使那些家庭收入损失相当大的中产阶级母亲的态度出现差异。居住的地区地位低下，它与经济受损一起（同时它也可能是经济受损导致的后果），成为挫折的主要根源。处于这种境遇中的母亲比那些居住在高档住宅区的经济受损的母亲更加忿忿不平，

---

12 多元分类分析允许在回归分析中使用定类自变量（categorical independent variables），比如社区地位；并可以通过根据所有变量的共同影响在统计上矫正的次级阶级群体的百分比，来同时控制所有的检测因素（test factors）。我们不需要有关每个因素线性影响的假设，也没有得到任何有关这些因素交互影响的估计。参阅 J. W. Morgan et al., *Income and Welfare in the United States*（New York:McGraw-Hill, 1962），Appendix E。

而居住在高档社区的经济未受损的母亲不满情绪最小（$\bar{X}s$=4.5对3.8，$p<0.05$；居住在高档住宅区的经济未受损的母亲的平均值为3.0）。

到目前为止，我们考察了婚后所处的阶级和家庭情境下母亲的态度。这种分析框架忽略了两类同样影响着这种态度的经历——与同龄人（兄弟姐妹、朋友、同事）和父母的关系。从分散的定性数据来看，我们发现了一些表明祖父母辈对奥克兰的父母和孩子的生活（尤其是在萧条的境遇中）有着重要影响的富有启发性的证据。他们在经济上相互依赖，同住一个屋檐下，为作为评价者和领导者的祖辈形象的真实性增添了几分说服力。

很不幸的是，虽然祖父母是经济受损家庭的生活境遇的重要组成部分，在数据收集过程中却被人们忽略了。除了他们的出生地点和日期外，没有任何来自他们本身或者间接来自他们孩子的数据。从这些数据判断，我们估计大多数祖父母出生于1855年到1870年之间，是来自欧洲或美国东部的移民。这个出生组共同经历了全美国企业如雨后春笋般冒出来的特别阶段——城乡间的迁移和西部的开拓，急剧的工业化，由于萧条和战争引起的经济和社会错位。祖父母辈的这种经历在大萧条中通过对家庭地位和抚养孩子的方式的影响，至少以三种方式与父母的境遇发生了关系。作为未来研究的假设，我们认为父母对于境遇的解释及在社会和心理两方面的反应，都受到了源于家庭对孩子的抚养方式的社会经济期望的限制，在某种程度上也受到使他们为适应经济跌荡和艰辛做好准备的早期经历的影响，而且也受到代际间比较的影响（例如，妻子有把丈夫的业绩同自己父亲的成就相比较的倾向）。

孩子眼中的父亲

在这项研究中，现有的有关奥克兰父亲的视角只有一种：在子女眼中他们的性格特点。我们没有询问他们与父母、姻亲或妻子的关系，对于母亲也没有询问她们对丈夫行为的态度。缺乏这方面的资料也说明在30年代普遍存在这样一种假设，即父亲对孩子抚养的整个过程相对不重要。不过，奥克兰的孩子们在30年代初期年龄已足够大了，所以他们能够注意到更大社区中的经济状况。而这些状况对家庭的影响，部分是由父母的解释形成的。（如果要了解10岁和11岁的孩子对贫困的了解，可以参见Estvan，1952。）

一份对高中生进行调查的问卷要求孩子们提供他们所了解的父亲的道德情操和在社区中社会地位的信息。那些希望自己的父亲更加快乐的孩子，提及父亲没有什么道德感，而且原先更加轻松、乐观的态度突然改变了。情绪发生变化可能比情绪稳定更能引人注意。有关对父亲的期望的陈述与对母亲的期望的陈述，都被包含在一份表明孩子的愿望或希望的清单中。孩子们不太可能在对父亲的希望旁打"√"，对母亲则有可能如此（只有20%的孩子对父亲抱有希望），也许是因为他们与母亲接触更多的缘故。这样做的孩子中有90%以上来自经济受损的家庭。那些父亲承受失业和惨重的财产损失等极端痛苦的孩子，大多数希望自己能有一个快乐的父亲，而且这种愿望并不因为孩子所处的社会阶级或者所属性别而有什么不同。

与我们有关中产阶级声望下降的假设相吻合，经济受损对这个阶层中的孩子关于父亲社会声望的看法产生最大影响。在中产阶级中，迁到较低地位的社区和失业是地位丧失较为明显的标志。这种变化的一个极端例子是失业的中产阶级父亲最终找了一份蓝领工作，有了与工作和服装样式相关的劳动阶级特征。有关父亲"是否是社区中受人尊敬的人"的感觉的九级量表，被用作衡量感知到的父亲社会地位的指标。该量表的分数代表了三个评判人阅读被调查者高中时期的自我报告和观察资料得出的平均分。

尽管在大萧条时期地位发生了变化，中产阶级的孩子所认为的父亲在社区中的地位依然比劳动阶级的孩子所认为的父亲在社区中的地位高得多（$p<0.01$），而男孩和女孩的这种看法没有差别。在中产阶级中，经济未受损家庭的孩子感知到的父亲的地位比经济受损家庭的孩子感知到的高很多（$\bar{X}s=6.8$ 对 5.6，$p<0.01$）。甚至在1929年这两个群体的父亲的职业和教育地位都很接近时，这种差别依然存在。在经济受损的家庭中，数据显示存在一种贬低失业父亲的不太明显的倾向。再看看劳动阶级的情况，我们发现经济受损对孩子们的感觉没有多大的影响。同经济受损的父亲相比，经济未受损的父亲在地位上并没有让人感觉明显地高出一头。尽管这两个阶级中经济受损的家庭在1933年的经济地位都相当类似，但是中产阶级父亲明显较高的地位却体现了二者在背景、教育和生活方式中的差别（$p<0.05$）。

在所有的对比中，1929年家庭地位对孩子们的感受的影响是显而易见的。

众所周知，孩子们对父亲的评价受到母亲对父亲态度的影响。在这方面，如果母亲公开指责地位的下降完全是因为丈夫无能，那么孩子明显地会对父亲的失败更为敏感。人们从母亲那里不能了解这样的态度，但是通过访谈得到的定性资料证明，母亲对父亲的责备影响到了孩子们的态度。有这样一个个案，一位商人在1931年失去了商店和用于投资的资本。可是祸不单行，他后来找到的工作大多数社会地位都非常低——比如门警、夜间看门人等。他的儿子长达成人后，回忆起他的母亲完全被生活水平的急剧下降压垮了。他的母亲通过语言、表情和行为，对父亲的工作和地位大加责备。"对一个曾经总是拥有一定财产的母亲来说，必须屈尊低就去古德威尔（Goodwill）为孩子买衣物实在是太困难了。"最终，儿子也学会了这样对待父亲。他还能回忆起，当在学校有人出于礼貌问他父亲是干什么的时候，他只得去问母亲父亲是"做什么的"。在整个青少年时期，他都试图回避需要介绍父亲的地位和家庭的社会地位的情形。"这样做当然过分，但是我确实不知道他是做什么的。"这个家庭不能代表1930年之前属于中产阶级的严重受损的家庭，因为只有极少的家庭最终丧失了原有的地位。不过，这个个案的确证明了母亲在创造情感氛围中所处的重要位置，而孩子们正是在这种氛围中形成了自己的态度。

作为对地位丧失的防御性反应的退缩

当人们似乎已被各种事件或情况压倒，或者一切问题似乎都无法解决时，从这种重压之下的境遇中退出是最可能发生的。远离这些负面刺激是社会隔离和酗酒的一种功能，而这两种状况都与男人在经济方面所受到的挫折有关。[13]减少社团活动的次数与外界的联系，是失业付出的代价之一，但这种行为开始并不带有防御性。可是随着萧条时期的延长，与社会隔离就带有避免他人不利议论的深一层

---

13 巴基的 Citizens without Work（1940）和安杰尔（Angell）的 *The Family Encounters the Depression*（1936）中所做的个案研究是有关这种关系的丰富的定性数据。有关社会参与的更新资料可见于 Hallowell Pope, "Economic Deprivation and Social Class Participation in a Group of 'Middle Class' Factory Workers," *Social Problems* 11（1964），尤其是297页。

含义。根据巴基（Bakke）的研究，这似乎是某些家庭从邻居那里"无法获得称赞"的一种反应。酗酒通过短暂地缓解内在的不适（压抑的感受等），延伸了社会隔离的这种功能，同时也降低了他们的社会敏感性（social sensitivity）。

在奥克兰样本的父母中，限制家庭的对外交往和酗酒这两种情况都主要与中产阶级家庭的失业相关。在1934年的访谈中，根据关于家访和社团成员的定性资料，人们把父母与外界的交往分成了三类（社交广泛、一般、社交很少）。家庭参与和非家庭参与之间也不可能区分开来。中产阶级父母中有60%属于一般性地参与外界活动，15%的父母属于社交广泛一类。劳动阶级家庭中没有社交广泛一类的，有44%的家庭属于一般性地参与外界活动。

在中产阶级中，失业会使父母的参与出现显著差异。存在失业的中产阶级家庭中，有半数的父母被划为只是一般性地参与外界活动；而在无人失业的家庭中，至少有85%的父母是一般性地与外界交往。除了失业，经济受损并不影响社会参与。在参与社交活动相对较少的劳动阶级父母中，经济受损和失业都对参与没有影响，也许是因为他们的社交面局限于亲属范围的缘故。这些数据不能确定因果关系，而中产阶级中失业的显著影响与这个阶层中地位丧失的心理影响一致。

那些让孩子们感觉到有"酗酒问题"的父亲，在大萧条中至少曾失业过一次：失业的父亲中有2/5被如此描述，而其他家庭的父亲只有8%。在失业的劳动阶级父亲中，酗酒人数的比例还要略微高一些。因为这些数据来自孩子们在1964年的回溯性报告，所以它们的有效性还不能确定。不过，30年代的访谈资料提供了大量既是失业的原因又是失业的后果的酗酒个案。那些丢掉工作的父亲增加了酒的消费量，但这又增加了他们找不到工作的可能性，即使是在经济条件改善了以后仍是如此。在中产阶级和劳动阶级这两个阶级中，酗酒的父亲多多少少代表了不能恢复在大萧条中失去地位的家庭。

评论

30年代遭到破坏的经济环境与其对奥克兰样本中的家庭的影响，既不是完全一致的，也不是完全随意的。1929年到1934年期间，大多数家庭收入的平均损失都在50%以上，而且一些受损家庭收入的减少已经略微超过生活费用的下降。在中产阶级和劳动阶级这两个阶级中,父亲的失业都是经济收入大幅减少的主要原因。在中产阶级中,开办企业的父亲最有可能失去的是收入,而白领阶层常常失去的是工作。在劳动阶级中,失去经济收入的厄运大都降临在出生于国外的父亲身上。在这两个社会阶层中,未失业人员的教育程度比失业人员略高一些,但他们在年龄上与其他人并没有区别。

我们在1929年所划定的社会阶级的情境中,按照1929年到1934年的相对收入损失来定义经济受损。这些家庭在1929年的阶级地位,显示了适应经济变迁的两类资源,并勾勒出了定义这种变迁的参考框架。把有关家庭经济调整和生活费用变化的定性信息作为指导,我们将收入损失分成两类:相对经济未受损的(损失低于35%)和相对经济受损的(损失惨重)。在经济受损的家庭中,损失的百分比的均值比未受损的家庭高三到四倍。劳动阶级中经济受损的人最多,但是在这两个社会阶级中,这一类家庭受损百分比的平均数很相近。

经济受损和失业使家庭的社会地位、经济状况和家庭氛围朝着恶化的方向变化。30年代家庭不稳定的社会地位和向下流动,都主要与失业和经济受损有关。尽管奥克兰的大多数家庭在1941年的阶级地位与1929年的相同,但那些最终无法恢复原有地位的家庭一般都是由一个有着失业史的父亲当家。这些父亲的酗酒使过去永远不会再回来了。社会地位最为明显的象征之一——社区的声望和品质,是一些中产阶级家庭在经济灾难中的牺牲品。

父母为了解决生计的问题,既依靠家庭收入也依靠来自公共资源的收入。在两个社会阶级中,母亲的就业、亲属的资助和房租以及对公共援助的依赖都与家庭受损有关,但是在劳动阶级家庭中这种现象最为普遍。公共援助是处于长期失业状况的家庭"最后的求助手段"。经济上捉襟见肘和父母解决这个困难所导致的结果之一就是劳动密集型活动的增加,这使孩子们有了用武之地。尤其是母亲的就业,可能就是这种影响的反映。在后面的章节中,有关孩子在家庭经济中的角色和他们与经济状况的关系,完善了我们有关家庭在维持生计方面的内容。

经济受损和失业的意义,部分依赖于声望下降和经济压力的相对重要性及其带来的后果。这些代价并不局限于任何一个阶级的家庭中,但是声望上的考虑似乎在中产阶级父母的不满和感知到的地位中更为突出。在访谈者的评分中,对中产阶级的母亲来说，经济受损和失业与不满、缺乏安全感及疲惫关系更为密切。当经济受损同时还伴随着迁居到地位低下的社区时，它就会引起最为强烈的不满，这一研究发现表明，居住地的向下流动是挫折感产生的根源。作为孩子关心的问题，父母的不幸加深了孩子对父母经济受损状况的认识。与经济未受损家庭的孩子相比，经济受损的中产阶级家庭的孩子认为自己父亲的声望较低。父亲在家庭以外的活动受到限制和酗酒，都表明了丧失地位所需要付出的心理代价，这也是在经济受损家庭中司空见惯的现象。

在劳动阶级家庭中，经济受损并没有强烈地影响到孩子对父母的看法。劳动阶级家庭经济上的迫切需求、地位不太明显的下降，以及与中产阶级的社会比较，可能解释了这一结果。无论如何，母亲不满情绪的评分更多地是与家庭规模，而不是与经济受损、失业或社区地位低下有关。在中产阶级中，父母的不幸对经济受损家庭的孩子来说更成问题。但是在这个次群体中，经济状况对孩子的影响要比对家庭地位较高的孩子的影响小。此外，家庭经济受损的状况不会使孩子对父亲在社区中社会地位的感知出现显著差异。基于这些阶级差异，也许有人认为经济受损和失业对中产阶级的家庭关系影响更为深远。正如人们所知，男孩感知到的父亲在社区中的声望，决定着他赶上和超过父亲的愿望。在第五章中，我们将探讨地位丧失所带来的这方面及其他方面的后果。

前面对家庭变迁和适应的总结提供了一个经验性研究的基础，它在很大程度上符合我们对经济受损和未受损家庭中的孩子预期的假设。很明显，对于孩子在家庭谋生中的角色来说，对于家庭中的夫妻和亲子关系来说，对于孩子的自我想象和社会行为来说，与经济受损和失业有关的地位的实际变化程度有着重要的影响。这些数据也使人们对中产阶级经济受损家庭的孩子的人生成就和心理健康产生某种怀疑。

第四章
家庭经济中的孩子们

> 这是一段非常艰难的生活……但是孩子们已经能够从事有价值的工作,能够把它做好,能够在这个世界上有所作为。这也给人一种极大的满足感。
>
> ——马戈特·亨托夫《纽约书评》*

儿童在受损家庭的经济中所扮演的角色,是两种适应策略的组成部分。正如前面的章节所提到的那样,经济受损的家庭一方面削减开支,一方面也开辟多种收入来源。前一种策略使家庭经济变成劳动密集型,通过这些劳动换取那些从前需要在市场上购买的商品和服务,比如下厨、做衣服、家庭修理等。这些活动和收入的特殊来源,如出租房屋等,一般都会更多地利用孩子们的劳动。由于大多数家务活传统上都是女主人操持的范围,女孩在这方面承担的工作就特别多。

家庭努力增加收入的活动包括让孩子们通过参与社区工作赚钱。除了父母的要求和鼓励外,这些活动也是为了满足个人需求和了解家庭需求之后的一种自然反应。

---

* 见马戈特·亨托夫(Margot Henttoff)对 L. I. 怀尔德(Laura Ingalls Wilder)的 "Little House Books" 的评论: "Kids, Pull Up Your Socks: A Review of Children's Books," *The New York Review of Books*, 20, April 1972, p. 15。怀尔德的故事,开始于她在一个非常开明的家庭中的幼年时代(大约是1860年代),不过这段时期的经历和城市孩子在大萧条时期的经历没有什么关系。但是就如我们即将看到的,这两者还是存在着某些重要的相似之处。从社会角色来说,经济上蒙受惨重损失的孩子和怀尔德(而不是和现在富裕家庭中的孩子)更为相似,这一点在亨托夫的一个深思熟虑的发问中有所提示:"然而在这个世界上,我们能够使这些年轻人重新体会到自己的价值吗?"(第15页)。

然而，对奥克兰的孩子们来说，经济活动的范围有限。在大萧条初期，他们仍然在上学，而且年龄还太小，不允许从事全职工作。虽然孩子们打零工的工资很低，但是在30年代的奥克兰，这样的工作有很多。他们的工作包括报童、保姆、门卫助手、商店店员和送货员。根据文化传统，男孩比女孩更可能承担经济角色。

孩子们参与家庭经济事务，并不是加速融入成人世界的一个标志，尽管它意味着成人在大萧条时将自己应承担的责任向下传递给了孩子。参与家庭和社区中的实际活动，与年轻人的工作取向，而非年轻人文化中"不负责任"的主题——30年代以后出现的普遍现象——更为一致。[1] 在本章的后半部分，我们将比较来自经济未受损和经济受损家庭的孩子们的行为方式，这些方式反映了对成人生活现实的一种取向，这表现在30年代男女两性彼此不同的世界中：处理金钱的成熟判断力；可靠性；男孩的社会独立性和女孩对家务的关心程度；对成人陪伴的兴趣以及对取得成人地位的渴望。[2]

孩子们的经济角色和家庭角色

在1936年的访谈中，被采访的母亲被问到一系列问题，这些问题用以探讨孩子们在家庭经济中的角色。那个时候经济上最为窘迫的阶段已经过去，但是经济受损的各种条件仍然顽固地笼罩着30年代后半期。就孩子们对维持家庭生计作出重要贡献的能力而言，访谈的时间点恰到好处。30年代中期，他们的年龄已经足够大了，能够离开家庭和脱离父母的监督独自应付要求苛刻的工作。

根据母亲的陈述，有2/5的孩子在打零工。男孩中半数以上至少有一份有薪工作，而女孩中这样的人数只有1/4。为了衡量孩子们在家务劳动中的表现，我们在访谈中还选定了一些家务杂事和难题，以测试他们的反应。与工作中包括的品质控制的措施不同，孩子们帮助家庭的品质不一定要通过安排孩子所做的家务杂事

---

[1] 参阅 Talcott Parsons, "Age and Sex in the Social Structure of the United States," in C. Kluckhohn and H. A. Murray, eds., *Personality in Nature, Society, and Culture*, 2d ed., rev.（New York:Knopf, 1953）, pp. 269–281。

[2] 在有关工作角色的研究中，有一种一直以来被大家所接受的观点就是工作塑造行为。不过，关于这个问题的经验研究的知识依旧是非常初步的。这个领域中更有启发性的研究，可以看 Breer and Locke, *Task Experience as a Source of Attitudes*（1965）。

体现出来。不过在数据中，因为孩子提供的帮助程度和其反应的性质的关系极为密切，所以对它们的测量都包含在一个指标中。我们提了五个问题：三个问题涉及家务杂事的处理（管理房间、下厨、帮做其他的家务），另外两个问题表明了孩子的反应（不需提醒便提供家庭帮助、怨言不断）。母亲们对上面五个问题中至少三题的肯定回答，被界定为参与了家务劳动的衡量标准。尽管样本中的大多数孩子都参与了家务劳动，但是这种活动模式在女孩中尤其普遍（82%对男孩的56%）。

在中产阶级和劳动阶级中，就业和做家务都与经济受损有关，但是男孩倾向于前者，而女孩则倾向于后者。由于阶级差异忽略不计，表2就只列出了经济损失和父亲工作地位的影响。社会阶级对这些结果产生影响的一点体现在劳动阶级中经济受损家庭里女孩就业的比例上（44%，样本中其他的女孩仅为16%）。由经济状况导致的所从事具体工作的差异，在男孩中最为显著。来自经济受损家庭的男孩有40%从事的是有薪职业，而不承担家务。相反，大多数工作的女孩也要做家务活，来自经济受损家庭的女孩90%以上都对家庭经济有所贡献——她们或是从事家务劳动，或是参与经济活动，或者干脆就是双肩挑。另外一个极端则是，许多来自经济未受损家庭的女孩不认为自己有操持家务或者外出就业的责任。有42%的女孩既不操持家务也不外出就业。

表2　孩子的经济角色和家庭角色
（按孩子的性别、经济受损和父亲的职业地位划分）

经济受损和父亲的工作地位	就业和做家务的男孩与女孩的比例 [a]			
	就业		做家务	
	男孩	女孩	男孩	女孩
经济未受损	42（37）	16（26）	69（37）	56（26）
经济受损				
被雇佣	57（21）	19（20）	46（21）	92（20）
未被雇佣	72（25）	43（27）	43（25）	89（27）

注：在多元分类分析中，为了避免社会阶级（1929年）的影响，可以对百分比进行统计上的调整。在对相关性的参数和非参数测量中，就业和做家务与社会阶级的关系系数都不到0.08（r, Kendail's tauc）。对每一种性别和工作群体中经济受损的和经济未受损的人群的比较，得出了如下结果：

　工作角色　男孩（x^2 = 5.0, 1 df.<0.05）和女孩（x^2=1.5ns.）；
　家务杂事　男孩（x^2 = 5.3, 1 df.<0.05）和女孩（x^2=12.4, 1 df.<0.01）。

[a] 每个百分比旁括号中的数字代表个案数，百分比正是根据其统计出来的。

家庭地位降低和资源减少的后果之一是增强了孩子们对父母所做的投入的意识，而在从前，他们认为父母对某类商品和服务的投入是理所当然的。这种投入既包括为整个家庭提供收入所投入的努力和技术，也包括为家庭建设和照料孩子所付出的劳动。经济短缺揭示了消费互惠互利的一个方面，它让人们学会了彼此负责。特别是在中产阶级的家庭中，萧条逐渐改变了父母曾放纵孩子的欲望的单方面依赖的格局，使孩子们在照顾自己和满足家庭需求方面能够发挥更多的作用。从有关奥克兰家庭的定性数据来看，我们发现，父母在角色方面的典型变化是把责任转交给孩子。父母专心致志解决经济上的问题和开辟收入来源，父亲因失业而离开家庭到社区外去寻找工作，家庭经济困难造成的情感压力导致父母疾病缠身，以及父母无力为孩子交学费、买衣服、提供参与社交活动的经费等情况，都是这种变化的例子。这些情况经常使孩子在家中处于承担责任的位置，面临着担负维持家庭生计重担的挑战。

大多数参与工作的孩子都只有一份工作，但也有一些人同时兼做两份或更多的工作。比如，有一个家庭负担沉重的中产阶级男孩，一边送报纸，一边还在街上叫卖自己制作的烟灰缸，在父亲去洛杉矶找工作时还帮助母亲做家务。另外一个更加年幼的孩子，既在学校的餐厅洗盘子，又在放学后指挥六个孩子递送货物。有6个奥克兰的孩子在帮助父亲干活的同时，还偶尔在社区从事有薪工作。女孩通常的工作模式是为邻居照看孩子和在本地商店中当售货员。[3] 尤其是在经济受损惨重的家庭，孩子的收入也有一部分用于家庭的基本开支。

我们已经解释了孩子的行为和经济受损之间的关系，这种关系是经济受损的家庭中劳动和经济需求所导致的结果。影响家庭需求中的一个重要因素是母亲是否有工作。母亲就业有可能增加孩子参与家庭事务的机会和需求。[4] 因为职业母亲在经济受损的家庭中极为普遍，这种适应可以部分地解释为何在这些家庭中是女

---

[3] 有关工作种类、时间和工资的系统资料不是来自奥克兰的孩子或者他们的父母。因此，我们也不能确定这一段中提及的例子是否普遍。

[4] 在一项跨文化研究中，明特恩（Minturn）和兰伯特（Lambert）发现，如果母亲对家庭的经济作出贡献的话，孩子会感到必须肩负某种责任的巨大压力。*Mothers of Six Cultures*（1964），p. 271。也可参阅 Prodipto Roy, "Adolescent Roles:Rural-Urban Differences," in Nye and Hoffman 1963, pp. 165–181。

孩们在操持家务。事实上，如果母亲就业，那么无论家中的男孩还是女孩都可能比其他年轻人承担更多的家庭责任（在控制经济受损这个变量的情况下，平均百分比差为13）。尽管经济受损家庭的男孩更愿意工作而不是做家务，但在母亲就业的家庭中有工作的男孩不一定更多。作为收入的补充性来源，母亲就业减弱了孩子寻找工作的动力。无论如何，数据没有显示母亲的就业对男孩和女孩的工作状况有正面影响。

经济受损发生在一定的社会文化情境中，而不同的情境对孩子们的角色有着不同的影响。比如家庭文化，有的可能鼓励孩子去承担责任，而有的则反对这样做。有关孩子角色的两种立场，从自雇的父亲的创业伦理（entrepreneurial ethic）和出生在国外的父亲的传统家庭观念中就可以看出来。比如作为新教伦理的倡导者，处于创业阶段的父亲会非常乐意让自己的孩子艰苦奋斗和参与经济活动。这种价值取向的其他方面还包括个人的责任、节俭和自我节制。在传统的家庭文化中，工作经验和家务劳动一般被认为是对孩子有益的活动，但这是根据孩子的性别分配的——男孩外出闯荡，家务琐事则留给女孩去做。

同家庭的其他社会属性相比较，孩子的数量对家庭的劳务和经济需求的直接影响更大。随着孩子的增多，家庭管理的范围也必须扩大，对照料和关心子女的要求增加了，每个孩子能够得到的照料和关心却减少了，每个家庭成员能享有的经济资源也相应地减少了。在大家庭中，较大的孩子都分担着成人的责任，而在小家庭中这些责任都是由父母承担的。[5]因此，大家庭中的劳动密集型经济与经济受损家庭的经济相似。孩子在经济受损的大家庭中所发挥的作用，显然比在规模较小的经济未受损家庭中发挥的作用大。

创业家庭的孩子比其他年轻人更有可能认同按照性别分类的角色，但是这种影响完全由这些家庭中的经济状况所决定。出生于国外的父母和家庭的规模对孩子扮演的角色具有某种独立于经济之外的影响，而且这两种因素都与经济受损状况有关。不过，它们都不能解释经济受损对孩子行为的影响。

---

[5] James H. S. Bossard, *Parent and Child*（Philadelphia: University of Pennsylvania Press, 1953），chapter 6。承担责任的压力和家庭规模的关系，可以参阅 Minturn and Lambert（1964），p. 271。

在对出生于国外的母亲进行访谈时，一个共同的话题就是孩子不得不分担家庭责任。在一个瑞典家庭中，尽管条件十分恶劣，孩子们还是"尽其所能地分担着家庭职责"。这位母亲还特别强调，甚至只有5岁的最小的孩子也会帮忙干点儿什么。一位来自东欧的作为第一代移民的母亲也表达了同样的看法。她有四个孩子，每个孩子在家都会做些什么，并且会互相帮助。一般来说，这种看法与父母出生在国外的家庭中的女孩所扮演的角色是一致的。即使控制经济受损这一变量，这些女孩也比那些父母出生在本地的女孩更多地分担家庭责任（差异为14%）。除了这种影响之外，父母出生于国外对女孩的工作地位有微弱的负面影响，和男孩在经济上和家庭中的角色仅略微相关。

家庭规模最显著的影响可以从男孩的工作角色中看出来。2/3的有三个或更多兄弟姐妹的男孩有工作；而在较小的家庭中，只有44%的男孩有工作。在家中承担一定家务的女孩的比例也是大家庭高，小家庭低，但是差异没有那么大（17%）。无论是社会阶级或经济受损状况都对这些结果没有明显的影响，尽管在经济受损的大家庭和经济未受损的小家庭的孩子的活动具有天壤之别。在前一群体中，有3/4以上的男孩就业，而后者就业的比例只有1/4。这两个群体中女孩承担家务的对比同样鲜明（88%对47%）。

在经济受损的家庭中，我们没有发现最年长的孩子比年幼的兄弟姐妹更可能外出挣钱或者在家里帮忙。而且在有两个或更多孩子的家庭中，这种结果也没有什么变化。不过已有证据表明，最年长的孩子通常在家中承担更重要的责任。事实上，有些母亲明确表示，她们希望长女在家务和对弟妹的照料方面担负起管理的职责。其中一位有三个弟弟的女孩，其母亲称她在料理家务方面分担了许多工作。年幼的兄弟姐妹会对家中最年长的孩子所承担的责任造成影响，这在独生子女的特殊情况下最为明显。甚至在经济受损最为惨重的情况下，独生子女也很少像多子女家庭中的孩子那样外出就业和做家务。

回顾发现，有两种情况特别值得注意，它们决定了孩子在家务和工作中所扮演的角色，这两种情况为：经济受损和大家庭。经济受损引发了劳动和经济上的需求，这使女孩介入家庭事务，男孩外出就业，而且导致了父母的适应（如母亲外出工作），这种适应增加了孩子对于家庭经济所付出的努力的价值。因为母亲就业不是孩子承担家庭角色的重要原因（$r = 0.12$），所以它引起的这种活动和经济受损之间的相关性也相对微弱，但是它作为家庭中相互依赖的例子在理论上很重要。母亲角色的转换引起孩子家庭角色的转换。应该说明的是，我们可以得到1934年母亲就业地位的数据，而随后两年的数据则欠缺，因为这时注重的是收集孩子角色的资料。尽管1934年的数据可能使我们对1936年母亲的就业作出一个合理的估计，但任何错误都必然会降低这种适应对家庭运作和孩子在其中所承担的责任的影响。

在预测男孩和女孩按性别类型的分工方面，有三个或三个以上孩子的家庭是仅次于经济受损的最重要的因素。就男孩的工作经验来说，家庭受损的主要影响大于家庭规模的影响（$\beta = 0.29$和0.22）；家庭受损对女孩在家庭中的角色的主要影响也更深远（$\beta=0.32$和0.13）。[6]在经济受损的环境中，大家庭所承受的压力和需求似乎处于最大状态，然而我们没有发现能证明这种变化的资料。在经济受损的状况中，孩子的数量对孩子的角色没有明显的影响，而经济受损对大家庭中孩子的行为也没有更强的影响。

在整个分析中，我们都将家庭系统当作解释经济受损家庭中孩子的经济角色的参考框架。从这个角度看，孩子寻找工作是为了满足家中的经济需求和缓解家庭所承受的压力。他们对家庭状况的了解程度与这种解释的关系无法验证，因为我们没有直接的证据来说明，客观的经济受损是否以及怎样在奥克兰孩子的主观世界中有所表达。在某些情况下，人们可能认识不到家庭实际的困难程度。这种现实和认识之间的差异，也许能够说明为什么在一些经济受损程度最深的家庭中，许多男孩仍然没有外出打工。

我们估计在经济受损的情况下，孩子个人的需求或渴望与他们对家庭环境的认识相关。对家庭困难处境的认识，体现在那些感到钱不够花并且渴望能够更好地控制其生活境遇的孩子对未来的展望中。尤其是对男孩们来说，在经济困窘的境遇中，有薪工作是这些动机取向的一个合乎逻辑的出路，而且数据显示了家庭

---

[6] 这种标准回归分析中的所有变量都是二分的：经济受损情况分为"经济受损"和"经济未受损"；家庭规模分为"家中的孩子不到3个"和"家中有3个或3个以上的孩子"；男孩的工作经历分为"有"和"无"；女孩在家庭中承担的家务分为"分数在0~2分的"和"分数在3~5分的"。经济受损情况和家庭规模与男孩工作经历的相关系数分别为0.33和0.30，与女孩在家中承担角色的相关系数分别为0.42和0.16。

受损和经济活动之间的联系。简而言之，我们发现，超出同龄人经济地位的消费愿望，在来自中产阶级和劳动阶级受损家庭中的男孩中极为普遍，而且在有份有薪工作的男孩与没有这类工作的男孩之间有着明显的差异，无论他们是否来自经济受损的家庭。同样，来自经济受损家庭的男孩和有工作的男孩，在上高中时最可能被描述为在社交抱负（social aspiration）方面雄心勃勃。经验丰富的临床医生认为他们最渴望通过建议、劝说和命令实现对自身所处环境的控制。即使是在经济受损的人群中，这种渴望也是有工作的男孩的主要特征。[7]

根据现有的数据，我们无法确定经济的或支配的欲望是否会导致孩子外出工作。人们有足够的理由认为，经济受损的意识促使了就业，但是也有人会争辩说，挣钱的努力增加了对金钱的渴望。这两种结果都是可能的。工作的发展过程也支持这种假设，也就是说，工作既表现了也增强了那些来自负担沉重家庭的男孩的支配欲望。

孩子们在发展过程中要完成的任务

一种在民间流传很广的有关养育孩子的看法，把做家务和外出打工看成是孩子为成人生活做准备的非常有价值的见习经历。这种经历可能带来的好处包括：良好的工作习惯、可靠性、判断力，以及在承担家庭责任的情况下关注他人的需要（参见第二章）。社区中的工作角色也需要独立于家庭，并且为自我指导提供经验。这种解释适用于经济受损家庭的孩子，描述了一种成人导向的抚养模式（adult-oriented form of upbringing）。这些活动的另一方面指的是孩子们的贡献所要付出的人际成本（interpersonal cost），它指的是对社交经历、玩耍闲暇和尝试行为的限制，这些通常是现代青少年的特征。除了这些社会成本外，工作带来的下列结果与人格和成人价值观的关系尤其密切：涉及金钱使用的判断和价值观、可靠性、勤奋，以及社会独立性（特别是摆脱父母的控制）。

---

[7] 这里提及的所有家庭经济受损情况和工作地位所导致的差异，从统计学上看，在 0.05 的水平上是显著的。经济上的欲望用高中问卷中的一个问题来衡量：他们是否比同学花更多的钱（倾斜量表，分数从 1 分到 5 分）。支配的欲望，用受过训练的评判者阅读样本中的孩子高中时期的观察材料和自我报告材料后所给分数的平均分来衡量。量表上的取值为 1—5 分。对这个量表更加详细的描述和其他动机的评分可以参阅附录 B。

远离家庭找一份有薪工作，常常能够使孩子们了解金钱的价值，学会收入管理的技巧。有证据表明，了解家庭经济困难并在外挣钱的孩子，可能在财务上更负责任。[8]尽管参与管理家庭事务应该能增加孩子对于家庭困窘的了解，但是有关经济事务的判断可能更取决于花费的钱是怎样挣来的。孩子们有偿做家务，还是根据需要从父母那儿拿钱？后者只能使他们掌握极少的理财经验。

经济受损家庭的各种条件使孩子们面临着道德挑战，这种挑战要求他们努力奋斗、诚实可信并充满生气。尽管大多数对繁荣时期的孩子的研究都没有发现家务劳动对孩子的发展具有有利的价值，但是经济受损家庭中经济和劳动力短缺创造出了急迫、现实和影响深远的需求，这种需求无论如何都无法人为地创造出来。在这方面，经济受损家庭中的孩子和农村家庭中的孩子的角色之间有一种相似性，这对我们颇有启发。在家庭农场中，劳动力需求是非常现实和重要的，工作要求苛刻而且成人化，孩子们似乎也认真地对待他们的职责（有关农村和城市孩子角色的颇具启发性的比较研究，参阅Straus，1962）。在这两类家庭中，孩子的劳动力对整个家庭都是有价值且重要的。

在我们的研究中，大多数有薪工作都需要孩子远离家庭并进行自我指导，尽管家庭的责任使他们更多地融入家庭的圈子。在经济困境中，职业能够使人们获得解脱。这种作用在男孩中最为普遍，因为相对于女孩而言，更多的男孩外出打工，特别是有些工作还要求一定程度的独立性。家务活动除了会使孩子们依赖家庭并受到父母的监督以外，它也是家庭抚养女孩的一种重要模式，是她们学习建设家庭的方式。同那些经济未受损的父母的女儿相比，来自经济受损家庭的女孩更为依赖家庭，对家务事也更有兴趣。

下面是对这些关系的经验研究，我们将从理财判断力的来源开始。

理财判断力

除了家庭需求和购买力外，花钱和存钱的智慧取决于理财方面的实践经验。

8　Esther E. Prevey, "A Quantitative Study of Family Practices in Training Children in the Use of Money," *Journal of Educational Psychology* 36（1945）：411–428.

当一个孩子自己有笔钱需要支配时，考虑不周的消费对他自己（特别是对来自经济受损家庭的孩子）、对全家都有直接影响。个人金钱可以来源于有薪工作，无论是家里的工作还是外面的工作，或者来源于一种定期的零用钱。和这些金钱的来源不同，根据需要（由父母决定）给孩子金钱的习惯会逐渐让孩子形成经济上的依赖性。正如后文所述，女孩比男孩的经济依赖性更强，部分原因在于二者在家庭经济中所扮演的角色不同。但是更值得注意的是，经济上的依赖性对理财判断力有着负面影响。

就样本总体而言，能在理财事务方面给予孩子们一定自主性的经济资助在男孩中比在女孩中更为普遍。这种分析使用了两种来源的数据：一种是1936年对母亲进行的访谈，一种是1937年完成的自我报告式问卷调查。在访谈中，母亲被问道：是否给自己孩子零用钱？是否给做家务的孩子报酬？问卷所调查的是：孩子是否根据需要从父母那儿拿钱？ 46%的男孩得到过零用钱，20%的人做家务有报酬，25%的人可以根据需要拿钱。而获得零用钱和因做家务而获得报酬的女孩的比例要小一些（分别为40%和10%），大多数女孩是根据父母决定的需求获得零用钱的（61%）。正如人们所估计的，中产阶级的父母比地位较低的父母更容易给自己孩子零用钱，二者之间的平均百分比差16%。

父母的资助在很大程度上视孩子是否有工作而定，因此这种资助主要是在男孩中因经济受损的程度不同而有所差异。这种结果反映了促使孩子就业的一些条件：经济上的需求，以及父母无法或者不愿意给他们零用钱。在中产阶级和劳动阶级这两个阶级中，经济受损家庭的男孩都比经济未受损家庭的男孩得到父母的资助少，比如零用钱、做家务时的报酬或者必需的开支，但是这种差别主要是由其工作情形所造成的。那些有工作的男孩在零用钱和经济资助上，就比没有就业的年轻人的需求少（30%对66%；15%对39%）。大多数经济未受损家庭的男孩都从事家务劳动，略多于1/3的男孩做家务时还有报酬。[9]

如果说在经济上依赖于父母会限制孩子理财的实践经验，那么这种缺陷在女

---

9 来自经济未受损家庭的男孩获得的经济资助，和斯特劳斯（Straus）的研究（1962年）中的城市男孩在这个方面相似。在这两个群体中，都有1/3以上的男孩因在家做些家务杂事而获得报酬。

孩对家庭经济也负有责任时最为明显。女孩工作的比例很小，而且那些帮助父母做家务的女孩也很少得到劳动报酬。特别是在经济受损的家庭中，承担家务重担的女孩常常是在需要花钱的时候向父母要，而不是从父母那儿得到零用钱，工作的女孩从父母那里几乎得不到任何钱。

根据1936年的访谈，母亲更愿让男孩而不是女孩肩负理财的责任。76%的男孩被描述为既能省钱又能明智花钱的孩子，而只有64%的女孩能做到这一点。在男孩中，如何理财方面的良好判断力与经济受损的状况有关（在经济未受损和经济受损群体中的差异为21%）；但是在女孩中，这种判断力不会因阶级或经济受损状态而有何差异（百分比差异小于7%）。阶级背景和经济受损在决定母亲的评估方面，显然不像零用钱和工作那样有影响。

为了评估零用钱和工作经验的主要影响，我们将一些因素纳入多元分类分析中，这能在统计上控制社会阶级和经济受损状况这两个变量。[10]我们根据就业和家务劳动的模式构建了三个因素（为了表示其性质，1=出现，0=没有出现）：就业、从事家务劳动、什么都不干。分析中把男孩和女孩放在一起，因为这些结果不会因为孩子的性别而出现什么变化。母亲常常认为获得零用钱的孩子在经济上的责任感比其他的孩子强（82%对60%），但是这种影响却小于就业和家务劳动的影响。工作的男孩中有87%被认为具有理财能力，而那些缺乏责任感的孩子具有理财能力的比例只有38%。在这两个极端之间的，是那些只在家中承担责任的年轻人（66%）。

影响理财判断力的这些变量，在我们所研究的孩子走过青春期后还有什么重要的意义吗？对于他们作为成人的经济行为有什么影响呢？不幸的是，我们没有足够的关于这些影响的前瞻性证据。所能得到的数据只限于储蓄的实践。根据1958年访谈所获得的数据，我们能够确认储蓄的规律性变化。大约有70%的受访者定期存钱。在控制成人地位这一变量的情况下，我们根据上面提及的衡量经济行为的指标，对阶级出身、家庭经济受损状况、1936年的就业状况，以及母亲对孩子理财判断力的评估进行了分析。在女性中，这些因素都不具有预测性；那些

---

[10] 这种统计技术的描述，可以参阅第三章中的注释12。

储蓄的男人们则很可能是在经济受损家庭中长大的，他们曾经外出打工，也许曾在少年时代就知道该如何理财。这三个因素中，最重要的预测因素是就业。80%曾在30年代外出挣钱的男人提到了储蓄的计划，而当时没有外出打工的人中只有54%曾经有过这样的计划。

不管能提出的证据是多么不堪一击，许许多多的研究对象都坚信萧条时期的困苦状况对他们未来的经济状况产生了影响，他们都倾向于把萧条当作自己行为的注解。用一位年轻的白领工人的话说，30年代的困苦"使他意识到挣钱并不总是那么轻而易举。它使你在花钱时会保守一点，特别是在支出超出你自己的财产时尤其要小心谨慎"。这种解释对我们了解经济态度是怎样形成的没有什么价值，但是它们的确为这些孩子的行为提供了理由，而且作为一种客观的教训，对年轻人也不无意义。在1965年秋对加州大学伯克利分校的171名大学生进行的调查表明，父母对大萧条影响的回忆经常作为一种道德教训传递给孩子们。[11]

可靠性和勤劳

孩子们在大萧条中从事的劳动可以被看作他们被要求做到的行为。有报酬的工作在不同程度上要求守时、有礼貌、行动考虑周全和服从上级。如果家里和工作环境中的事情需要某种程度的可靠性和勤奋，那么这些行为模式是否可以推广到其他情况？家庭以外的其他成年人也能把从事这些活动的孩子看作是相对而言可信赖的和富有朝气的吗？

我们从1937年的境遇量表（Situation Ratings）选择了三个量表（参见附录B）来衡量这种行为。每一量表都由儿童福利研究所成员评估的分数的均值和标准化后的数据构成，这些人都曾观察过孩子们在社会活动和学校事务中的表现。按照其行为表现出的特征，这三个量表是：可靠性——"在了解他人权利的情况下，承担责任并可靠地履行这种责任"；反抗权威——"故意违反规定，拒绝服从负责人员的要求，反抗权威"；勤劳——"朝气蓬勃，行动中专心致志"。

---

11 Glen H. Elder, Jr., "The Depression Experience in Family Relations and Upbringing"，未发表的手稿，1966年春季。

男孩在家中或者工作中的角色，不以他们的可靠性或者反抗权威为特征与众不同；这些分数既和经济受损的状况无关，也和它们所属的阶级无关。然而，勤劳却常常是工作的男孩所具有的品质，它和经济受损的状况有关（$p<0.01$）。经济受损的影响很大程度上取决于它和就业的关系，如果就业这个变量被控制了，那么经济受损的影响就变得不那么显著了。[12]经济困难似乎是对朝气蓬勃的行为的一种刺激，正如巴基对经济受损家庭孩子的研究所揭示的那样（参见第二章），而且勤劳也可能使人更容易找到工作。此外，工作需要时间，又要应付学校、家庭和朋友的一般要求，这都使朝气蓬勃的行为受到额外的赞赏。

经济受损家庭的女孩在可靠性和勤劳方面，都比经济未受损家庭的女孩得分略微高一些，但是社会阶级的这种差异或者影响在统计学上都是信度不高的。可以用人们观察到的女孩在家庭和工作中的角色来解释这一现象。那些只能在家中帮忙的女孩在经济受损家庭中最为普遍，而且她们的行为与那些不承担什么责任的女孩的行为非常相似。和这些女孩产生对比的，主要是那些承担着双重责任的女孩，也就是那些既做家务又在外面工作的女孩（表A–5）。她们在可靠性和勤劳上的得分明显高出很多。

以工作为导向的生活方式，在既承担家务又外出打工的女孩的行为中最为明显。她们的这些社会特征更多的是经济受损带来的后果，还是在地位较低的家庭中完成社会化的后果？外出就业的女孩主要来自经济受损家庭，有2/3外出打工的女孩来自劳动阶级家庭。不过，两个社会阶级中外出打工的女孩都既可靠又勤劳。

另外一种观察大萧条中工作经历对于行为的影响的方法，是采纳受访者的观点。责任是否增强了可靠性和勤劳的重要性？为了回答这个问题，我们必须使用有关这些孩子成人后行为偏好的数据。1964年进行调查的一份问卷，就列出了包括可靠性和勤劳在内的孩子行为的16种特征，要求被研究对象回答他们认为十几岁的男孩和女孩最希望拥有的3种特征。结果和我们的预期一致，看重可靠性的男性最可能成长于经济受损家庭，而且他们中的大多数人在少年时都曾外出打工挣

---

12 观察者对于勤劳行为的评分，最不可能受到对男孩工作状况的了解的影响。所有境遇评估都是基于在学校相关活动中观察到的行为。

钱。甚至在家庭状况好转和成人后生活改善了的情况下，成长于经济受损家庭的男性中有52%仍然偏爱行为可靠的女孩和男孩，成长于经济未受损家庭的男性中有这种偏爱的只有26%。这种影响显然比大萧条期间就业的影响要大得多。然而，无论是经济受损还是在家庭经济中的角色，二者对女性的行为都没有明显影响。

回过头来看，大萧条中的劳动经历有选择性地塑造了人们的行为和价值观这一前提是基于一些假设，这些假设对于研究中某些成员所扮演的社会角色而言可能并不成立。其中有一个假设涉及家庭和工作环境各种任务的持久性和需求性特征，它们都不是能直接测量的。例如，就职业角色而言，这些任务在孩子成人以前对其行为的影响，可能会直接因为这两种条件的变化而变化。由于缺乏经验研究所获取的论据的支持，我们也曾把孩子在1936年的家务劳动和工作看作他们在整个大萧条十年期间适应经济困难的行为特征。很明显，为了提供一种测量这些经历的具有长远意义的测量手段，我们需要详细记载这些行为的史料。

社会独立性和家庭价值

作为对经济受损的适应性反应，有薪工作和做家务会给社会独立性（social independence）带来明显不同的影响。有薪工作意味着孩子在家庭之外获得了某种程度的自主性和责任感，对于男孩来说更是如此；而做家务对女孩来说则意味着参与家庭活动并受到家庭的限制。

在前青春期和青春期，社会独立性有两种必须加以区别的层面：选择同性朋友、社交地点和时间的自由；同异性朋友交往的自由，比如约会、晚上相互来往、单独出席晚会等。由于男孩对异性的兴趣和发育都滞后于女孩，所以比较性别群体的社会独立性的最适当的指标，并不局限于异性间互动的数据。在1936年对母亲的访谈中，这种形式的独立性是由对于是否参加学校夜间的社交活动这个问题的回答来加以衡量的。异性交往活动中的独立程度，通过对于孩子是否在周末的晚上与异性交往这个问题的回答来加以衡量。对每个问题的肯定答案被确定为社会独立性的表现。女孩最喜欢在周末的晚上与成群结队的男孩女孩交往，而男孩则更多地参与学校的晚间活动。

如表A–6显示，无论是在中产阶级还是在劳动阶级中，男孩的社会独立性都与家庭在经济上是否受损有关。这种关系在学校的晚间活动方面表现最为强烈，这在一定程度上也是就业和它所起的让孩子摆脱束缚的影响的作用。来自经济受损家庭的男孩可能有一份工作（r=0.33），而家庭经济受损和有一份工作都与孩子也会参与家庭之外的学校晚间活动有关（r=0.21）。在回归分析中（将经济受损状况和家庭地位看作既定条件），经济受损状况的直接影响显然比失业引起的间接影响强（β=0.20 比 0.15）。即使地位较低的父母对孩子的监督远不如中产阶级的父母那么严密，阶级背景也不会使男孩在获得社会自由（social liberty）方面出现什么差异。

就影响的范围和持续程度而言，经济受损的各种条件对女孩社会独立性的影响较小。在中产阶级中，经济受损家庭的女孩在晚上更可能（而不是更不可能）与同龄人交往，但是有意义的区别只出现在与异性的交往中。这种结果与我们的预期相反，我们也不能说这是孩子在经济或者家庭中所扮演角色的作用；而且对于劳动阶级的女孩来说，这种结果会因经济受损的影响而有所不同。在劳动阶级中，经济未受损家庭的女孩最具有社会独立性，尤其是那些既没有做家务的责任也没有外出工作的义务的女孩。那些不承担任何责任的女孩大约有一半参与学校晚间活动，而那些协助父母做家务或者外出赚钱的女孩只有1/4参与。这种差异的程度能够解释经济受损的影响，很可能反映了那些在家庭经济和家务活动中扮演角色的女孩所承受的负担。

根据母亲的描述（1936年），劳动阶级中的这种差异也表现在女孩的闲暇时间和社交经验上。和样本中其他的群体——经济未受损的劳动阶级家庭的孩子和经济受损及未受损的中产阶级家庭的孩子——相比较，来自劳动阶级经济受损家庭的女孩甚至男孩，闲暇时间更少，社交经验更缺乏。大多数孩子都有足够的时间去进行社会交往和培养嗜好，可这种时间对劳动阶级中经济受损家庭的孩子来说却是最少的（68%对86%）。在访谈者对自由或玩耍时间、朋友的多样性和适当性的评分上，也存在着这种差别。这些变化至少与劳动阶级中大部分经济受损家庭生活中的限制和压力相一致，但是在研究人员对处于这种社交情形中的研究对象的观察中却没有表现出来。经济困难或责任都没有使男孩女孩在社交中受欢迎的程度出现什么不同。这些数据并不支持这种假设：家庭的经济受损和孩子所承担的责任极大地限制了孩子的社交活动。但是我们准备在第六章中仔细地研究被接纳和受欢迎的原因，如打扮和服装，并探索它们与经济困难的关系。

到目前为止，我们把就业定义为家庭困难和男孩们的社会独立性之间的一种因果关系。不过还是存在着另外一种没有被排除的可能的解释：作为家庭经济负担的一种自然结果，社会独立性的获得可能先于就业，并增加了就业的可能性。根据这种解释，有工作的男孩比其他男孩更加独立，更加摆脱了传统家庭的束缚。那么，重要的问题在于，社会独立性的差异是在他们初次被雇佣之前还是之后出现的？如果我们假设它发生的时间不早于孩子七年级或八年级时，那么我们就能用在初中和高中做的问卷调查所获得的数据来检验这个问题。

在每一个时期，我们都提出了相同的问题：受访者是否必须得到父母许可才能在夜间晚一点回家？或是否能够不经父母同意就出去？能否被允许在缺少成人监督的情况下交结朋友？由于各个项目是彼此相关的，五级量表（从"低"到"高"分成五级）的得分累加起来，作为每一个时段的唯一指标。正如人们可能预期的那样，样本中男孩的独立程度在两个时期之间急剧增强（$\bar{X}s$=6.8对11.4）。虽然在社会交往方面女孩比男孩更不自由，但是在这期间的几年内她们也得到了更多的自由（$\bar{X}s$=5.8对10.1）。

在初中，无论是男孩还是女孩的社交自由都没有因为经济状况出现显著差异，也没有证据表明较晚找到工作的男孩这个时期比其他年轻人更能摆脱父母的束缚，更加自由。相反，前一个群体比后一个群体独立意识稍弱。女孩中也存在相似的结果（平均差异为0.53）。不过在高中阶段，社交最为自由的男孩一般都来自经济受损的家庭，而且他们中的绝大多数都有工作。就这两个因素而言，就业对独立程度的影响最大，并能够说明经济受损的影响。一般来说，通过工作挣钱的男孩更为独立（$p<0.05$），而且同那些没有工作的男孩相比，他们从青春期早期开始在这方面就更加不稳定。稳定性的差异及其与工作经历的关系，表现在测量就业和未就业孩子的社会独立性的两种方法的相互关系中（r=0.25对0.52）。那些有工作的男孩社交最为自由。

在高中阶段，认为自己具有高度独立性的女孩并不是因为经济受损状况和阶级地位而与其他人有所区别。如表A-6所示，经济受损对劳动阶级女孩的独立性有一定的负面影响，而且父母的限制和做家务有关。不过，这些差异太小了，在统计学上信度不高。

到目前为止，关于社会独立性的数据主要是与我们对大萧条中的男孩的估计一致。所有的论据都表明，经济受损和工作角色有助于男孩从父母控制的传统束缚下解脱出来。由于大多数女孩都是通过承担家务来应对家庭的困难，所以这种适应对于她们对家庭的依赖或父母的控制没有什么影响，也许只有来自劳动阶级家庭的女孩例外。但是除了父母控制这个问题以外，参与家庭运作也会影响持家者这一角色的社会学习。这些影响包括帮助女孩熟悉家庭的模式和价值观。与经济未受损家庭的女孩相比，经济受损家庭的女孩对家务更感兴趣、更喜欢持家吗？

为了调查这个问题，我们运用了对家务兴趣的测量方法，这一方法是建立在对高中生所做的职业问卷调查（职业兴趣强烈程度量表）的基础之上的。从这项调查中，我们获得了家务兴趣的两种测量方法：一是用一个单独的问题去询问受访者是只看重婚姻和持家的角色，还是只看重职业，或者两者都看重；二是根据调查的要旨，对家务和职业兴趣的强弱进行现场评估。[13]由于很少有女孩以职业为主导，所以主要的对比在那些偏好家庭活动的人和那些对家庭和职业都有兴趣的人之间。

对家务的兴趣与经济受损和家庭责任有关，但是这只发生在中产阶级的女孩中，因为这个次群体在性别角色的行为上比劳动阶级的女孩更为开放。有关角色偏好的两种指数都证明了这种结果。来自中产阶级经济受损家庭的女孩中，三个中就有两个对家务更感兴趣，而不是对职业更感兴趣（唯一的选择），这种偏好的程度远远高于经济未受损家庭的女孩（38%）。在这个群体中，偏爱家庭角色的女孩比其他的女孩更有可能参与家庭运作，但是这种差别（21%）尚不足以说明经济受损的影响。在劳动阶级中，无论家庭在经济上受损还是未受损，都有68%的女孩对家

---

13 这种分类是加州大学伯克利分校咨询中心主任B.柯克（Barbara Kirk）博士提出的。一共有四种类别：对家务极有兴趣，对家务有些感兴趣，既对家务感兴趣又对职业感兴趣，对职业感兴趣。前两类被界定为对家务角色感兴趣。

务的兴趣超过对职业的兴趣，家庭义务对这种偏好出现差异的影响相对较小。

如这些发现所表明的那样，经济条件影响女孩价值观和社交自由度的语境，是由她们所处的社会阶级界定的。和地位较低的家庭相比，中产阶级家庭更不看重传统的家庭价值观。在家庭社会化的过程中，家庭困难所产生的不断增强的影响，仅仅发生在那些来自中产阶级的女孩中。经济受损往往会增强中产阶级和劳动阶级女孩对于家务兴趣看法的相似性。如果劳动阶级女孩的责任与比中产阶级女孩的更加重大，所从事的劳动花费的时间又更多，这将有助于解释有关社会独立性的调查结果。经济困难和家务劳动对女孩的社交自由的限制仅仅发生在劳动阶级中。

类似成人经历的向下延伸

经济受损家庭中的家庭经济角色本身并不表明加速步入成人世界，但在大萧条时期，这种角色是在性别差异化的背景（年轻人被迫肩负非同寻常的责任）中扮演的。早期脱离家庭的束缚、对可靠性的偏好以及成熟的理财能力，都至少与这种对男孩受大萧条影响的解释相吻合，也和有关女孩的可靠性和对家务的偏好的解释相一致。但是我们需要更多能够体现这种成人生活导向的直接证据，例如经济受损家庭的孩子可能更愿意外出打工，更喜欢与成人交往，也更想尽快长大。从传统上来看，成为学徒的年轻人会表现出这种社会发展模式，而在经济萧条时孩子的生活境遇中，我们识别出了学徒身份所具备的基本元素。

如果童年时代和成人时期之间的岁月是准备的时间，那么它就代表了个人发展的一个阶段，这个阶段的经历对后来的行为有着直接的影响。年轻人从实践中学习，如投身于职业生涯和感受成人生活的压力。对奥克兰的孩子而言，30年代的经济大萧条常常使更多的母亲和女儿共同参与家务劳动，并且鼓励男孩参与经济活动，而这种经济活动又常常增强了他们对作为非家庭成员的雇主的责任心。在很大程度上，来自经济受损家庭的青少年和成年人一起参与对彼此都很重要的共同活动。从成人导向的立场出发，在社区中承担经济角色作为面对非家庭成员的一种模式，具有特别重要的意义。从某种重要的意义上说，从依赖父母转向和非家庭成员的成人的接触，代表了走向成人世界、远离由家庭及亲属组成的特殊世界的关键一步。

在对成人导向进行一般测量的时候，我们运用了研究人员对孩子们在学校时的成人导向行为的评分（来自1937年的境遇评分，参见附录B）：寻求成人陪伴——"在一个群体中寻找成年人而不是孩子。经常围绕在成年人的周围，目的是引起成年人的注意。加入到成年人的行列令他们兴奋不已。"在进行行为观察的不同环境中，成年人包括教师、运动场的管理人、来访者和观察者。

人们认为来自经济受损家庭和劳动阶级的孩子最有可能具有成人导向，有工作的孩子也是如此。但是最重要的因素还是一份有薪工作。和其他孩子相比，那些就业的男孩和女孩都对成人的生活表现出更浓厚的兴趣，并且在与学校有关的活动中花更多的时间与成年人在一起（$p<0.01$）。[14]甚至在经济受损的群体中，有工作的年轻人也比没有工作的年轻人与成年人的关系更为密切。那些在家中担负重任的孩子同样也对成人生活颇感兴趣。

除了共同参与的一些活动之外，各种因素都有可能使孩子寻求家庭之外的成年人的陪伴和注意。这些因素包括需要一个父母的替代者（由家庭混乱、遗弃所引起的），以及做一个被人承认的成年人的愿望。也许有人会认为，这种愿望是那些希望大人陪伴的年轻人的特征——数据中也的确存在着表明这种关系的某些证据。来自经济受损家庭的男孩和女孩最可能盼望尽快长大。[15]这种愿望和低下的家庭地位有关，但是它在每个社会阶级经济受损家庭的孩子中也是最普遍的。在这些数据中，至少长大成人的目标可以被看作家庭困难的一种非常重要的结果。家庭的经济越困难，这种目标就越突出。

根据我们的分析，孩子在经济受损家庭的家庭经济中所扮演的角色与劳动分工中传统的性别差异相一致，他们倾向于按成人方式给自己定位。经济困难和职业增强了他们与成人交往的愿望，也增强了他们"长大"成人的愿望。这种成人

---

[14] 就两种性别而言，就业的孩子成人取向的平均分数为52.4分，没有就业的孩子成人取向的平均分数为46.1分。

[15] 在初中的问卷中，有一个问题衡量孩子对长大成人的渴望："你是否想长大，变成一个男人或者女人？"大部分孩子给出了肯定的回答（67%），随着家庭困难的增加，这个百分比也在增加。就百分比的差异而言，阶级和经济受损的影响是一样的（14%）。

导向与家庭经济中各种角色相关的行为是一致的，这些行为包括负责的理财行为（母亲的感觉），朝气蓬勃的或勤劳的行为，可靠性，女孩专注于家务，以及男孩的社会独立性。

  如果经济困难加速了孩子"长大成人"的过程，这种发展路程是否过早地限制了人格的发展和对角色的选择？在他们进入成人初期和中年时代时，他们儿童时期类似成人的经历又是以什么方式（如果有）形成他们的选择、决定和生命历程的？另外两种对大萧条的适应也和这些问题有关：家庭关系的调整，它包括决策中的角色；孩子对家庭变迁、地位的模糊性及家庭中的紧张气氛的心理反应。经济受损需要相关家庭的父母和孩子在谋生方面有新的适应。这些适应是怎样影响到父亲的相对权威和情感状态的？在下一章中，我们将分析与这个问题有关的数据，确定影响奥克兰研究中孩子的情感状态的各种条件。

第五章
家庭关系

> 母亲希望我们每个人都爱她，因为她付出了这么多，因为她工作得如此辛苦——我们对她都有义务。

——奥克兰出生组中女儿的观点

经济受损和家庭谋生的新模式，促成了父亲在家中地位的一系列调整。本章对三个领域中的调整特别感兴趣：父母之间在权力和情感支持方面的交换，亲子关系中的情感纽带和控制，夫妻互动和亲子互动间的一致程度。我们的出发点是家庭领导权，因为它既是衡量危机境遇中适应和压力的一个敏感的晴雨表，也是决定家庭内部关系的关键因素。经济受损在什么样的情况下会增加孩子眼中母亲的权力和重要性？

危机政治学（politics of crisis）中有一个颠扑不破的理论假设：要想长期掌握领导权，领导者必须在成功地解决重要问题或自如地应付冲突方面能够做到有目共睹；在危机境遇中，无法提出有效解决方案的领导人有可能被群体替换。互惠性是这种领导权的适应性观点的全部特点。在民主的群体中，接受管束变成了对领导人的期望，也就是说作为一个领导者，他的行动必须有效地满足群体成员的需要。如果他无法做到这一点，就会导致他们彼此的关系失衡，从而使人们转而寻求另外的选择。在领导权的稳定方面，各色各样的群体中都存在着解决危机的实际事例，从政治领域（例如，从胡佛到罗斯福的过渡）到核心家庭都有这样的群体。[1]

　　大萧条中的经济状况是对适应技巧的检验，它为丈夫和妻子调整相对的权力关系（已经得到证明了的控制或领导他人的能力）提供了空间。新的适应性反应，必须满足在家庭收入急剧减少和长期失业的情况下维持生活的急迫需求，比如把责任移交给妇女、孩子和家庭外部的机构。在奥克兰样本中，这种适应出现在各种社会地位的经济受损家庭中，它创造了一种有利于妻子占支配地位的境遇。对失业人员的研究表明，家庭领导权的结构和经济谋生之间存在一定的一致性。前面我们曾提到巴基的研究，这项研究指出父亲失业和他在家中的权力之间是负相关的。金伯格在他的研究（Ginburg，1942）中也提出了同样的观点。妻子处于支配地位而父亲缺席，是持续性贫困家庭的一个更为常见的结构特点。[2]

　　关于领导权的适应性观点包括社会交换的假设，并适用于那些权力产生于赞同而不是胁迫的境遇。一些研究家庭的理论和经验著作认为，如果在前危机阶段的权力关系带有极端的单方面支配性和身体胁迫特征，那么在无法控制危机之时最不可能引起角色转换。[3]在更加自主的情况下，如果父亲对婚姻交易的主要贡献局限于金钱，那么在危机持续下去的情况下，父亲丧失权力的可能性最大（Komarovsky，1940：第三章；Heer，1963）。下层阶级中的金钱和性交换的婚姻便是一个极端的例子。

1　在一项有关家庭对不同困境的反应的研究中，E. L. 库斯（Earl L. Koos）发现，在那些父亲无法满足危机境遇的要求的家庭，父亲的权威丧失殆尽，而且这种情况持续时间相对比较长。参阅Earl L. Koos, *Families in Trouble*（1946）。有两项经验研究，表明了危机境遇中领导权丧失的相应影响：Hamblin, "Leadership and Crisis"（1958）; and Bahr and Rollins, "Crisis and Conjugal Power"（1971）。与关于领导权的这种观点有关的是J. F. 肖特（James F. Short）和F. L. 斯特罗特贝克（Fred L. Strodtbeck）提出的"地位威胁"假设，这是用来解释一群男孩在违法活动中不同的参与程度。James F. Short, Jr., and Fred L. Strodtbeck, *Group Process and Gang Delinquency*（Chicago:University of Chicago Press, 1955）, p. 245。

2　参阅Blood and Wolfe, *Husbands and Wives*（1960）; and Lee Rainwater, *Behind Ghetto Walls*（Chicago:Aldine, 1970）。婚姻权力不仅仅是社会经济和教育因素简单作用的结果，如卡马诺夫斯基（Komarovsky）的 *Blue-Collar Marriage*（1962），第10章；斯坎佐尼（Scanzomni）的 *Opportunity and the Family*（1970），第6章。在这方面，还可以参考Hyman Rodman, "Marital Power in France, Greece, Yugoslavia, and the United States," *Journal of Marriage and the Family* 30（1967）:320–324。有关这种分析的其他因素，在后文的讨论中将会提到。

3　Reuben Hill and Donald A. Hansen, "The Family in Disaster," in Baker and Chapman 1962; Bahr and Rollins, "Crisis and Conjugal Power"（1971）.

婚姻关系中的爱、理解和尊重，由生活的成功和幸福感所孕育（参见 Scanzoni，1970，第二至四章），它们可以在经济逆境中维持丈夫的地位。有证据表明，当爱和理解在婚姻关系中占据重要位置时，大萧条中失业的工人在家庭成员中依旧维持着自己的权力和尊严（Komarovsky，1940，第三章）。由于社会阶级越高，丈夫的权力来源越多，在牺牲经济因素的情况下，劳动阶级中经济受损与妻子在家中占支配地位应该关系最为密切。

婚姻关系中另外两类资源也支持这个假说：具有可比性的工作状况和教育程度。在经济困难的情况下，奥克兰样本中的母亲，特别是劳动阶级中的母亲，最有可能外出就业。大多数研究都表明，就业的妻子在决策方面比没有就业的妻子影响力更大。[4]教育作为地位和拥有一技之长的象征，是婚姻关系中最珍贵的一种资源。夫妇中教育程度高的一方在参与家庭决策方面更有力，能够施加的影响也更大。[5]在奥克兰样本中，劳动阶级的男人最不可能拥有这种优势。如果正处于经济困难的境遇中，那些妻子有工作而且文化程度更高的家庭中最可能由妻子占据支配地位。

经济受损对于家庭权力关系的影响，也依赖于人们所处的文化对于男性气概和男性在家中权利的界定。根据传统的观念，男性在家中拥有最后决定权的权威天然地来自他作为父亲和丈夫的地位，而不管他在困境中的表现怎样或者有什么样的个人资源，这种权利不仅仅取决于被证明了的满足家庭需要的能力。在大萧条中，权威受到这些信念支撑的失业男人比其他男人更不容易受到地位丧失的伤害。[6]在经济受损的家庭中，我们将以是否出生在国外作为衡量这些信念的指标。

与传统观念对男人支配地位的支持相对应的，是那种根据男人的工作和家庭情形来评估他的功利主义前提。与大萧条中经济受损的结构性根源相反，人们一般都认为，只要男人愿意，他就能够找到工作并且支撑起他的家庭。根据这种逻

---

4 David M. Heer, "Dominance and the Working Wife," *Social Forces* 36（1958）:347; Blood and Wolfe, *Husbands and Wives*（1960），p. 42.

5 布拉德和沃尔夫的研究（1960: 37—38, 42）中也提到这种关系，还有 Komarovsky, *Blue-Collar Marriage*（1962），p.229。

6 Komarovsky, *The Unemployed Man and His Family*（1940），chap. 3。有关男性在权力关系中占据支配地位的意识形态的开创性研究，可以参阅 Lois W. Hoffman, "Effects of Employment of Mothers on Parental Power Relations and the Division of Household Tasks," *Marriage and Family Living* 22（1960）:27–35。

第五章 家庭关系　89

辑和评价框架，失业被看作道德上的污点，而且失业者中有很大一部分也接受了对于他们自己的这种定义。如简·亚当斯（Jane Addams）在1932年冬天观察到的那样，"大萧条所带来的最不幸的后果就是：如果一个男人失去了工作，人们就可能会指责他是一个失败者"。在经济艰难时期，"舞台上演的是我们所进行的最残忍、最徒劳的事情之一——一个人惩罚另一个人只是为了改造他的性格"。[7] 羞愧、嘲笑和敌意的爆发都是这种婚姻戏剧的组成部分。

在经济受损的家庭中，经济困难和有关的婚姻结构对家庭内部的冲突和敌意，对作为情感和价值观源泉的父母的相对地位，以及对父母的控制权都有着潜在的影响。经济问题甚至在富裕时期也是婚姻中争吵的主要原因，这也是失业和经济受损家庭的通病（Komarovsky，1962：290—291）。而在妻子占支配地位的家庭中的冲突，一般比有着其他权力结构的家庭更为普遍。[8] 这种冲突的普遍性在一定程度上是对妻子居支配地位这种困境的反应，因为几乎没有丈夫和妻子认为这种格局是令人向往的或者合理的。尽管共享权威是当代社会最受欢迎的一种理想形式，但大多数美国人还是认为"丈夫应该是一家之主"（Scanzoni，1970：152）。经济困难经常也处于一种累积、循环的动态过程，这减少了彼此间爱慕、分享和尊重的表达，进而降低了夫妻解决共同面临的问题的效率和彼此之间的和谐。当夫妻情感上的距离增加了，敌意便接踵而至，这又导致夫妻关系的进一步恶化。

家庭地位的降低和妻子占支配地位象征着家庭中两种相关的变化，影响了孩子们对待父母的态度。母亲在家庭事务中的地位日显重要，而父亲的地位则日渐衰微。正如第三章所表明的那样，来自中产阶级的孩子认为经济未受损的父亲比经济受损的父亲具有更高的社会声望。然而，母亲在社区中的地位并未受到经济受损的影响。这些差异是否反映在孩子与每位父母的亲近感和孩子眼中父母的魅力中？从工具性的角度来看，经济受损和妻子占支配地位增加了母亲的向心力，但是，在孩子特别是女儿的情感和价值偏好中，她也占据相似的位置吗？这似乎

---

[7] Jane Addams, "Social Consequences of Business Depression," in Felix Morley, ed., *Aspects of the Depression* (Chicago:University of Chicago Press, 1932), p. 13.

[8] 参阅Murray A. Straus, "Conjugal Power Structure and Adolescent Personality," *Marriage and Family Living* 24 (1962):17–25。

是可能的，因为众所周知，权力是父母竞争的一个重要因素，女儿通常与母亲而不是与父亲更亲密。父亲的敌意和退缩行为，家庭急迫的需求和领导权的真空状态，都将增加母亲在处理家庭事务方面的合理性。

最后，经济受损家庭的家庭结构对男孩和女孩的社会独立性的影响，与他们在家庭经济中的角色的作用相似。如果说父母对孩子的抚养模式一般是根据孩子的性别而定的，那么父母控制的形式则取决于家庭权力结构的类型。[9]当父亲在婚姻中的影响力增加了的时候，他对儿子的控制也随之增强，而在母亲处于支配地位的家庭中则加强了对女儿的传统限制。例如，在大萧条中，那些忍受婚姻权力减弱之痛苦的失业父亲，在与他的后代的感情中常常也有相似的经历（Komarovsky，1940：114）。尤其是，财务上的困难使父母无法与处于青春期的儿子在顺从与否的问题上讨价还价，在与教育和职业相关的事情上尤其如此。同女孩相比较，经济困难和地位丧失使男孩向传统的成人角色过渡的过程更容易被中断，从而变得更加困难。

在下面的分析中，我们的首要目的将是验证经济受损对婚姻权力关系的影响，以及在经济受损的家庭中与妻子占支配地位相关的条件，例如，长时期不能解决经济困难、相对的教育程度和传统的家庭价值观。在这一点上，我们将开始了解经济受损和婚姻权力假设会带来的后果，也就是家庭冲突、对每位父母不同的偏好和父母的控制权。因为我们只关注大萧条时代，所以无法确定这些家庭模式的持久意义和合理性。为了更加广泛地讨论这种论点，我们将比较奥克兰受访者生命周期中的两个阶段：30年代的青少年时期及中年时期。这将包括对父母的评价，与每一位父母的相对亲密程度和亲属在情感上的重要性。那些对受损家庭中的孩子而言曾是"重要人物"的父母，在长大成人的孩子的心目中是否仍然保持着这一形象？在奥克兰的孩子们长大成人后，他们的父母在经济困难的境遇中所承担的角色，是否与在大萧条时期一样可以让他们接受？

---

9 Charles E. Bowerman and Glen H. Elder, Jr., "Variations in Adolescent Perceptions of Family Power Structure," *American Sociological Review* 29（1964）: 551–567.

经济受损和婚姻权力

大萧条中的经济困难掩盖了其他家庭问题，在经济受损的家庭中更是如此，而且它们在婚姻互动的大部分领域中也很少不有所显现。这种普遍的担忧反复出现在对奥克兰母亲的访谈之中。许多与子女、亲属、朋友及社区角色有关的问题，总是有意地被归为金钱的匮乏及其负面影响。只要是在这个基础上，人们就有可能假设，大萧条中的婚姻权力可以由财政事务上的决策权来衡量，这种衡量方法是会令人满意的。但是如果采用这种方法，我们就有可能忽视整个家庭中各种困难问题之间的巨大差异和各自的相对重要性。对这些差异的敏感性植根于家庭结构的"一般性问题"中，它要求受访者说明在出现重大问题或者争议时，通常是谁做决定或者拥有最终发言权。这种方法的优点同样也是它的缺点：它排除了在特定的决策领域中进行家庭比较的可能性。丈夫和妻子在家庭财务问题上的相对权力与在其他领域中的权力不一定完全相同。

在当前的分析中，我们用一个一般性的问题和有关家庭协议的定性数据，来衡量婚姻的权力结构，那些数据是根据30年代对母亲的访谈和对家庭的观察而拟成的。因为我们无法从大萧条的父母或者孩子那里直接得到有关婚姻权力的资料，所以在一项于研究对象成年时期所做的调查中，我们问了如下的问题："在你少年时，父母哪一方决定那些对你的家庭有重大影响的问题？"适用于完整家庭的答案分为三种：父亲占支配地位，双方平等，母亲占支配地位。[10]我们不能系统地得到有关所有家庭的家庭结构的定性资料，因此它主要被用来验证前面的观点。就这些数据而言，故意失真和错误记忆似乎不是回顾性测量中误差的重要来源。不论是父亲还是母亲占支配地位，这两组数据都表明了权力方向的高度一致性。少数几处不一致主要存在于支配结构和平等关系之间。在考察孩子眼中的父母间的权力关系时，我们采用的视角基本上与我们对经济受损的心理影响的关注一致。

---

10 我们是在1964年通过邮寄问卷的方式对研究对象进行调查的。有关权力的题目包括四个答案："父亲完全占支配地位""父亲在某种程度上占支配地位""母亲在某种程度上占支配地位"和"母亲完全占支配地位"。在所有的相关分析中用的都是4级量表。

正如经济困难不可能对家庭中的所有成员都具有相同的含义一样，婚姻权力的真实性对孩子而言，主要取决于他们如何去感受它。这种感觉直接影响到他们对父母的态度。

尽管大萧条中的经济水平有利于妻子和母亲的支配地位，但是奥克兰样本中的儿子和女儿却认为，这种家庭领导模式的普遍性低于父亲占支配地位（28%对39%）和双方共同决策的模式（33%）。不过，占支配地位的母亲主要是经济地位低下的产物。正如孩子们所观察到的，大萧条前家庭的声望越低，家庭相对的经济地位（1933年与1929年相比）越低，母亲在家中掌握领导权的可能性就越大。**但是，经济受损是到目前为止最重要的因素**。在儿子和女儿的眼中，经济受损是与母亲的相对权力而不是与家庭的地位具有更紧密的联系（$r=0.39$对-0.12）。[11]

因社会阶级而导致的主要差异体现在父亲的支配地位上，这是中产阶级家庭的孩子们经常提到的一种角色模式（45%对27%）。在劳动阶级家庭中，平等关系和母亲占支配地位的行为模式略多一些（平均差为8%）。与我们最初的设想相反，在劳动阶级家庭中，母亲的相对权力与经济受损的关系并不最为密切。在两个社会阶层中，随着经济受损程度的改变，这种婚姻权力结构增加的比例是相同的（大约30%），而且从下面的分析中我们可以看到，在经济受损的家庭中，这种结构比其他任何角色模式都更普遍。

因为阶级出身不会改变经济受损和支配地位之间的关系，所以我们将这种因素排除在分析之外，并且按三种不同的经济受损程度比较婚姻权力的形式：经济未受损家庭，父亲就业的经济受损家庭，父亲失业的经济受损家庭。按经济受损程度由低到高来看，母亲在家中居支配地位的情况明显有所增加，从未受损群体的12%增加到受损群体的33%，而在受损最为惨重的群体中，这种情况竟然占了49%。直接伴随这种趋势的是那些父亲被描述为拥有最高决策权的家庭比例的减少；超过半数的经济未受损家庭的一家之主是父亲，而在经济损失惨重的家庭中，父亲有决策权的只有16%。在每一种受损程度的家庭中，大约有1/3的家庭父母之间是平等的。

母亲单方面支配的最极端例子存在于父亲失业的经济受损家庭中。一些妇女

---

[11] 家庭地位的高分（5分）等同于高地位。为了实现这种对应关系，要把初始的分数倒过来。

在决定财政上和家庭的重要事务以及实施这些决策时,不咨询甚至也不通知丈夫一声。有一个异乎寻常的个案:父亲在傍晚回到家发现所有的家具都不翼而飞时,才知道妻子决定另外租一所房屋。在其他的一些个案中,妻子总是在有关如何处置财产和消费的争执中占绝对优势。一位访谈者对这些家庭中的权力关系所作的总结性评论,一般来说也适用于其他的失业家庭:"事无巨细,都由母亲全权负责。"根据访谈获得的数据,甚至在经济状况好转并且她们的丈夫能够重新养家糊口以后,这些妇女中有些人仍然掌握着决策权。

在考察了有关领导权的适应性观点之后,我们认为收入损失和失业促使家庭的生计陷入了危机之中,它摧毁了父亲权力的工具性基础(instrumental base)。如果无法解除这种危机,即使这在某种程度上是由结构性条件所决定的,也会导致角色的变化,从而扩大母亲对家庭事务的影响。尽管数据显示了这种关系,但因果顺序仍然无法确定。在什么意义上,那些妻子说了算的家庭里的男人,比其他丈夫更易受到经济受损和失业的影响?一个答案可能是,妻子在大萧条前的支配地位和艰难时期的经济受损,都是由同一组因素解释的,例如与妻子相比教育程度较低、酗酒等。根据这种解释,这两种情况(妻子占支配地位和经济受损)都削弱了男人在家庭事务中的权力,增加了在大萧条中被解雇和长期失业的可能,而且说明了经济受损与妻子的支配地位之间的关系。如果是这样,后一种关联就是非因果性的且虚假的。

对大萧条中经济受损和妻子或母亲的支配地位之间因果关系的最令人满意的检验,是对经济危机前后的家庭结构的比较。这样婚姻权力的变化就直接与1929年到1933年经济受损的差异有关。这种研究设计会使妇女最有可能取得家庭决策权的各种条件一致。到目前为止,包括奥克兰研究在内的对大萧条中的家庭的研究,都缺少对大萧条前后家庭结构的测量,虽然只有这样才能使其成为可行性研究。不过,没有证据说明,诸如父母的相对教育程度(见下文)之类的大萧条前的一些特性,能够解释经济受损和母亲的支配地位之间的关系。

根据相关的理论基础和前面的研究,有理由认为下列社会因素影响了大萧条中家庭的经济状况和婚姻权力结构:父亲的教育程度及其与母亲的教育状况的关系,丈夫的年龄,在外国出生。从第三章中我们可以看到,经济受损群体中父亲的教育程度略低于经济未受损群体中的男性,经济受损与父母的相对教育程度、父亲的年龄无关,在劳动阶级中与父母在外国出生有关。以上这些因素都不能说明经济受损总量为多少时才是有意义的,而且就方向而言,它们不太可能表现出与母亲支配地位的相同关系。再来看看出生地。作为衡量传统意识的一种指标,出生在国外应该与母亲在家庭决策中占支配地位负相关,尽管在经济受损的家庭中,出生于国外的父母占绝大多数。就相对教育程度而言,和其他的研究结果一样,妻子的教育优势可能是决策权力的一种来源,但是它与经济受损并不相关。

从数据来看,我们发现出生在国外的父亲并不比出生在国内的父亲显得更有权力,无论哪个社会阶层都是这样。不过,出生在国外的确使经济受损家庭的权力平衡出现了一些差异。同父母出生在国内的家庭相比,在经济困难的情况下,在父母有出生于国外的家庭中,父亲与母亲地位平等或父亲地位高于母亲的结构更为常见,但是只有在劳动阶级家庭中,这种差异才值得关注(13%)。

尽管父亲的年龄和相对的教育状况与经济受损并不相关,但是这两种因素都会使婚姻权力结构出现一定的差异。在中产阶级中,母亲占支配地位的可能性与父亲的年龄和教育劣势中度相关(平均$r=0.16$)。也就是说,年龄较大的和受教育程度低于自己妻子的父亲,最可能被认为没有母亲权力大。这些结果与从资源角度对婚姻权力所作的理解一致:年龄越大(年龄较大的妇女在家庭和养育孩子方面责任较轻),受教育程度越高(等同于或高于丈夫),妻子对丈夫的依赖性就越低(Heer,1963)。

在劳动阶级中,父亲的年龄并不影响孩子们对婚姻权力的理解,而且父亲在教育方面的优势与他在家庭事务中的影响也不一致。相反,越有权威的父亲一般来说受教育程度越低,甚至低于自己的妻子($r = -0.32$和-0.23)。支持下层阶级男性占支配地位的个人因素,也许能对这种相反的趋势给予说明。这些因素包括身体强壮的程度和在婚姻冲突、决策和主动行动中运用这种优势的意愿。正如某项研究总结的那样,在受教育程度较低的群体中,丈夫"可能更擅长于使用个人资源优势以施加影响";而随着受教育水平的提高,这种优势也大大地缩小了(Komarovskyz,1962:114)。从表A-7可以看出,年龄和教育影响中相似的阶级差别同样也体现在经济受损的家庭中。该表比较了在经济受损的中产阶级和劳动阶级家庭中,三组因素对婚姻权力的相对影响：测量父母的能力和资源的指标（相对教育程度和父亲的年龄），测量传统价值观的指标（外国出生），测量角色表现的指标（向下流动、不稳定的职业生活和母亲就业）。就测量处理危机境遇的有效性来说，对表现的衡量（performance measures）是一个比受教育程度和年龄更加直接的指标，而且一般说来它更能预测母亲的支配地位。特别是在中产阶级中，孩子们认为母亲比父亲更有权威，这同大萧条时期家庭经济地位的衰落关系极为密切。据说，其他的纵向研究也发现了母亲在向下流动的家庭中掌握权力的相应证据。[12]家庭地位的衰落包括找不到工作，也包括从事地位低下的职业，它更预示着母亲的支配地位而不仅仅是父亲的失业（$r=0.29$）。对地位低下的家庭而言，向下流动不是他们主要的选择，而且与无序的职业生活相比，更不能预示母亲的权力。

那些反映了父亲在大萧条中对维持令人满意的生活标准无能为力的种种条件，比教育、年龄或工作地位之类母亲本身的特点更能预示她的领导权。在婚姻的决策上，职业母亲比全职家庭主妇更占支配地位，但是工作状况的影响却相对微弱。妇女的其他特性和对就业更为恰当的测量手段，可能会改变这幅画面的某些细节，但是却不能改变经济受损的家庭中角色失败这一基本现实。

赚钱能力和工作的丧失，如果导致了种种不良反应——冷漠、沮丧、自怜自艾、各种形式的社会逃避和退缩（如酗酒等），就会变成对家庭关系最具破坏性的因素。这是经济受损和失业的潜在原因和后果。酗酒者由于无序和无效的工作习惯而容易被解雇和免职，而且他们一旦丢掉工作，就会逐渐变得更加不可雇用。酒精暂时蒙蔽了严酷的经济现实，阻碍了他们采取有效的行为。大多数有"酗酒问题"的父亲都来自经济受损的家庭（参见第三章），而且他们的子女也认为他们处理家庭事务时相对软弱无力。

经济困难与家庭冲突

失业和收入的突然丧失破坏了婚姻中的互惠关系，包括相对的贡献和对配偶

---

[12] 参阅 William T. Smelser, "Adolescent and Adult Occupational Choice as a Function of Family Socioeconomic History," *Sociometry 26*（1963）: 393–409。

的期望，并迫使人们在有限的开支中做出艰难的抉择。这些为中伤性的批评、无休止的争吵和敌意的出现留出了空间。即使在那些更加体贴和更富同情心的妻子中，经济受损和家庭贡献方面令人疲惫不堪的失衡也必然会使人更加强烈地意识到丈夫的缺点。最近对低收入家庭的一项研究更加清晰地表述了这个观点。

> 在丈夫能给整个家庭提供良好生活时，他的缺点是可以容忍的，而且家庭的其他成员几乎感觉不到。但是一旦他再也无力养家糊口，这些缺点就可能成为他失败的原因。对丈夫错误的极度敏感，很不幸地融入了另一种典型的趋势之中：发现错误是容易的，因为经济挫折可能夸大了这些缺点。无法维持家庭生存的人本身就感到失意和忧虑不安。没有什么男人能在毫无痛苦的情况下控制这些破坏性的情绪，比如酗酒、使用暴力、烦躁不安、对批评过于敏感以及退缩……（此外，）无法维持家庭生计的人为自己妻子提供的武器太明显了，所以她们不得不用它们来平息满腔的怒火。因而，当一位妻子强迫她的孩子吃掉自己盘中的食物时，她的丈夫站在了女儿一边，并且说他同情女儿，因为她讨厌这种特殊的食品却不得不吃掉。"这位妻子站在桌子旁对我大喊大叫，说如果我能挣更多的钱，她就能买她们喜欢的食品。"（Komarovsky，1962：291）

经济困难意味着要作出牺牲，消费上的选择就产生了这样一个问题：谁应该作出牺牲或应该放弃什么样的消费？婚姻和家庭生活因此成了争夺短缺资源的场所，这样的议题也变得令人"痛苦不堪"而无法继续讨论下去。因为婚姻中的交流有限，所以就很难知道大家都同意优先做什么。在低收入的婚姻中，围绕把钱先花在什么上面的一点细小分歧都会引发争吵："账单支付的顺序——先付牛奶钱，这样孩子们的营养就能够有保证——或者先付电费，免得经受停电之苦。他们为少数几个保留下来的可自由支配的支出——啤酒、香烟或衣服而争吵不休"（Komarovsky，1962：291）。

经济困难和冲突是低收入家庭中的一种生活方式，但在大萧条时期，这些问题在向下流动的家庭中是否也很普遍呢？在这里，我们将持续性的经济受损

（persistent deprivation）和不断减缓的经济受损进行比较。在奥克兰样本中，经济受损常常意味着家庭收入的急剧减少，减少的数量是1929年收入的一半以上。这种变化导致了原有的生活标准和实际生活经历之间的冲突，但是大萧条前后收入水平相似的长期贫困家庭不会感受到这么大的差异。对高标准生活的留恋，不仅阻碍着消费中的适应性变化，而且也容易使人产生挫折感。经济受损导致的这些或那些相关情况，会诱发家庭冲突。

与考察婚姻权力时一样，我们将从孩子的角度来观察家庭中的争议或纠纷。根据30年代的访谈和受访者自述的数据（高中时期），三位评判人对奥克兰样本中的每一位成员有关家庭冲突的看法加以评分（参见附录B）。从无冲突（1分）到激烈冲突（9分）分为9级。我们没有对人际间冲突的相关情境作出区分。也就是说，冲突的潜在来源既包括父母间的互动，也包括亲子间的互动。从孩子的家庭经历来看，他们和父母的关系处于突出地位，这必然使得他们对冲突的看法与对婚姻关系的实质更加敏感、更加了解的父母的感觉区分开来。

无论对于哪个阶级的孩子来说，在他们的家庭经历中，冲突关系一般都随着经济受损程度的加剧而趋于严重，但是只有在女孩中经济受损的影响才是显著的。来自经济受损家庭的女孩，比来自经济未受损家庭的女孩经历了更多的家庭冲突（$p<0.05$）。无论经济受损的程度如何，都没有发现阶级差别影响了孩子对家庭冲突关系的看法。[13] 总体而言，经济受损家庭的男孩与女孩一样可能经历家庭冲突，但是在经济未受损的家庭中，他们感受到了更多的冲突，这一差异的平均值分别为4.9和3.9。

以上这些差异很大程度上反映了经济受损家庭中男孩和女孩不同的角色。经济困难鼓励男孩走出家庭去开辟更广泛的活动空间，而女孩则更多地承担起家庭的责任，劳动阶级的女孩尤其如此。所以，经济未受损家庭的男孩最有可能面临独立方面的冲突，这种冲突可能会掩盖夫妻争吵和经济受损之间的任何关系；经

---

13 中产阶级经济未受损家庭的女孩的平均分数是4.1，经济受损群体的平均分数是5.2；劳动阶级中经济未受损家庭的女孩的平均分数是3.7，经济受损群体的平均分数是5.2。在两个阶级中，经济受损家庭的男孩冲突的平均分数分别为4.9和5.5。

济受损家庭的女孩也很有可能面临此类冲突。事实上，那些母亲在婚姻权力中地位相对较低的家庭中的男孩，最可能提及冲突关系；而在女孩中，冲突则直接随着母亲在婚姻中权力的增加而增加。[14]后一种相关性预示着我们下面分析亲子关系时的一个持续的主题：**经济受损家庭中父女关系的突出特点是冷漠和冲突。**

根据30年代对父母的访谈和观察，以及1958年访谈中对家庭关系的回顾性描述，我们获得了一些有关引起婚姻纠纷的经济受损因素的证据。在经济受损的家庭中，消费上的冲突、对丈夫不能养家糊口的指责，以及更具权威的父母强力贯彻自己意志的企图，是大多数争斗最常见的原因。在母亲占支配地位的家庭，母亲对父亲的轻视表现得最为明显。来自这些家庭的成年人回忆起往事时，父亲的酗酒状态，长时间的"默默不语"，母亲的唠唠叨叨、诽谤和嘲笑，仍然历历在目："父亲在母亲指责他的时候总是一声不吭""他们不论什么事都要争吵一番，母亲总是胜利的一方""不论何时何地他们都在互相呵斥——我永远都记得这些咆哮、恐惧和争吵的声音"。

在父亲控制局势的冲突家庭中，纷争和敌意的产生往往是因为父亲在决定家庭的收入如何消费上的权威受到挑战。在有些家庭，冲突是因母亲不和丈夫商量独自管理家庭财务造成的。另一种情况则是，父亲对"不理智"消费的批评挑起了母亲对他的人身攻击，攻击他作为丈夫、父亲和养家糊口者的能力。还有一种情况则是，因为父亲不愿意把他的收入拿出合理的一部分用以购买食品和衣物，从而导致了大声的争执。一位女儿回忆到，她的父亲"十分小气吝啬，对他手中的每一分钱都要精打细算——他不会给母亲买新裙子，除非母亲的衣服确实已经破烂不堪了"，但是在购买那些维持"体面"的东西方面，父亲似乎并不吝惜金钱。

通过关注经济困难对社会冲突的影响，我们承认在所有阶级和经济受损的群体中，大多数家庭确实纷争不断，至少根据我们的数据判断是如此。从孩子的角度来看，至少有半数的受损家庭中不存在敌对的婚姻关系，孩子和父母的冲突也不甚严重。来自经济受损家庭的女孩中有2/5的人谈到，如果家中成员有摩擦的话，摩擦也并不多，女孩的这一比例略高于男孩。因此在经济困难的情况下，和谐和冲突是两种对比鲜明的家庭模式。这种差异的根源何在？是什么样的社会和

---

14 对于男孩而言，感知到的冲突和母亲权力的相关系数为–0.20；对于女孩而言是–0.09。

心理条件，使得在经济受损群体中有些家庭关系融洽，而有些家庭冲突不断？这些重要问题与理解大萧条中家庭的适应直接相关。但是由于缺乏30年代前家庭如何发挥作用的数据，要研究这些现象显得极其困难。要进行适宜的分析，我们就必须掌握比现在更为充足的有关婚姻关系的数据。不过，通过把我们的研究范围从家庭结构扩大到亲子关系，可以在这个研究方向上取得一定的进展。

到目前为止，分析经济受损对家庭关系的影响还局限在婚姻中的互动上。这是家庭生活的一个主要范畴，但是对我们的目的来说，其基本意义在于它对亲子关系中依恋、偏爱和控制的影响。经济困难也许直接，或者通过婚姻权力模式间接地影响着这些关系。大萧条中的经济状况是否削弱了亲子间的依恋？是否把对某位父母的爱转到了另一位身上？或者这两种结果兼而有之？在哪些领域内，婚姻权力的模式伤害了亲子关系？余下的章节将会讨论这些问题及相关的问题，以讨论大萧条中感知到的关系为起点，以这些孩子长大成人后对家庭和父母的评价为终点。

作为"重要他人"的父母

在孩子的感情中，父母的重要性不仅取决于其在更大的社会结构中的地位，也不能仅仅通过了解家庭的内部结构就能对其给予充分解释。家庭的这些方面彼此都是有联系的，它们共同构建了情感的纽带、互动和判断。受损家庭既失去了曾拥有的资源，也失去了曾经在社区中拥有的地位，而且具有"异常的"家庭结构特征——妻子或母亲居于支配地位。在社区和家庭这两个领域，父亲的地位都相对较低。这种状况怎样影响着孩子对父母双方的态度、其他成年人和同龄人的重要性以及父母的控制权？

在各类研究文献中，有关地位下降对父亲与孩子（尤其是儿子）关系的影响的资料汗牛充栋。父亲作为孩子的榜样和价值观的来源，其魅力与职业地位有关：地位越高，吸引力就越强。[15]尽管母亲的社会声望也部分来源于家庭的地位，但是

---

15 参阅Martin Gold, *Status Forces in Delinquent Boys*（Ann Arbor, Mich.:Institute for Social Research, 1963）; Glen H. Elder, Jr., "Family Structure and the Transmission of Values and Norms in the Process of Child Rearing," Ph. D. diss., University of North Carolina, 1961, chap. 10; Travis Hirschi, *Causes of Delinquency*（Berkeley:University of California Press, 1969）, chaps. 6 and 8; and Albert Bandura, "Social-Learning Theory of Identificatory Processes," in Goslin 1969, p. 241。

孩子们认为这种关联并不那么密切。这些关系表明了经济受损在这两个社会阶级中带来的两个主要后果：同经济未受损家庭的父亲相比，孩子们对经济受损的父亲评价不高；无论是男孩还是女孩都认为经济受损的父亲的地位低于母亲。

根据示范理论（modeling theory）[16]，婚姻权力的差异对于孩子对父母的评价的影响是相似的，而且可能在某种程度上说明了经济受损的影响。人们一般认为在大萧条中损失惨重的父亲，在家庭事务的处理上权力小于母亲，而且任何一种状况——社会声望低下或者没什么权力——都不会令孩子将父亲当成他们长达成人后学习的榜样，在充满敌意或者生活动荡的情境中尤为如此。

然而，在危机境遇中这种因果顺序并不明确。虽然有效地解决问题有助于加强领导者得到尊重和支持的基础，但是在经济受损的家庭中，那些因为某位父母的缺席而获得权力或者在传统家庭事务管理中居支配地位的父母，容易成为责难和敌视的目标。在经济受损的家庭中，父亲的缺席是母亲居于支配地位的一个因素，但是没有证据表明，大萧条中的人们普遍认为这种婚姻结构比男性占统治地位更能让人接受。如果在来自经济受损家庭的孩子的尊重和感情中，母亲是一个占据支配地位的形象，那么这种地位可能更多地是来自父亲优势的弱化，而不是来自母亲的权力和个人品质。

经济受损的父亲在子女情感中的问题状态，直接影响着同龄人对孩子在情感上和规范上的重要性。当孩子情感上的需求在家庭内部得不到满足时，这种重要性相对于对父母的偏好来说就会增加。从父母那里得不到什么情感上的支持、鼓励和了解的孩子，一般会转向同龄人寻求满足；而且随着一天天长大，渐渐地他们会更倾向于向他们的朋友而不是父母寻求情感上的支持和引导。[17] 相反，对父母和同龄人持有平等和积极的态度，是那些来自家境良好和民主气氛浓郁的家庭的孩子的重要特征。

---

16 这里参考的是认同的社会权力和资源理论：孩子们选择效法的基本模式，是那些控制自己报酬的人所提供的。参阅 Bandura, in Goslin 1969, pp. 229–320。

17 参阅 Charles E. Bowerman and John W. Kinch, "Changes in Family and Peer Orientation of Children between the Fourth and Tenth Grades," *Social Forces* 37（1959）:206–211。有关该文献的评论，见 Willard W. Hartup, "Peer Interaction and Social Organization," in Mussen 1970, pp. 429–436。

从这几点来看，这又使人回想起那些来自经济受损家庭的孩子，他们比来自未受损家庭的孩子更倾向于寻求家庭外的成年人的支持，他们（特别是那些男孩）更多地和朋友一起参与社会活动。但是母亲、父亲和同龄人的相对地位是什么？在提供友谊和忠告方面，朋友比父亲更重要吗？当他们需要的时候，经济受损家庭的孩子是否可能比来自经济未受损家庭的孩子更依赖家庭外的重要他人（同龄人、教师和其他成人等）？最后，婚姻结构是怎样影响男孩和女孩的相对独立性的？在母亲具有决策权的家庭中，是否男孩得到解脱而女孩却受到家庭环境的更多束缚？

陪伴与引导

陪伴（companionship）和引导（guidance）描述了孩子生活中社会对象（social referents）或重要他人的两种功能。从孩子的立场来看，如果其他人可以陪伴自己或者可以在道德和价值观上为自己提供引导，那么这些人就是重要他人。就前者而言，孩子可能寻求或更喜欢同龄人的陪伴，而不愿与父亲或者母亲在一起，这是孩子开始走向成熟的初始发展阶段。假使家庭变迁和经济受损有关系，这种倾向应该会在经济受损家庭的孩子中表现得最为明显。一般说来，随着年龄的增加，从自己的同龄人那里学习价值观的偏好会越来越明显。但是和有关陪伴偏好的转变相比，这种从父母转移到同龄人身上的过程更为渐进，更加具有选择性。因此，价值观的偏好可能是更能区分父亲、母亲和同龄人相对地位的方法。在后续的分析中，我们将从交往偏好（associational preferences）开始，首先考察孩子在大萧条早期对父母和同龄人的评价。以下部分是高中的孩子对父亲和母亲相对地位的评价。

在经济状况跌到大萧条的谷底后不久，奥克兰的孩子完成了一份有关家庭关系和社会经历的问卷（1933—1934年）。其中一个题目为他们假设了一种境遇：如果去看当地马戏团的表演，他们是愿意由父亲、母亲、一群朋友还是最好的朋友陪他一起去？每一个社会对象都有三个选项：第一选择、第二选择和第三选择。这种活动明显有利于对同龄人的偏好，无论是男孩还是女孩，朋友在他们的选择中排名确实都很高。男孩最喜欢和父亲一起，其次是最好的朋友、母亲和同龄群体。正如人们预期的那样，女孩对父亲的陪伴兴趣不大，她们略微偏向于选择母亲。总体而言，同男孩的偏好相比，女孩的偏好差异较小，并且在她们的选择中，朋友的排名相对高于父母。

我们首先比较经济受损程度对每一种社会对象的平均偏好水平的影响，然后再比较社会阶级的影响。在男孩中，经济受损对偏好的影响总是要大于阶级地位变化对偏好的影响（表A-8）。在劳动阶级中，偏好父亲的孩子相对较少，而对父亲偏好最少的是每一阶级中经济受损家庭的孩子。只有30%经济受损家庭的孩子首选父亲，而未受损家庭的孩子首选父亲的人数几乎占50%。母亲在受损家庭男孩心目中的地位并不能弥补父亲相对较低的重要性，但与未受损家庭相比，母亲的地位略高。如果把同龄人群体和最好的朋友放在一起考虑，**那么经济困难对孩子最重要的影响则是同龄人的吸引力**。在以上两种情况下，受损家庭的男孩对朋友的偏好都最强，女孩也是这样。

来自受损家庭的年轻人对同龄人的兴趣，更多地反映出了他们的抱负和需求，而不仅仅是社会参与。事实上，根据两个经济受损群体的孩子自己的描述，他们都有关系密切的朋友（表中没有显示），略超过半数的人声称他们曾经有过许多亲密朋友。渴望结交许多朋友而不是少数人，在这两个社会阶级中都是在经济受损家庭的孩子中更为普遍，平均差仅为13%。

在这两个社会阶级中，来自经济受损家庭的女孩的愿望和社会现实的差距最为明显：有89%的人期望有许多朋友，而只有52%的人声称已实现了这个愿望。其他次群体的这种差距都没有这么大。例如在男孩中，期望有许多朋友的人和已经实现这一愿望的人的差距仅为15%。经济受损家庭的女孩的社会愿望和她们明显喜欢许多同龄人相伴的偏好一致，而与希望有一个密友的情况相反。有证据显示，爱好群体生活甚于一个好朋友陪伴的孩子，对同龄人更为依赖，更缺乏安全感，更感受不到家庭的温暖（Hartup，见Mussen，1970：434）。在这种情况下，群体生活弥补了孩子在情感方面的需求，这种本来一般是通过付出努力后获得的成就和家庭经历来满足的。

除了对同龄人的普遍兴趣外，男孩和女孩在对于父母陪伴的偏好方面也极为相似。当经济好转改善了社会地位和经济受损的状况时，父亲的声望就会上升，而母亲的声望就会下降。在孩子对待每位父母的态度方面，这些细微的差别与经济因素的预期影响是一致的。

交往偏好指认同那些被看成是知己、咨询者或者解决问题的人，尽管他们的相对重要性有些差异。当这些孩子被要求列出在危急时刻可以信赖的人时，他们大多数都把母亲放在首位，其他选项还包括父亲、兄弟姐妹、老师和好友。孩子们可以选择一个以上的人。正如人们估计的那样，女儿比儿子更倾向于信赖母亲（82%对65%），而男孩则更多地求助于父亲（49%对36%）。从个人角度考虑，兄弟姐妹、老师和朋友在重要他人的名单上排序很靠后，每一个对象被提到的比例都不超过18%。不过如果把他们放到一起考虑，他们也是除了父母之外孩子主要可以依赖的人。大约有半数的男孩至少提到了这三个社会对象中的一个，女孩中则为39%。

与社会偏好相符合，对于来自经济受损家庭的孩子来说，作为引导孩子的人，母亲比父亲重要得多（表A–9）。在每个社会阶级中，也常常是这类家庭的成员更多地选择兄弟姐妹、老师和好友。

就陪伴和引导而言，大萧条中的经济受损使孩子的参考方向发生了两种普遍性变化。随着这两个社会阶级经济状况的日益恶化，无论是作为陪伴者还是作为危急时可以信赖的人，母亲的重要性都超过了父亲。尽管母亲的中心地位在女孩的心目中更明显，但是男孩也受到了母亲很大的影响。随着经济的恶化，父亲的地位一般来说绝对下降了，而母亲的地位则上升了。综合来看，这些不太明显的差异揭示了父母双方相对地位的变化。

如果从重要他人（即从倾向于把父母以外的人看作关系密切的人和遇到困难时的咨询者）的排列顺序的第二种变化来看，这种转变也具有另外的意义。最好的朋友和较大的社交圈子，只是父母之外的重要他人的一种类型，而且可能并不是最有影响力的类型，从长远来看可能更是如此。哥哥姐姐和家庭之外的成年人在孩子长大成人的过程中能够成为代替父母的人，尤其在经济状况损害了父母对孩子的情感支持、抚育和社会置位（social placement）时，这种情况最有可能出现。不管是通过客观上的物质匮乏还是通过极其损害健康的心理反应，这种伤害都在经济受损家庭的父亲中表现得最为明显，而且它不局限于对儿子的社会影响。在更广泛的研究文献中，有证据表明，如果一个家庭的社会地位不断下降，对孩子来说，父母之外的社会对象和社会联系的重要性就变得越来越明显。有研究表明，在关于自己未来方面更依赖同龄人建议的孩子，在地位低下和父亲缺席的家庭的男孩中最为明显。[18]在那些试图向上攀爬以摆脱其较低阶级出身的年轻人的生活史中，母亲、老师和其他有文化的成年人是反复出现的重要他人。大萧条中的经济状况，总体上使这类人受到孩子的青睐。

青春期中期父母的魅力

如果我们把分析的范围扩大到大萧条十年的后半期（这时奥克兰样本中的孩子正在上高中），那么就有两个问题跃然纸上。第一个问题关注的是对父母评价的连续性和变化。整个大萧条的十年间，在经济受损父母的子女眼中，母亲是否一直保持着更为突出的地位？一方面，孩子们在大萧条早期对父母的感情可能曾经有过一种循环和增强的过程，这激发了孩子对父亲的否定或矛盾的态度，这种态度又和使亲子关系进一步两极分化的感情相似。另一方面，人们预计，也许随着经济的复苏，父亲的相对地位会有一定改善。

第二个问题关注的是，母亲占支配地位对于孩子和每位父母的关系会有什么影响？婚姻互动中的权力平衡是怎样影响这些关系的？在经济受损家庭中母亲居于中心地位，是否至少部分是因为她在家庭事务中占支配地位？母亲在家庭中处于支配地位，并不是一种受欢迎或者最能令人满意的家庭格局，即使在大萧条时期也同样如此。然而，在正常情况下被认为是标新立异或者不正常的适应策略，在危机境遇中往往被视为正当的或合理的。

对父母的情感和价值取向，由相对地位和绝对地位的九级量表来测量。每一个量表代表了三个评判人评分的平均值，这些人都曾看过有关大萧条后半期奥克兰孩子的观察材料和这些孩子的自述材料（参见附录B）。有关相对地位的量表，

---

[18] 这项发现来自作者所主持的一项正在进行的研究。有关家庭外的人对于来自低层阶级有抱负的年轻人的重要性，可以参阅Robert A. Ellis and William C. Lane, "Structural Supports for Upward Mobility." *American Sociological Review* 28（1963）: 743–756; and Elder, *Adolescent Socialization and Personality Development*（1971）, pp. 91–94。

测量了孩子在什么情况下感到他们更亲近的是母亲，而不是父亲。低于5分说明对父亲的感情更深厚，而高于5分说明对母亲有更深厚的感情。在不同的情感层面上，对父母的偏爱也不同。也就是说，一个孩子即使对父母双方的感情都不怎么样，但是他仍然有可能感觉和母亲更亲近一些。为了了解态度的激烈程度，我们选择了两个九级量表，以测量孩子在多大程度上把母亲和父亲看作有魅力的人。在这些量表中，富有魅力的父母构成了一个潜在的榜样或模范，同样也构成了孩子感情的源泉。对于父母来说，魅力的意思大概和术语"自觉认同"（conscious identification）的一般含义相类似。

我们在前面的分析中已经发现，大萧条初期，在经济受损家庭和劳动阶级家庭中父亲的魅力降到了最低点。父亲的这种地位也是家庭境遇的产物，在这种境遇中，如表A-10所表明的那样，母亲被看作对家庭决策最有影响力的人。经济剥夺和母亲的支配地位，与父母双方的相对地位的关系更为密切，而不是与将父母其中一方视为具有魅力的成年人时的看法密切相关。

在形成对父母的评价的过程中，女孩似乎对家庭关系最为敏感，而男孩的态度则受家庭地位的影响更为强烈。自述家庭有过严重冲突的女孩，对父亲的评价相对较低，而家庭地位与这种评价几乎没有什么关系。[19]对男孩形成某种态度影响较大的是社会地位，而不是家庭冲突的强度。在女孩中，母亲的魅力也随着家庭冲突水平的上升而略有下降，但是在男孩中没有发现重大差异。一般说来，这些性别差异与两种性别在社会化过程中的区别是一致的。和男孩相比，女孩对人际关系特别敏感，而且因为参与家庭管理活动，她们亲眼看到了更多的家庭混乱。

经济受损和母亲的支配地位更多地增加了对母亲的肯定评价，而不是削弱了孩子们感受到的父亲的魅力。不论父亲是否在家庭地位中拥有控制权，对他们的否定评价都与经济受损或者孩子感知到的母亲的权力没什么显著的相关性。不过，有一点是很重要的，即这两种条件——尤其是在女孩中——都明显地降低了父亲相对于母亲的地位，阶级地位的不同也没有改变这一结果。正如我们所预期的那

---

[19] 在女孩中，父亲的魅力和感知到的冲突的相关系数为 –0.25，和家庭地位的相关系数为 0.14。在男孩中，相同分析产生的 r 相关系数分别为 –0.08 和 0.49。

样，经济受损家庭中母亲在情感上的中心地位，部分是孩子们感知到的她的影响力所带来的结果。无论是对男孩还是女孩而言，他们中大约都有1/3的人认为经济受损对于其与母亲亲密程度的影响，是通过母亲在家中的权力而产生的。[20]

在经济受损的家庭中，母亲的有利地位还表现在当家庭发生冲突时，孩子们总是站在母亲一边。根据后来在这些孩子成人后调查所得到的回顾性数据（1964），我们发现儿子和女儿都更容易与母亲结成统一战线（51%），这种比例高于对父母双方谁都不帮的比例（40%），更高于站在父亲一边的比例（9%）。在大萧条中，只有极少数家庭的模式具有偏爱父亲的显著特点，特别是在儿女和母亲结成联盟的经济受损家庭中，这种情况就更为罕见。有56%成长于受损家庭的孩子声称，当父母的意见出现分歧时，他们通常都站在母亲一边；相反，未受损父母的孩子中只有1/3这样自陈。无论是孩子的性别还是家庭的地位，都不能改变这种结果。如前面的分析曾提到的那样，与母亲结盟在一定程度上是孩子感觉母亲在家中掌权的结果。母亲的权力越大，她在冲突的境遇中所处的位置就越有利。[21]

总体而言，父母的相对地位（不是他们个人的绝对地位）显得最容易受到社会经济变迁的影响。和母亲相比，父亲因家庭经济困难而产生的一些负面影响体现在他对于孩子的重要性方面，但是他在其他方面的影响却微不足道。考虑到与家庭经济受损有关的状况以及受损的父亲在社区中可感知到的地位，他们没有在子女心目中失去更多的重要性着实令人惊讶。当然，我们确实无法全面评估父亲在家中地位全部的关系和意义。为了保护他们生存的社会空间，有些母亲会在孩子面前歪曲或否认家庭的真实状况。在其他情况下，困境有可能增强孩子们的这种趋势：把自己的父亲理想化，夸大他们成功的业绩，对他们的败绩却视而不见。尽管其他的研究提供了一些有关在家庭生活中制造神话和理想化的信息，但我们却找不到关于这种倾向的可靠评估。

第二个主要发现是，在高中学生群体中，经济受损和对家庭外人士的偏好之

---

20 如果母亲占支配地位的影响被排除在外，经济受损和孩子感觉到的和母亲的亲密程度的相关系数就下降到0.27。
21 在受损和未受损的群体中，我们比较了母亲占支配地位的家庭和父亲至少和母亲平权的家庭。在两个社会阶层中，平均差为17%。

间的关系（也可参见第四章）。根据母亲的描述（1936年），和未受损的家庭相比，处于经济困窘境遇中的孩子更愿意与朋友而不是与家人一起外出，中产阶级家庭中的孩子们更是如此。我们同样也发现经济困境和对家庭外成人的认同之间存在着一种联系。在混乱的社会境遇中，这两个社会阶级中经济受损家庭的成员更经常寻求成人的注意和陪伴，他们对长大成人表现出了更为浓厚的兴趣。这种倾向也许可以用在受损家庭中父亲的地位相对较低及其对于孩子的情感和发展需求的影响来解释；另外，孩子在经济受损的境遇中承担的角色可能也是一种解释。如第四章所揭示的那样，**有工作**的孩子比其他孩子更加认同家庭外的成年人。我们提出了一个假设：家庭的经济受损增加了孩子对家庭外的成年人关注或支持的需要，增强了他们对获得朋友接受的渴望；同时，在社区中的学徒实践经历增强了孩子对长大成人的兴趣。[22]

家庭结构和社会独立性

如前一章所示，经济受损对男孩和女孩的社会独立性的影响明显不同。男孩多是通过经济受损和工作经验赋予的自主性去获取独立，而受损家庭的女孩比未受损家庭的女孩更不自由，在劳动阶级中更是如此。在这两个社会阶级中，经济困难都增加了男孩对父母权威的逆反心理，也增强了他们要求独立的决心，而受损家庭的女孩却最容易接受父母的安排。[23] 这些差别至少在一定程度上是母亲居于支配地位及其对不同性别的孩子实施控制所带来的结果吗？母亲在家庭中影响力上升是否会因父亲地位的衰退而削弱父母对儿子的控制，同时增强母亲对女儿生活的干预？

根据对这些孩子成人后调查所获得的信息（1964年），父母之间的权力结构与

---

[22] 正如第四章提到的那样，青少年追求独立，一方面和渴望成人的认可与接纳并不矛盾，另外一方面也和渴望参与到同龄人中并不矛盾。参见 C. M. Lucas and J. E. Horrocks, "An Experimental Approach to the Analysis of Adolescent Needs," *Child Development* 31（1960）：479–487。

[23] 运用1936年和母亲访谈的资料，我们发现，从受损家庭到未受损家庭，对父母的判断产生疑问的比例，在中产阶级的男孩中从8%上升到23%，而在劳动阶级的男孩中从25%上升到46%。未受损家庭的女孩更不愿意接受父母的权威，在中产阶级中的比例从25%下降到19%，在劳动阶级中从38%下降到29%。

父母对孩子的控制有关，但是他们对儿子和女儿控制的方式却有所不同。从这些通过回忆得到的数据中，人们可以了解大萧条期间父母双方对孩子相对的严厉程度，以及与其他父母的态度相比较的情况。随着母亲权力的增加，女儿更有可能认为母亲比父亲更严厉。[24]相反，对家庭中的男孩而言，不管父母谁掌权，他都没有觉得父母中的任何一位在是否严厉这个方面有什么差异，尽管据大多数的儿子们回忆，在母亲居于支配地位的家庭中，他们受到的控制相对较弱。随着父亲在家中的权力弱化，**同其他家庭相比**，父母控制的严厉程度也随之降低了。在女儿的看法中，没有发现这类差异。

随着母亲权力的增加，男孩更有可能享有社交的自由，比如参加学校晚间的社会活动，或者与成群结队的男孩女孩一块儿聚会，而女孩在母亲居支配地位的家庭中比在其他类型的家庭中受到的限制更多。母亲在1936年的访谈中曾提及的有关独立形式的信息，在第四章曾被用来测量孩子的自主性问题。来自母亲居支配地位家庭的男孩有45%参与了一般的社会功能性活动和与异性之间的交往活动，而那些父亲在家中更有权威的年轻人参加这两类活动的只有1/3。女孩在由父亲掌权的家庭中比在由母亲当家的家庭中更加独立，两者的差异为14%。[25]无论是在哪个性别群体中，母亲居支配地位的影响都并不足以说明经济受损对自主性的影响，虽然在两个社会阶级中这种影响都存在。甚至在经济受损家庭的成员中，家庭的领导权也使他们的社会独立性出现了差异。

家庭控制的相对减弱和长大成人的渴望，有助于孩子社会化进程的加快和较早认同成人地位，这在与异性交往的领域中作用更为明显。在缺少家庭约束的情况下，孩子初次约会时年龄可能很小，随之而来的是经常的约会、亲密的行为、

---

24 1964年问卷中的两个问题被我们用作分析，它们分别是："爸爸和妈妈谁对你限制更严？"和"与你认识的孩子相比，你认为自己的父母是更加严厉，还是更不严厉？"第一个问题中，五个选项从"总是父亲"（1分）到"总是母亲"（5分）；第二个问题中，五个选项从"父母更不严厉"到"父母更加严厉"。用五级量表衡量母亲权力所得到的结果，和女孩认为的母亲相对严厉程度的相关系数为0.36，在男孩中为0.02（都是tauc系数）。母亲的权力和父母的严厉程度只有在男孩中才是负相关的（-0.16对女孩的0.02）。

25 在母亲占支配地位的家庭中，30%的女儿参与了学校的这些晚间活动，在晚上和一群男孩女孩来来往往，而在父亲更有影响力的家庭中女孩参与这些活动的比例为44%。

山盟海誓，最后导致孩子在相对早的时候结婚。在经济受损的家庭中，这种发展历程更多的是与男孩而不是女孩的生活境遇一致，我们已有的数据从总体上显示出了这种差异。

到了高中的后几年，样本中的女孩在与异性交往方面比男孩更为活跃，而经济受损只是在男孩中增加了参与这些活动的机会。[26]在这两个社会阶级中，在高中以前就开始约会、开始和异性交往以及频繁约会，都在受损家庭的男孩中最为常见。对女孩而言，特别是在控制阶级变量时，这些行为与经济受损没有多大关系，尽管对于经济受损家庭中的女孩而言，约会似乎并不常见。

大量研究表明，婚前性经验是早期异性交往的一个必然结果，它与社会经济地位低下相关（Moss，1964）。在奥克兰样本中，在劳动阶级家中长大的男性和女性提到婚前性行为的最多，在两个阶级有受损背景的人提到这种经历的较少。[27]很明显，家庭地位的影响掩盖了经济受损相对微弱的影响。众所周知，和异性交往的发展过程及婚前性关系影响了孩子结婚的时机，为此，在第八章讨论成人职业生涯的形成过程时，我们将探讨这些因素与阶级和经济受损的关系。

大萧条中的父母和他人：全面回顾

大萧条的孩子们心目中的重要他人，纪实性地描述了一个常见的的主题，即

---

[26] 有两类数据被用来衡量孩子与异性交往的经历。在1936年的访谈中，我们询问被访的母亲他们的儿子或女儿是否给异性打过电话。对这个问题的回答的补充性资料，来自1958年的访谈中有关孩子与异性交往的材料。两种衡量约会的方法，是根据一些开放式问题构建的（1958年）：第一次约会或者建立异性恋关系的年龄（高中或高中以后，或者初中）；约会的次数（从几乎没有或者从来没有，到一般和相当多）。女孩更喜欢和异性通电话（42%对22%），在经济受损的群体中尤其如此。在男孩中，这种交往的形式随着经济受损状况的恶化而增加，在中产阶级中从13%上升到26%，在劳动阶级中从12%上升到38%。这些差异在女孩那里反了过来：在中产阶级中从64%下降到50%，在劳动阶级中从40%下降到28%。只有在男孩中，初次约会年龄较小和约会次数相当多和经济受损有关（tauc=0.36和0.16）。对于女孩来说相应的值接近于0。无论是在男孩中还是女孩中，这些指标和家庭地位间的关系不会因为其所处的境遇不同而不同。

[27] 有关性行为的信息是从1958年的访谈中获得的。尽管这种回忆的有效性让人置疑，但是与受访者所承认的婚前性行为相关联的事物和以前的研究一致。无论是在男孩中还是在女孩中，自述的婚前性行为和较低的家庭地位有关（tauc=−0.37）。如果控制阶级变量，婚前性行为在经济受损的家庭中只比未受损的家庭稍微普遍一些（对男孩或女孩来说，这种差异不到10%）。

在复杂的工业社会中家庭和职业体系之间的相互依赖，以及男性的工作地位和收入对于他在家庭中的社会与情感地位的影响。不论是在中产阶级还是劳动阶级中，来自经济受损家庭的孩子，最可能认为父亲在权力、赡养家庭和魅力等方面远逊于母亲。但是这种结果并不适用于所有的父亲，甚至不适用于所有受损的父亲（尽管这种结果主要集中于受损最为惨重的家庭群体中），因为还存在着角色支撑和男性当家的其他基础。

经济困难和父亲在家庭中的从属地位之间的关系，经历了一个很大程度上未经验证的解释过程。男性、其他的家庭成员和更大的社区是怎样解释经济受损或失业的呢？如果一个价值体系推崇的是个人责任和自我满足的话，那么大萧条中的男性受害者因为他们对逆境没有或者很少设法加以控制而受到责备，就没有什么令人惊讶的了。不过更为重要的是，那些在经济上损失惨重而无法养家糊口的丈夫和父亲，也普遍接受了这种实用主义的自我评价。根据记录显示，那些失业或处于困境中的劳动者，不是把自己的境遇归因于整个社会的经济萧条，或是归因于超越个体行动者及其理解能力的一种力量，他们倾向于在自己身上发泄敌意与沮丧，为了本是一种经济体系所带来的后果而惩罚自己。[28]实际上，我们并不知道奥克兰样本中的父亲们是怎样解释自己在经济上的失败的，但是可以肯定的是，诸如挥之不去的罪孽感和防御性的反应（社会退缩、酗酒等）之类的自我惩罚，都将增加他们失去地位的可能性。

在家庭内部，我们根据母亲的权力或才智来解释在经济困窘的情况下她在社交和情感方面的优势，因为相对的权力和魅力是相互关联的。这种观点中依旧还未考察的是，地位低下对所有家庭成员的意义，尤其是父亲对此的反应。在大萧条中，父亲居于舵手的位置并拥有对妻子和孩子的权威，是最为广泛接受的一种家庭生活结构。这种生活结构标准是男子汉气概、个人价值和重要性等实用主义

---

[28] 有关美国人在大萧条中对待成功和失败的态度的有用的资料，来自：Rosemary F. Carroll, "The Impact of the Great Depression on American Attitudes toward Success: A Study of the Programs of Norman Vincent Peale, Dale Carnegie, and Johnson O'Connor," Ph.D. diss., State University of Rutgers, 1968。有关大萧条中失业的研究文献是有关男性自责倾向的另一个信息来源。参阅 Zawadski and Lazarsfeld, "The Psychological Effects of Unemployment"（1935）。

标准在传统上的对照物。在传统的理念中，家庭中的男性角色和从属于妻子是不和谐或者不一致的，它们在结构上是互相矛盾的，也是彼此产生敌意的根源。

因为关于奥克兰父亲们的数据非常有限，所以他们对这类矛盾如何作出反应依旧还是个谜。虽然如此，在许多家庭中父亲在社交上和情感上退出一些家庭活动，在家庭采访的众多案例中还是有充分记录的。酗酒、孤立和独善其身等退缩形式，暂时帮助父亲逃避了自己不再是一家之主的严酷现实。对妻子支配地位的有关研究也证实了这些适应在情感上导致的后果。一项研究表明，如果从孩子的角度来看，父亲对他们的热情和在情感上的支持是随着他在家庭事务上相对权力的增加而增加的，孩子们认为由妻子当家的父亲比处于领导地位的父亲要冷漠得多（Bowerman & Elder，1964：563）。在奥克兰样本中，经济受损家庭的父亲对孩子在情感上保持距离或者漠不关心，有可能是造成处于支配地位的母亲在情感上地位也很突出的一个重要因素。心理上处于不利地位的人，是不太愿意去鼓励或支持他人的，也不太愿意与他人分享什么或者交流什么。[29]

正如我们所看到的那样，在经济受损的家庭中，母亲在孩子心目中处于中心地位，但同时孩子在家庭之外还有一大批可以咨询的人，这个延伸开的范围是对家庭内不断减少的变化的补充性调整。对这两个社会阶级的经济受损家庭的孩子来说，成年人好朋友和同龄人对他们越是重要，他们就越是经常性地寻求这些人的陪伴和支持。虽然对成年人的兴趣经常被置于与同龄人的交往的对立面，但是二者都会将年轻人从父母的世界分离出来，并为孩子获取成人关系（等级化的和合作式的）提供补充性的社会经验。

在受损家庭的男孩中，对同龄人和异性朋友的偏好，与他们因工作经历而强化的社会独立性，以及因母亲居于支配地位的家庭中不断削弱的对儿子的控制相并行。在这两个社会阶级中，男孩的社会独立性随着经济受损程度的加深而增强，他们与异性交往的经验也是如此。对于同龄人陪伴的偏好在受损家庭的女孩中也

---

[29] 如果男性把男人的支配地位作为自我评价的基础，那么主观上的受损感可能是屈从于妻子的一个结果。这个标准可能代表了大萧条前男性在家中的地位，以及大萧条中依旧维持着在家庭中的统治地位的男性。有关困境中的相对损失和它带来的社会后果的富有启发性的讨论，可以参阅巴顿（Barton）对于利他社区（altruistic community）的分析，见 Communities in Disaster（1969），第5章。

同样明显，但是她们没有男孩那样的社会自由。劳动阶级家庭中的女孩尤其如此，她们（来自受损群体）也不可能像男孩那样去约会。强烈的社交欲望和需求与相应经验之间的差异，在经济受损家庭的女孩中表现得最为明显。

大萧条中家庭生活面临的更重要的问题之一，是在什么样的条件下家庭的凝聚力会因为经济受损和失业而增强或削弱。[30] 由于我们把注意力集中在经济变化对家庭关系的选择性影响（selected effects）上，所以我们一般把那些父亲仍然在家庭决策中拥有影响力，并且对儿女来说仍然重要的受损家庭的重要性最小化了。根据现有的数据，我们发现，**很明显，相当多的经济受损家庭中仍然是父亲占支配地位，家人的情绪稳定**。要对大萧条做任何社会分析，这些家庭叙述的故事都是必要的组成部分。但是如果据此认为和那些母亲获得影响力是以牺牲父亲为代价，并且孩子们成为家庭经济的生产性成员的家庭相比，这些家庭能够更加有效地适应经济困窘的环境，那是不明智的。适应是个体或群体与社会境遇相互作用的一种结果，在对其作出任何判断之前，我们都需要获得所有有关这种相互作用、它的可替代物及它带来的后果等方面的信息。

奥克兰家庭在大萧条前的阶级地位，是解释我们分析的一种极为重要的因素。样本中的非体力劳动家庭（nonmanual family）是稳定的劳动阶级的主要成员。只有少数家庭位于下层阶级，这些家庭组成了在大萧条中受损最为惨重的次群体。无论是在经济短缺时代还是在富裕时代，下层社会中的父母和孩子都日复一日地为生存而拼搏。与其他的对有关大萧条中家庭的调查不一样，目前的研究对理解这个次群体面临的危机和适应方面没有什么帮助。

在前面的分析中，我们考察了大萧条经济状况相关情境下的家庭关系。在经济受损的家庭中，这些关系建立在对于孩子的成熟和社会化的进程来说相对独特的环境中，这种环境对于年长的和年幼的孩子的影响是不同的。对三个年龄组的简要比较可以说明这些选择性差异（selected variation），三个年龄组按照出生日期划分：1910—1911年、1920—1921年（奥克兰样本）、1928—1929年。随着孩子年

---

30 对于婚姻整合（martial integration）的研究和理论的综合分析，可以参阅 Levinger, "Marital Cohesiveness and Dissolution"（1965）。

龄的增大，家庭解体、母亲居于支配地位和父亲"缺席"对他的伤害逐渐减小了。孩子的年龄越大，家庭社会经济结构的急剧变迁对其产生负面心理影响的可能性就越小。相应地，那些在大萧条初期还处在依赖父母阶段的最为年幼的出生组中的孩子，他们发展过程中的性别角色模式、认知发展和社交能力可能受到家庭危机最为负面的影响。处在另一个极端的是年龄最大的出生组，他们在1932—1933年期间达到了成人年龄，这个群体在构建自己的生命历程时更容易受到经济受损因素的伤害，而不是受到危机中家庭内部世界的影响。处于这些群体之间的就是奥克兰的孩子们，他们已经不再依赖父母了，但是他们仍然年少，不足以承受缺乏工作和教育机会的全方位冲击。然而，正如我们看到的那样，他们的年龄已经足以使他们能在受损家庭的经济中一显身手，但是他们在情感状态、未来的取向和成就方面也受到了经济受损的影响。

大萧条中家庭生活留下来的另外一份遗产，表现在成年后的孩子对待他们父母的态度中。这些态度将会更多地告诉我们有关30年代的童年对于这些孩子现在的意义、父母在危机中的角色和有效应付危机的意义。当奥克兰样本中的成员离开家庭时，他们对父母双方持宽恕还是否定的态度？在事件的内幕被揭露时，他们采取的是理解和宽容的态度，还是更加吹毛求疵的批评态度？为了结束我们对大萧条中家庭关系的分析，我们将验证这些对父母的不同看法，探讨它们对代际关系的意义。

孩子成年后对家庭和父母的看法

家庭和父母对成年孩子的意义可以从两个角度加以审视。首先，我们比较经济受损、家庭结构和阶级出身对于家庭一方或者双方亲属和亲戚的相对影响。这里的重点是这些家庭纽带的重要性和意义。随后我们将考察孩子成人后对作为家长的父母的态度，他们与大萧条中家庭状况的关系，以及相应的他们在30年代还是青少年的时候对于父母的感觉。在1958年的访谈中，我们用一系列开放式问题衡量了孩子成年后对家庭和父母的取向。

其中有一个问题问的是亲属关系（kin relationship）和聚会（gathering）的现实意义。由于对妻子或者丈夫那方的亲属没有作系统划分，我们构建了单一的方法来衡量孩子对于亲属的一般情感。回答可以在三种答案中选择一种："非常重要，非常密切""重要，但不是非常密切"和"家庭意义不大或不重要。"一般说来，妇女在家庭和亲属活动中是更为中心的角色，而"男人只是代际间家庭声望、名誉和家庭本身的代际延续的象征性载体"。[31]这种功能性差异反映在于大萧条时期成长起来的成年人的感情中。女性更有可能认为家庭纽带非常重要：70%的女性选择了两种肯定回答中的一种，而男人则只有43%选择肯定的答案。

作为一种价值观，女性对于家庭纽带的看法既不会受经济受损的影响，也不会受阶级背景的影响。事实上，与那些未受损家庭的子女相比，受损父母的女儿更愿意把亲属看成是重要他人，这两个群体中的均差都是15%（1929年）。家庭结构在很大程度上说明了这种区别，并且使人回忆起女性之间的纽带在家庭深陷贫困泥沼之时所显示出来的强大力量。在母亲居于支配地位家庭的女儿中，78%认为密切的家庭联系非常重要，而那些生长在由父亲掌握大权的家庭中的女儿只有66%的人这么认为。然而，由于受损和母亲权力的影响相对较小，从经济受损到母亲占支配地位，再到家庭纽带，这一系列因果顺序只是暗示性的。

男性的态度同样与经济受损和权力模式有关，**但是这种相关性却是反向的。**来自不是由母亲领导的经济未受损家庭的男性，最经常提到密切的家庭关系，而且阶级背景不会使这个结果有什么不同。奥克兰样本中只有1/4的男性选择亲属关系"非常重要"，但是未受损父母的儿子更多地持这种态度（43%对13%）。同样，在母亲居于支配地位的家庭中，只有11%的儿子声称亲属关系"非常重要"，而在父亲权力更大的家庭中的儿子中如此认为的有41%。作为一种中介变量，孩子所感知到的母亲的影响，很大程度上说明的是经济受损对和亲属的主观联系（subjective tie）的影响。[32]如果控制支配模式这个变量，那么原来30%的差异就会减少大约2/3。那么无论对于男性还是对于女性而言，**家庭纽带的重要性都取决于同性家长的相对权力。在异性家长一方更有影响力时，在心理上疏远亲属的现象更为突出。**

---

31 Alice S. Rossi, "Naming Children in Middle-Class Families," *American Sociological Review* 30（1965）: 503.
32 大萧条中的经济受损与和亲属关系疏远之间的关系，在男性中是无法用不同的代际流动解释的。向上流动或者向下流动都无法解释来自经济受损家庭的男性的态度。

这些性别的差异，似乎来自那些由父亲或母亲掌权的家庭所确立的亲属关系的种类。由于父亲不参加家庭的某些活动，由女性领导的家庭专门和亲属网络中其他家庭的女性交往，因此逐渐发展出了主要对女儿有吸引力的关系。这假定了在亲属互动的领域中，走出第一步的是占统治地位的父母，而母亲最可能喜欢和女性亲属联系。即使是在经济和社会地位存在差别的情况下，孩子和家庭的兴趣也为亲属群体中女性之间的联络提供了共同的基础。[33]

在一种认为父亲是家庭法定的领导者，并且按照他个人取得的成就来衡量他的文化中，地位不平等和不协调必然会使男性在与亲属交往时存在心理障碍，这是大萧条时妻子掌权家庭中丈夫的一种最典型的境遇。例如，众所周知，地位差异对兄弟之间的感情有负面影响。[34]假设男性亲戚对男孩的影响特别突出，那么在那些父亲在大萧条中因其经济和家庭角色而保持了强势地位的家庭中，儿子们与亲属的社会化交往（socialized attachment）最为普遍，数据也证实了这种联系。由于缺乏有关亲属关系的信息，在奥克兰样本中这种解释的可靠性无法得到证实，而且目前还没有任何研究探讨过婚姻权力和子女们的亲属纽带之间的关系。[35]

虽然大多数受损父母的女儿成年后都感觉与亲属关系密切，而且曾在大萧条期间和母亲站在一条线上，但是仍有很大比例的人不记得作为"好"家长的是母亲还是父亲。在1958年的访谈中，孩子成年后对待父母的态度被作为两种评估的手段。一种衡量的是父母对1930年代还是孩子的受访者的理解程度："非常满意""满意""根本不满意或不怎么满意"。第二种测量的是受访者对曾是家长的父母的评价：对于每位家长的印象被分成"非常亲切""亲切""否定的或复杂的感情"，以及"强烈否定"。前两类被界定为总体来说还是积极的或者令人满意的印象。如表A-11所示，大多数女儿对父母的评价都是良好的，但是经济受损父母的女儿给予父母良好评价的却极为少见。

在对待母亲的态度方面，引起争议的不是她的同情心或善解人意的态度，而

---

33 参阅Bert Adams, Kinship in an Urban Setting（Chicago: Markham, 1968）。
34 同上，第4章。
35 有关代际关系的文献的全面回顾见Marvin B. Sussman, "Relationships of Adult Children with Their Parents in the United States," in Shanas and Streib 1965。

是她作为一位家长的地位。样本中的女性大多数都认为母亲在她们青少年时期能够理解自己，无论是经济受损还是阶级背景都不能使这种评价有什么改变。在孩子的心目中，受损家庭的母亲为人父母的水平远远不及未受损家庭的母亲，而受损家庭中的父亲在善解人意和为人父母的水平上得到负面评价的比例最高。大体上来说，从大萧条到1950年代后期，这些男性在女儿的感情中的地位变化不大。相反，受损群体的女儿在30年代对母亲的评价基本上是积极的，但到了50年代，这中间有40%以上的人认为母亲至少在某些方面给自己造成了不良影响。

正如对亲属的感情一样，决定女儿对母亲和父亲为人父母的行为的评价的一个关键因素，是家庭权力结构。据女儿回忆，随着母亲影响的增强，她和父亲为人父母的水平都下降了。在大萧条中，母亲的权力似乎是一种能够为大家所接受的应付经济困难的形式，至少在青少年的眼中是如此，但它显然也是孩子成年后对父母所持的否定性情绪的一种主要来源。在母亲处于支配地位的家庭的女儿中，只有44%的人对作为家长的母亲持肯定态度，而那些在决策过程中父母地位平等或父亲地位高于母亲的家庭中，有86%的女性对母亲的印象较好。在这几类家庭结构中，对父亲评价的差异也是相类似的（50%对77%）。

作为与经济受损和孩子成人后对父母的评价都有关系的一种因素，母亲的权力在影响链条（the chain of influence）中是一个很重要的中介环节。事实上，经济受损的主要影响是通过母亲的权力以及它在50年代对女儿的负面意义实现的。对那些成长于父亲当家或者父母地位平等家庭的女儿来说，经济受损并没有使她们成年后对父母亲的评价有什么不同。当然，婚姻权力这种中介地位不能说明女儿对居支配地位的母亲的态度在这些年中发生变化的原因。在我们对此加以探讨之前，先看一看男性的态度中是否也有相似的变化。

从总体上说，在对父母双方的评价方面，男性和女性都极为相似；与女性相比，男性不太可能对父母有更为消极或更为积极的印象。然而，男性在父母理解自己这一项上给予的评价更为肯定，尤其是对母亲的肯定方面，这种差异表现得最为明显。大多数男性都认为母亲更加善解人意，而女性中持有这种看法只有不到2/3（男人89%对女人59%）。父亲在对孩子的理解上不容易得到儿子的肯定评价，而女儿对父亲给以肯定评价的就更少（儿子67%对女儿53%）。

和经济受损相比，阶级背景对男性态度的形成，特别是在如何看待父亲方面具有更重要的作用。除了阶级出身之外，男性对父亲善解人意和善为人父方面的态度，与他们经历过的经济困难没什么关系。令人惊讶的是，同来自中产阶级的男性相比，劳动阶级的男性对父亲的回忆显得更为积极肯定，尽管绝对受损的严酷带给这两个阶级的差异是完全相反的。就父母的善解人意和为人父母的水平两方面而言，来自劳动阶级家庭的男性中大约有4/5对父亲持肯定评价，而出生于中产阶级家庭的男性中只有56%的人持有这样的看法。对母亲的态度则不受阶级背景和受损状况的影响。

对父亲的评价，似乎应该把情有可原的环境（extenuating circumstance）考虑在内，如大萧条时养家糊口的重担。在有些访谈中，来自受损家庭的男性通过指出诸如他（父亲）"已经尽了全力了"，他表现得非常"勇敢"等，来表达他们对父亲的积极评价。在每个社会阶级中，这种评价一般都是针对处于经济受损境遇中的父亲的。

那些在青少年时期与母亲而不是父亲关系更密切的成人中，男性似乎比女性对为人父母的父亲的态度更为宽容（表A-12）；但是这种早期的偏向不是一个准确衡量他们现在怎样看待父母双方的指标。女性对父母的感情显得更加稳定，特别是对父亲的负面评价更是如此，尽管不稳定仍然是这种感情的总基调。即使我们把分析延伸到对每一位父母对青春期子女的吸引力的特定评分上，这些结果仍然与表A-12中列出的模式极为相似。

总而言之，我们发现，30年代的经济困难对女性自述的家庭纽带的影响较小，而对她们对父母的善解人意和为人父母的能力的评价影响较大，但在男性的态度中，却出现了相反的模式。家庭的不幸与男性如何看待父母关系不大，虽然它常常会削弱他们与家庭及亲属的关系。他们和家庭的关系不断被削弱，其中的重要原因之一是母亲的显著地位。如果这些男性认为他们的母亲大权在握，那么他们中很少有人会认为家庭纽带会在自己的社会生活中发挥重要作用。我们把这个结果看成是以下观点的证据：家庭依附的意义取决于同性家长的相对权力，而亲属一般对父亲居支配地位的儿子们来说才更有意义。有些男性在情感上可能也会依赖自己的母亲，尽管这种依恋如何影响他与亲属网络中的其他成员的关系仍然不甚明了。

女性对父母的苛刻挑剔与她们所处的受损地位密不可分，也与她们在家中感知到的母亲的影响有关。她们感知到的母亲的权力越大，对母亲的负面评价就越多。我们对这种趋势尤其关注：在从少女过渡到中年人的过程中，女儿对居于支配地位的母亲的批评越来越严厉。母亲的支配地位或受损家庭的哪一方面能够解释这种趋势呢？比如，没有证据表明在这一段时期内，她们对父亲的看法有明显的变化，不论是积极的还是消极的。作为一个群体，父亲依旧是最没有吸引力的。解决这个问题的方法之一，是去分析对母亲产生不良印象的原因。母亲行为中有什么过失被揪住不放？从对一些定性材料的总结来看，我们确定了最经常出现在苛刻评价中的普遍抱怨：**对母亲的亏欠和义务。**

根据对母亲典型特点的描述，母亲有意识地把自己为家庭付出的劳动或努力看成是极大的牺牲，一种只有孩子牺牲他们的独立性和完整性才能加以补偿的贡献。实际上，有的母亲尽力避免所有类似的全面回报，以使孩子对其始终感到亏欠，她们在年轻人成年离开家后还常常这样做。亏欠、义务感以及依赖，指的都是亲子交换之间的不平衡性。履行对父母的义务，能够使这种关系恢复平衡。父母以不同的方式令孩子意识到这种义务："本来我用不着这么辛苦地工作，本不需要为了你的教育存更多的钱，但是我这样做了"；"别忘了，为了你能够穿好吃好，我都放弃了什么"；"想想我为你做的一切，你至少也应该这样对我"。

牺牲自我去投入的目的之一，就是获得他人的爱、感激和称赞——感到人们需要自己，自己不仅重要而且颇受人尊敬。这些反应代表了接受别人的牺牲所要付出的代价，无论是主动的还是被迫的接受。当子女长大成人以后，父母牺牲自我的投入，将会迫使孩子在进行重要决策的时候不得不考虑：在什么地方居住？找什么样的工作？到哪里去休假和过节？受惠者这样解释这些牺牲的时候，牺牲就成了权力和义务感的来源，但是至少这种反应是成问题的。如果过度强调孩子应有的亏欠，并把它作为控制孩子的一种工具时，亏欠就孕育了腐蚀义务感的怨恨。

对一个有着占有欲或者控制欲的家长应尽的义务，从根本上就与孩子独立的需求，特别是与成人生活的需求不一致。在奥克兰样本中，孩子长大成人后的岁月一般都有这样的显著特征：母亲的"牺牲情结"和对母亲亏欠的束缚，成了孩子必须自觉去面对的问题。在这一点上，孩子也对居支配地位的母亲的控制策略越来越感到气愤。用一位被访者的话来说："母亲非常老练地扮演着牺牲者的形象！实际上她却是非常自私的。在我的记忆中，她是一个有着非凡勇气的坚强的人。但是我并不喜欢她。"

大萧条中经济受损的境遇，正好适于让母亲扮演长期受苦和牺牲的角色。经济和社会地位的下降使得生活更没什么意思，在较大的社区中更是如此，而且主持家务的母亲面临着更多的困难。不管家庭是否变得更为团结，这种情况都提高了孩子们回应和感激的补偿性价值。在女儿们的记忆中，那些具有牺牲情结的母亲忍受着低人一等和缺乏安全感的痛苦，她们感到自己受到了伤害和虐待。她们不断地制造不幸和困难，以夸大自己眼前所处的困境。她们有时对家庭成员支持性的建议还会加以贬低和批评，好象认为没有什么帮助能够弥补她们付出的牺牲。

母亲"使我们感到愧对于她"，恰当地总结了女儿的感情。有一位受访者回忆道，母亲"希望每一个人都爱她，因为她做了这么多，因为她工作得如此艰辛，我们都欠了她"。另外一位女性痛苦地回忆道，当"母亲给我们什么时"，便期望着有什么回报。"接下去，你就会希望自己没有从她那得到任何东西，因为她总是指责你不会为得到的一切对她心怀感激。"她补充说道："母亲总是让我们感到问心有愧，而且这种事常常发生。她用一只手给予，却用另一只手打击别人。你需要这种感情，但却害怕接踵而至的东西。"[36] 在这种家庭境遇中，女性最常见的顾虑之一是母亲令人讨厌的影响，她们感到母亲一直在干预自己的生活。一位女性说："我担心，母亲和她的影响是笼罩在我和孩子头上的一片阴影。你认为你的生命是你自己的，但是每一个生命都影响着后面的生命，每一代人都影响着下一代人。"

---

[36] 这种交换让人想起了 M. 莫斯（Marcel Mauss）才气纵横的作品 *The Gift*（London:Cohen and West, 1954）。运用有关古代社会的资料，莫斯验证了礼物或者赠品的社会重要性，"它在理论上是自愿的、不带利害关系的和自觉的，但实际上却是义不容辞的和带有利害关系的。礼物总是采取慷慨给予的形式，但是伴随的行为却是故意伪装和社会性欺骗（social deception），而处理它们却是基于义务和经济上的自我利益"（第1页）。

经济变迁对家庭经历的影响：总结性观点

对家庭在大萧条中的经历我们知之有限，而且不得不放弃一些重要的论题：亲属网络成员中的交流模式，家庭在繁荣和困难时期的扩大和缩小，居住在一起的两代或两代以上的人之间的人际关系，等等。由于父母的描述有限，父母的领域中还有许多东西对我们而言仍是未知数。我们只是极简单地抓住了一些他们生活的内在和外在的轮廓，仍然有许多内容值得我们去探索。不过，这里也有许多值得一提的普遍性主题，它们包括家庭生活中的互相依赖、1930年以前家庭地位的最小影响、大萧条经历的性别差异，以及经济变迁和奥克兰孩子们之间的家庭关联。

显然，家庭生活的每一领域都不是孤立存在的或完全独立于其他领域的。某个领域中发生的变化，经常会蔓延到其他的领域中去。30年代经济生存和社会适应的模式继续运行着，它们在某种程度上是按照家庭关系和文化而建构的。仅仅举一个例子，母亲的就业和父亲在经济上的不稳定性，使孩子在家庭经济中承担了部分责任，并且提高了母亲在家庭事务中的地位。不了解家庭困难的影响，我们也就不可能理解孩子与父母交往的各种经历。

在大萧条危机中家庭的相互依赖和反应，可以通过三个普遍性的反馈过程来考察：控制、调整和适应。失去控制及其要求恢复控制的措施，是危机的一个典型特征。在有些家庭中，人们拒绝承认这是真实的，或者保持沉默，不按照现在事物的面貌去行动，仍按照常规行事。而在另外的一些家庭中（根据文献），面对紧急情况，人们立刻采取一致行动，增加社会性协调和相互依赖，共同努力去应对一切。对于家庭收入和需求之间巨大差异的感受，经常会促使他们重新安排资源分配和资源消费的优先顺序或价值：普遍降低消费水平，优先考虑食品、居住和安全等方面的消费需求。最后，因为知道父亲一直无法满足家庭的需求，所以不得不在家庭单位的成员中重新分派活动、责任和权力。随着经济受损的开始和延续，家庭退而求助于一种劳动力密集型的体系，这种体系更重视母亲和子女的作用，增加了孩子们的成人化经历，并加强了非家庭成员对于年轻人的重要性。在这个变迁过程中，这些不幸最初表现为父亲地位的日渐削弱，接着则可能表现为在促使孩子走上令人向往的成人之路方面家庭优势的丧失。

在奥克兰样本中，即使**不考虑**1930年以前的家庭状况，经济受损也使家庭经济和家庭关系出现了实质性的变化。在家庭遭遇大萧条时，它们的阶级地位就影响到了父母对经济受损的解释以及主观上的反应，同样也影响到了孩子对父亲的社会声望的看法，但是它对处于受损境遇的孩子承担的家庭或经济角色没什么影响（对男孩的影响甚至还要小一些），对家庭关系、婚姻关系和亲子关系也影响不大。在中产阶级和劳动阶级中，经济受损都使孩子们更深地参与家庭事务，强化了母亲在家庭事务和孩子们感情中的中心地位。而且，它即使可能没有增加孩子们和外界交往的行为，也增加了他们走出家庭的渴望。经济状况提高了家庭单位对于孩子的社会需求的重要性，减少了满足他们物质和社会需求的资源。处于经济受损家庭的孩子，既承担家庭中的角色，又倾向于和家庭之外的人交往。虽然阶级地位不会使这些结果出现什么差异，但是它对孩子的价值观的形成和发展的影响最为明显，比如对劳动阶级女孩的价值观和她们在家庭中的传统生活的影响都十分明显。在我们考察奥克兰样本在青少年时期（第六章）和成年时期的心理适应程度时，阶级背景对于孩子发展的意义将更加突出。

通过追踪经济受损对孩子在家庭经济中所扮演的角色和母亲在家庭中的支配地位所产生的影响，我们对于家庭受损对奥克兰孩子生活的影响有了一定程度的了解，但是无论如何，这些联系也不是我们研究内容的全部。上述两种因素都不能对经济受损的影响作出全面的阐释，但是它们大致勾勒了经济变迁通过相关的家庭状况影响孩子的程度。图1列出了经济受损的三种普遍影响——态度与行为、非家庭领域的各个方面和家庭关系，它们的作用在一定程度上因为家庭的适应而被削弱了。图表舍去了分析性描述和各种细节，为的是从总体上了解男孩和女孩在生活境遇和态度上的重要差异。为了简化这个图表，我只用箭头来表示经济受损的间接影响，而经济受损的直接影响已经表现在大多数个案之中，不需要额外地加以强调了。

家庭生活中的社会经济变迁，使人们更加深入地理解了有关孩子社会化和家庭结构的两个普遍性问题。第一个问题涉及按年龄划分的期望/行为与生理年龄之间关系的变化。在什么样的社会条件下，未成年人会拥有成人似的期望和经历？

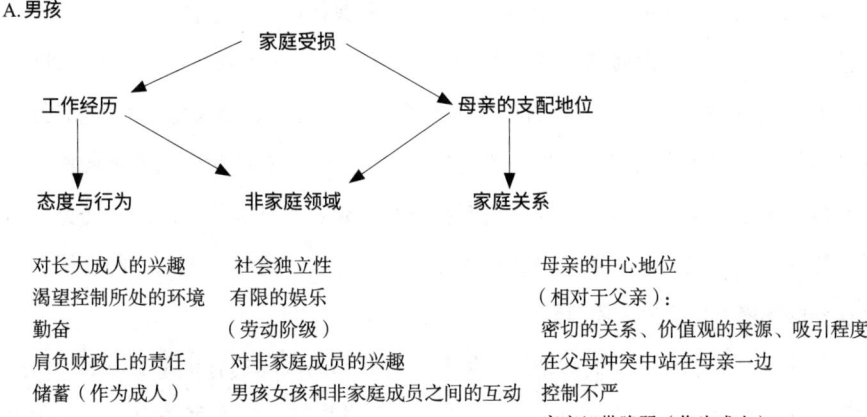

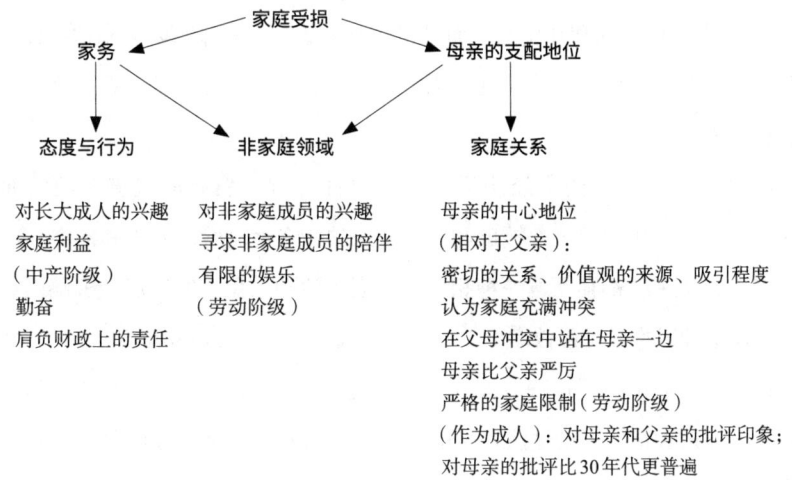

图 1　家庭的经济受损和孩子性格之间的关系

在什么样的条件下，孩子的期望在年龄层次中会向上延伸？依赖父母阶段的延长，与社会复杂性、结构的差异性、角色的专业化和不断升级的技术要求密切相关。但即使是在一个先进的工业社会，下层社会的孩子的社会依赖时间也是最短的，他们比有钱有势家庭的孩子更早跨入成人行列。我们在大萧条时期曾经历过家庭不幸的孩子中，发现了类似的模式。

第二个问题关注的是家庭结构，尤其是一些具体的历史事件——经济周期内的波动、战争、大规模移民等事件变动的特殊原因。如果不对这些事件作出评估，那么对20世纪家庭变迁的描述将不可能是全面的。与更加个人化的不幸相对照，奥克兰样本中经济受损家庭的母亲的支配地位的意义，来自30年代家庭经济受损的结构性基础，来自这种家庭模式对于孩子社会化、个性和代际之间生活方式的长期影响。经济受损是大萧条中普遍存在的一种状况，无数美国家庭的孩子都曾在这样的环境下生活过一段时间。

有关家庭的观点使我们清楚地了解到现在面临的问题的各个重要方面，但是它们也可能使我们看不见这些问题的其他性质或特征。对大萧条中家庭的两种看法都证明了这一点：作为环境被动的牺牲品，或者是作为主动解决难题的单位。与前者单向地为环境所困不同，后者是在一个相互作用的框架（transactional framework）中看待家庭和环境的，而且把注意力放在家庭作出防御和适应性反应的过程上。有关经济困难的系统性原因方面的知识，还不能充分解释家庭适应的多样性和模式。

牺牲品的观点，强调了经济受损的病原性影响，强调危机境遇的负面症状——情感压力和酗酒、公共援助和它所带来的社会性耻辱、紧张和冲突。在30年代的美国文献中，都存在着一种相似的家庭生活的景象：家庭成了极端困难的牺牲品，而这种困难又是由效率低下、掠夺和浪费人力的经济制度导致的。[37]从这种观点来看，人们试图把这种对极端环境的反应说成是社会的病态反应，而不是去探究它们在这种情境中的适应性价值（adaptive value）。人们也许认为是经济受损和失业使家庭脱离了原有的轨道，扭曲了家庭的传统形式，比如奥克兰样本的家庭中妻子处于支配地位，家庭之外的社会对象对处于危机境遇中的孩子有着非同寻常的重要性。

从解决问题的途径来看，这些结果又成为对削弱了父亲作为养家糊口者、丈夫和家长的能力的环境的潜在适应性反应。这种境遇除了形成与传统家庭规范相反的看法外，还赋予大萧条中的母亲权力以直接的意义甚至合理性。作为参照对

---

37 参阅John A. Penrod, "American Literature and the Great Depression," Ph.D. diss., University of Pennsylvania, 1954。

象，权力大于父亲的母亲对孩子（特别是对女儿）的影响也更大，尽管随着时间的流逝和境遇的变化，她们的地位也在逐渐降低。在有些个案中，父亲因为社会退缩（酗酒等）使自己的处境进一步恶化了，但是仍然存在明显的应对策略：妻子去工作、孩子在家庭经济中充当生产性角色等。因为缺乏适当的数据，我们不可能考察这些反应模式在大萧条前的前因，也无法探究它们的长期后果。要了解从1929年起整个大萧条十年的详细的家庭状况，我们需要对家庭和危机境遇、决定因素、过程与集体、个人在这个异乎寻常的危机中的适应后果之间的相互作用，进行彻底的考察。

第六章
地位变迁与人格

> 每个人实际上都是三个人：他自己认为他是什么样的人，别人认为他是什么样的人，以及他认为别人认为他是什么样的人。
>
> ——弗兰克·琼斯[1]

针对家庭地位的丧失，需要适当调整孩子们对待他人的态度、他人对孩子们的态度，以及孩子们自己对他人的这些态度的看法。在上一章中，我们看到了孩子对母亲、父亲和朋友的反应，这些反应又因社会经济变迁和婚姻权力的变化而改变，这些都证明了孩子对待他人态度的调整。在本章中，我们将把注意力转向地位变迁对受损家庭孩子的心理影响上，如自我取向（self-orientation）、与同龄伙伴的关系及为地位而奋斗等表现。[2] 我们会特别关注因家庭地位的丧失导致的社会断裂性和模糊性（social discontinuity and ambiguity）。由于孩子们的名声部分地来自他们家庭的社会地位，所以这方面的任何变化都会影响到他们相对于成人和同龄人的自我认同。

---

[1] 弗兰克·琼斯（Frank Jones）关于当代画家M.格莱希尔（Marshell Glasier）的评论。选自Hans Gerth and C. Wright Mills, *Character and Social Structure*（1953），p. 91。

[2] 自我取向和动机倾向（motivational tendency）之间的关系是F.宫本（Frank Miyamoto）在"Self, Motivation, and Symbolic Interactionist Theory"（1970）中提出来的。宫本假定，"看到自己被他人赞赏的需要，一般来说是自我取向中最为关键的"；而当"一个人处于社会关系中的地位或者其某种适当的行为方式有问题时"，以自我定义为中心的动机倾向占主导地位；当认为情绪状态"比评估或认知提供更好的行动指南时"，那么自我感情（self-feeling）就会变得突出（第280—284页）。大萧条中的地位丧失，在自我取向的所有三个主要领域中，都制造了种种问题，激发了种种动机倾向。

孩子的自我意象和他人意象

在一个稳定、同质的环境中，孩子的自我意象一般都与他在重要他人心中的意象一致。家庭所处的地位建构了他人对这个家庭中孩子的期望、孩子对自己的期望及孩子对他人对自己的期望作出的适当反应。因此，社会的互动是毫无问题的，而且孩子的人格反映了环境的整合程度和持续程度。如果这个彼此关系密切的世界在大萧条以前的确存在，那么它在经济重创所导致的社会错位中几乎没有幸存的可能。如果把大萧条前后的家庭地位（收入、教育和职业）进行比较，把对家庭的个人意象和公众意象进行对比，那么我们就能从中发现社会的不一致性。[3] 在这种境遇中，孩子们有可能表现出对自己和他人的冲突性刺激，并因此伤害到社会关系的互补性。

在经济受损家庭，儿童地位模糊性最可能的根源，是社会化的自我概念与他人感知或者不确定观点之间的冲突。这种差异应该表现在孩子们对待自我和他人的取向中，特别是在对同龄人的取向中，以及他们在动机上对于贬低的地位（他们相信，这种地位的贬低是别人赋予自己的）的回应中。社会地位的模糊和冲突，特别有助于自我意识的形成或者让孩子变得高度敏感。当自我不完全按照他人的看法看待自己的时候，它就变得非常具有自我意识了。如果和他人的关系没有建立起来或者成问题的时候，比如在"不适、怀疑和紧张"等情绪中反映出来的那样，那么孩子对他人也会变得越来越敏感。家庭地位的下降，使孩子们对任何证实他们对自己的公众形象不佳的怀疑的迹象都非常敏感。有证据表明，年纪稍大的孩子在大萧条中，常常通过避免向来自同龄人和成人提供有关家庭困难的信息来维持自己的地位。[4] 同样，父母有时也通过维持孩子的衣着外表，甚至以牺牲一

---

[3] 赫伯特·布鲁默的概念"群体地位感"（sense of group position），对研究家庭中的地位变迁特别有用。尽管他一开始在论文中提出的是群体间的关系和偏见（intergroup relation and prejudice），但似乎对于理解家庭成员在急剧变迁的时代的行为也同样有用。参见 "Race Prejudice as a Sense of Group Position"（1958）。

[4] J.普兰特（James Plant）从自己在有关大萧条中的新泽西的研究中发现，教师常常难以从他的学生那里了解他们的家庭境遇。"是的，我们知道他们曾经有过一段艰苦的岁月，但是他们从来不会对此说些什么。我们从来无法让他们承认家里有任何困难。" *Personality and the Cultural Pattern*（1937），p. 207。

些更为基本的需求为代价,来维持其"社会门面"。

当一个人感到自己的名声已经跌落到自己渴望获得的目标之下时,就会感到不快、闷闷不乐和愤怒。正像库利(Cooley)曾注意到的那样,重要他人对某个人形象的评估和评价是否会引起自豪或者羞愧的感情,取决于这些评价和自我偏好的印象之间的关系。[5] 与经济受损有关的各种条件,有助于满足喜欢轻视他人的公众的愿望。不管一个人的实际地位如何,这种愿望都将确定他所处的社会境遇,这将给他的情感反应和行为带来真正的影响。相应地,我们认为经济受损家庭的男孩女孩中闷闷不乐和多愁善感最为普遍。

一般来说,沮丧感、自我意识过剩和焦虑都和社交能力匮乏、学业无成和在青少年中得不到尊重等密切相关(Rosenberg,1965)。但是这些关系并没有考虑到和人格的缺陷无关的境遇的差异。社会变迁和社会紧张是影响经济受损家庭的孩子的社交状况的主要因素,而且对孩子的情感状态而言,它们可能比人际间的或者工具性的心理缺陷(psychological deficits)的影响更大。事实上,自我意识过剩可以被看作对变迁和不确定性的一种适应性反应,是一种能够调整自己和有效应对问题的敏感性。如果受损家庭的孩子在人际交往上的困难主要是由环境,而不是由他们自身造成的,那么随着家庭条件的改善,这些困难也应该会减少。相反,个人的缺陷是未受损家庭孩子不快乐和情绪波动的最重要来源,因为他们经历的境遇变迁更少。

与经济受损有关的社会断裂,有利于以牺牲亲戚关系为代价的个性化(individuation),特别是在孩子与家庭圈子之外成员的关系中的个性化,而且他们有可能因此更加依赖朋友的评价。在正常的情况下,青少年中出现这种依赖的模式是对急剧的生态社会变化的不确定性的一种反应,但它在大萧条时期的家庭受损的孩子中也表现得很明显:他们可能最喜欢朋友陪在身边,最喜欢听取朋友的建议。相对于父母经济未受损的儿子来说,经济受损家庭的男孩与同龄人交往的范围更为

---

[5] 在著名的有关自我的"镜中我"模式中,库利观察到,社会性参照常常表现为一个人的自我呈现给他人的明确印象,以及在自我的想象中这种印象对于他人的影响。这种取向中有三个不同的因素:"对我们呈现在他人面前的形象的想象;对他人对这种形象评价的想象;还有诸如自豪或者羞辱之类的自我感情"。参阅Cooley, *Human Nature and the Social Order*(1922), pp. 183–184。

广泛。尽管这些活动并没有清楚地显示这些孩子对朋友的社会依赖程度，但有些理论认为亲戚关系的破裂会让孩子更愿意使自己服从于群体利益（弗洛姆在1941年的研究中的一个主题）。那么，重要的问题在于，和经济未受损的年轻人相比，在经济受损的年轻人的社会奋斗中，是自我取向还是群体取向更为突出。

作为对地位模糊的一种反应，依赖同龄人与我们在本章中要讨论的最后一个问题有关：孩子对地位丧失在动机上的适应。服从群体的利益可能表现为被动地顺从社会评价（social judgement），或者积极地寻求群体的认同和称赞。[6] 后一种反应与我们假定的在孩子既骄傲又具备能力的情况下地位下降和错位在动机上的影响是一致的。就奥克兰的孩子来说，这种假定把感知到的同龄人中过去的或期望的地位和现在的地位之间的不一致性，界定为促使孩子去奋斗的一种刺激，这种奋斗会使基于家庭不幸所作出的相反的评价变得不可信。因此，家庭出身从属于基于成就的地位主张。在后面的分析中，我们将特别关注那些导致对地位丧失作出积极和消极反应的各种条件。例如，地位丧失在经济受损的中产阶级中表现得特别明显，也最有可能激起那些拥有同龄人所看重的品质（例如领导技能和高智商）的年轻人的勃勃雄心。

自我取向和社会地位

我们分析的出发点是孩子的自我取向和在同龄人中的地位，这些都与经济受损和社会阶级有关。自我取向指的是自我定义、自我评价和自我感觉，这是根据母亲对家庭内的描述、青少年的自述及成年观察者和同龄人的看法来进行评估的。它们共同描述了孩子的自我意象和重要他人所持的意象的特性，使我们能够在受损家庭和未受损家庭的孩子之间比较这两种意象的关系。分析的结论部分，关注的是地位下降所造成的动机调整，以及这些孩子的社会奋斗及其上高中时领导才能的表现。

---

[6] 这些对于经济受损的适应，是帕森斯和霍尼（Horney）提出的更加复杂的模式的简化。参阅Talcott Parsons, *The Social System*（Glencoe, Ill.:Free Press, 1951）, p. 259; and Karen Horney, *The Neurotic Personality of Our Time*（New York:W. W. Norton, 1937）, pp. 167–187。

来自家庭的看法

大萧条期间，研究人员曾三次对奥克兰的母亲进行访谈，询问她们孩子的情感健康状况：经济衰退的早期阶段过后不久的1932年、1934年和1936年。虽然较早的报告对经济受损和地位丧失的累积性影响作了一定的说明，但是后面的访谈才是最重要的。根据母亲和她们的子女提供的信息，我们发现在1933年到1936年之间，孩子们对家庭的经济受损在情感上的反应比在此之前或在此之后都要强烈得多。正如我们将会看到的那样，境遇因素是影响自我定义和感觉的主要来源。

第一次访谈时，话题主要局限于心理紧张在行为上的表现。然而不幸的是，从母亲那里无法了解她们是如何看待孩子的自我态度（self-attitude）的。人们询问了这些母亲三个领域内的一系列问题：睡眠行为——令人不安的噩梦发生的频率和对黑夜的恐惧，整夜不安，对噪音非常敏感；情绪——非常高兴，情绪波动不定，热情，充满活力；和食品有关的习惯——食欲，对食品的态度，饮食习惯，与食品有关的问题。这些行为类型是自我调节以适应家庭变迁的几个步骤，而且它们也不会因经济状况的不同而有什么差异。在任何一个社会阶级中，这些条件都没有使男孩女孩的睡眠行为、饮食习惯或情绪出现什么值得注意的差异。在大萧条的这一时期，没有什么证据表明家庭受损对孩子的心理有负面的影响。

可是，在大约两年以后对那些母亲就家庭境遇进行的访谈中，我们确实发现了这种影响的一些迹象。有将近55%的受损家庭的母亲，认为自己的孩子受到了家庭生活条件和地位变化的影响，而且她们中间的大多数人都强调它们所带来的负面后果，比如孩子在情绪上对家庭困难和紧张气氛的反应，以及父母的穷困、退缩使孩子感到不安。相比之下，人们很少提到生活在更加幸运的环境中的孩子也受到了这样的负面影响。只有略多于1/5的经济未受损的母亲提到了这样的影响。平均来说，中产阶级的母亲比那些地位较低的母亲更容易体会到经济受损对自己孩子行为的影响，但这并不能使上面提到的差异有什么改变，在每个社会阶层中因经济受损而产生的差异是差不多的。

这种有关心理影响的一般观点，并没有详细说明孩子是怎样对家庭资源和地位的丧失作出反应的，也没有详细说明孩子是怎样对情感压力作出反应的。处于经济受损境遇的母亲，是否更多地提到自己的孩子具有自我意识过剩、社会敏感性和情绪化特征？从1936年访谈中的一系列封闭式问题中，可以获得与这些特征相关的有用信息。例如，每一位母亲都要回答：她们的孩子是否看起来自我意识过剩，是否在情感上容易受到伤害。答案为"是"（有时回答"是"的情况更多一些）或"否"。从母亲的角度来看，两个问题关注的都是对他人的态度和行为的敏感性，并且假定存在着某种程度的心理感知（psychological awareness）。

我们曾讨论过，社会变迁会使社会关系变得不确定和受到威胁，从而使孩子变得更加敏感。有关自我和他人的认识，在受到新的问题、地位变化和冲突质疑之前，孩子们一般都理所当然地认为它们是正确的。经济受损造成了此类境遇，摧毁了相当数量经济受损家庭的孩子自我稳定的基点。如表3所示，母亲认为经济受损家庭的男孩和女孩最容易出现自我意识过剩和变得过于敏感，这都与两个社会阶级中的经济受损有关。情绪敏感性比自我意识过剩更能反映地位丧失引起的变化，这在经济受损家庭的孩子中表现得更为明显。

虽然人们一般都认为，更关注他人看法的是女孩，但是这种趋势随着孩子所处的成熟阶段和所处境遇中的各种因素的改变而改变。事实上，不论处在什么样的家庭境遇中，母亲都认为自己的儿子比女儿更具有自我意识。这种差异极大地掩盖了经济受损对中产阶级孩子的影响，这也无疑是中产阶级男孩发展速度通常较为缓慢的结果，那些地位较高家庭的男孩更是如此。迅速的成长能够解释他们的社交尴尬和过于敏感。样本中的男孩在1935年大约14岁，这个年纪一般说来是身体发育最快的时间。通常女孩发育的时间要比男孩早两年左右，不过发育的速度没有这么快（Elder，1971：29–37）。

表3　母亲对孩子的社会敏感性的描述（1936年）

（按经济受损、社会阶级和孩子的性别划分，用百分比表示）

根据阶级划分的经济受损状况	自我意识过剩 男孩	自我意识过剩 女孩	情感上容易受到伤害 男孩	情感上容易受到伤害 女孩
中产阶级				
经济未受损（ND）	36（28）	7（16）	46（26）	47（16）

（续表）

根据阶级划分的经济受损状况	自我意识过剩		情感上容易受到伤害	
	男孩	女孩	男孩	女孩
经济受损（D）	44（27）	40（21）	62（24）	81（21）
劳动阶级				
经济未受损（ND）	22（9）	0（9）	39（8）	22（9）
经济受损（D）	65（17）	20（24）	88（17）	62（26）
对比				
经济受损	不显著	ND<D*	ND<D*	ND<D*
阶级	不显著	不显著	不显著	不显著

*$p<0.05$（x^2检验，1个自由度）

数据显示，对他人的敏感性，更多的是地位丧失和不确定性所带来的结果，而不是绝对受损的产物。在经济未受损的群体中，劳动阶级的家庭在大萧条期间的绝对收入大大低于中产阶级家庭的绝对收入，但是后者的子女却更多地表现出自我意识过剩和过于敏感等特点。同样，在父母经济受损的中产阶级孩子和父母经济未受损的劳动阶级孩子之间，心理状况的差异更加明显，比根据收入水平预测的差异还要大。同时用两种方法去测量社会敏感性，我们都发现经济地位丧失导致的变化比阶级出身的影响更大。

如果对他人的敏感性是地位丧失的自然产物，那么它在那些大萧条期间实际上是在向下流动的家庭的孩子中最为普遍：那些父亲失业后重新找的工作比原来的地位更低的家庭就是如此。当经济受损被当作这个家庭"衰弱"——如转而寻找地位较低的职业——的公开标志时，它就成了社会意象（social image）的最大威胁。这种影响生动地体现在有关亲子关系的定性材料中，这些材料描绘了有些孩子在父亲最终找到的工作远比以前的差时，会感到羞愧和尴尬（参见第三章）。

为了验证这种预测，我们把男孩女孩分成三个组，比较他们的情绪敏感性（"情感上感到容易受到伤害"）。第一组由经济未受损的孩子组成，第二组由那些家庭经济受损但父亲的职业地位稳定或者得到改善的孩子组成，第三组则由家庭经济受损且父亲的地位向下流动的孩子组成。情绪敏感性的比例，从第一组的

40%上升到第二组的63%和第三组的78%。尽管向下流动的确能够确定情感上最容易受到伤害的一组，但是基本的影响在于经济受损的影响及其对地位丧失的影响。

一个情感容易受到伤害的孩子，依赖的是他人的善意，依赖的是他们的友谊和支持，因此容易因境遇、个人和行为的变化而产生情绪波动。社会敏感性还意味着情绪唤起和反应的阈值较低，所以经历的一切也可能导致情绪上的激烈反应，这种反应从愠怒、自我谴责到自我陶醉。根据母亲的描述，大体而言，经济受损家庭的孩子都很情绪化，或者非常容易感到失望、沮丧或者认为自己受到了伤害。他们常常非常焦虑，非常喜欢哭，而且很容易生气（表4）。尤其是，经济受损使情绪反应的性别差异扩大，男孩可能更容易愤怒，女孩则终日忧心忡忡。虽然经济受损家庭的年轻人一般更为情绪化，但是经济受损导致的差异还是太小，在统计学上信度不高。

表4　母亲对孩子的情绪化的描述（1936年）

（按经济受损、社会阶级和孩子的性别划分，用百分比表示）

根据阶级划分	焦虑[a]		容易哭泣[a]		容易生气[a]	
	男孩	女孩	男孩	女孩	男孩	女孩
中产阶级						
经济未受损	38（26）	33（12）	23（26）	16（13）	28（25）	42（12）
经济受损	31（23）	52（21）	28（25）	33（21）	50（24）	43（21）
差异的百分比	7	−19	−5	−17	−22	−1
劳动阶级						
经济未受损	20（10）	27（11）	22（9）	27（11）	30（10）	45（11）
经济受损	45（18）	48（25）	35（17）	34（26）	50（18）	56（25）
差异的百分比	−25	−21	−13	−7	−20	−11

[a] 经济受损和社会阶级的影响不显著。

根据母亲的这些叙述，对他人极其敏感，以及随之而来的对于情感脆弱性的影响，代表了经济受损尤其是地位丧失给孩子心理上带来的主要影响。在经济受损的家庭中，并不是所有的孩子都自我意识过剩或者在情绪上非常敏感，而且在经济未受损家庭的孩子中也有这样的情况。不过，经济受损和地位丧失显然增加了这些心理状态出现的可能性，而且这种作用远远超过了阶级出身的影响。在情绪敏感性方面，性别差异不如情绪上对负性经历的反应表现得那样明显。

这些数据描述了奥克兰孩子们的意象，这种意象建立在相对私人的家庭领域中不同互动经历的基础之上。这种内在观点对理解在地位丧失的情境中自我——他人之间的关系有特别的意义，因为地位的下降使家庭之外的社会意象和社会接纳变得极为不确定。从大萧条期间所进行的研究来看，经济受损家庭的成员显然更希望像他们自己所期望的那样被外人对待。要在家庭生活日常和亲密接触中维持这种社会门面的确不容易，而且如果社会威胁主要来自外部关系的话，在这种情境中更不容易保持这种社会门面。

作为自己孩子的观察者，这些母亲毫无疑问会为了保护自己的利益而给访谈者提供一些积极的描述，但这很可能——尤其是当真相对她们自己的人品和整个家庭不利的时候——是歪曲事实。这种偏差在有关儿子或女儿的道德行为的问题中表现得很明显，在有关孩子对待父母和家庭声望的态度的问题中表现得不那么明显，在对表3和表4中列出的问题的回答中出现的可能性就更小了。这些问题并不涉及家庭或者父母的缺点，也没有提到大萧条中家庭的困难。所有的迹象都表明，访谈者的调查都是在一个不具威胁性、不断发展的情境中进行的。

孩子对自我和他人的描述

和母亲的访谈，并没有详细说明自我意识过剩或者情绪敏感性的关系情境（relational context）。也就是说，我们并不知道这些状态是否主要是孩子和父母、其他成人或同龄人的关系所带来的后果。不过，前面的章节中已经有证据表明，家庭地位的下降增加了同其他孩子和同学交往的重要性和问题性。在态度和行为上，经济受损家庭的孩子比经济未受损家庭的孩子更为认同自己的同龄人。地位的下降将孩子们置于一种陌生的境遇，这种境遇在某些方面使他们面对熟人的时候也形同陌路。

在1934—1935年和1937—1938年发放的问卷中（参见附录B），有些问题涉及奥克兰的孩子们与同龄人的关系。有一个问题是，他们是否也像有些同龄人那样，"很多时候都很不开心，因为（你）认为人们都不喜欢（你）自己"。另一个相关的问题是，他们是否像有的同龄人那样"拥有很多的欢乐"。我们把对第一个问题的回答反过来评分，然后和第二个问题的分值累加起来，共同来衡量社会幸福感（social well-being）。[7] 对这两个问题的回答，反映了同龄人关系中所感知到的距离或拒斥所产生的情绪影响。此外，两次发放问卷之间的时间跨度，使得我们可以评估境遇因素对于社会幸福感的影响。如果孩子感知到的拒斥主要是家庭经济受损的结果，那么在1938年经济条件得到改善之后，这种状况就会有所改变。

在分析中，还有另外一组自我描述作为测量更为严重的心理困扰（psychological distress）的一种尺度。在初中和高中问卷中的15个题目的总得分，衡量了孩子情绪化的程度。这些问题包括："你经常感到沮丧吗？""你是不是有时感到非常高兴，突然又感到非常悲伤，却不知道为什么？""你认为自己是一个相当神经质的人吗？"与测量社会幸福感的方法不同，这种方法没有明确地提及社会关系，而且衡量的似乎是对境遇的变化更加抗拒的情绪状态。

尽管大萧条中的经济条件使母亲对孩子的看法不同，但是在孩子的自我描述中这种差别却不太明显。在30年代初期，一般说来，同父母经济受损的儿子们相比，来自经济未受损家庭的孩子既不认为社会更加接纳自己，也不认为自己心理困扰的症状更少。如表A-13表示，在任何一个阶级中，经济受损都没有引起一致的差异。同男孩相比，女孩在自己感知到的同龄人关系方面，受到家庭条件的负面影响更大，但这也是她们的自我描述中唯一受到经济困难影响的领域。运用有关男孩和女孩的情绪指数（emotional index），我们发现不仅仅局限于社会拒斥而产生的沮丧之情，更多地受到1929年家庭地位的影响，而不是受大萧条前后经济地位变化的影响。

当我们在分析中纳入有关地位丧失的更加明确的指标时，比如父亲的失业和向下流动，经济受损对女孩主观地位（subjective status）的影响就会稍大一些。在

---

[7] 每一个题目都用五级量表来衡量，分数从1分到5分（最不典型到最典型）。将有关社会拒斥（social rejection）的答案反过来评分，是为了构建一个用高分表示更具有社会幸福感的指标。

这两个社会阶级中，那些父亲或失业或向下流动的家庭的成员，对自己在社会幸福感方面的评价比那些经济未受损家庭的子女要低些，但是只有在女孩中这些差别在统计上才是显著的（平均差异均值 ±2.1 之间，$p<0.01$）。另一方面，在失业或地位丧失的情况下，孩子的情绪化状态也没有明显的增强。

至少根据这些数据，我们可以看到，家庭经济受损对孩子情绪的影响主要局限于女孩和同龄群体中其他成员之间的紧张关系。这一结论反映了人际关系对女孩的自我意象具有的特殊意义，这也与"适当的"家庭背景对她们进入高级社交圈的意义是一致的。根据这些数据，我们有理由认为经济受损对男孩在同龄人中的地位影响会小得多，而女孩受服装限制方面的影响更严重。男孩可能也不愿流露内在的情感。例如，很明显，男孩在情绪化症状方面的得分略低于女孩。

如果与同龄人的紧张关系主要是因为地位丧失和家庭经济受损的影响，那么这种情况在这些女孩上高中的时候就会不那么常见了，因为此时奥克兰的经济状况普遍好转。在两个时期（初中和高中）对社会幸福感和情绪化进行相同的测量，并把这两个分数加以比较，我们发现样本中年轻人的情绪状态没有明显的变化，虽然在来自经济受损家庭的女孩中的确有相对的改善，她们变得和父母经济未受损的女儿更加相似。对正在上高中的男孩女孩来说，经济受损对其社会幸福感的影响微不足道。同样，与之前初中时期一样，经济受损家庭的孩子也不比经济未受损家庭的孩子更情绪化。[8]

经济受损家庭的女孩在社交中获得越来越多的快乐，这一趋势反映在应对手段的提高上，也反映在家庭条件的改善上。她们可能也学会了不要那么敏感，或者不要那么容易被来自同学的社会拒斥所困扰。从这种意义上来说，对社会拒斥的感知和个人感受的关系变得更不密切。为了区分感知到的拒斥和情绪上的反应，我们选用了另外一组题目，这也包含在对高中学生进行调查所用的问卷中。当地的高中学生陈述了五条理由，表明了对社会拒斥或者优越感的批判性立场："有的同学是势利眼，而且高高在上"；"那些计划玩游戏或远足或参加晚会的同学，却

---

8 劳动阶级的孩子的确比中产阶级的孩子更加情绪化，但是这种差异只有在女孩的统计中才是可靠的（$\bar{X}=3.6$ 对 4.8，$p<0.05$）。

又不愿意让其他人也一起玩耍";"做每一件事的都是那么几个学生";"你喜欢的同学变得非常高傲,他们只愿意和有些学生玩";以及"一些群体或者团体不愿意与这个群体之外的学生打交道"。每一位受访者在那些描述了和学校有关的他们不喜欢的事情的陈述前打"√",在那些描述了他们最不喜欢的事情的陈述前打"√√"。因为这些题目的答案是相互关联的,所以把它们放在一个单一指标中。[9]

在当地的高中,这些自以为高人一等的行为(elitist behavior),直接挑战了学生群体中的平等主义精神,正如学生领袖和教师所宣扬的那样:"众人的进步,由众人的努力而获得。"("The Progress of All Through All.")在许多场合下,这种行为在学生报纸上受到编辑的严厉批评,这仅从一篇题为《小集团中的学生并未真正地享受生活:你是其中一员吗?》的抨击文章(发表于1940年左右)中就可以看出来。

玛丽是一个小集团的成员。你明白小集团指的是什么。有些规矩你是不能打破的,除非你有特别的"衣着"或"家庭声望"或"个性",或者住在"镇上的高级住宅区",或者非常幸运有个随时为你提供零用钱的父亲,或者(如果你没有其他任何品质的话)你的态度高高在上。玛丽不是一个具有独到见解的人,她不敢做任何周围的人不赞同的事情……她同一个并不喜欢的男孩外出,只因为他认识她想认识的人。经过任何一个不属于"高人一等"集团的人的身边时,她总是眼神空洞……对那些穿着与她不同的男孩或女孩,或者如果那些孩子的父亲是拿周薪的(而不是拿年薪的),她甚至懒得看他们一眼……玛丽的大多数朋友,都不是真正意义上的朋友。他们相互来往只是想表明他们是一类人。他们之间没有什么真正的忠诚和理解,有这种忠诚和理解的人是不会在乎一个人是否有一个坐拥豪车豪宅,或者戴一顶平顶卷边圆帽到处显摆的男朋友的。玛丽认为自己是一个举止优雅的美国人——她为R.A.F.编

---

[9] 没有"√"的陈述分数是0分,一个"√"的是1分,两个"√"的是2分。先把各个陈述的分值累加起来,然后再标准化。

织——但是她并不信奉独立宣言中的下述条款:"人人生而平等。"……什么时候玛丽才会觉悟呢? [10]

这篇评论代表了许多女孩共有的感情。与经济未受损父母的女儿相比,经济受损家庭的女孩对她们同学所表现出来的自以为高人一等的行为持更为严厉的批判态度,这种差异在统计上是显著的(表A-14)。这种倾向在男孩中同样也有,只不过这种差异太小了,在统计学上信度不高。正如人们估计的那样,来自劳动阶级的孩子,无论是男孩还是女孩,都比中产阶级的孩子持有更为强烈的社会批判性(social criticism)。

正如前文曾提到的那样,这些数据中有证据表明,同经济未受损家庭的女孩相比,经济受损家庭的女孩对于同龄人排斥的批评,比对因她们和同学的关系而感到沮丧或者不快乐的批评更为严厉。例如,从社会批评和社会幸福感这两种感情之间的相关性中,可以看到这种差异。在来自经济受损家庭的女孩中,社会幸福感和同学的批评的负相关性比那些来自更加幸运的家庭的女孩小一些,尽管这些差异太小以至于在统计学上信度不高。

在这一点上,经济困难对孩子的心理影响,主要局限于女孩感知到的自己与同学的关系上。虽然大多数经济受损家庭的母亲都认为她们的孩子情绪上非常敏感,但是在她们提到的男孩与同龄人的关系中,这种倾向并不明显。什么样的社会经历能够解释这种性别差异呢?根据我们前面的分析,有两种因素——在经济受损家庭的经历和社交形象(衣着、鞋、修饰等等)上的劣势——特别引人注意。正如我们将要看到的那样,这些条件对于经济受损父母的女儿来说有着特别的意义,而且它们在30年代大萧条初期表现得最为突出。

---

10 这个例子摘自 R. E. Brownlee, "Developing the Core Curriculum at University High School," *University High School Journal* 19(1940):48。有关奥克兰孩子就读的学校的全面回顾,见 John Geyer, "Claremont Junior High School and University High School in the 1930s," unpublished working paper, Institute of Human Development, University of California, Berkeley, 1964。这些学校都深受进步主义教育运动的影响,在基本方法和实践上,都与J. 杜威(John Dewey)最早在芝加哥建立的实验学校相似。对杜威建立的这所学校的最近的介绍,参阅 K. C. Mayhew and A. C. Edwards, *The Dewey School* (New York:Atherton Press, 1966)。

如我们在第四章曾指出的那样，女孩比男孩更多地参与家庭事务，而且她们的社会化可能有利于培养她们在人际交往时的敏感性，这与传统上有关女性行为的概念是一致的。对他人的感受非常敏感，自然使孩子容易受到家庭气氛和紧张状况的影响，同样也促使女儿在利益和行动上和母亲保持一致。[11]在前面的章节中，诸如母亲的不快乐和家庭冲突之类紧张的家庭经历，对女孩的影响特别明显。进一步的分析还表明，和初中男孩相比，这两种经历更能预示初中女孩在社交生活中的不快乐。

在第三章中曾讨论到，对母亲情感的感知是用对"我希望母亲更快乐"这个陈述的回答来衡量的（打"√"或者没打"√"）。这个陈述既包括对母亲情感状态的了解，也包括希望改善这种状态的愿望。对家庭冲突的感知是用九级量表衡量的（参见第五章）。在初中阶段，两种感知和女孩的社会幸福感的负相关程度大于和男孩自述的感受的负相关程度（女孩的平均 $r = 0.31$，男孩为 0.14）。家庭压力的这些方面结合起来，共同表明经济受损和女孩的自我感受之间在理论上的重要联系，但是它们还无法全面解释这种关系。

在大萧条中，孩子穿着越来越差标志着家庭地位的下降，它对女孩的社交经历有着特殊的意义，特别表现在对购买衣物鞋帽的限制上。[12]有的时候，这种限制扩展到卫生习惯上，比如洗衣的次数、洗澡时肥皂和热水的供应情况等。根据我们已有的信息，在奥克兰样本中，经济受损的家庭在服装上的限制是不同的，这导致了适应的多样性，适应范围更加广泛，从穿大孩子留下来的旧衣服和自己缝

---

11 斯洛尔（Srole）和他的同事在分析有关曼哈顿居民的调查数据时，得出的结论是，那些妻子"比丈夫更容易受到彼此关系中冲突的伤害。在其他因素相同的情况下，就能够假设相比于男性，婚姻中的紧张感更可能使女性心理受到伤害"。role et al., *Mental Health in the Metropolis*（1962），p. 177。
12 女孩比男孩更加关注自己的外表，而且有着充分的理由：这是获得地位和进入最重要群体的主要条件。在一个有关青少年的全国性样本中，61%的女孩最担心她们的外表：衣服、给人的印象等，而男孩如此关心的只有11%。数据来自 *A Study of Boys Becoming Adolescents*（Ann Arbor, Mich.: Survey Research Center, Institute for Social Research, 1960）中的第152、155、164和167页，还有 Elizabeth Douvan, *A Study of Adolescent Girls*（ibid., 1957）中的表7和表10。在J.科尔曼（James Coleman）有关青少年的研究中，质地良好的服装是女孩进入最重要群体最经常被提及的必备因素，而男孩把这个因素放在和地位有关的资产的几乎最后一项。参阅 James Coleman, *The Adolescent Society*（New York:The Free Press of Glencoe, 1961），p. 31。G.斯通（Gregory Stone）的文章"Appearance and the Self," in Arnold Rose, ed., *Human Behavior and Social Processes*（Boston: Houghton Mifflin, 1962），pp. 86–118，探索了服装对于自我意象在心理上的重要意义。

制的衣服，到使用粗糙的代用品（例如，用硬纸壳来补鞋上的窟窿）。

经济困难最显著的影响，体现在1929年还是中产阶级家庭孩子的外表上。到1934年，许多经济受损的中产阶级父母在经济资源方面，与劳动阶级的赤贫家庭相差无几，这种惊人的不幸可以从当时他们孩子的外表上看出来。基于对研究所设立的游乐场上的孩子的观察，通过运用成年人对"外表修饰良好"的评分，我们发现，在初中阶段，经济受损家庭的成员在外表上的得分比经济未受损家庭的成员要低（这两个群体在长相吸引力的测量上是相同的）。不过，只有在中产阶级中才出现了相当大的差异，而且在中产阶级的女孩中表现得特别突出（表A-15）。这些结果总体来说都和同龄人对于其外表的看法相似。[13]在中产阶级中，经济受损的女孩在社交中外表上的相对不利，有助于解释她们在社交生活中被排斥和郁郁寡欢的感觉。同男孩相比，社会幸福感和一个有吸引力的外表之间的关系在女孩中更为密切。[14]无论是要出名还是要成为领导者，都不需要男孩有精心修饰的外表。

经济受损造成的这种可观察到的外表上的差异，并不是在孩子整个中学时期都存在。成年人对孩子外表的评分——与初中时期使用的测量手段一样——表明，经济受损对两个阶级中男孩女孩造成的差异不尽相同。[15]经济上对穿着的限制给孩子社交生活带来的不利，在某种程度上被当地中学有关着装的规定抵消了。例如，所有的女孩都必须穿标准的学生制服：裙子和儿童水手式服装。

---

[13] 这些测量方法是从一组有关"猜猜是谁"的同龄人提名的工具中选择出来的。每一个孩子都要把陈述（比如"他是一个衣着讲究的学生"）和某个真实的同学搭配起来。在这些孩子上初中的时候，每年进行一次评分。在修饰整洁的外表这项上，1934年同龄人中的名声和男孩中对教师或者成人的评分中度相关（r=0.58），女孩中也有类似的关系。有关"猜猜是谁"技术的详细描述，可以参阅Caroline M. Tryon, "Evaluations of Adolescent Personality by Adolescents," *Monographs of the Society for Research in Child Development 4*, no. 4（1939）。

[14] 在这些孩子上初中的时候，社会幸福感和成人对精心修饰外表的评分之间的相关系数在男孩中为0.26，在女孩中为0.38。在下面的相关系数中，我们能看到富有吸引力的修饰对于女孩的女性吸引力的重要意义：精心修饰的外表和成人对于女性吸引力的评分之间的相关系数为0.60，但是和成人对于男性吸引力的评分之间的相关系数仅为0.29。衡量两种性别的吸引力的量表，来自Free-Play系列量表。

[15] 在修饰和长相的吸引力上，阶级差异在中学女生中更为突出，其影响超过经济受损的影响。中产阶级父母的女儿在外表的这两个方面，明显都比来自劳动阶级的女孩得分高。参阅Elder, "Appearance and Education in Marriage Mobility"（1969）。

这种从孩子的视角进行的分析，提出了下列有关经济或者地位丧失对自我态度和可感知到的社会关系的影响的结论。首先，家庭受损对孩子的心理影响在1933年到1936年最为明显，这个时期大体上正好是孩子上初中的时候。在大萧条的这个阶段，孩子们的年龄已经足以使他们了解家庭的经济受损及其所带来的社会后果。在随后几年里没有受经济受损影响，一般来说正好与该时期奥克兰经济生活的普遍改善相一致。其次，正如根据母亲的报告衡量的那样，心理影响表现在自我意识过剩和情绪敏感性上，也表现在女孩在社交中的不快和对社会拒斥的感受中。在社会拒斥或者不快方面，经济受损家庭的男孩并不比经济未受损家庭的男孩表现得更为明显。这种性别差异之所以存在，一定程度上是因为家庭压力和相对没有什么吸引力的外表对女孩的自我感受的影响更大。

在社会情境中观察到的地位

在以社会模糊（social ambiguity）和压力为特征的情况下，自我意识过剩和社交中的不快，都代表了更为普遍的人际关系问题的一个方面，即制定新的行动方针、共享定义和协调联合的问题。对他人表现出自我意识过剩，是一个人的自我意象和他人可能持有的意象之间存在差异所表现出来的一种症状。这里的一个重要问题就是，其他的成人和同龄人对奥克兰孩子的看法是否与这些孩子的自我定义和评价相一致。

正在变动着的境遇所带来的模糊性，可能会使孩子们对自己的社会声誉、对自己在家庭以外其他人眼中的地位的判断出现偏差，但是这种偏差是什么样的呢？在他人的态度不确定的情况下，那种无法由真实地位这一社会事实验证的个人感情，可能来自他人。例如，女孩感受到的拒斥可能更多地源于创伤性的家庭经历，而不是源于和同龄人的真实关系。苏力文（Sullivan）观察到，"一个人只能从他人那里发现自身本就存在的东西"，这也许最适用于他人的反应和态度都不确定的境遇（Sullivan，1947：22）。

尽管经济受损家庭的女孩更不快乐，而且情感上更脆弱，但是她们在社交中与经济未受损家庭的女儿竞争的状态好得令人吃惊。根据成年人的观察，不管她们的家庭地位如何，她们在社交中的领导才能和受欢迎程度上并没有明显低于其他女孩,男孩的情况也是如此(参见表A-16)。在这些观察中,这些女孩既没有表现出家庭困难和修饰打扮上的劣势,也没有反映出被排斥的感觉。在高中阶段,经济受损家庭的女孩比经济未受损家庭的女孩更爱批评同学之间的社会精英主义和势利,但是她们受欢迎的程度并不低,在社交中的领导才能也不差。在这两个社会阶级中,经济受损和经济未受损家庭的男孩女孩都具有这样两种特点(用以测量的量表和在初中时使用的相同)。

当然,成年人对青少年地位的判断,可能不如同龄人的判断那样精细,因为同龄人的判断可以基于微妙的标准,这些标准使社会接纳呈现出差异,但是我们没有这方面的证据。同龄人的评价与成年人的评估密切相关,而且结论也相同。根据1934年同龄人对孩子受欢迎程度和领导才能的评分,我们对两个阶级中经济受损和经济未受损家庭的成员进行了比较,发现用任何一种量表测量出来的差异在统计学上都是信度不高的。

如果考虑到家庭困难和情感压力所带来的限制,那么来自经济受损程度不同的家庭的孩子在社交生活中的这种平等,是令人迷惑不解的。此外,被排斥的感觉经常会导致行为上的疏远。例如,那些自我评价比较低的孩子对同学的反应,一般会进一步引发加深他们的恐惧和被排斥感的回应。他们更倾向于拒绝人家善意的建议,并且抱着敌意和不信任的态度,同时还拒绝改变一切(Rosenberg,1965)。虽然来自经济受损家庭的女孩在社交中更不快乐,在情绪上也更为敏感,但她们并不比其他的女孩更不受欢迎,这一事实说明她们经历的是一种不同的适应过程。是什么因素促使样本中经济受损家庭的孩子表现出外向的倾向(参见第四章和第五章)?作为对社会拒斥的一种反应,又是什么导致他们和外界交往更多,而不是退入一个私人的幻想空间?大多数孩子并没有被剥夺在社交上的选择权,外部条件在他们感知到的社会问题中起到了重要作用。关键因素可能是家庭困难的外部状况,因为我们并没有证据说明这些状况在经济受损家庭的孩子中培育出了一种自责的心态。

一般认为,在经济受损的境遇中,需求是通过幻想获得满足的。当一个人感到不被人喜欢的时候,就幻想自己受到欢迎;而当一个人没有权力的时候,就幻想大权在握时的感觉。但是这样的幻想虽然是作为对令人沮丧的现实的一种补偿,它们也可以作为行动和成就的引导，比如对未来的期望等。就后者而言，感知到的社会受损会增加孩子在幻想中的社交抱负，也会使孩子更加努力地去提高自己的地位。作为对行动的一种指导，社交幻想（social fantasy）和对新境遇中的现实的应对相一致，而且通过确认和维持友谊的努力，可能在**相应的**行为中找到表现自己的适当的方法。相反，补偿性的社交幻想与社交活动和地位呈负相关。因此，在探究孩子对社交不稳定性和感知到的受损的适应性反应时，有两个问题颇有意义。在不同的家庭境遇中，社交幻想的强度是否有差异？这种幻想的益处，是否对来自经济受损家庭的孩子更有指导作用？

在对初中和高中学生进行的调查问卷中，被调查人要回答两个有关他们对幻想世界的兴趣的问题。第一个问题是：他们是否像有些年轻人那样，有一个"比真实世界更加美好的虚幻世界和一些在幻想中存在的朋友"？另一个问题是：他们是否像某些男孩或女孩一样，"喜欢独自幻想，而且认为这比玩游戏更加有趣"？每一个问题的答案根据五级自我评分的量表进行衡量：答案为"否"得1分，答案为"是"得5分。因为两个问题的分值是相互关联的（$r = 0.40$），所以它们被累加起来，形成一个衡量两个时期这一因素的指标。

除了在社会交往中碰到的困难外，和经济未受损家庭的孩子相比较，父亲在大萧条中受损的青少年并未对幻想世界表现出更多的兴趣。事实上，在这两个时期，他们在这种倾向上都对自己评分较低，不论哪个阶级都是如此。在经济困窘的初期，来自经济受损家庭的男孩女孩，在社会幻想方面的得分明显低于经济未受损家庭的子女，而且这种差别也不受阶级背景的影响。[16]从这个时期到高中，经济受损所导致的差异仅仅表现在男孩的偏好中。

从一种适应性观点来看，经济受损和社交幻想之间的关系，不如幻想的心理功能那么重要，无论这种功能是替代性的还是补偿性的，抑或是社交行为导向性的一种表现。后一种功能，可由经济受损家庭的青少年可观察到的受欢迎程度来

---

16 在初中时期社交幻想的平均分方面，经济受损和经济未受损家庭的男孩是2.42，女孩是2.93，$p<0.05$。在中产阶级的受访者中，分数稍高一些。在高中时期，在两个社会阶级中经济未受损的男孩，都比经济受损的男孩社交幻想的倾向强一些（平均$\bar{X}s=3.63$对2.78，$p<0.05$）。女孩的平均分数（$\bar{X}=2.76$）不会因经济受损或者社会阶级而出现什么差异。

证实,也可由他们对同龄人陪伴的强烈兴趣来证明。大萧条中的地位变化,也为将人际交往中的问题归因于更大的环境,而不是归因于需要进行补偿性调整的个人缺陷提供了基础。作为与同龄人令人满意的关系的一种替代品,社交幻想与社交中受欢迎的程度应该呈负相关,这也是我们在经济未受损家庭的成员中的发现(表A-17)。对幻想的社会兴趣和行为之间的一致性,在经济受损家庭成员中表现得更为明显,尽管这方面的经验支持相对较少。在初中时期,两个受损群体中——尤其是在男孩中——社交幻想都与社会幸福感负相关。但是在经济未受损群体中,它与情绪困扰和令人不快的社交关系的联系更为密切。阶级背景中的差异也不能改变这些结果。

　　这些数据在一定程度上支持这样的观点:社会奋斗是来自经济受损家庭的孩子的地位丧失和自我定位与他们在同龄人中被接纳或受欢迎程度之间的关联点。不过,这样的努力并不一定会使孩子在社会交往中被接纳,就像企图通过发出刺耳的声音去引起人们的注意,结果得到的却是敌意和拒斥那样。这样的行为是以自我为中心的典型例子,也是以牺牲他人为代价来追求自我利益的典型例子,它与经济受损家庭青少年中多以集体或群体的利益为重的情形正好完全相反。人们认为,社会动荡或混乱会强化人们把自己的利益融入集体利益以实现社会整合的愿望,而且根据成人的观察,这种兴趣在经济受损家庭的年轻人的行为中表现得最为明显。[17]

　　由于大萧条中的地位变化使经济受损家庭的成员处于急剧的境遇变迁中,在这种情况下,社会因素成了影响其情感状态的主要因素也就不足为奇了。对大多数孩子来说,大萧条初期经济受损对他们情感上的影响,并没有持续到萧条十年的后半期。这种趋势可以解释为个人和境遇之间适应性关系的一种变化,但是它也没有排除对孩子的动机倾向、认知取向和心理健康产生更为持久的影响的可能

---

[17] 这里用作比较的方法是境遇评分法,将群体利益和自我利益作比较,基于的是对这些孩子中学时期的表现的观察(完整的描述参阅附录B)。高分标志着与他人合作的倾向,愿意把个人的利益融入集体之中。在两个社会阶级中,经济受损家庭的成员在群体利益上的分数,明显比经济未受损家庭的后代高(全面的差异,$p<0.05$)。就标准分数来说,男孩中的差异最明显,中产阶级中经济未受损群体为46,经济未受损群体为55($p<0.01$),劳动阶级中经济未受损群体为45,经济受损群体为51($p<0.05$)。

性，这是本章在余下部分中和后面的章节里将要讨论的一个问题。在未受损父母的子女中，个人的缺点是导致关系问题的一个更重要的因素。社交幻想更多地是一种逃避令人不满的社会关系的方式，而不是对行动的一种指导。在下面有关地位奋斗的部分，我们将发现这些年轻人比经济受损家庭的青少年更容易自责，或者更容易在身处困境时依赖他人。

社会地位和奋斗

处于经济受损境遇中的孩子，能够有效地处理家庭经济受损给他们在社交中带来的不利地位，这一点从他们受欢迎的程度上就可以看出来，但是他们和家境更加宽裕的同学相处时如何维护自我的位置，却只能由他们解决问题的努力的现实取向来说明。这种反应的一个重要特征就是，把问题放入更广阔的环境之中，而不是仅仅局限于自身，当然也还存在适应潜力和社交机会的问题。适应潜力在一定程度上指的是解决问题的资源——智力、社交技巧和动机，这些都可以使问题变得可以解决——并导致对情境进行相应的定义。不过，如果社交机会极其有限，也就不用谈什么资源了。对大多数人而言，经济受损在这方面没有什么影响，虽然在经济受损家庭的女孩中可以看到社交机会有限的某些迹象。

要理解经济受损群体的社交成就，需要了解社会支持和机会。在研究之初，我们曾经提出解答为什么有的孩子成功地战胜了境遇的挑战而其他的孩子却失败了这一问题的线索，应该在他们拥有的资源和动机中去寻找，应该在家庭和更大的环境对他们的支持中去寻找，也应该在他们面对的事件的性质和所处境遇的特点中去寻找。尽管阶级背景直接影响着家庭对个人解决问题的支持和个人拥有的资源（如智力技能），但是在来自经济受损和经济未受损家庭的孩子中，我们没有发现他们在社交中所获得的相对成就有任何显著的阶级差异。经济受损对孩子情感状态的影响，经常是在劳动阶级的孩子中表现得更为突出，但没有出现在同学和成年观察者对地位的感知中。虽然如此，这些结果与奥克兰孩子就读的当地学校的进步哲学和课外规定极为一致，也许前者还受到了后者的影响。

正式的规章制度有助于来自各个社会和经济群体的学生的社会参与。学生和教师实施的那些规则确定了这样的一种理念：家庭背景不应该成为决定同学之间的关系、参与何种课外活动和参与竞选何种职位领导的决定因素。尤其是在中学，学生会强制执行着装规则，不鼓励举行奢华的社交活动。辅导员们试图为那些需要资金支付学杂费的学生提供在国家青年署（National Youth Administration）和其他部门的工作。在当地的中学，85%以上的学生都参与了课外活动（Jones，1958）。学校的记录也表明，学生领袖中也有劳动阶级出身的学生，但是中产阶级出身的孩子占的比例更大。毫无疑问，这种差异反映了社会交往中主动性、才能、经验和不平等机会的阶级差异。初中和高中的教师提到，在学生活动和交往中，因孩子的家庭背景而对其采取公开的歧视行为的情况相对较少。正如人们预计的那样，这种说法夸大了两种情境中机会平等的程度，尽管根据研究所研究人员的观察，它确实准确地反映了对于平等主义观点合乎规范的支持程度。这些学校都异乎寻常地鼓励那些缺乏一定经济优势和家庭声望的学生获取社交优势。

在这种支持和机会构成的框架内，与智力技能或表现相比，社交抱负成为经济受损家庭年轻人成就的一个更为合理的来源。事实上，与经济受损相关的各种条件，使人们对经济受损家庭的孩子在智力上的表现期望较低，在学校这种情境中尤其如此。相关研究都表明，低下的经济地位和孩子在学业上的表现之间是负相关的，但是低下的经济地位一般都与父母对应的教育程度和职业地位有关，这种一致性在奥克兰样本的经济受损家庭并不存在。通过比较，至少有两种条件有助于用社交抱负去解释经济受损家庭的孩子在社交中获得的酬赏：社会声誉的下降和地位奋斗的家庭来源。

一般认为，一个人社会声誉和尊严的丢失，会激励他们去努力奋斗以恢复原有的地位，去检验和证明个人的价值，特别是在他们以前很受尊重、而现在的损失是被迫造成的而不是应有的时候，更是如此。在经济受损家庭的成员中，作为社会认同和评价偏好的依据，智力和社交优势可能取代了家庭地位。其次，有些研究认为，经济困难造就了培养儿子们强烈的成就需求的条件：摆脱父亲的干预和独断专权，培养自己独立的品质，满足特别是由母亲提出的成就要求，以及在一种感情上得到支持的情境中表现出较高的成就标准（对这些研究的回顾，参阅Elder，1971：84—87）。在奥克兰样本中的家庭里，我们没有发现有关成就训练、标准和要求的特定模式。饱尝经济受损之苦的父亲，也无法为自己的儿子树立一个富有魅力的榜样，而且经济受损家庭一般在对孩子情感上的支持和家庭整合方面也不会有什么特别之处。不过，经济受损家庭的儿子仍然摆脱了父母的控制，获得了自我引导的经验，并且把母亲看成是最能给予自己支持的家长。有的时候，处于困境的家庭中的母亲也会转而依赖儿子的成功以获得一种替代性的成就感。

在比较来自经济受损家庭的青少年的社交成就的要素——智力和抱负——之时，我们采用了两种策略。首先，把整个样本根据经济受损和社会阶级划分为几个次群体，并比较他们的适应潜力在每一维度上的各种指征；然后，把分析严格地限定在那些被同学当作学生领袖的青少年身上。如果说获得承认的强烈愿望是经济受损的年轻人获得社会成就的一个要素，那么它也应该是来自这个群体的学生干部的典型特征。

智力和抱负

研究者是用斯坦福-比奈智力测验（Stanford-Binet test of intelligence）和教师对孩子学业水平的评价来测定智力的。在1933年，研究者对样本中的成员进行了斯坦福-比奈智力测验，1938年又重复了一次。把两次智力测验的得分加以平均，这最大限度地增加了其可信度。作为一个群体来说，女孩比男孩更有可能来自劳动阶级家庭，她们的平均智商相对较低（大约是110比116）。三位非常了解这些孩子的中学教师，用有关学业兴趣和学业表现的七级量表来给他们评分。把两个量表上的得分加以平均，构成衡量学业水平的唯一指标。这种方法准确地预测了青少年在中学时的平均分数（$r = 0.70$）。

在智力或学业水平的得分并不比经济未受损家庭青少年低的情况下，一般来说，处于经济受损境遇中的青少年的智力水平都有利于其在同龄人中的地位。唯一例外的是中产阶级的女孩（表A-18）。主要的差异源自阶级出身，而不是经济受损。甚至经济未受损的孩子与父亲失业和向下流动的孩子相比较时，男孩的智力差异也微乎其微。同样，即使是与劳动阶级中经济未受损家庭相比，经济受损的中产阶级家庭的收入水平也相当低，但是这种差别并没有反映在这两个群体中孩子的智力或学业表现上。这些家庭之间的重要差异，可以从父母的相对智力水平上看出来。访谈者认为，无论经济受损的状况如何，在能言善辩和智力技能方面，中产阶级的母亲要明显高于劳动阶级的母亲（Elder，1968，1969a）。同样，经济受损既没有影响到父母的教育程度，也没有影响到受教育程度较高者的兴趣。然而，可能是由于学校的影响，教师的评分中并没有体现出这种教育的优势。在中学的中产阶级的氛围中，接触学业榜样和充满雄心壮志的同学，可能会极大地提高来自地位低下家庭的学生在学校的表现和志向。

由于这些数据只提到某个时点的智力水平，它们不能回答有关孩子在智力测验中的表现的变化及它们与经济变迁的关系等问题，比如在大萧条最严重时期——1931年到1935年间孩子表现的差异。在此期间孩子的智力表现也许会发生一些暂时性的下滑，尽管家庭经济受损对于智力的影响是微不足道的（1933）。

对这些结果的任何解释，都必须把孩子对萧条产生适应性反应时的年龄考虑在内。奥克兰样本中的成员都已经度过了这样的发展阶段：孩子在认知发展上最容易受到家庭困难负面影响的伤害。从其他有关出生于大萧条前不久的孩子的研究可以看出年龄突显出来，成为决定经济受损影响的一个潜在的重要因素。特别是更加年幼的男孩的智力水平，受到了1930年代的经济受损和向下流动的负面影响。[18]

在行为层面上，到目前为止最引人注目的主题是：在大萧条中背景各异的年轻人，在学业和社交上异乎寻常地相似。根据教师、同学和成年观察者的感知，就学校的身份和社交生活中的地位而言，每个社会阶级中经济受损的成员和经济未受损家庭的子女没有什么差别。如果这个结论是正确的，那么存在于每一群体成就背后的动机倾向有差别吗？例如，同一水平的地位当然能够经由不同的途径获得：能够通过付出巨大的努力获得，或者也可以借助特殊的才能获得。这种差异的例子，可以从来自中产阶级和劳动阶级家庭的男性向上流动的各种因素的比较中看出来。对于来自社会低层的人而言，职业成就更多地取决于强烈的成就动机；而对于中产阶级男性的社会流动而言，教育却起着重要的作用（Elder，1968）。在一个诸如下层阶级的经济受损群体中，人们的精力和努力需要全部放在克服社

---

[18] 参阅 W. T. 斯迈尔泽（Willam T. Smelser）有关指导研究（Guidance Study）——那项研究也是伯克利人类发展研究所实施的——中纵向样本里的男孩的报告 "Adolescent and Adult Occupational Choice as a Function of Family Socio-Economic History," *Sociotnetry* 26（1963）：393–409。

会地位较高的人很少会遇到的一些障碍上。对于那些来自大萧条中经济受损家庭的年轻人——特别是那些得到同学认同的年轻人——来说，这种倾向也可能是他们的特征。

通过使用一系列心理动力评分量表，我们在分析中包括了两类由任务和社交取向界定的成就动机。这些五级量表，是由三个在埃尔斯·弗兰克尔–布伦斯威克（Else Frenkel-Brunswik）监督下进行观察的评判人对孩子上高中时的行为细致的观察记录构建的（参见附录B）。尽管这些评判人试图通过一个复杂的推理过程，并利用细微的间接线索和行为总特征，来构建一个潜在的动机倾向参考框架，但是每一个评分最终还是建立在观察到的行为之上的。评分的心理意义表现为一组不同的表现形式，它们在基因型上相互一致，但在表型上通常不具有一致性。完成任务的愿望，被定义为"达到高标准的客观成就的一种愿望，通过成功地运用自己的才能来提高自我的声望，选择艰难的目标，有着远大的志向"。在衡量对地位和权力的渴望时，用了两种相互关联的评分量表：认可——"渴望获得赞美和表扬，渴望得到尊敬、社会认同和声望、荣誉和名气"；控制——"渴望通过建议、劝说或命令控制自己所处的环境"。[19] 鉴于这些测量的时间段，作为经济和获取地位之间的干预变量的成就动机是不确定的。它既可能源自同学间社交的成功，同时也可能为这种成功提供解释。

对社会认可和控制的需求，最直接地表现在那些在大萧条中处于经济受损境遇的孩子们身上。一方面，经济受损使这些孩子与家境较富裕的同龄人的交往特别成问题；另一方面，也使他们难以控制自己所处的环境。所有的测量方法都显示了对于获得高标准成就的渴望，这些在有关完成任务需求的评分中已经表现得很明显，但是在进行社交过程和地位差异的对比时，我们使用了一个更加清晰的参考框架。对于男孩而言，这些动机评分由他们感兴趣的职业的声望来补充，以

---

[19] 其他的五种需求评分量表包括：1.攻击："渴望通过轻视、攻击、嘲笑、藐视等方式侮辱他人"；2.求助心态："渴望获得外在的支持"；3.逃离："倾向于逃离所有令人不快的境遇以回避责备、艰难"；4.贬低："倾向于藐视自我、谴责自我、轻视自我或者被动地屈从于外在力量"；5.社会关系："渴望加入社会群体，喜欢和大家生活在一起，遵从习俗"。

"强烈职业兴趣量表"的职业层次量度来测量。[20]

就像人们所估计的那样，那些在大萧条中家庭受损的男孩对于地位和权力的渴望最为强烈（表A-19）。这种差别在这两个社会阶级中都有所体现，而且远远超出社会阶级的影响。中产阶级经济受损家庭中的成员，地位丧失的幅度最大，因此他们在为地位而奋斗方面得分也最高。不过，这种抱负仅限于权力和地位关系这些社会领域内。它并没有延伸至注重任务的成就导向形式，也没有延伸至对有声望的职业的兴趣（更加准确地反映了其阶级背景）。在经济受损的家庭类型中，家庭的向下流动和父亲的失业只是使孩子在社交方面的抱负略有增加。

尽管女孩对家庭经济受损所带来的社会后果十分敏感，但在表现为能在权力、地位或成就动机的自我提升（self-enhancement）的肯定形式中，几乎没有这种担忧的证据。在每一个社会阶级中，这三个评分没有因经济受损的不同而出现明显的差异，家庭背景差异造成的区别也不明显。细细想来，在考察动机的适应时，我们显然没有考虑到抚养孩子过程中性别差异的影响。例如，对地位丧失的肯定反应（assertive response）与男孩所处的各种状况最为一致。这些男孩无论是为成就而奋斗，还是努力去获得社会的赞誉和突出的地位，都是在根据传统对男性的描述作出与之一致的反应。相比之下，对社会接纳、安慰和保护的兴趣，与文化上所定义的女性角色更为一致。考虑到经济受损家庭对女儿家务能力和兴趣的培养，这种性别差异对她们来说有着特殊的意义。无论是成就还是权力目标，对于把自己的角色定位于家庭主妇和母亲的女孩来说，可能都没有太大的吸引力。

对经济受损家庭的女孩的动机倾向进行更广泛的调查，也无法真正澄清这个问题。我们在分析中还采用了另外两种评分：社会关系——"渴望加入社会群体，喜欢和大家生活在一起，遵从习俗"；以及求助心态——"渴望获得外在的支持"。

---

20 这一量表测量出来的分数，被解释为抱负水平的指标，尽管这方面的有效性还没有得到验证。顺着这个思路，J. A. 达利（John A. Darley）提出量表的分数标志着"个人所拥有的全部背景使他准备好去追求声望和履行源自他的高收入、专业人员的地位、认同或者在社区中的领导力的社会责任的程度。" 参阅 John A. Darley, *Clinical Aspects and Interpretation of the Strong Vocational Interest Blank*（New York:Psychological Corporation, 1941）, p. 60。为了我们分析的目的，我们将把这些分数解释为衡量受访者职业兴趣的声望水平的指标。

我们根据这些标准对这两个社会阶级中经济受损和经济未受损的女孩进行比较。经济受损或父亲失业,都没有使结果出现相应的或有意义的差异。

与经济受损有关的动机,并没有显示出它们在适应过程中是如何作用的。如果经济受损家庭的成员通过在解决困难中的应对策略在同学中赢得了好评和领导地位的话,那么这种反应也应表现在对情感或者地位的丧失及社交中的不快情感上相同的动机适应中。例如,以男孩为例,人们期望他们所作出的反应是在社交中具有积极进取的抱负,而不是自怨自艾,或者寻求社会支持。为了探讨这种适应,我们在由性别和经济受损定义的各个群体内,把初中的社会幸福感指标与所有的动机评分联系起来考察。

经济受损家庭的子女,并没有表现出和社交不快有关的自我责备和依赖性,这为我们的适应性解释提供了间接支持。在自我贬低和寻求社会支持这两个方面,最引人注意的结果出现在经济未受损的群体中。男孩自述的社会幸福感与自我贬低呈负相关;女孩的社会幸福感和她们的依赖性呈负相关,正如有关求助的指标所显示的那样($r=-0.46$ 和 -0.41)。一般来说,这些结果与那些在大萧条中未受损家庭的不快乐孩子的其他特点是一致的,而且在这方面与经济受损群体社会幸福感中与动机相关的因素有着明显的差异(两种评分的平均值仅相差 -0.06)。相比之下,只有在那些来自经济受损家庭并且在社交中感觉不快乐的孩子身上,才会有些许积极进取倾向的迹象。[21] 这些男孩尤其符合杰夫(Jaffe)和山德拉尔(Sandler)的观察,也就是说,大多数不快乐的男孩"并没有屈服,而是表现出不同程度的不满和愤恨,他们的攻击性反应是更为直接的证明"。[22]

除了家庭受损的刺激外,是否还存在其他影响男孩为地位而奋斗的家庭因素呢?一般来说,由于父亲在经济受损的环境下对儿子的影响不如母亲大,所以这些家庭在对孩子的成就训练方面的影响(如果有的话),在很大程度上也依赖于母

---

21 这些倾向指的是认同、控制和攻击的得分。对于经济受损和经济未受损群体而言,经济受损群体中男孩的攻击需求和社会幸福感的相关系数是 -0.19,而经济未受损群体中的是 0.01。另外两种分数也显示出可以比较的差异,但是没有一种差异在统计上是显著的(在这个分析中,强烈的需求=高分)。

22 参阅 S. G. Jaffe and Joseph Sandler, "Notes on Pain, Depression, and Individualism," in *Psychoanalytic Study of the Child*, no. 20(New York: International Universities Press, 1965),p. 396。

亲的角色、态度和行为。在同时期的研究中，母亲一般都被描绘成对来自较低地位家庭的儿子的生活成功最有影响的家长。而且所有的证据都表明，在30年代经济受损家庭中母亲对于男孩有着相似的作用。从理论上说，人们也许想了解在家中居于支配地位的母亲是否对儿子的成就持有较高的标准，以及她们是怎样把这一切付诸实现的。我们知道，处于这种境遇的母亲一般被看成是最愿支持子女的家长，她们不像那些把最终决策权交给丈夫的女性对孩子的约束那么多；但是在她们对孩子的标准和要求方面，我们一无所知。鉴于这些未知因素，母亲在家庭中的权力与儿子获取认同或者在社交中居于支配地位的需求没有显著的联系，也就不足为奇了。

母亲的另一个特征在理论上与儿子的地位奋斗有关，那就是，她们通过运用社交攻击的方式表示不满，从而对经济困难作出回应。通过言传身教，那些极度不满的母亲把挫折归咎于社会秩序而不是自己，这可能会激励儿子去获得更大的成就。这些挫折在经济受损家庭的母亲中，尤其是在中产阶级中是司空见惯的（参见第三章）；但是我们除了知道"感到不满足"和"感到厌烦"在这个群体中表现得最为明显之外，还是不清楚这种不满究竟是承认了失败还是接受了挑战。无论如何，有证据表明，与相对满足的母亲相比，那些不满的母亲——尤其是中产阶级的母亲——的儿子在社交方面可能更雄心勃勃。[23]

为了详细说明因对社会秩序不满而作出的攻击性回应，我们把至少对自己所处境遇有一定程度不满的母亲（7分量表中得4分或4分以上的）分成了两个组，按照访谈者对她们批评事物的总体倾向的评价来划分：不苛求的和苛求的。苛求态度的分数是5到7分。于是，这些母亲被划分成了以下几组：没有感到不满的母亲，感到不满但不苛求的母亲，既不满又苛求的母亲。沿着该分组顺序，儿子对被认同及控制或支配的渴望的分数依次有明显的增加，远远超过了与不满本身的关系。用两种动机分数累加形成的指标，我们发现地位奋斗与母亲态度的定类指标（categorical index）中度相关（tauc = 0.28）。这些态度在很大程度上解释了经济

---

[23] 就整个样本中的男孩而言，不满和两种动机分数之间的 r 系数是0.15；就中产阶级的男孩而言是0.23（强烈的动机=高分）。

受损和儿子们的抱负之间的关系。对那些母亲既不满又苛求的男孩来说,经济状况对他们的交往动机总体上没有什么影响。[24]

社交抱负和在中学里的精英地位

对来自经济受损家庭的男孩来说,获得社交成就的途径主要是基于其对地位的兴趣或者渴望而彼此区别开来的,但是因果顺序并不明确。就像我们曾经提到的那样,对于孩子的抱负和在同学中可感知的地位的衡量,是建立在研究人员对他们高中阶段的观察记录的基础上的。因此,把社交抱负解释成社交成就的前提和结果都是可能的。不过,后一种解释的有效性因为下述这一事实而变低了:不同经济环境下的男孩有着相似的地位。这种相似性显然不能解释,为什么经济受损家庭的男孩具有更强烈的社交动机。而且,我们也没有证据证明,学生对认同和控制的需求与他在同学中所处的地位相关。

如果那些在社会声望上脱颖而出的男孩的确是通过艰苦的劳作或努力来实现这一切的,那么,这应该是那些家庭压力沉重的男孩特别真实的写照,因为他们的地位更不稳固。即使在挑选出来的学生领袖中,人们也会认为,有着经济受损背景的男孩比家庭更富裕、更稳定的孩子更需要证明自己是一个有价值和有前途的人。同龄人的赞美改变不了家庭不幸的现实及其对社会评价的潜在影响。为了评估社会需求中与地位相关的因素,我们用这些孩子在中学校报出现的频率和重要性,作为一种衡量他们的社交优势和精英地位的指标。

为了勾勒样本中在五个主要领域——学生领袖、运动、智商、戏剧艺术和音乐、兴趣俱乐部——和在其他不同情境中被提到的青少年的频数分布,我们阅读了总计540期的报纸,覆盖了十年级、十一年级和十二年级。[25] 每个学生被提及的

---

[24] 如果控制母亲的不满和苛求这两个变量,那么认同和控制需求分数就不会因经济受损的不同而有差异了。不过,无论用什么方法测量这些男孩的社交抱负,那些母亲既不满又苛求的儿子的分数明显高于那些母亲更为满足的,无论家庭是否经济受损都是如此。这些差异在统计学上都是信度不高的,部分原因在于这些次群体规模太小。

[25] 这个指标是由 M. C. 琼斯(Mary C. Jones)构建的。原初的分析,参阅"A Study of Socialization Patterns at the High School Level"(1958)。

总次数从0次到122次不等。因为认同的社会重要性随着新闻条目的不同而不同，所以这些学生每被提及一次，就根据熟知30年代学校的教师的平均判断，在声望层次上加权。[26]在最杰出的群体中，也就是地位最高的20%的学生中，确定了三种社交类型：有正式领导职位的学生，在体育、戏剧或其他自我表现类型方面有天分的人，以及在各种委员会中恪尽职守的工作人员。在老师的眼中，学生领袖态度果断，精力旺盛，富有责任心。善于表现自我的人拥有各种各样的才能，这在学生社区中是有目共睹并极具价值的。在委员会中最为活跃的学生，因他们的勤劳、可信赖和能力突出而显得与众不同。

就获得社交优势而言，才能和远大抱负所起的作用比家庭背景更为重要。事实上，那些年轻人无论是来自劳动阶级还是中产阶级，经济受损都不会使他们在获得社交优势方面有什么显著差异。在最优秀的群体（在学生中地位最高的20%）中，来自经济受损和经济未受损家庭的男孩女孩的数量相同。除非这个学校具有中产阶级的倾向，低下的家庭地位不会使男孩获得社交成就的前景黯淡，对女孩也只稍微有些不利影响。不过，精英群体的成员具有青年文化所注重的品质，他们因对认同和权力的强烈渴望而显得与众不同。

我们运用在同龄人中的名声、成年教师的评分和动机的评分作为衡量手段，来比较青少年中最优秀的群体和在整个高中三年中都没有在报纸上露过面的18岁的人。正如人们预计的那样，同龄人推荐的受欢迎的人、具有领导才能的人和对人友好的人，多是那些在社交中较为突出的人。而且在个人魅力方面，成年观察者给予他们的评分也相当高。在对于认同和权力的需求方面，处于活跃群体中的男孩也比不活跃群体中的男孩的分数要高（$p<0.02$）。在社交抱负方面，女孩中也存在着相似的差异，尽管这些差异没有这么大（$p<0.10$）。

在享有声望的群体中，社交渴望是否在经济受损家庭的成员中最为明显？有着经济受损背景的领导者，对认同和权力有着更为强烈的渴望吗？为了比较这些

---

[26] 在每一类中，加权最重的是下面这些新闻类目：学生领袖——学生会会长加15分；运动——全州范围认可的体育明星加10分；智力上的认同——日报编辑加6分；艺术和戏剧——获得工艺美术学院暑期奖学金加5分；兴趣俱乐部——俱乐部领导加2分；其他——被选为"嘉年华会主席"加10分。

根据经济受损情况划分的次群体，我们对于社交优势的定义有必要扩大，使之包括依据该指标确定的地位最高的40%的青少年。因此，24个男孩和24个女孩被分成经济受损的类型和经济未受损的类型：13个男孩对11个男孩，14个女孩对9个女孩（有1个女孩的家庭经济受损情况不清楚）。我们在比较中采用了三种指标：孩子上高中时的社会幸福感，根据高中调查问卷中的项目专门构建的社交渴望量度[27]以及动机评分。衡量社交渴望指标的高分，描述的是青少年对于领导地位和受欢迎程度的抱负，远远超过了他自我评估的在这些领域取得的成就。

那些在社交中获得突出地位的年轻人尽管家境贫寒，但与来自经济未受损家庭的社交领袖相比动力更大。根据前者的自述，他们快乐的程度以及被同龄人接受的程度仅仅稍低于后者，但是他们表现出了更强烈的社交渴望。他们更可能提到超过他们高中时可感知到的成就的社交渴望（$p<0.01$，男女合在一起）。[28]在渴求社会认可方面，来自经济受损家庭的活跃男孩也比家境优越的男孩分数略高一些，而来自经济受损家庭并擅长交际的女孩，比来自经济未受损家庭的女孩更加关注社会接纳（$p<0.01$）。所有其他的动机评分均没有显著差异。

尤其是对男孩而言，出众的才华、抱负和机会结合在一起，克服了家庭困难给他们带来的限制。例如，保罗在高中的时候，通过他在唱歌和戏剧方面所表现出来的能力获得了同学们的认可。根据提名的总次数来排序，他在样本的男孩中排名第五。由于他在表演方面的才华，其他学校的学生也知道他，市民俱乐部也认识他，他最终也因表演而获得报酬。在大萧条的早期，作为一个蓝领技术工人，他的父亲收入减少了一半以上，最后不得不接受亲属的资助。家庭很难接受这种损失，部分原因是有些亲属运气不错。有大量的证据表明，保罗从未接受这种变化对他社交的影响。在一次展现自我的描述中，他对自己在社交中的抱负作了如下的评论："要成为一个领导人，你必须要有个性——能够与人们交谈，施展你的

---

[27] 这些青少年要回答，他们是否像一位学生领袖["女孩（男孩）都按照她（他）的要求去做"]，是否像"学校最出名的女孩（男孩）"。在回答这些问题后，他们还要回答他们是否"想成为这些年轻人"。5分＝"是"，"不"=1分。两道有关感知地位的题目的分数累加起来，形成一种成就量表。构建有关渴望拥有的地位的指标时用了相同的程序。衡量社交抱负的方法，是用后一个指标减去前一个指标。

[28] 这段中所有的概率值都是建立在单尾t检验的基础上。

才华，除非你是无可争议的杰出人物……你必须要有野心，如果你正好没有能力和个性，你就必须努力工作。"

来自经济受损家庭并且在中学比保罗还优秀的男孩，只有他的朋友比尔、卡尔（学生会主席）和罗伯特。只有卡尔出身于劳动阶级家庭。根据他们的自述和相关文章，这些男孩对能让自己出名的成就表现出极大的兴趣。以正面举止而受人注目的比尔，在一篇文章中说道："任何有着奋勇向前的意志和努力的男孩都注定要成功。"在高中，作为一名运动员，他闻名遐迩，交友广泛，在两性中都大受青睐。学生的领导工作和运动是卡尔的主要活动。富有魅力、精力旺盛的罗伯特，在学校花样百出的社交活动中都很活跃。在他母亲的眼中，他有着"层出不穷的兴趣爱好，它们通常都是注重实际的"。

与对男孩所作的分析形成对照的是，在解释经济受损家庭的女孩在社交成就方面，我们做得相对不太成功。虽然与经济未受损家庭的女孩相比，她们在情绪上的困扰更多，在社交中受到拒斥的感觉更强烈，还有许多其他不利于与他人交往的因素，但是在同学和成年观察者的眼中，这些女孩在受欢迎的程度和社交领导力方面，得分并不低，而且也没有证据表明她们在社交抱负方面存在什么差异。有关她们社交成就的唯一线索，表现在她们对不满和不快乐的适应中。与男孩的情况相同，相比于来自经济未受损家庭的女孩，出身于经济受损家庭的不快乐的女孩不太倾向于通过幻想的友谊或寻求一种可以依靠、保护自己的关系来逃避社会现实。这种差异作为家庭困难的情感相关因素的决定性因素，具有特殊的意义。

地位变迁和自我：结束语

我们假定，来自经济受损家庭和经济未受损家庭的孩子，通过解释其他人对自己的反应来感受作为社会客体的自我。正如我们在本章所注意到的，这些解释经常与其他人的实际看法有差异，而且和已经确立的自我观念不是简单的一对一的关系，在境遇剧烈变化的情况下尤其如此。任何此类变化都会改变自我所依附的意义框架，这导致了自我意象与新境遇中对社会判断或评价的解释之间的差异，因为前者是在危机发生前的稳定关系的基础上获得的。

在分析中，我们必然会受到关于孩子自我取向的已有信息的限制，而测量方法也不能充分满足我们采用的理论路径或偏爱的方法论标准的要求。[29] 相应地，我们需要在由其他结果构成的情境中，考察用单一的指标或者测量方法对具体的次群体进行比较得出的结论。这些结果怎样相互一致或者密切地结合在一起？采用这些标准，我们就可以清楚地看到，家庭受损主要影响了孩子们对他们在同龄人中的名声或地位的解释方式，从而影响了孩子们对自我和他人的态度，并没有影响到同龄人真实的看法或评价。这个结论中特别提到三个问题：在孩子的主观现实中经济受损的影响，他们在为社交中的地位而奋斗时对所处境遇的定义，以及学校环境中平等主义的状况。

家庭经济受损对主观现实的影响

家庭地位的丧失，使孩子们对他人的反应极为敏感，尤其导致女孩低估她们在同学评价中的地位。按照母亲的描述，自我意识过剩和高度敏感是经济受损家庭男孩女孩共有的特征，但是家庭的经济受损对孩子感情上的影响主要表现在女孩身上，这在一定程度上是因为家庭压力对她们的自我感受影响更强烈，而且使她们因服饰和打扮在社交中处于不利的位置。在这两个社会阶级中，经济受损家庭的女孩更为经常地描述自己在社交生活中如何不快乐，并且严厉地批评同学中的精英主义行为。虽然如此，**无论是老师还是同学，都没提到在这两个社会阶级中，经济受损家庭和未受损家庭的孩子在社交领导地位和受欢迎程度上存在着任何可信的差异。**

主观现实对社会奋斗的影响

奥克兰的孩子们所以为的其他人对自己的看法和其他人的实际看法之间的差异，使人们注意到他们所作的解释的实质。如果在某种境遇中，一个行动者的行为是由他对这种境遇的定义所决定的，那么在对来自经济受损家庭的孩子的社交

---

[29] 甚至在某项研究是专门为验证某个理论而设计时，指标常常也和他们要测量的概念没什么关系。对自我的研究就是一个例子。正如施瓦茨（Schwartz）和斯莱特（Stryker）提到的那样，"社会心理学家在处理有关自我的理论时，面临的重要问题是测量个人把自己当作客体的属性的意义。社会学家没有充分处理意义这个问题和它的各个层次。" Michael Schwartz and Sheldon Stryker, *Deviance, Selves, and Others,* Rose Monograph Series in Sociology, no. 1（Washington, D.C.:American Sociological Association, 1971），p. 36。

受欢迎程度进行分析时，他们对境遇的定义就将会是一个关键因素。在这方面，我们把对外部归因的感知界定为这些男孩女孩在社交中成功的一种合理的因素。他们在社交中所感知到的困难，更多的是与父母的不幸和经济状况有关，而不是和个人的缺陷有关。这种观点以及对自己获得接纳和认可的能力的信念，可能是他们被感知到的社会拒斥没有引发经济受损家庭的女孩产生类似反应的原因。

更为普遍的是，在父母对经济受损作出的模式化反应（如文献中所记载的那样）与奥克兰样本中经济受损的孩子的反应之间，存在着明显的差异。许多父亲对经济受损的反应是自责，在内部寻找受挫的原因，而不是对这种制度的缺陷表示不满，并且他们理所当然地认为是自己的能力而不是家庭其他成员直接导致了家庭受损。经济损失把苦难强加到孩子身上，无论其本身品质如何；很大一部分年长的青年人并不准备接受对他们地位或者价值的判断。毫无疑问，有些经济受损家庭的孩子在自己身上寻找挫折的原因，但是根据现有的证据来看，这种反应在奥克兰样本中——尤其是在中产阶级中——也不是模式化的适应形式。总的来说，经济困境激励这些男孩和女孩为家庭经济付出更多的努力，同时为了他们自己的利益更加努力地建立和同龄人的关系。

平等的学校环境？公立学校的客观现实

对大萧条中背景迥然不同的孩子来说，什么样的学校环境能够使他们在本项研究的观察中，在受欢迎程度方面和获得领导地位方面达到某种程度的社会平等？考虑到经济受损家庭的各种限制和面临的各种困难，人们可能会在学校的环境中发现有关的社交无能（social disability）。即使家庭受损促使孩子们加倍努力去争取同学们的接纳和认可，但是如果学校增强了学生在社会经济方面的不平等的话，这种努力也将无济于事。在没有合适机会的情况下，获取有益的社交经验的潜力可能也没有表现的余地。

在美国公立学校中，有关社会经济不平等的证据并不罕见。不过，现有的证据表明，清除这些不平等是奥克兰孩子们所上的初中和高中的教师及学生领袖最关心的事情，因为两类学校都受到了进步教育运动（progressive education movement）的深刻影响。在本章的不同地方，我都列举了这方面的有关证据，比如学生评论文章的观点和学校关于统一着装的规定等。在一份由中学教师出版的杂志中，就大量记载了教师们围绕"无论学生的背景如何，要扩大所有学生的社会交往机会"所展开的辩论和制定出的策略。这种氛围是否有效还不知道，但我们的数据的确表明，学校对孩子有一种平等主义的影响。

第三部分　成年时期

大萧条通过两种不同的途径影响着人们。大部分经历过大萧条的人从此以后就认为，钱是世界上最重要的东西。为自己赚钱，并为子孙积累财富，是最重要的事情，而其他的东西都无关紧要。

经历过大萧条的人中还有一小部分认为，整个制度处于一团糟之中，你不得不设法去改变这种状况。来到这个世界上的孩子们，也想去改变这种状况，但是他们似乎不知道如何使一切走上正轨。

——亚拉巴马古老家族的一位女性改良主义者
斯特兹·特克尔《艰难时代》

"大萧条经历"已经成了人们用来解释成年人行为相似性的理由。无数出生在1929年之前的美国人事后回想起来，都坚信大萧条经历一直影响着他们的生活和他们同龄人的生活。他们的孩子（现在正处于上大学或稍大一些的年龄段）如果认为父母匮乏的童年能够解释他们父母如今显得过时的行为和偏好，那么实际上也同意上面这种关于大萧条经历与后来行为的因果关系。

由于人们在用大萧条经历去解释一切的时候过于简单化，并且过分夸大了它的普遍性，所以一直忽略了这段历史时期人们生活境遇之间的巨大差异，忽略了人们在面对艰难时所占有资源的不同。从我们现有的证据来看，对于30年代的父母和孩子而言，"大萧条"并非对他们所有人都是生命历程中"最坏的时代"，尽管也没什么人说这是他们的"最好的时代"。就像许多严重的危机一样，30年代的各种条件也可能产生许多极端的甚至矛盾的结果。就此而言，我们认为，经济拮据和相关的经历对劳动阶级家庭子女成年后的人格和生活模式（life pattern）有最不利的影响。

在以下的三章中，我们的目标是追寻经济受损和阶级出身是如何通过相关的经历和适应，影响了这些大萧条的孩子们成年后的生活模式和心理健康的。定义生活模式的，是重要的社会转变（social transition）——正规教育的完成、成为劳动力、结婚、成为父母——的时机（timing），是部分通过教育所获得的职业地位和工作经历，是对家庭、工作、休闲和社区活动的偏好。生命历程中的各类事件对于男性和女性的职业生涯有着不同的意义和影响。在奥克兰出生组所处的历史环境中，人们期望男性通过个人在教育和事业上的成就来塑造自己的生命历程，而婚姻则是女性塑造自己生命历程的最重要的和最富有宿命意味的奉献。由于大多数的奥克兰女孩最终会结婚，并通过丈夫的成就获得她们成人后的地位，因此她们生命历程中重要的历史特征就呈现在奥克兰男性的生活中——第二次世界大战的影响、职业结构的改变。因此，我们的分析首先从男性开始，其次是女性，然后在评价男性和女性心理健康的时候把两者结合在一起。

一般情况下，我们在追踪奥克兰的男孩和女孩直到他们进入成年期时，采用的是一种常见的分析策略。这里的示意图勾勒了三类关系：用经济受损和阶级出身来衡量的家庭背景与生命历程各个方面的关系；家庭背景与价值观的关系；家

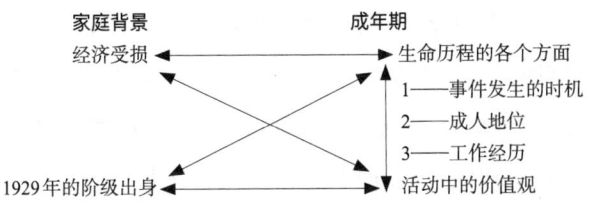

庭背景与表现在生命历程各个方面的价值观的关系。为了方便说明，我们没有专门把青少年对家庭困苦的适应和他们的假设性地位，作为经济受损和成人结果之间的关联。对于男孩而言，这些适应包括早期的工作经历、职业设想和抱负；对于女孩而言，适应包括在家庭内部的经历和兴趣。

我们的分析围绕着三项基本任务展开：回顾青春期后期到中年的生命历程；评估家庭困苦对生命历程各个方面的影响；说明在什么样的情况下这些孩子成年后的价值观与经济受损有关。第一项任务中的这种全面的回顾有两个目的：一是在奥克兰出生组所处的历史情境中对其进行描述；二是比较这个年龄组和其他出生组。经济状况对于30年代的人的长期影响，很大程度上取决于各个出生组那时所处的特定的生命阶段。在这方面，我们必须关注奥克兰的青少年（尤其是他们1938—1939年离开中学时）是如何开始承担成人角色的。那个时候奥克兰地区的失业率有明显的下降，经济开始复苏，并且很快超过了1929年的水平。走过了经济上最为匮乏的阶段，生活在经济受损家庭的年轻人有理由对自己的未来抱有相对乐观的态度。那时，美国离宣布参加第二次世界大战只有两年了，而二战对于萧条十年的结束有着积极的影响，对于样本中的男性也有着直接的影响。无论怎么说，奥克兰的青少年所拥有的生活机会，比那些年长他们5岁至10岁的美国青年都更有利。

第二项任务关注的是对生命历程具有决定作用的因素。对于奥克兰男性成年后的生活而言，我们特别关注以下几个方面：地位获得的过程；经济受损相对于阶级出身的影响；把家庭背景和职业地位联系在一起的因素。在大萧条中没有经历过家庭困苦的男性在职业道路上是否普遍更幸运？如果是，我们该怎样解释这种结果？工作中的能力匮乏是和经济受损有关，还是和通过教育途径获得有薪职业时遇到的障碍有关？对于奥克兰的女性，我们将要调查她们生命历程中两个重要事件及其与家庭困苦背景的关系：她们什么时候结婚；嫁给什么样的男性。结婚的时机构建了她们面临的社会选择（social option），以及随后发生的事件（成为父母、就业）的顺序，而已婚女性的职业生涯则取决于其丈夫的职业成就。

到目前为止的分析将能建立起一种情境，并且在这种情境中提出和评估有关孩子成年后的价值观与大萧条中家庭经济拮据之间的关系。假设这些孩子在大萧条中的经历使他们成年后的偏好或选择有什么差异的话，那么是否有根据？大部分证据都表明，人们的价值观更多源于他们当前的生活境遇，而不是他们童年时代的生活环境。因此，我们在探求家庭受损对于大部分奥克兰的成年人的长期影响时，必须把这些境遇考虑在内。在什么情况下，这些孩子成年后的某种价值观与家庭在30年代的受损有关？

第七章

谋生：奥克兰男子的成人生活

他的抱负、动力和活力大部分都来源于大萧条……

——一个富裕商人的儿子[1]

我的意思是，大萧条决定了这里的条件。我就是所谓的"寻求安全的猫"。我没有胆量变更，因为我的年纪已经大了。

——清洁工[2]

对于那些能够感受到大萧条影响的男孩来说，在大萧条中成长意味着他们在怎样谋生上面临着许多不确定的因素。寻找就业机会，等待公共救济，参与罢工，等等，所有的这一切和其他事件，都使寻求生存的斗争变得戏剧化了。人们可能会认为，这种经历使这些男孩在工作中变成了保守的或小心谨慎的人，他们宁愿守着一份稳定的工作也不愿因换工作而冒风险，并把感情放在更加持久的家庭关系上。也有人会认为，艰难时世培养了他们的工作意识和对各种抱负的认同，并坚定了获得更多的物质和社会利益的决心，因为这些能使他们克服生命历程中所遇到的障碍（如教育程度的限制）。尽管这些解释看起来彼此冲突，但它们之间的差异，主要在于它们与植根于童年时代的成年生活的不同方面的关系，在于它们

---

1 Studs Terkel, *Hard Times*（1970），p.345.
2 Studs Terkel, *Hard Times*（1970），p.35.

与各种活动的意义或相对价值以及地位获得过程的关系。本章的主要目的是明确以下两个问题：在奥克兰人的生活中，这些成年人的经历和他们在大萧条中的（由阶级出身和经济受损来衡量）家庭背景是否有关？有着怎样的关系？

如果试图考察这些男性的价值观与其大萧条经历的关系，就必须把他们成年时的境遇考虑在内，因为这决定了他们如何从过去的教训中吸取合适的或适宜的价值观。尽管大萧条的男孩们对工作保障性的重要性有了深刻的印象，但是对于那些事业上最为成功的人来说，工作保障性不可能是他们最重视的东西。那些超越了父辈地位的人对工作更加投入，也更少参与家庭活动或休闲活动（参见 Elder, 1969b）。相应地，我们估计家庭的经济受损和成年人的价值观（比如工作的保障性等）之间的关系，随着那些人在大萧条和成年生活之间的社会连续性（social continuity）的增强而增强。考察这些孩子地位获得的过程，就是确定他们那些得之于大萧条的倾向的成人情境的第一步。

在30年代末期，那些中学毕业后并不继续接受教育的男孩们可以获得提高社会地位的机会。但接受高等教育才是获得体面工作的最佳途径，并且极易受到家庭经济受损的限制。[3]这些限制主要集中在奥克兰出生组中的劳动阶级孩子身上，并且对于这个社会阶级男孩的教育程度的影响是最为明显的。**支持这些孩子接受教育的家庭资源的差异，是来自经济受损和经济未受损家庭的男孩间唯一实质性的差异。**他们无论来自哪一个社会阶级，在能力、（在工作上）渴望超越同伴和职业目标这些方面都是相似的。

要想估计样本中的男孩受教育的机会究竟在多大程度上受到大萧条时家庭困苦的影响是很困难的，因为他们刚好在二战爆发进行全国总动员之前离开家。实

---

[3] 男性职业生涯中正规教育不断增长的重要性，在1962年全国性的男性抽样数据中可以清楚地看到。布劳（Blau）和邓肯（Dunca）系统地比较了四个年龄组教育程度和职业成就的关系：55岁到64岁（1913—1922年的16岁少年）、45岁到54岁（1923—1932年的16岁少年）、35岁到44岁（1933—1942年的16岁少年，包括奥克兰样本中相同年龄的研究对象）、25岁到34岁（1943—1952年的16岁少年）。虽然在四个年龄组中都可以看到阶级出身对职业成就的影响，但职业成就越来越受到教育程度的影响。这种影响主要表现在最终的职业成就上，而不是早期的工作经历。Blau and Duncan, *The American Occupational Structure*（1967），chap. 5。也可以参考 A. J. Jaffe and W. Adams, "College Education for U.S. Youth: The Attitudes of Parents and Children," *American Journal of Economics and Sociology* 3（1964）:269–284。

际上，经济的逐渐复苏始于1939年9月，这也是欧洲爆发战争的日子，那时这些少年离开中学才3个月。战争刺激了美国的市场和工业，为年轻人提供了机会和受教育的选择。这种情景，"就像看见血液全部涌入已经十分虚弱之人的苍白的脸颊一样"。[4] 不久以后，1915—1925年出生组的大部分男性都参军了，他们中间部分人最终通过《退伍军人权利法案》的高等教育津贴继续完成了教育。[5]

当研究者在1938年年末对这些奥克兰男孩进行调查的时候，发现30年代后期的社会发展使他们普遍抱有一种乐观情绪。我们抽取的样本中只有一半参与了调查，而且其中只有一部分来自中产阶级家庭，但那时他们一般看起来至少是充满信心的。无论他们的家庭是否曾十分拮据，将近有3/4的男孩感到他们曾经经历过的大萧条已经结束了。和更富裕家庭的孩子相比，经济受损父母的孩子对未来并不更缺乏信心，但是他们看起来更加了解生活中可能会存在的令人失望的地方。他们虽然面对家庭经济的拮据和整个社会的苦难，却没有动摇对政府民主制度的信心，也没有动摇对不断进取所需要的努力工作和聪明才智的信心。相反，和家庭相对富裕的年轻人相比，这些男孩更加认同这种信心。

接下来的分析围绕经济受损和生活成就间的关系及这种关系中差异的来源和价值观展开。在第一部分，我们将回顾奥克兰男性的生命历程——由婚姻、第一份职业、成为父母的时机、教育和职业等构成——然后依据家庭出身和经济受损进行比较。随后，我们将对经济受损家庭男性的不同职业成就的三种潜在差异的来源进行评估：表现在工作生活模式中的职业化和职业认同，希望获取成就的抱负和能力的运用，以及教育。如果说家庭的经济受损阻碍了某些男孩的教育前景，它也在孩子们相对年幼的时候就培养了他们的习惯、态度和责任感，而这些都已被证明对他

---

[4] Broadus Mitchell, *Depression Decade:From New Era through the New Deal, 1929–41*（New York:Rinehart and Co., 1947），p. 371. 到1941年1月，美国一年的国防开支已达到62亿美元。到这年年底，国防开支的年增长率翻了三番。在1930年到1939年期间，工业生产指数的平均值为87，而到1942年早期就急剧升至174。参阅B. 米切尔（Broadus Mitchell）前引书，第371—377页。

[5] 据估计，在1933—1942年间，年龄达到16岁的男孩有3/4参军了。参阅布劳和邓肯前引书，第197页尽管出现了种种相反的猜测，但也没有可靠的证据表明，有着不同社会经济背景的男性在教育方面都能平等地从《退伍军人权利法案》中获益（Blau & Duncan, 1967: 179）。查尔斯·南（Charles Nam）估计大约有7.5%的男性因《退伍军人权利法案》而在1940年到1955年期间完成了他们第一年的大学学业。参阅"Impact of the GI Bills on the Educational Level of Male Population"（1964）。

们的工作生活非常有利。较早参与到生产活动中，以及因依赖经济受损的父母而产生的不安全感，都有利于他们关注经济支持和职业角色、重点目标和技能运用等事项。在确定了地位获取中的这些因素后，我们将转而分析成年人的价值观及其与大萧条经历之间的关系。我们尤其强调工作角色和家庭生活的相对重要性及其意义，因为工作角色和家庭生活是大萧条中人们主要关注的两个方面。

我们用来分析的样本包括69个男孩，他们在1941年至1965年间作为成人至少接受了三次系统的追踪调查中的一次。[6]因为我们在第一章和附录B中已经提到数据收集的情况（1953—1954年、1958年和1964年），所以这里仅提及应该注意的两点。第一，在这个时间跨度（time span）中，样本损耗和阶级出生、家庭结构、种族、30年代的经济受损或者智力无关。第二，在对成人的追踪调查中搜集到的信息，是根据职业和1958年的婚姻史整理的。奥克兰的男孩们在1958年的年龄和他们的父辈在1929年的年龄相似，因此代际间的比较是以这两年他们的成人地位比较为基础的。

奥克兰出生组生命历程中的成人地位

在十年大萧条之后，有三种新情况在奥克兰男孩们的职业生涯的开端和生命历程中都留下了明显的痕迹：第二次世界大战、高等教育的普及、大公司中大规模组织和有薪职位的增多。珍珠港事件发生后不久，大部分的男孩都穿上了军服，90%以上的男青年最终都获得了某种军职。战时经济和战后组织化程度的增长，在这些男孩随后的职业生涯模式和地位获得中得到证明。

我们分析的第一步是要调查这些新情况，以便确定出生组作为一个整体遇到它们的平均时机、顺序和所获地位的层次。这种全面的考察将建立一种情境，人们可以在这种情境下，评价阶级出身和经济受损对于40年代早期发生的事件和孩子到中年时所获得的地位的相对影响。

许多关键性的转变常常发生在生命历程中一段相对较短的时间跨度中：教育

---

6 青少年样本所包括的所有男孩都完成了中学教育，因此代表了一个挑选出来的学生中的次群体：在大萧条中进入了奥克兰学校体系中中等学校的那批学生。

的完成、开始全职工作、结婚和第一个孩子的出生。生命周期中任何一个阶段，都无法和这些多重的且往往不连续的转变相提并论。就奥克兰出生组而言，我们还必须在这些事件中加入应征入伍这件事。从许多方面来看，最重要的一年是1942年，因为绝大部分男孩都是在这一年进入成人阶段：40%的男孩在年底应征入伍，在这个时候结婚的男孩只有20%，大约40%的男孩由于自己的选择或环境的原因不再接受教育，而且在战后也不会重返课堂。除了那些立刻参军的男孩外，其他的在接受完教育之后就开始了全职的工作。到了1943年年中，3/5的男孩至少曾进入劳动力市场从事全职工作，出生组的全部成员都有兼职工作的经历。这些就业的境遇和大萧条中年龄较大的年轻人所遇到的情况的对比值得一提。人类发展研究所的一位研究人员回忆道："那时，任何一个男孩只要活着就能找到适当的工作。"

男孩在1942年和1943年参军的比例相同（参见图2）。根据现有的记录，我们可以看到青少年的样本中仅有2人因战争而死亡。我们很少了解他们在军队中的经历，比如如何克服对战争的恐惧、在前线服役的情况、由军衔决定的军旅生涯和提拔等。大多数男性从军两三年，在1945—1946年复员，而这段日子和随后的"婴儿潮"有着特殊的重要关系。

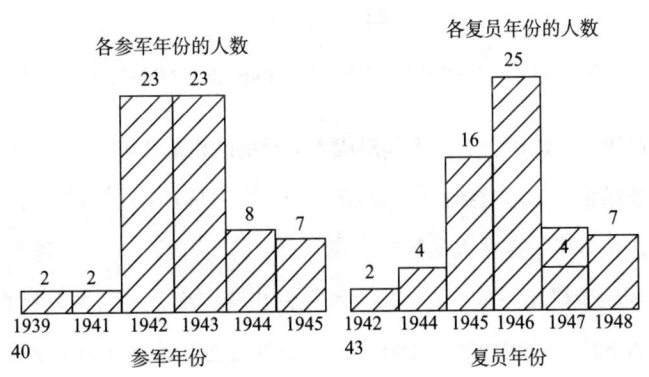

图2　奥克兰男性参军和退伍的年份

尽管某些婚姻在大萧条中被推迟，但美国男性初婚年龄的中位数依旧保持相对稳定，这一点可以从每十年一次的普查中看到：从1920年的24.6岁，到1940年的24.3岁（Moss，1964）。然而，这个年龄在战争刚刚结束的时候出现了明显的下降，到1947年下降到23.7岁，这个数字和奥克兰男性的婚姻史是一致的。样本内，结过婚的男性中有2/3到1945—1946年时已第一次结婚（年龄中位数为23.7岁）。图3显示了结过婚的男性的初婚年龄和第一个孩子出生时年龄的分布。除了2个结过婚的人之外，我们有每个人婚龄的准确数据；有4人从未结过婚。

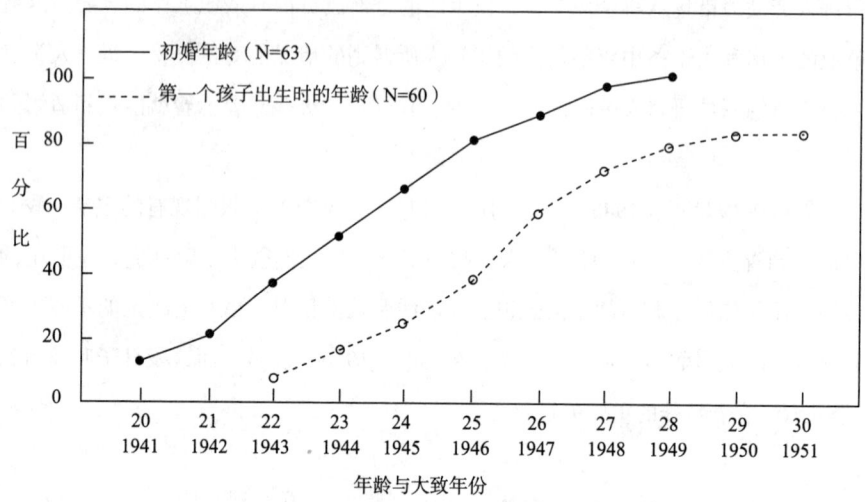

图3　结过婚的男性的初婚年龄和第一个孩子出生时年龄的百分比分布

战争对初婚年龄的影响小于其对成为父母的时机的影响。几乎4/5的男性都在25岁之前就结婚了，可是到这个年龄就成为父母的只有1/3。两年后，或者说1948年年末的几个月中，这些人的第一个孩子出生的比例翻了一番。这个时期和"婴儿潮"的开始阶段相一致。而"婴儿潮"的出现，部分是因为有利的经济条件、初婚年龄的下降以及继经济大萧条和战争的克制之后的生育加速模式（Easterlin，1961）。孩子的数目（1964年结过婚的中位数为2.8个）与过早结婚和成为父亲中度相关（平均相关系数 r 为 -0.28）。在战后的20年中，绝大部分人的初婚还保持完整（85%），离婚有半数发生在1950年以前。

在加利福尼亚州，大部分男性都进入了劳动力市场成为全日制工人，之后就留在了当地，因而得以从战后州府的"牛市"经济中获益。根据1941年儿童福利研究所进行的调查，有60%的孩子在中学教育结束后还接受过某些形式的教育。根据现有的记录，在珍珠港事件发生之前，有1/3的男性从事全职工作。在战争年代，出生组作为一个整体，教育水平也没怎么改变。到1943年底，57%的男性结束了受教育的过程，这个数字在随后的3年中只增长了6%。从这种平稳的状态可以看出，战争的破坏性影响在有些情况下由于教育给退伍军人地位带来的益处而削弱了。总的来说，28%的男性最终接受了研究生教育，完成了四年大学教育的比例大致与之相同。在那些战后完成大学教育的男性中，有6人获得了《退伍军人权利法案》所提供的高等教育津贴。

从二战开始出现的美国社会中的组织结构变化——被有些分析家描述为激进的甚至革命性的变迁——反映在奥克兰出生组的职业生涯模式中。这种变化包括大规模组织或科层制组织的增多和高薪职位的增加（Blau & Duncan，1967：106）。"科层制的风格、语言、文化和个性，成了新社会的生活里占主要地位的东西。"（Bensman & Vidich，1971：5）另外新出现的相关情况，是大部分受过大学教育的新中产阶级的出现："这个阶级是由白领雇员、管理者、专家、初级行政人员和在地位较高的机构（比如教育、娱乐、休闲、社会工作、精神治疗和其他机构）中的服务人员组成的。"（同上书，第5—6页）与大萧条中（由小商人和独立的手工业者表现出来的）老中产阶级的企业家风格相比较，自我雇佣对于奥克兰样本中的男性来说是相当陌生的。他们中间有70%的人到了43岁还没有过自雇的经历，只有不到1/5的人有一半工作生涯是在企业类的机构中度过的。

工作环境的变化，在追求高等教育、就职于工程与商业一般领域的男孩的职业生涯中，显示得最为清楚。到50年代末，在这两个领域中受雇的男性大约各有15%。尽管工程专业包罗万象，如市政、电子、航空等专业都属于这个领域，但是处于这个职业群体的男性一般来说工作境遇都相似，至少都能受到人们的尊重，都在大公司或工厂中承担管理的职责。比较而言，父母一辈的工程师很少有这样的地位，尤其是在雇员为10人以上的单位就更少。在那些受过大学教育的成为会计师或经纪人的男孩的生活史中，这种不连续性也很明显。这些男孩中除了一人之外，其余的人都在银行业、保险业、工业或房地产业中，晋升到高级行政职位。

他们的父辈有些也在类似的行业中工作，但是这些前辈或自雇，或管理职级较低。

体面职业的普及和奥克兰男性令人惊异的成就是一致的。运用A.霍林斯黑德（August Hollingshead）衡量社会地位的二因素指标（职业和教育）来比较父亲在1929年的职位与儿子在1958年的职位时，能发现相当大幅度的向上流动。这些男性在1929年还是少年时只有1/4处于中产阶级最高层（层次Ⅰ、Ⅱ）；42%在中产阶级的较低层（层次Ⅲ），1/3属于劳动阶级（层次Ⅳ、Ⅴ）。差不多30年之后，几乎有一半年轻人处于中产阶级的最高层，用以比较的各层次的相应比例为49%、35%和16%。这些变化大部分源自受教育机会的普及。作为一个群体，按照20世纪头25年孩子上大学的比例，父亲们接受高等教育的人数比预期的要多（有17%的人接受了大学教育），但是他们的孩子接受高等教育的比例则是他们的3倍以上。

尽管从相对富裕家庭到经济受损家庭，人们在大萧条中的经历会有差异，但二战中的不确定性和对国家肩负的义务，使得即将开启人生的奥克兰的男孩身上体现出相当的一致性。那些在大萧条中家庭背景不同的男孩，参军的时机和持续的时间没什么不同。如果劳动阶级家庭的儿子或经济受损父母的儿子有更多的理由在部队寻找工作，我们也没有证据表明，与来自相对富裕家庭的孩子相比，他们这么做的时间更早，或是在部队待的时间更长。出现这种一致性的一个主要原因，是军队开始强制性征兵，"征兵草案"在1940年9月16日正式变成了法律。[7]

令人惊讶的是，对于样本中男孩们的早期成年生活和成就，大萧条中的经济受损几乎没有带来什么不利的后果。[8]唯一的负面影响，表现在出身于劳动阶级的男性成人后的地位上，尤其是对他们的教育程度的负面影响。来自经济受损和经济未受损家庭的男性所获得的地位，首先可以从次群体的比较（表5）中看出来，

---

[7] 二战结束后，每一个人应征入伍的服役时间都被国会（在1941年12月13日）延长到6个月。
[8] 职业地位和教育水平，是用最早由A.霍林斯黑德设计的七级量表来衡量的。教育水平分为：专业训练（professional training，指牙医、医生、律师、法官、建筑师等的高等专业教育——译者注）；大学教育；接受过某种程度的大学教育；中学毕业和商业学校；接受过某种程度的高中教育（大约10—11年的教育）；接受过7—9年的教育；接受教育的时间不满7年。职业成就分为：高级管理人员、大企业老板和高级专业人士；商业管理人员、中型企业老板和中级专业人士；行政人员、独立的小商人和初级专业人士；牧师和售货员、技师和小商人；技术工人；机械操作员和半熟练工；无技术工人。

然后可以从对阶级出身和经济受损的相对影响的多项评估中看到（表6）。

中产阶级男孩的早期成年生活中，没有表现出大萧条中经济受损经历的负面影响。平均而言，两个经济受损群体中的男孩，在相同的时间里结婚、生育第一个孩子、完成正规教育和（离开学校之后）获得全职工作。每一个群体的成员同样成功地接受了高等教育，而且也没有证据表明，这种成就需要有着经济受损背景的已婚男性在成为父母方面作出更多的牺牲。在两个群体中，第一个孩子的出生都是在婚后三年内。

表5 按经济受损和阶级出身分类的奥克兰男性的成人地位（1929年）[a]

成人地位的指标[b]	中产阶级 未受损 N=23	中产阶级 受损 N=20	劳动阶级 未受损 N=8	劳动阶级 受损 N=14
初婚年龄	23.8	23.3	24.5	23.5
生育第一个孩子时的年龄	26.5	26.2	26.0	26.3
完成教育的年龄	22.3	22.1	24.0	20.3
大学教育（%）	61	60	50	43
职业地位（平均分数：1=高,7=低）				
继续教育	3.3	3.0	4.2	3.9
1958年	2.5	2.2	2.8	3.1
1958年的社会阶层（百分比分布）				
I	39	45	25	14
II & III	48	45	37	57
IV	13	10	38	29
	100	100	100	100

a 在成人的样本中，有65人有经济受损方面的资料可以使用。
b 这里平均年龄用中位值表示。在每一个次群体小组中，都有一半的人在他们自述的年龄之前结婚了，有了第一个孩子，完成了教育。

尽管人们认为来自中产阶级经济受损家庭的孩子更有可能在接受高等教育的进程中出现延迟，但这种模式对于那些来自经济未受损家庭的孩子更为典型，即使他们并不比前者更有可能继续接受研究生教育。中产阶级经济未受损家庭的孩子中有40%直到战后才完成受教育的过程，而这种情况在经济受损家庭的孩子中只有1/4。这种对比有效地排除了下列看法：在经济受损家庭长大的孩子，是通过《退伍军人权利法案》的高等教育津贴获得财政上的资助，才获得如今的教育成就的。实际上，那些在大学教育受益于《退伍军人权利法案》的男性，家庭背景模式并不一致。把来自中产阶级经济受损家庭的孩子作为一个群体来看，他们在职业上的地位稍高于经济未受损家庭的孩子，无论是在刚完成正规教育之后，还是在中年时期。[9]

这些生活模式中更加令人迷惑不解的一个现象是，这些男孩并没有因为经济受损的父母无力支持他们接受教育，而碰到任何明显的障碍。不过，贫困似乎是那些继续接受教育的男性更加依赖家庭之外的财政资助的原因。这种更大的依赖性，并不表现在通过《退伍军人权利法案》获得的教育资助或奖学金上，当然这种结果也可能是因为我们的数据不够充分。其他的可能性还包括通过就业来自助或者依靠妻子的经济收入支持。来自经济受损家庭的男性在教育上的优势，体现出后一种资源的存在，而且一个众所周知的现象也支持了这一点：女性在结婚后就中止了受教育过程。和那些经济未受损家庭的男性相比，这些人有一个上过大学的妻子的可能性更低（41%对17%），而且他们大部分人都在教育方面超过了自己的妻子（经济受损家庭的男性66%对经济未受损家庭的男性40%）。这些数据表明，丈夫来自经济受损家庭的妇女中，许多人为了把丈夫送入大学，牺牲了自己受教育的机会。实际上有许多男性确实进入了大学，但是却在完成全部学业之前就离开了（经济受损群体40%对经济未受损群体18%）。

经济受损的确在那些来自劳动阶级家庭的男性的教育成就上打下了烙印，但是程度是有限的。和其他群体相比较，经济受损父母的儿子进入劳动力市场的速度更快，一般来说受过的教育也更少。尽管他们在教育程度上存在着这种差异，大萧条中经济受损的经历对他们的职业成就却几乎没有直接的影响。表6显示了阶级出身和经济受损对这些孩子成人后的职业和教育程度的主要影响，更加清楚地

---

9 在随后的分析中，成人的职业地位指的是1958年工作的社会声望。完成正规教育后的第一份工作的地位的研究价值有限，部分是因为战争的破坏性影响，部分是因为早期工作史中工作类型编码不可靠。

展示了这些背景的作用。

表6清楚地表明，家庭经济受损对来自劳动阶级的男性的成人地位有更不利的影响。家庭经济状况的差异，并没有给来自中产阶级家庭的男性的教育成就带来什么影响，甚至对其职业地位还有些积极的作用。对于出身低微的男性，大萧条给他们教育水平带来的负面作用，更容易成为其职业生涯的障碍。这种限制与他们完成大学教育的经济障碍不同，它最可能反映阻碍或阻止他们接受高等教育的各种条件。在大萧条中，劳动阶级的年轻人在职业上的抱负和能力都相对较低，而且这一阶层中经济受损家庭的成员比样本中的其他年轻人更早进入劳动力市场。在这个群体中相对更为能干的人，在未来可能处于边缘境遇，而那时这些孩子面对哪些不利条件，很大程度上取决于他们的教育机会。对于那些进入了大学不久后又结婚的男性而言，在他们求学的过程中，妻子的支持是他们坚持下去的关键因素，虽然我们很难从现有资料中估计妻子支持的程度究竟如何。在来自劳动阶级的男性中，仅有3人娶了受过大学教育的妻子，有一半以上的人教育程度超过了妻子。

表6　社会经济因素和教育程度对成人地位获得的影响

（标准偏回归系数，β相关系数）

社会经济来源和成人教育程度	教育程度 γ	教育程度 β	职业地位（1958年）γ	职业地位（1958年）β
总样本（N=65）				
成人教育程度	—	—	0.71	0.70
经济受损	−0.09	−0.04	0.01	0.10
社会阶级（1929年）	0.22	0.19	0.23	0.12
中产阶级（N=43）				
成人教育程度	—	—	0.71	0.71
经济受损	0.01	0.01	0.11	0.11
劳动阶级（N=22）				
成人教育程度	—	—	0.69	0.70
经济受损	−0.20	−0.20	−0.10	0.04

注：教育程度、1958年的职业地位和1929年的家庭地位的分数都进行过修正，因此较高的分数表示较高的地位。教育程度的分数是从1（低）到7（高），职业地位是从1到7，家庭地位是从1到5。经济受损是作为一个二分变量：1表示经济受损，0表示经济未受损。

仅就大萧条中发生的事件之间的时间距离而言，人们会认为，经济受损对于教育机会和教育水平的影响将强于对孩子进入中年后的职业地位的影响。地位获得对于以前发生的事件的依赖性，根据这些事件在生命历程中的距离和分散性的不同而有所不同。距离减少了，依赖性就增加了。对于我们所抽取的奥克兰样本而言，他们在1958年所获得的职业地位很大程度上依赖于他们在十多年前所达到的教育水平，但是这种联系并不足以把教育上的障碍完整地转移到职业领域。经济受损通过教育所产生的微弱的影响链，无助于我们了解两个社会阶级中有着经济受损出身的男性在职业上所获得的成功，这种成功至少和来自经济未受损家庭的男性相同。

奥克兰出生组在大萧条时期所处的独特职业阶段，多大程度上能解释这个结果呢？生命周期理论和观察结果强化了我们的这种想法：社会变迁对于年龄不同的人有着不同的影响。在这方面，我曾提到奥克兰的男性出生在一个相对于大萧条来说有利的时间里，因为在经济状况最为糟糕的时候，他们的年龄已经大到使他们不太容易受到家庭不幸的伤害，而相对于进入成人的婚姻和劳动市场，他们的年龄又太小了。就这些孩子未来的前景而言，战争动员发生在对他们来说的关键时刻，因为入伍毫无疑问会减少或者至少削弱大萧条对那些有着贫困家庭背景的孩子开启人生时的负面作用。

比较而言，大萧条常常对年龄较大的男性的工作有着更为深刻的影响，包括奥克兰男性的父亲中的一些人。比如，在史蒂芬·特恩斯特罗姆（Stephan Thernstrom）对五个出生组（1850—1859年、1860—1879年、1880—1889年、1900—1909年和1930年）的波士顿人的历史分析中，也表现了这一点（Stephan Thernstrom，1973：第4章）。30年代的这些限制条件在出生于20世纪头十年的男性的工作中表现得最为清晰，因为这一组人刚好在经济崩溃前进入工作领域和家庭角色。和其他出生组相比，这一组人从第一份工作开始到最后一份工作结束时，很少可能实现向上流动。不过，大萧条的长期影响，也因这些人在萧条开始时的职业层次的不同而不同。白领工人和有技术的手艺人经历经济受损后，转向了地位较低的非体力工作。这些人中还有的失业了，但是这些逆转并没有明显减少他们在后来生活中获得职业晋升的机会。30年代更加黑暗的一面，表现在非技术性或半技术性的劳动者的生活中。如果把他们和其他出生组的第一份工作比较的话，在他们参加工作的年月中转入白领阶层的机会最小。在那些在大萧条之前第一份工作是半技术性工作的男性中，有3/4以上的人干最后一份工作时仍然属于这个阶层，而在年龄较大的出生组中，这样的人还不到一半。

根据两项研究的发现，大萧条对低阶层的影响与他们缺乏教育或技能有关。波士顿的年轻劳动力因为无法接受正规教育，又缺乏工作技能，所以在30年代初期急速收缩的劳动力市场中，他们的位置变得岌岌可危，很容易失业。他们这种边缘化的生活境遇，可能影响到他们儿子的教育前景。在奥克兰样本中，只有劳动阶级的孩子可能受到因家庭困苦而带来的教育上不利条件的影响。在30年代末，由于劳动阶级的男孩们获得了更为广泛的机会，所以家庭地位的暂时下降和资源的暂时减少，对于他们生命历程的不利影响小于持续经济受损和（用他们家庭的阶级地位来衡量的）文化局限的影响。

这两种形式的经济受损（递减性的和持续性的）的不同影响，表现在这些孩子的心理-社会经历中。递减的家庭变迁经历（experience of decremental family change），可以使男孩们利用大萧条十年结束之时不断扩大的工作和教育选择机会，那么这种经历意味着什么呢？我们的数据和研究都表明存在两个特别的因素：一是全职就业初期的职业发展（vocational development），二是动机取向（motivation）。在那些能够巩固来自经济困难家庭的男性的职业生涯的职业发展中，存在着诸如加快职业重心和职业认同的因素吗？人们可能会预计，就早期的工作经历而言，来自经济受损的男孩们会更早制订自己的职业计划。根据民间流传的看法，凡是大萧条中成长起来的男性，都特别不愿意改变自己的工作或工作领域，民间的这种看法与下述工作假设（working hypothesis）是一致的：他们的童年环境制约了他们的职业重心和职业认同。

与职业模式相关的是抱负和能力的运用。和富裕家庭的年轻人相比较，两个阶层中来自经济受损家庭的男孩们，都有着更为远大的社会目标。但是由于他们在任务或目标上更不具有成就取向（achievement-oriented），所以这种欲望怎样融入他们未来的职业生活还不清楚。也许在把某些技巧运用于和具体的职业目标一致的工作领域的过程中，他们更加执着。下文将要论及，职业发展的进程建立了一种适当情境，在这种情境中，我们能够评价抱负和智力对大萧条年龄组的孩子成人后职业生涯的影响。

工作经历中的职业发展

在30年代末期,职业发展的任何途径,都必须对环境状况和个人资源之间的相互作用有敏锐的感觉。职业选择既不是个性的简单表现,也不是社会结构的镜象(mirror image)。就奥克兰出生组而言,我们的任务是,确定家庭地位的递减性变化和相关经历是如何影响孩子们对职业的考虑和认同的。这里一个最重要的因素是职业认同(vocational identity),它因与他人的关系而发展形成,也因与他人的关系而变得有效,所以职业认同会由于境遇和关系的变化而改变。[10]

成年人承担的压力和责任的向下延伸,既表现在男孩们开始在家庭经济中扮演的角色上,也表现在他们对长大的渴望上,还表现在这些孩子更偏好成年人的陪伴上。经济上的困苦,使他们不得不面对自己养活自己的现实。在中产阶级的经济受损家庭中,年轻人无法再利用家庭资源和声望去获得教育和工作的机会。由此我们认为,与那些来自更加富裕的家庭的年轻人相比,职业角色对于那些在经济受损家庭中成长起来的男孩们而言,更是一个意识上的问题,而对职业的思考加速了他们对于职业角色的认同。

如果说,经济受损增加了人们对职业问题的关注,那么这些孩子的未来就受到他们所能觉察到的机会的影响。众所周知,极度的困苦限制了人们的选择和可以利用的资源,从而使他们感到绝望。但是,这种种条件既不是30年代末奥克兰孩子的特点,也不是研究中大部分下层阶级家庭的特点。有时候,孩子可能会因为适应家庭的局限性而降低目标,但是就现有的资料来说,这种调适并不是经济受损的功能,更多的是源自他们出身的下层阶级。[11]正如前面章节所提到的那样,

---

10 参阅 O. J. Harvey, D. E. Hunt, and H. M. Schroder, *Conceptual Systems and Personality Organization*(New York:Wiley, 1961), p. 11。

11 这种调适,可以从家庭资源和地位间的、对自我和未来的概念间的不一致所引起的不和谐问题的减少来解释。除了降低目标之外,因为这些孩子的未来从依靠家庭转向依靠个人的才智,这种不一致性也会减少。因为经济受损并没有对成就动机或目标的层次产生负面影响,所以后一种调适显得与数据更加一致。职业决策是由减少不和谐的需求驱动的,这一假设和我们对于经济受损和职业具体化之间关系的假设一致。对于不一致性解释的讨论,可以参阅 Thomas L. Hilton, "Career Decision-Making," *Journal of Counseling Psychology* 9(1962):291–298。

在大萧条之前，较低的职业目标只和较低的家庭地位有关。因此，我们将把注意力主要放在孩子早期职业发展的层面上，比如：具体的职业兴趣和职业认同，它们对孩子成年后的工作经历所带来的影响，职业生涯开始的时机和条理性，以及孩子们最终获得的职业成就。

早期的职业发展

这些男孩在职业具体化上的发展阶段，是根据对1938年和1941年再次填写的"强烈职业兴趣量表"中所表露的职业兴趣概况的评价来确定的。这些评价由一位对调查有着多年经验的学者给出。[12]我们不需要了解特别的个案或年份，就能对每一类兴趣概况进行编码，然后把它们和职业发展的三个阶段对应起来：转变阶段——职业兴趣尚未发展，正处于发展过程中；发展阶段——可能意识到了职业兴趣的方向，但是兴趣还没有真正成形；成熟阶段——充分发展起来的明确的职业偏好或多种职业偏好。比较1938年和1941年的这些判断，我们发现有相当大的差异，正像人们所预期的那样，这些男孩的职业兴趣变得更加成熟，虽然只有不到一半的孩子在职业发展上被划为成熟一类。在1938年，有27%属于转变类，62%属于发展类，只有7%能被划为成熟类。三年后，这种分布向着成熟类移动，相应的比例依次为13%、45%和43%。用智商（IQ）来衡量的认知功能方面的成熟程度，仅仅与中学阶段职业上的成熟度相关。处于转变阶段的男孩，在智商上比另外两类更加成熟的男孩低很多（$p<0.05$）。当三年之后对他们进行再次验证的时候，可以明显看出，处于转变和发展阶段的男孩没有成熟阶段的男孩能干。

从有关家庭状况的数据来看，我们发现，这两个阶级中来自受损家庭的男孩在职业上的成熟速度在两个时期之间最快。这些男孩上中学的时候，社会阶级或经济受损都不会使他们的职业发展出现任何差异。然而到了1941年，处于经济受损群体的男孩大部分都被划为成熟类，而经济未受损群体的孩子被划为成熟类的还不到30%（59%对29%，$p<0.05$）。把处于转变和发展阶段的群体组放在一起，职业成熟和经济受损的关系比与社会阶级的关系更为密切（$r=0.28$对0.04）。而且，

---

[12] 非常感谢加州大学伯克利分校咨询中心主任B.柯克博士，感谢他在现场分析上对我慷慨的专业帮助。

对于中产阶级和劳动阶级家庭的男孩而言，职业成熟并不会因为它和经济受损的关系的不同而有什么差异。

尽管很少有男孩在中学时就形成了持久不变的兴趣，但是在经济受损家庭的后代中，认同某种职业偏好非常普遍。在1938年的调查中，其中一个关于职业选择的问题就是为了弄清职业偏好的普遍类型，比如工程师、木匠和店员。只有2/3的男孩表明了自己的某种偏好，它们集中在白领、管理和专业等类别中。这些孩子最经常提到的选择是工程师、医生、律师、商人、会计师和技工职位。偏好工程师的人是最多的（16%），选择其他各类的人数都不到10%。正如前面所提及的，这些孩子选择的层次是随家庭地位的上升而提高的，而选择的确定性仅仅因为大萧条中经济受损程度的不同而有所区别。为了估计每一经济受损群体中职业认同的普遍性，我们把那些对自己的选择确信不疑的男孩，和那些或是不确信其选择或是不知道他们想做什么的男孩进行了比较。大约有一半的受访者可以被界定为具备职业认同，这种共同偏好在中产阶级的经济受损群体中最为典型（经济受损62%对经济未受损40%），而劳动阶级中两个群体间的差异更大（经济受损50%对经济未受损25%）。就兴趣和偏好的成熟程度来说，经济受损和职业发展的加速模式（accelerated pattern）相关。

对孩子的职业选择最有影响的人物，因他们在大萧条中的经济状况的不同而有所差异，这些可以从家庭关系及（对于经济受损家庭的孩子来说）家庭以外的成人的重要性中了解到。和经济未受损家庭的年轻人相比较，在经济受损家庭的男孩的生活中，老师和母亲是更常提到的参照人（reference figure）；而且在30多年后，他们作为主要影响孩子们对当前职业选择的人物也更常被提及（受损家庭男孩23%对未受损家庭男孩13%）。这些来自经济受损家庭的男孩们，也更可能选择任何人都没有影响他（15%对7%）。只有来自中产阶级的男孩们选择了父亲，而且在两个经济受损群体中的比例都是一样的（20%）。经济未受损父母的后代更常提及所属职业领域中的朋友或者妻子之类成年人的影响。

通过与更为劳动密集型的家庭经济的关联产生的影响，经济受损对中产阶级男孩的职业发展的作用，比它对下层男孩的作用更容易理解。作为一个群体来说，前者聪颖而且资源丰富，还很可能从他们那个阶层的传统抱负和勤于探索未来的态度中获益。在这种情境中，就经济维持和自给、提早开始的职业思考、判断和活动等问题而言，家庭受损可以被解释为一件突如其来的或具有激发作用的事件。非常明显，在经济受损的中产阶级中，从父母的关注点和孩子们的生产性角色来看，这些问题是他们最为关心的。比较而言，低阶层的孩子更可能迟疑不决或回答"不知道或不关心"，这是对贫困境遇和黯淡未来的模式化反应。在1960年对九年级男孩的职业发展的研究中，证明了下面这一点：下层父母的孩子更加不聪明，几乎不了解自己所需要进行的选择，也不了解早期的选择对以后改变的影响，更不知道可能影响自己决定的因素和条件。[13]

有几种因素能够解释为什么这种特征与劳动阶级受损家庭的男性在职业方面的特征如此不同。首先，在奥克兰样本中，劳动阶级主要指的是体力劳动者的最上层，他们是下层中更为稳定、更有抱负的家庭。其次，来自这些家庭的男孩在智力上并没有明显的缺陷。无论他们的家庭在经济上是否受损，他们的绝对智力和成就动机并不是其主要局限所在。我们还要注意到，这项研究中所有劳动阶级的男孩上的中学都是中产阶级学校。比起那些进入奥克兰劳动阶级学校的同龄人，这些孩子明显能够从学校的资源、咨询和职业模式中受益。总而言之，这些有利条件使奥克兰劳动阶级的生活机会最大化了，而且这样做也保证了各个社会阶层在职业发展的认知层面上，具有相当高的一致性。

成人职业生涯中的工作经历

在职业兴趣和认同的清晰性方面，经济受损家庭的男性的早期职业重心为我们了解他们最终获得的地位提供了一条线索，虽然"从青春期后期开始到1940年代（成人工作生活形成期）职业发展存在连续性"的假设还没有得到验证。在其他条件相同的情况下，职业生涯开始的方向会有利于尽快地建立有序的工作生活，建立一种在功能上相关、在层次上有序的工作转换序列。[14]然而，这种方向性在给

---

13 Donald E. Super and Phoebe L. Overstreet, *The Vocational Maturity of Ninth Grade Boys*（New York:Columbia Teachers College, Bureau of Publications, 1960）, p. 63.
14 这种序列指的是 H. 韦伦斯基（Harold Wilensky）所定义的职业生涯："根据声望层次安排的一系列相关的工作，这是通过个人在有序序列上的移动（或多或少是可以预期的）实现的。"参阅他的"Orderly Careers and Social Participation"（1961）。

孩子带来益处的同时，也带来了某种职业过早专业化的风险，比如孩子视野的广度会因此受到限制。虽然孩子在自己的职业上**长期的**犹豫不决会导致其地位的模糊不清，会使他们因生活开始得过晚而处于潜在的不利地位，但是如果职业选择到了孩子成年后还可以继续进行，那么这些负面影响将最小化。就合乎规范的定义和机会而言，工作生活的开始、结婚和孩子的出生都有合适的年龄。

就经济受损家庭的男性所获得的职业地位而言，如果早期职业发展对他们是有帮助的，那么其意义将在他们的工作经历中得到证实，并将由以下因素来衡量：职业生涯建立的时机；工作不同阶段的雇主数和工作内容；工作的条理性；从早期的职业偏好到20年后的职业之间的职业连续程度；中年时对自己工作经历的回顾和成就。这种持续性的主题表明，来自经济受损家庭的男性比来自经济未受损家庭的男性更早参加工作，更倾向于建立有序的职业生涯。因为职业生涯的条理化和孩子的教育程度有关，所以这上面的差异性在中产阶级男性中最为显著。

职业生涯建立的时机，是用进入某一行业的年份来定义的，从1940年到1950年代末，进入这一行业至少持续6年。行业指的是依照权力框架安排的一系列相关的工作。如表A-20所显示，早期职业生涯的形成和经济受损有关，而且这种联系在有着中产阶级背景的男性中最为明显，这在一定程度上是因为经济未受损群体的教育进程更加缓慢。目标不确定是造成这种差异的重要因素之一，1948年后进入的职业生涯和职业的具体化程度负相关，1941年在现场进行的测量表明了这一点。[15]

职业上犹豫不决所带来的后果，在有关孩子生活史的报告中表现得最为清晰。比如我们在下面将要谈到的一个中产阶级的男孩，他在大萧条中既没有遇到特别的家庭困苦，也没有受到特殊的限制。儿童福利研究所的工作人员都知道他是一个聪明、受人欢迎的小伙子，是某个领域的专家。他的职业兴趣非常广泛，从授课、人事工作到工程师。他倾向于当工程师，因为那是"男人的工作"，但他对于这种工作将来能提供的帮助和与他人共同工作的机会不太确定。在1941年有关

---

15 在中产阶级的男性中，职业成熟（现场衡量）和1948年后进入职业生涯系列之间的相关系数 r 为 –0.22。那些在战后完成教育的人中，进入职业生涯较晚的人当然最多。

职业成熟的现场测量中，他被划归为早熟的一类。从他进入工程学校的1939年开始，一直到1948年，相当程度的踌躇不决是他生活的显著特点。虽然他并不适合在军队的医疗领域服务，但还是在1942年退学了，并在当地的建筑工程队中谋得了一个职位。有了一年的实践经验后，他返回了学校，但是一个学期之后又退学了。这种不稳定性持续到1948年，直到他在一家大工厂中获得了一个技师的职位。他很快得到了提升，而且这最终为他提供了在其他工厂获得大展才华的机会。到了1958年，他已经成了一家小公司的合伙人，并把自己的才能运用于公共关系和工程技术上。尽管他在地位和收入方面都在稳步上升，但是无论是工程技术还是公共关系方面的工作都无法令他满意："如果……，情形就会有所好转。""假如我能够早做决定，那么我可能会从事如医疗之类的工作，从事一些帮助他人的工作，我也可能会做一些比现在更为重要的事。"他觉得如果当初早点"依靠自己"，他的生活就会完全不同了，也会变得更有意义。然而，他在说这些话的时候，并没有仔细考虑从事一些更具有服务性的工作，因为正如他自己所说："我还无法确定我应该做些什么。"

人们一般都认为，因为这些孩子在大萧条中曾面对经济受损和工作的不确定性，所以他们不愿意变换工作，尤其是不愿意换老板。就我们的研究目的而言，这种观点的重要性在于它和稳定的职业生涯之间的关系（如果这种关系还不是十分明显的话），尽管许多雇主和工作本身并不足以构成衡量工作条理性的可靠指标。这些变化可能会导致相同的职业领域内的工作变换，或者在诸如从汽车推销商到精神病护理员之类没有功能上的联系的领域间变动工作。如果来自经济受损家庭的男性在面对工作和雇主的变化时采取保守的立场，那么在他们的职业史中就不会留有这类痕迹。一般说来，在这20年中，与来自中产阶级和劳动阶级的经济未受损父母的后代相比，他们更换工作和雇主的数目都更多（表A-21）。然而，这种差异基本上受到了从中学到战后这段漂泊不定的日子的限制。

在战后的岁月中，从社会瓦解和心理紧张（psychological strain）的角度而言，最重要的工作变化是在没有联系的工作之间的转换。我们把详尽的工作史分为1946—1955年和1956—1964年两个时间段，然后来看工作变化的类型。因经济受损而导致的职业发展差异，反映在战后最初那段岁月中的工作变化上，但是这仅仅表现在出身于中产阶级的男性身上。来自经济未受损家庭的男性中,有28%的人至少更换了一次工作的类型,而在经济受损家庭的男性中这样做的只有5%。只有两位出身于劳动阶级的男性,换了一种与以前毫无关系的工作。在1955年之后,从工作变换的角度来说,工作经验是比家庭受损更为重要的因素。实际上在这段时间里,经济困苦并没有使职业中断的可能性出现什么差异。大多数更换工作的人,都出身于劳动阶级(劳动阶级为30%,中产阶级为10%);而且与父亲的职业相比,他们的工作都是稳定的或者向下流动的。这些男性改变工作性质,一般是为了获得更高的报酬。

对职业生涯连续性的另外一种检验,是把孩子们在中学毕业时的职业偏好和在1958年的职业进行比较。因为仅有2/3的男性回答了具体的偏好,所以这种比较基本上局限于中产阶级的后代。因为这些孩子的选择涉及面极广,所以需要一个确定这些选择之间相似性和差异性的粗略规定。比如孩子偏好的工程师职位,无论是市政的、电子的,还是工业的或化工的,其职业偏好都归为工程师。和我们前面的发现一致,职业生涯的连续性或目标的达成,在来自经济受损家庭的男性中最为普遍(69%对29%)。在少数劳动阶级的儿子(他们在30年代末就知道自己想要成为什么样的人)中,这种差异不太明显。

到此为止,我们已经根据客观测量,回顾了从1940年到1950年代末的工作经历。这个时间段既是孩子们在二战前"开启人生"的社会经济背景,也是工作本身所经历的阶段(比如职业生涯开始的时机)。在我们的分析中,缺少的是对工作中的事件、成功和缺憾的主观回顾。为了把这一部分也包括在分析中,我们将回顾奥克兰男性在40年代早期到整个中年时期的工作经历,然后估量它们给职业成就所带来的影响。

在1958年进行的长时间的访谈中,我们询问那些男性确定他们选择职业角色的年龄,这种选择的程度,以及遵循对迄今为止的工作经历的感受。对这些回溯性资料的总结,可以在下面对经济受损和经济未受损家庭男性的比较中看出来。而且无论何时,我们都会提到阶级差异。

总的来说,对过去的记忆与对早期的职业发展和工作生活经历的客观测量是一致的。和经济未受损父母的后代相比,经济受损群体的成员更常提及对现在这一职业的早期（在中学或者中学毕业后不久）选择（受损群体57%对未受损群体33%）。另外他们还提到，正式的或非正式的准备比外在的压力或工作机会更多地影响他们的职业选择（46%对33%），宣称他们更多地遵从自己最初的职业偏好（46%对33%）。尽管这些回答并没有因阶级背景而出现差异，但是它们的确影响了他们对过去事件的评价。在中产阶级中，来自经济受损家庭的男性中有更大比例的人确信他们做得比自己最初期望的好（55%对31%），对他们的教育程度较为满意（26%对20%），即使有机会也没有兴趣改变过去发生的一切（61%对50%）。这些差异在劳动阶级的孩子们中却正好反了过来，从总体上反映了经济受损群体面临的更加困难的生活境遇。劳动阶级的受访者也不太会认为自己超过了他们早期的目标（40%对60%）。在这些评价中，不充分或不适当的教育是一个突出因素。大部分男性都不满意他们自己为工作所作的准备。

工作角色与一个人的社会认同和尊严交织在一起，因此人们估计这些孩子在回顾其生活成就（life accomplishments）时，可能存在某种掩盖其失望和失败的趋势。[16] 不过还值得一提的是，样本中大部分成员都表明了一种倾向：如果他们的职业生涯能够重新开始，他们依旧会选择现在的职业。例外主要是来自中产阶级经济受损家庭的男性，只有43%还愿意选择现在的职业，而其他的群体愿意如此的都在70%以上。然而在大多数情况下，他们对50年代后期的流动和工作声望的态度，并没有受到30年代经济受损直接或间接的明显的影响。职业成就的层次和不同的流动性是这些态度更有力的来源，两者都与大萧条时的经济状况没有明显的关系。这表现在对提升的机会、管理者的责任和工作声望的满意程度上，也表现在1964年追踪调查中所应用的五级量表中。来自经济受损家庭的男性——尤其是有着中产阶级背景的男性——的满意度要高些，但是这种差异太小了，在统计学上不显著。更为重要的是代际间职业地位流动的经历，无论这些孩子相对于父亲的地位来说是向上、水平还是向下流动。不论过去与经济困苦有关的经历是什么，

---

16 最近，回忆起的过去被创造性地作为有关生命历程及其意义的信息来源。参阅 Butler, "The Life Review"（1963）; and M. A. Lieberman and Jacqueline M. Falk, "The Remembered Past as a Source of Data for Research on the Life Cycle," *Human Development* 14（1971）:132–141。

向上流动者对于流动的机会和工作声望的满意度明显高于未流动者，而且这种差异在出身于劳动阶级家庭的男性中表现最为明显（Elder, 1969b）。

在分析之初，我们就把奥克兰出生组早期职业发展的重要性，与它对职业成就的影响联系在一起。在较为年幼时就参与生产活动和相应的对职业的认同，限制了这些孩子的生活前景，因为它们限制了他们的受教育机会，这种牺牲在劳动阶级父母的孩子们中较为明显。然而对于大部分男性来说，因为30年代末期和40年代初期机会的增加，所以这些代价最小化了。在这种情境中，与30年代早期的经济受损和失业相比，家庭地位的文化层面和孩子的不同能力，对其教育程度和职业目标有着更大的影响。无论在哪个社会阶级中，经济受损都直接或间接地通过相关经验，加快了职业具体化、职业认同和职业生涯确立的速度。来自经济受损家庭的男性，二战前在职业上更为成熟，也更为确定，在1948年前也更早地确立其职业生涯，其早期的职业偏好和中学毕业20多年后的职业之间的连续性也更强。

这些来自经济受损家庭的男性的职业生活，和现在把大萧条经历作为"一种受限的生活"的印象不太一样，与"受限的生活使后代视野狭隘"的印象也有所不同。不过，有一些普遍的看法都是指向这个方向，比如通过对极度贫困的保护性适应来减少兴趣和欲望，以及需求剥夺带来的动机性后果。一般说来，与经济充裕和稳定的职业——食物、安全和接纳——联系在一起的基本满足，在那些在大萧条中感到这些方面受损的男性的动机层次中，获得了更为突出和优先的位置，尽管我们不知道这些孩子早期的愿望，在长大后迥然不同的环境中是否还能保持下去。[17]

在我们确定了职业成就中主要资源（智力、抱负、职业发展等）的差异后，在确定了这些职业成就和30年代的经济受损的关系之后，这些问题会得到最清晰的阐释。从这些分析中，我们能够更加准确地描绘生命历程中价值观形成的情境。

---

17 我们这里指的是马斯洛的基本需求层次：生理需求、安全感、归属感和爱、尊重需求、自我实现需求。Maslow, *Motivation and Personality*（1954），esp. chap. 5。

生命历程中的职业成就

我们已经勾画出两条通往职业成就的一般路径，这两条路径受到经济受损不同后果的影响：通过高等教育的间接路径和通过工作生活取向、事件和成就界定的序列。如果仅就经济基础而言，我们认为家庭经济受损使孩子们在谋求职业成就时在教育上处于劣势。现有的数据证明了这种影响，但是这种影响仅仅表现于劳动阶级父母的孩子中，而且即使是在这一群体中，它对他们最终获得的职业地位也没什么影响。

通常，人们会忽略家庭受损所带来的无关紧要的影响，而去探求更加重要的关系。不过在本项研究中，我们所要面对和解释的问题是：**为什么经济受损和成人地位（无论是受教育程度还是职业）没有很强的负相关？**我们曾经提出一些可能使经济受损导致的教育受限最小化的因素，尤其是这些孩子在二战经济繁荣前不久离开中学时的优势。但是与来自经济未受损家庭的男性相比，教育本身无法解释为什么中产阶级中经济受损家庭的男性能够获得较高的职业成就。工作的取向和技巧能够解释这种差异吗？我们能否说，来自经济受损家庭的男孩们在职业上的成功，部分来自他们相对较早地确定职业重心和对职业的认同，部分来自他们对权力和他人赏识的强烈渴望，或者来自他们在谋求职业成就时技术的运用？

目标的清晰性，将使孩子在经济方面的努力有更明确的方向，或者说至少能有利于他们的才能持续地运用于某个领域，这对获得成就有着积极的影响。对那些起点较低而又没有受过高等教育的男性而言，界定清晰的目标和符合规范的抱负，是他们都拥有的相似的有利条件，这能驱使他们坚定地向着既定的目标前进，并全身心投入。这正与一项研究中对那些来自社会低层或者劳动阶级家庭的成功商人的生活模式的描述一样（Warrar & Abegglen，1963）。在对研究做总的回顾时，麦克莱兰总结道："所有的证据都支持这样的推论——具有较高成就需求的男孩在社会中更可能向上流动，尤其是当他们是从一个相当低的社会经济水平起步的时候更是如此。"（McClelland，1961：322）作为一项假设，我们认为来自中产阶级经济受损家庭的男性获得的职业成就稍微大一些，主要是因为他们拥有职业认同、抱负和技术等有利于他们职业生涯的条件。这些有利条件，应该也可以用来解释那些来自劳动阶级经济受损家庭的男性的成就。

作为评价这些假设的第一步，我们将把地位获得视为阶级出身、个人获得成就的能力（影响任务完成的才智和成就动机）[18]和教育程度的共同作用结果。家庭地位和达成目标的能力被定义为教育程度的先决因素，而教育程度反过来又决定了人们在中年时的职业地位。男性在他们的工作生活中所获得的地位，被假定为家庭地位、智力和成就动机的差异所带来的直接后果，这些因素又通过对教育程度的影响而间接地作用于男性地位的获得。在检验这些因果关系之后，我们将引入经济受损这个因素，系统地追寻它如何从教育程度、职业发展和抱负等方面来影响成人地位。

我们将运用路径技术，来分析直接和间接影响1958年所获得的职业地位的因素。这种方法是多重回归分析方法的一种变异，它假设变量间的关系是线性的、累加性的和不对称的。[19]路径图是一种有用的表述模式，因为它提出了假设，并描述了这些变量的先后顺序和它们的间接影响。在路径图中，连接两个有着非对称和线性关系变量的路径，是用单箭头和β系数描述的。双箭头的曲线，一般用来描述两个已给定变量间的关系，换句话说，描述两个关系无法解释的变量。在下面的分析中，家庭地位、智力和成就动机被当作已知的。路径分析要求每一个因变量完全由系统中的变量决定，剩余因素（residual factors）——假定和前置变量或其他剩余因素无关——必须用于说明无法解释的变异。图4标注了职业成就和教育程度、成就任务的动机、智力和1929年的家庭地位间的路径系数。为了方便读者，每一种关系的相关系数都在括号中标明。

---

18 对成就动机的这种测量，表明了人们渴望在完成艰苦任务中表现突出，而且会因其对认同和权力的渴望的分数而显得与众不同，我们也已发现这些因素和经济受损显著相关（第6章）。随后在抱负和能力的利用组成的更加广阔的情境中，我们验证了社会奋斗和职业成就之间的关系。

19 随着分析复杂性的显著增加，在路径模式中包含对称关系是可能的。有关回向模型（nonrecursive model）的更早些的资料，可以参阅A. S. 戈德伯格（A. S. Goldberger）的 *Econometric Theory*（New York:Wiley, 1964）。社会学的例子，可以参阅Kenneth C. Land "Significant Others, the Self-Reflexive Act and the Attitude Formation Process: A Reinterpretation," *American Sociological Review* 36（1971）: 1085–1098。

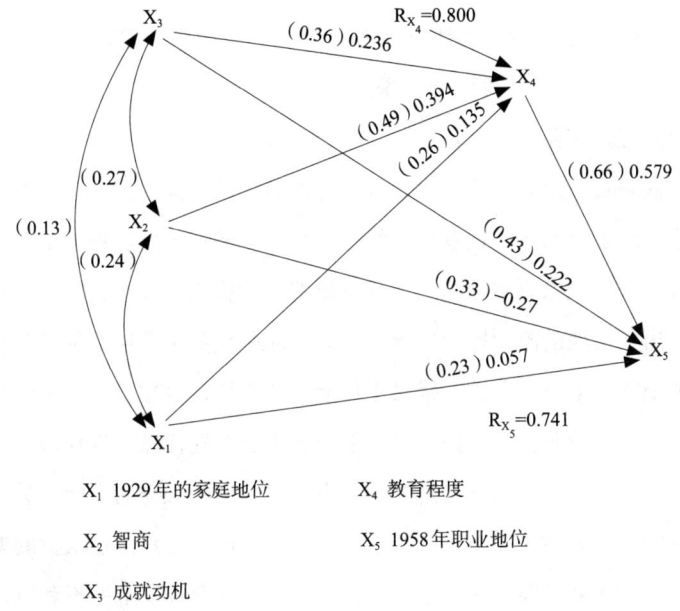

图4　孩子成年后的职业地位及教育程度与成就动机、智商和1929年的阶级出身之间的路径关系

X_1　1929年的家庭地位
X_2　智商
X_3　成就动机
X_4　教育程度
X_5　1958年职业地位

那些在工作中获得较高地位的人，在智力和家庭地位上都高于那些更不成功的人，但是他们的成就更多是因为他们更容易获得高等教育，而高等教育又是他们能够成为找到有声望的工作的有利条件。除了教育的间接影响之外，智力和家庭地位对孩子获得较高地位的影响都不值一提。这些发现的总体模式和其他研究结果十分吻合，包括最近对大学预科生的研究。这项研究表明，学业能力对职业成就的影响"全是通过学校体系实现的"。[20]

正如人们估计的那样，与智商相比，出人头地的愿望更不受教育成就的限制，并且这种愿望对职业成就的直接影响又比智力或家庭地位更大。就主要影响而言，阶级出身没有智商或成就动机对成人地位的影响大，尽管它和智商、成就动机都有关系。然而更为重要的是由阶级地位衡量的社会情境的差异，以及这种差异对

---

20 Bruce K. Eckland, "Academic Ability, Higher Education, and Occupational Mobility," *American Sociological Review* 30（1965）: 744.

职业成功所需资源的影响。当根据阶级出身（中产阶级和劳动阶级）构建路径模型时，智商和抱负的相对影响的明显差异就显现了。因为这些模型已公开出版（参阅Elder，1968），而且仅仅与我们对经济受损带来的地位影响这一兴趣沾点儿边，所以在此我们将简短总结一下与我们分析有关的方面。

对于那些来自中产阶级和劳动阶级家庭的男性的职业成就来说，智力和成就动机的作用，一般反映了他们在生活境遇、机会和职业成就层次上的差异。高等教育对来自中产阶级家庭男性的职业成就影响更为突出，在通往较高地位的道路上，智力比出人头地的愿望影响更大，后者是那些出身于低层的男性获得职业成就的最重要因素。出身于劳动阶级又更加能干的男性，也常常通过接受高等教育来打通他们攀登职业阶梯的道路，尽管他们更不愿意这样做，这样做的人数也相对较少。结果是，1958年出身低微的男性中只有22%的人身为专业人员或管理人员，而出身较高的男性中有44%属于这种情况。他们这种地位层次上的差异，可能部分解释了对于来自经济受损家庭的男性而言，教育程度上的不利对他们获取的地位的影响微乎其微，也部分解释了他们的成就动机对于其地位流动的重要性。从中等层次的工作向上流动，更少地依赖文凭，更多地依赖孩子的成就动机和聪明才智。

就智力和出人头地的愿望之间的密切关系而言，能力的运用对于身处地位低微的环境中的男性的生活前景显得更为重要。如果没有家庭的支持，一个男孩想要成为什么样的人以及他职业上的成功，很大程度上依赖于他自己的才智。一般说来，无论对于哪个社会阶层的孩子来说，智力都为他们提供了获得有薪工作的途径，但对于那些来自下层的孩子来说，智力才是最重要的社会刺激因素（social stimulus）。中产阶级的父母总是希望自己的孩子在学校中表现良好，甚至可以不顾孩子间的能力差异。当然父母和老师总是喜欢更多地关注劳动阶级的聪明男孩，认为男孩比他所处环境中的其他孩子更具竞争力。就像我们曾提到的经济受损家庭的成员那样，卑微的家庭地位和较高的能力之间的不一致性，也是成就动机的另外一种潜在的来源。所有的这些看法，都导致了以下预期：劳动阶级中更有竞争能力的男性，比那些有较高阶级出身的男性具有更强的出人头地的动机。数据也证明了这种差异。前一群体的智力和成就动机之间的关系，也比后一群体的更为密切（$r=0.40$对0.17）。这里的一个重要问题是，是否任何一个社会阶级中经济受损家庭的能干的男性，都比那些来自经济未受损家庭的能干的男性具有更为强烈的成就动机？

从前面的分析和我们所发现的家庭受损所带来的影响中，我们还无法预测经济受损能否明显改变图4所显示的地位获得的模型。智商和对某项事业的成就动机，都不会因经济受损而出现什么差异。唯一值得一提的改变是，经济受损对劳动阶级男性的教育程度有着负面影响。不过，这种模型不包括工作生活发展的某些方面——我们发现这些方面在那些有经济受损背景且有着极其聚焦的职业兴趣和目标的男性的职业生活中表现得最为显著。这种职业取向能够提高来自经济受损家庭男性所获得的工作生活成就吗？是否有证据表明，对于来自经济受损的劳动阶级家庭的男孩而言，较早确定其职业目标和在最合适的年龄开始职业生涯，至少能部分抵消他们在教育上的欠缺所带来的限制？

图4的模型也无法确定孩子所处的情境对个人资源和成人地位之间关系的影响，比如是否会影响成就动机和智力之间的关系。通过用1929年阶级出身来确定具体的情境，我们发现，和中产阶级的孩子相比，劳动阶级的孩子在职业成就上相对更多地依赖于成就动机，而不是智商。如果我们假定在社会经济受损所构成的情境中，孩子在职业上的成就更多地依赖于个人才智，那么在每个社会阶级之内，动机的作用也随着家庭经济受损程度的加深而增加。在下文中，我们将对动机/能力如何将经济受损和成人地位联系在一起，以及它和职业具体化的联系进行实证检验。

作为一种间接影响因素的职业具体化

在这项分析中，我们运用了对职业具体化的现场测量（1941年），而且把处于转变和形成阶段的职业发展放在一起，表示职业发展尚未成熟的类型（0分表示不成熟，1分表示职业发展已经成熟）。数据显示，那些在成年之前就有着明确的职业兴趣的男孩，更多地来自经济受损的家庭（$r=0.28$），而且在50年代末更可能获得有声望的职业（$r=0.30$），但是他们不愿意在中学毕业后继续接受教育。当职业成熟（X_2）的作用在偏相关中被控制时，它作为经济受损（X_1）和职业成就（X_3）

之间的正向关联的重要性就变得更为清楚了。这种统计测量表明了X_1和X_3的关系在多大程度上是由于它们都和职业成熟有关而导致的。结果表明，经济受损对职业地位的负面影响有适度的增长，相关系数从$r_{13}=0.01$到$r_{13.2}=-0.08$。

由于对出身于劳动阶级的男性而言，经济受损是极其不利于其地位获得的一个条件，所以我们在按照阶级出身定义的群体中重复了上面的分析。如图5所示，这些结果表明了在这两个阶级中通往较高地位的职业途径，虽然这在来自劳动阶级的男性中表现得稍为明显一些。中产阶级经济受损家庭的男性所处的地位优势，部分来自他们的职业目标确定较早。而当这个因素被控制时，X_1和X_3的关系强度就会减弱，从而也表明了这一点。即使再控制孩子的教育程度，也不会改变这种结果。在经济受损家庭的后代中，职业途径和教育途径对职业成就的显著影响，在地位较低的群体中最为明显。如不考虑职业具体化的模式，经济受损对成人地位获得的阻碍作用十分强烈。事实上，如果我们排除经济困难对教育的不利影响，家庭经济受损和职业地位之间只轻度正相关（$r=0.06$）。

职业发展还不能解释职业成就中的许多东西，但是和更加传统的因素相比，

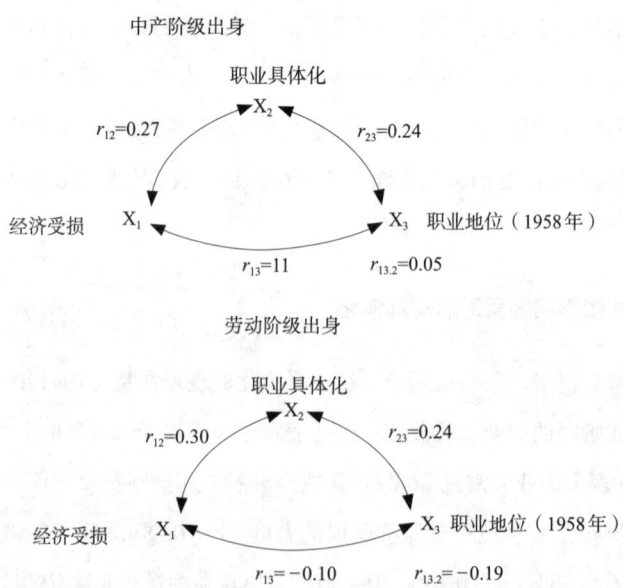

图5　经济受损、职业具体化和职业地位间的零相关和偏相关系数（按阶级出身划分）

它的解释效果已经很好了。比如，家庭地位无法预测孩子未来的职业地位，劳动阶级儿子的智力和成就动机同样无法预测他们未来的职业地位。但是对于中产阶级孩子的成就而言，智力和成就动机比职业具体化的作用更为重要（平均 $r = 0.43$ 对 0.24）；对于来自劳动阶级的男性所获得的地位，成就动机和具体的职业兴趣都比智商的影响更大（顺序同上，$r = 0.38$，$r = 0.34$，$r = 0.07$）。从研究文献来看，在这些特征上，来自这个阶级的成功男性和那些从蓝领家庭向上流动的男性十分相似。也就是说，他们的精力和兴趣都集中于职业提升上。

作为间接影响因素的抱负和智力

在生命历程中，抱负和智力常常被当作家庭背景和成人地位之间的因果关联（causal link），家庭的影响可以通过后代获取成就的能力看出来。正如我们所看到的那样，在确定家庭背景（包括社会文化和经济方面的）对职业成就的长期影响方面，这种中介模型（mediational model）的价值有限。我们确信，来自地位较高的家庭的男性比出身低微的男性更可能获得有声望的职业，他们做到这一点，部分是通过他们更强的能力和更高的目标实现的，但是这些因素给成人后的孩子所带来的影响，因社会经济情境的不同而有所不同。对于中产阶级父母的儿子们而言，智商比成就动机更能预测他们长大成人后的地位，部分是因为他们受教育的机会更多。而在有着劳动阶级背景的男性的生活中，这种影响正好相反。

为了明确说明在孩子的生命历程中，经济受损和获取成就的能力之间的关系，孩子所处的情境同样重要。每一个阶级的经济受损家庭的男性，并不比来自经济未受损家庭的男性成就动机更弱，或者说并不比他们的智商更低。但是有能力的人最可能也是志向远大的人，而为实现志向的种种努力对于他们的职业成就有着更加重要的作用。尽管和来自较低阶层家庭的男性相比，中产阶级男性出人头地的愿望和他们的能力几乎没有什么关系，但是无论哪个阶级中，经济受损父母的聪明孩子都比来自富裕家庭的年轻人的成就取向更强（全部样本，$r = 0.25$ 对 0.001）。中产阶级男孩中相应群体的取值为 0.26 和 -0.10。

根据这些数据，动机和能力的关系无论是根据阶级出身还是大萧条中的经济受损来衡量，都会随着家庭地位的下降和资源的减少而增强。我们假设，一个人即使才华横溢，但是如果无法从家庭的声望或者支持中获益，要获得一定的成就也要付出更多的努力。而这种动力似乎是对个人能力和低下的家庭地位之间可以感知到的不一致的回应，这是通过运用个人的能力和潜力这些更为有利的条件来表现自我，并以此巩固自己的社会地位的企图。

有经济受损背景却超越其父亲的职业地位的男孩们，在其青少年时期主要是因其远大的志向而显得与众不同，但是他们同时也比那些保持或低于其父亲的职业地位的男孩聪明。[21]如表A–22所示，对于来自经济未受损家庭而且向上流动的男性，这种差异就倒了过来。由于劳动阶级男孩的个案数较少，所以我们没有对他们做任何比较。

如果像智商和职业成就之类的两个前置因素是相关的，那么想确定和比较两者的主要影响就非常成问题。就某个假设而言，共享方差（shared variance）可能来源于智力或者成就动机。为了在经济受损群体中估计它们对职业成就的相对影响，我们假定家庭地位依时间顺序应置于智力之前，这两个因素又置于成就动机之前。对中产阶级和全部样本中经济受损与经济未受损家庭的男孩所做的回归分析的结果，都表现在表A–23中。

从所有的这些对比来看，对于那些经济未受损父母的儿子而言，智力显然是取得高成就的更为重要的资源，而智力的影响并不会因阶级出身的不同而有什么差异。对于有着经济受损背景的男性的命运来说，能力不是一个有重要影响的因素，它的作用甚至无法超过成就动机的作用，这一点对于来自劳动阶级的男性而言尤其明显。即使在分析中包括教育程度，这种差异也不会改变。对于这两个经济受损的群体而言，智力和家庭地位对于其成人地位的基本影响被教育程度削弱了（和图4

---

[21] 职业的流动，是用父亲在1929年的职业地位和研究对象在1958年的职业地位交互列表来衡量的，正如霍林斯黑德的七级量表已表明的那样。父亲和儿子在这两个时点的年龄是相似的——大约是38岁。在这个交互表的基础上，我们把所有的样本分成了三类职业流动模式：向上的、稳定的和向下的。对于七位来自"专业人员"家庭而且在1958年依旧处于这个层次的男性，这种分类要做一定的修改。通过对有关工作史资料的详细研究，我们发现这些男性在工作环境中所拥有的职业地位和权威明显不同于他们的父亲。比如有这样一例个案，一位中学教师的儿子上了工程专业的研究生，而且作为一个大航空公司的研究和发展部门的领导人，获得了很高的地位。还有一例个案，一位就职于当地一家建筑公司的工程师的儿子，成为注册会计师，并且还变成一个大银行的支行副行长。六位来自专业人员家庭的男性是向下流动的，而且除了一人以外，其他的都至少比他们父亲的职业地位低两级。

比较），而成就动机的作用均匀地分为直接影响和通过高等教育产生的间接影响。

智力对于出身低微的男性的职业成就没有太大的影响，部分可能是因为他们获得高等教育的途径有限，但是这不能用来解释在智商影响下的被剥夺状况的差异，尤其是在中产阶级中。即使在出身低微的群体中，因为经济受损而导致的教育程度的差异，也不足以解释智力和抱负相对影响的不同。

造成这种差异的一个因素，是明确的职业目标，或者说职业的具体化及其与抱负的关系。本项研究中所衡量的成就动机，表明了一种一般的或者说不具体的愿望，这种愿望在多种领域或者它和多种目标的关系中都有所体现。正如罗森（Rosen）曾指出的那样，成就综合特征（achievement syndrome）包括成就的价值观和目标的指向趋势，以及出人头地的普遍愿望。[22] 不过在某些方面，就孩子在少年时期的成就动机给其成年后所带来的影响而言，如果这种动机没有明确的目标，孩子的抱负又缺乏指导和训练，那么职业的具体化就比其价值观更为重要。如果其他的情况都是一样的，那么较早地认同一个明确的目标，会强化孩子在青少年时代的抱负和成人后职业成就之间的连续性。

为了验证这种解释，我们依照职业具体化的程度划分了两个群体：弥散的兴趣（diffuse interest），这包括转变类和集中类中的所有个案；集中的或成熟的兴趣。对于每一个群体，我们都在统计上控制家庭地位变量的情况下，计算成就动机和职业地位（测量方法导致的差异在两个群体中都是相似的）的偏相关。有抱负的男孩比其他年轻人在职业具体化的方面略进一步，而且如果他们的职业兴趣相当明确，也可能获得高声望的工作。从职业兴趣"弥散"的群体到职业兴趣"成熟"的群体，成就动机和职业地位之间的关系加强了（r_x=0.26对0.40）。即使控制经济受损这一变量，如果具有成就取向的孩子的职业兴趣在青春期晚期就很明确，那么他们更可能获得较高的地位。[23]

---

[22] Bernard C. Rosen, "The Achievement Syndrome: A Psychocultural Dimension of Social Stratification," in Atkinson 1958, pp. 500–508.
[23] 考察职业具体化的影响的另外一种方法，是排除它对成就动机和职业成就之间关系的影响。为了做到这一点，我们把注意力放在那些最能预测其成人地位的群体——来自经济受损家庭的男性群体。如果控制职业成熟这个变量，这种相关程度会减少1/4，相关系数 r 从 0.33 下降到 0.25。同时控制智力这个变量，这种相关程度下降到 0.20，这依旧比经济未受损群体中的男性的相关程度强。

依照同样的逻辑，在职业具体化更为成熟的群体中，智力和职业成就之间的对应关系应最为明显。如果孩子的职业目标不确定，那么智力对于工作的前景所应产生的累积效应将无法实现，但是数据不支持这种假设。出现这种结果的一个原因，是智力和成人地位间的关系。智力的主要影响被教育程度削弱了，受过大学教育的人在职业发展方面的差异不可能很大。不论这些男孩的家庭背景有什么不同，只要他们更有能力，就最可能去寻求高等教育，这又增加了他们获得有声望的工作的机会，不过这条路并不会因职业的明确性或具体化的不同而出现差异。在某些个案中，教育进程的耽延和职业的不确定性有关，尽管它不会通过大学和研究生的学习给职业成就带来永久的影响。第二个因素，可以从对职业成熟群体更详尽的研究中看出来。明确的职业目标增强了不太能干的男性获得职业成就的机会，这样智商对他们成人地位的负面影响就最小化了。

我们现有的关于奥克兰男性的数据，支持关于大萧条影响职业成就的两个普遍结论。第一，孩子接受教育的过程，为我们了解为什么有些人及其家庭在30年代经历的经济困难使他们的工作进展遭到挫败提供了线索。但是要了解来自经济受损家庭的男性的职业成功（occupational success），我们必须了解影响其工作生活经历的各种因素。大萧条强化了这些因素（职业重心的形成、早期职业生涯的建立、专心致志的努力等）相对于正规教育的影响。更为普遍的是，这些影响也可在大萧条的其他出生组中发现（经过某些修正）。对年轻人而言，家庭受损可能会通过社会化的限制、相互冲突的需求、父母支持的减少和社会经济因素的缺乏，来阻碍其正规教育的进展。对于年轻的劳动者而言，或者对于那些由于供需不平衡而寻找工作的人而言，经济萧条也使教育更不可能成为获得他们所渴望的职业的途径。因此，职业的确立和晋升更多地依赖与其工作生活经历直接相关的个人因素。

到此为止，我们已经勾画出了奥克兰男性生命历程中的主要事件，从大萧条十年开始，经过二战、战后短暂的时期，直到50年代末期。在恰当的时候，我们比较了奥克兰出生组中这些事件的时机和全部的状况与其他年龄组类似的方面。这种全面的回顾，提出了许多关于30年代的家庭经济受损对成人地位的长期影响的问题，并构建了进行这种评估的情境。正如我们所看到的那样，这种影响是无足轻重的，仅仅对劳动阶级的男性略有负面作用。这种结果甚至比预期的负面影响更需要解释，因为负面的影响还与人们想象中的大萧条对成年人生活的影响一致。一般来说，我们试图就大萧条经历对人的生命历程的破坏性、病原性的影响进行考察。为什么家庭的经济受损并没有对孩子成人后的职业成就产生更多的负面作用？

从我们的分析中可以得出两个答案。一是大萧条对不同出生组有不同影响。根据奥克兰男性在1930年所处的生命阶段，他们比其他出生组的男性占据着更为有利的位置。他们已经超越了完全依赖父母的关键发展阶段，并且到30年代末期经济因战争而复苏之时才离开家庭和学校。比较而言，相当大比例的年轻蓝领工人没有克服大萧条给他们工作带来的负面影响，正如特恩斯特罗姆对波士顿男性的研究提及的那样。某些奥克兰男性的父亲也受到了相似的影响。第二个答案集中于工作经历中与大萧条相关的因素：这些因素在多大程度上**抵消**了由于家庭困难导致的教育障碍的负面作用。经济受损减少了劳动阶级后代接受教育的机会，但它也通过职业发展和才能的积极运用巩固了他们的工作生活成就。

地位获得的模式及它们与大萧条经济状况的关系，揭示了生命历程中的价值观和生活方式形成的某种社会情境。当我们追踪经济受损在四分之一世纪的时间里对奥克兰男性成年后的价值观所产生的影响时，我们必须记住这些情境。

男性的价值观：大萧条的遗产？

没有什么问题比大萧条对男性价值观——他们的偏好或认可的价值标准——的假定影响能引起更多的思索了。以工作为中心、不愿意变换工作和最关注工作的保障性，这些特点更是作为那个时代的遗产常常被提到。如果这些都适用于大萧条中的年轻人，那么这种解释表明某种特定的价值观是在经济受损的环境中形成的，而且无论孩子的生命历程如何特殊，这些偏好都保持到成年后，并且表现在他们成人后的行为中。对这种假设更有说服力的陈述是，那些在大萧条中长大的男性明显地在生活方式上以工作为中心，因为这些价值观形成的时候，工作和收入太珍贵了。

把价值观看成是"个人在更大规模的社会结构中的位置和个人行为间的桥梁"，

这样一种观点有经验的支持。[24]但是这种看法并不认为，这个位置会自动地把某个时期（尤其是在快速变迁的社会中）的结构性影响和接下来那个时期中的相应行为联系在一起。如果价值观是由生活境遇所塑造的，那么社会变迁和个人的流动会削弱T_1和T_2之间的因果关系。我们没有理由认为，战后的职业流动更多是大萧条中的艰难经历导致的，而更少是受工作价值观的影响。实际上，现有的资料表明，男性对工作的偏爱和对抚养孩子的概念，可以更多地用他们的教育程度和职业来解释，而非用他们的家庭背景来说明。[25]

大萧条时的状况和成人价值观之间的关联的另外一个弱点，在于忽略了某个对象或者规范在获得价值的过程中的个性特征（比如智力）。处于某种境遇中的人有什么样的经历，部分取决于他们能给这种境遇带来什么。在有关工作价值观的任何考虑中，这点尤为重要，因为我们对个人能力的了解，影响着我们解释职业要求和职业选择。与我们对困境的看法一致，我们假定，某种替代品的意义取决于人们感知到的境遇要求和个人才智之间的关系，这反过来又产生了对报酬和代价的预期。

如果从**适应性**的角度来考察价值观的获取，能力就是一个基本因素。这种考察角度认为，特定的行为或个人品质在某种境遇中获得了价值，是因为它们能适应这种境遇，也就是说，它们能使个人有效地应付其所面对的境遇。从另外一项研究中，我们也可以看到这方面的例子。那项研究发现，中产阶级和劳动阶级的父母在希望和注重他们的孩子所具有的品质方面存在差异。研究者指出："两个社会阶级的父母希望他们的孩子所具备的价值观，似乎都是最符合父母生活时代的特点的……在中产阶级的职业中，自我引导似乎更为可能，也更为必要。而劳动阶级的职业允许自我引导的空间要小得多，在服从他人制定的规则和指令之外，做其他任何事情都可能遭受处罚。"[26]

---

24 Melvin L. Kohn, "Social Class and Parent-Child Relationships: An Interpretation," *American Journal of Sociology* 68（1963）: 471.

25 Kohn, *Class and Conformity*（1969）.

26 Leonard I. Pearlin and Melvin L. Kohn, "Social Class, Occupation, and Parental Values: A Cross-National Study," *American Sociological Review* 31（1966）: 466.

行为的适应范围是建立在有关个人满意度的假设的基础上的。和这方面关系特别密切的,是地位的变化对有关客观事物价值的影响。社会比较和强化理论(social comparison and reinforcement theories)提出,当某人积极看待某种客观事物,而他对这种事物的拥有权被剥夺时,这种事物就会获得价值。也就是说,一份报酬在激发积极性方面的重要性,只有对那些在这方面受损的人才最为明显。当一个人的许多希望都受挫时,适应就集中于许多满足基本需求的方面,比如住房、食物和稳定的家庭等。[27]在对大萧条的文化遗产最为普遍的解释中,常见一种有关经济受损主题过于简单化的论述,认为在大萧条中长大的男性之所以具有重视金钱、稳定的工作、舒适的家庭和工作的保障性等特征,是因为他们在还是孩子的30年代,在这些方面曾经失去过,或者说有过这方面的经历。有的时候,适应理论也可能导致相似的预测,但是它引导我们注意在整个生命历程中,境遇的改变对活动的适应性价值的影响。那种使某一特定领域中的行为获得适应性价值的境遇持续的时间越长,这种价值持续的时间也越长。因此,对于那些发现自己现在的境遇和他们在经济受损家庭中的经历没有什么不同的人而言,工作的稳定性和保障性就变得最有吸引力。社会持续性当然在一定程度上是童年形成的价值观所导致的行为结果。职业价值观似乎对高等教育中的学科选择也有着这种影响。

我们认为对于经济受损家庭的儿子们而言,工作与休闲有着特殊的意义。大萧条中的适应,使孩子开始承担家庭经济的责任,而这又巩固了作为独立性、保障性和身份等的来源的就业价值观(value of employment)。通过它们和家庭生活天然的关系,父亲的失业使男孩们敏锐地感觉到一个稳定的家庭对于自己情感的重要性。在某种程度上,事业上的成功依赖于智力水平,越能干的人越喜欢自己的工作角色,宁愿冒风险去获得更多的报酬,而不是更多地考虑工作的保障性。另一方面,不太能干却成功了的男性,最善于吸取大萧条中有关工作保障性的教训。

---

[27] 有关受损作为动机的强化因素的经典研究,参阅 Gewirtz and Baer, "Deprivation and Satiation as Social Reinforcers on Drive Conditions"(1958)。为了满足更为基本的需求而对适应性机制进行假定的调整,遵循马斯洛的理论立场:"如果一个人的两种基本需求都被剥夺了,他就会需要这两种需求中更为基本的。" Motivation and Personality(1954), p. 99. 对这种形式的适应最为清晰的证明,参阅 Jahoda et al., Marienthal(1970)。

正如通常的解释那样，工作和休闲的合法性因大萧条中的各种条件而更加紧密地交织在一起。失业增加了人们用于业余爱好的时间，却也减少了失业者获得合法的或具有文化认同的休闲或娱乐机会。就像"为了吃饭人们必须工作"一样，根据一种匮乏文化（scarcity culture）的规则，他们也必须赢得娱乐的权利。顺着这一思路，里斯曼（Riesman）看到有许多美国人"在娱乐中或多或少都无意识地感到一些不自在，因为根据文化上的定义，娱乐的权利属于工作的人们"。[28]这种不自在是否是在大萧条中长大的人们最明显的特征？

如果我们询问人们工作、家庭生活和休闲的重要性，毫无疑问我们会发现，在他们的回答中，这三者的相对重要性有相当大的差异。然而，价值的本质体现在一个人作出的选择的类型上，体现在其分配给每个领域的优先级上。这种有关重要性的问题并不是询问一个人是否看重他的工作，而是询问在他的心目中，工作是否比家庭生活和休闲有着更高的价值？

为了获得这种偏好的层次，我们要求样本中的人们（1964年追踪调查的对象）对公民的和社会的角色工作、家庭、休闲和社区（公民和社会角色）四个领域给出他们的第一偏好和第二偏好，这种选择在三个层面上进行：他们最喜欢的活动，他们更愿意花时间的活动，最能够给予他们成就感的活动。第一、第二偏好和没有偏好的取值各自为2、1和0。因为这三个选项是高度相关的（$r=0.52$），所以把每一项选择的得分相加，作为衡量活动偏好的单一指标，取值从0到6。

我们是在这些人工作的主要阶段（prime phase）询问他们这些问题的，他们的偏好也反映了这一事实。工作的分值高于家庭活动（$\bar{X}_s$=3.8对2.5），而这两种偏好和休闲、社区角色有着相当的距离（$\bar{X}_s$=1.8对0.7）。尽管大多数男性都至少参加了一种志愿者协会，可是这些活动的地位明显不如生活中的其他领域那么突出。

对于来自经济受损和经济未受损家庭的男性而言，这些活动领域的价值也不

---

[28] Riesman, *The Lonely Crowd*（1950），p. 345。对于许多经历过大萧条时期的人来说，休闲对于他们的意义受大萧条的影响方面，还有许多问题回答不了。维克特（Wecter）总结道："大萧条对美国生活任何一个方面的影响，都没有对休闲大。"Dixon Wecter, *The Age of the Great Depression*（1948; Chicago:Quadrangle, 1971），p. 219。经济富裕和休闲时间之间的关系，林德（Linder）在他的 *The Harried Leisure Class*（1970）中曾探索过。

同,但是与我们的预测不完全一样,工作生活是主要的例外。无论属于哪一个阶级,来自经济受损家庭的男性并不比来自经济未受损家庭的人更认同其工作生活,而且这两个群体的人都认为工作的价值高于家庭生活、休闲或社区角色。对于男性而言,决定工作重要性的,不是他的阶级出身或是否来自经济受损的家庭,而是他的工作生活是否相对成功。和不太成功的男性相比,向上流动的和有着较高社会地位的男性,总是更加看重他们的职业角色,家庭背景的不同不会使这种偏好出现太大的差异。[29]

尽管来自经济受损家庭的男性对工作角色的兴趣并不突出,但是正如人们想象的那样,他们更不喜欢休闲。和来自相对富裕家庭的男性相比,他们更以家庭为中心(表7)。在这两个方面,他们似乎都与经济受损家庭父亲的适应有某种相似性,这种相似性对我们有启发作用。尽管每一个家庭都有紧张和冲突,我们还是认为对于在大萧条中失去工作和收入的男性而言,大多数家庭都成了处于充满敌意的世界中的天堂或避难所。[30]这是他们的私人领域,是一个能让他们逃避他们所面对的社会窘境的地方。这些经验和在大萧条中长大的男性价值观的代际联系,部分取决于他们对家庭生活偏好的意义(我们将在稍后详细谈论这个问题),以及具体的工作价值观。目前,我们应该注意到,因为婚姻能提供人际间的互惠互利(理解、相伴等),或者说家庭和孩子能够提供保障和满意,所以家庭可能是重要的。家庭在社交和情感上给人们提供的保障,和家庭作为"避难所"的意象是一致的。

表7 奥克兰男性的活动偏好(1964年)
(按照经济受损和家庭出身分类,以平均分数表示)

按照阶级出身划分经济受损	工作	家庭	休闲	社区
中产阶级				

---

[29] 在1958年,孩子成人后所属的社会阶级和工作的价值之间的相关系数为0.29。它和职业流动的相关程度是相似的。

[30] 家庭作为"情感的天堂",是由帕森斯和R.福克斯(Renee Fox)在"Illness, Therapy, and the Modern Urban American Family"(1952)中发展成为一种概念的。

（续表）

按照阶级出身划分经济受损	工作	家庭	休闲	社区
经济未受损的（ND）(N=19)	3.9	1.8	2.1	1.0
经济受损的（D）(N=16)	4.0	3.2	1.5	0.6
		ND<D*		
全部样本				
经济未受损的（ND）(N=22)	3.7	1.9	2.2	1.0
经济受损的（D）(N=24)	3.7	3.1	1.5	0.5
		ND<D*		

*<0.05（双尾 T 检验）

就像我们在谈到有关工作角色的偏好时所指出的那样，把成人的价值观和经济困窘联系起来的任何尝试，最终都必须把孩子的能力及其成人后的社会地位考虑在内；甚至在工作取向的地位较高的群体中，这种偏好也只是在更为能干的人中最为普遍。更重要的是，成人地位的变化界定了具体说明大萧条经历的适当性（appropriateness of Depression experience）的情境。比如，即使经济上的失败增加了家庭的价值，我们也不能认为这种价值观是来自经济受损家庭的成功男性的特征。他们成年时的境遇与由经济受损及失业所形成的童年经历完全不同，尽管这的确适用于地位低微且向下流动的男性的生活境遇，尤其适用于那些在经济受损家庭中长大的男性。因此，经济受损的男性以家庭为中心的反应，只有在面临和他们30年代的境遇最为相似的情况下最为强烈。与强化原则（reinforcement principles）一致，反应的稳定性取决于他所生存的环境的稳定性。

在对样本中的男性做一系列回归分析之后，我们发现，孩子们对工作、家庭和休闲的偏好首先与选择的前置因素（成人所处的社会阶级、青少年时的智商、家庭在经济上是否受损和阶级出身）有关，然后才与由向上流动和没有流动定义的两种职业情境发生联系。因为男性很少选择社区这种偏好，所以对它的测量不包括在内。经济受损和成人的社会地位或智力无关，因此在分析中，它对成人三种价值观的主要影响不会发生改变（表A-24）。以工作为中心的男性，在大萧条中其家庭可能是经济困窘的也可能是财政状况稳定的，他们也没有因为青少年时期更加丰富的工作经验而显得与众不同。总的来说，他们是样本中更有能力和更成功的人，尽管对工作角色感兴趣的男性并不仅限于这一类人。经济困窘显然是导致具有家庭偏好的最重要的因素，而具有家庭偏好的男性一般来说智力和成人地位也相对较低。在生命历程中，智力的影响当然部分是通过职业成就来实现的。有休闲取向的人很少来自经济受损的家庭，尽管他们是属于样本中最不能干的和职业上最不成功的群体。

职业情境会使这些结果有所不同吗？相对于职业上没有流动的男性（$N=20$）而言，职业上流动的男性（$N=26$）在工作偏好上的分数较高，在家庭和休闲的兴趣上分数较低。两个群体中每个指标的分数差异，一般是可以比较的。如果我们注意到这一点，就可以用这种相似性去比较每个群体中前置变量的相对影响。就工作偏好而言，我们发现孩子的家庭背景并不能改变上述结果。在每一种流动类别中，以工作为中心与30年代的家庭受损并无关联。职业上的机会和能力是起作用的因素。

职业情境的确改变了经济受损与家庭和休闲偏好的关系，而且改变的程度正如我们预期的那样。大萧条中的经济受损比其他任何因素更能预测家庭偏好（表A-24），但在未流动群体中，经济受损与这种价值观的关系更为密切（β系数为0.63，而向上流动的群体的β系数为0.16）。在这两个群体中，家庭地位和智力对这种价值观的影响都没有差异。对休闲活动的冷淡也遵循相似的模式（β系数为-0.77，而向上流动的群体的β系数为-0.09）。值得一提的是，这种影响与出身低微的男性对休闲活动所持的价值观是相反的。正如表A-24表明的那样，那些在成年时期智商和社会地位最低的男性最可能喜欢休闲活动，对于未流动的人来说也是这样。但是如果这些人在经济受损家庭中长大，他们最不可能喜欢休闲活动。如果我们假定，大萧条中的艰难使这些孩子最不可能接受或喜欢休闲活动，而且增强了家庭生活的重要性，那么，只有在那些成年后有类似生活境遇的人中，才能发现这种价值观的连续性。

从社会意涵（social implication）的角度来看也值得一提的，是经济受损对那些事业极为成功的人的价值观几乎没有影响。对于他们的职业成就和如何获得生活中现有的位置，以及这种位置为他们选择生活方式产生的某种洞察力而言，家庭的艰辛有着更为重要的影响。这些男性和有关匮乏文化中的男性特征的主流印象一样，认同工作，厌恶休闲活动。然而对于向上流动的男性而言，这些价值取向和经济困窘没有任何明显的关联。

对工作、家庭或休闲活动的偏好，并不能告诉我们这些活动的性质，也不能告诉我们它们最为人们所欣赏或讨厌的特征。一种有报酬的活动或一个有报酬的角色，总是能给人们提供内在的满足感。活动本身就是一种结果，而不是通向结果的一种简单手段。C.赖特·米尔斯列出了可用来衡量角色内在满足感的条件：关注产品的质量；允许个性发展的工作环境；规划活动的自由；一种如此令人满意以至于模糊了娱乐和工作界限的活动（Mills，1951：220—238）。这些条件在具有较高社会地位的职业中最为普遍，而从事这类工作的男性也比蓝领工人更加重视工作的内在特征（是否和自己的兴趣一致等）。蓝领工人必须调整自己，以适应那些很少能提供外在利益的工作现实，如金钱、休闲或者工作保障。对于蓝领工人而言，家庭的重要意义部分在于其对工作的疏远。[31]如果工作有意思，它可能就包括娱乐因素——"我的工作就是我的娱乐活动"。如果工作不具备这种性质，那么工作以外的活动就变得重要了。但是那些疏远工作的男性喜欢的家庭活动的种类可能存在着差异，而这与他们在大萧条中学到的东西有关。是家庭提供的保障性和舒适感，是拥有孩子的机会（对老年人而言也是一种保障的来源），还是妻子和孩子的陪伴与理解？为了更详细地了解男性在家庭和工作中看重什么，我们分析了1958年和1964年追踪调查中曾询问过的一系列问题。

工作的意义

这些男性赋予工作角色的意义是由评价性的问题（如："你对你工作的如下方面感觉如何？"）来衡量的，也是由必须在工作的保障性和有风险但也可能获得更多报酬之间作出的选择来衡量的（1958年访谈）。根据对工作各个方面的态度（1964年调查），我们在相关分析中形成了三个一般性的类群（cluster）：外在

---

[31] 这并不是说婚后生活的质量不会影响对家庭活动的价值评估。实际上，那些提及有关经济、孩子抚养、朋友和其他事务的婚姻不和的男性，以及那些发现婚姻中幸福感很少的男性，最不可能看重家庭活动（平均 $r=-0.28$）。不过，家庭的不快乐不能解释30年代受损的状况和家庭偏好之间的关系。来自经济受损和经济未受损家庭的男性，同样可能认为他们的婚姻是幸福的。

的——对收入、工作安排和自由时间的满意程度；流动性和声望——对晋升机会、他人的监督和工作声望的满意程度；内在的——对工作和自己兴趣的一致性、技术的运用和形成自己观点的自由的满意程度。[32]

与马斯洛的需求层次类似，经济从匮乏转向充裕，使人们的注意力从工作的外在益处转向内在优点。在面临大量劳动需求和多种选择的情况下，受过教育的工人可以讨价还价，而不仅仅把工作当作养家糊口的手段。在富裕的社会中，是"工作急需工人"；而在匮乏的世界中，是工人寻求"任何卑贱的苦差"。[33]如果对工作不满的任何模式都植根于大萧条的经历，那么它可能涉及的是这些工作的外在益处，这些对于30年代的工人而言是极其难以获得的。

实际上，30年代的经济受损使男性对自己工作的外在特征的满意度差异极大。当控制这些男性的地位获得、智力和家庭地位三个变量时，经济受损和对工作的不满意相关（$r = -0.23$）。这些地位特征没有一个像家庭困苦那样，能对他们对工作的不满作出预测。不过，经济受损的影响的确因职业经历的不同而不同。在工作中越得不到回报，经济受损和不满之间的关系就越密切。这种差异同我们有关家庭和休闲偏好的发现相似，可以从流动和未流动的男性的比较中看出来。从流动的群体到未流动的群体，对工作的否定性情感和经济受损的关系越来越密切，r的值从 -0.11 到 -0.39。在控制了智力和家庭地位这两个变量后，这种差异也没有缩小。在这些发现和以前的发现中，成人生活中的经济受损似乎引起了这种反应，并将在社会性习得（social learning）方面与过去的经济受损联系在一起。

30年代停滞性经济面对的问题更多与工作机会有关，而不是与工作的内在特征（比如工作和兴趣的一致性）有关，但是这在来自经济受损家庭的男性身上并不是特别突出。工作流动前景和声望满意度与向上流动性之间的关系最为密切，

---

[32] 对工作的每个方面的五类回答是按照下面的方式评分的："非常喜欢它"为 –3 分，"有些喜欢它"为 –2 分，"既不喜欢也不讨厌"为 –1 分，"有些讨厌它"和"非常讨厌它"为 0 分，评分后累加形成三个指标。因为每一个类群都包括三个题目，所以分数的范围是从 0 分到 9 分。外在指标、流动性和声望指标，以及内在指标的平均分数分别为 6.1 分、6.4 分和 5.2 分。

[33] Potter, *People of Plenty* (1954), p. 205. The quotation is from Simon Nelson Patten, *The New Basis of Civilization* (New York:Macmillan, 1907), pp. 87–88.

工作地位较高的男性最可能欣赏工作内在的品质。人们可能预计来自经济受损家庭又流动的男性，会对他们工作的机会和声望尤其感到满意，但是数据并不支持这种看法。经济困窘的背景既不会影响流动者也不会影响未流动者对工作内在特征的情感。

在50年代末期或60年代初期，工作的保障性不是这些男性关注的焦点。这一时期如果不算和平时期，也算是繁荣富裕的时期，出身低微的奥克兰男性大部分都进入了白领或专业人员阶层。当我们让被访者列出一项工作中令其满意的最重要的三个方面时，只有6个人提到工作的保障性。工作和兴趣的一致性最突出（66%），其次是收入的数量（53%）、技术和能力的运用（32%）、表达想法和运用想象力的自由（30%）。这种对工作优先性的排序并不会因家庭背景或经济受损的不同而不同，尽管最经常提到工作内在特征的是那些对经济生存方面考虑较少的男性，也即那些具有较高社会地位的男性。不过值得一提的是，工作时间、工作压力、对家庭的便利性和闲暇时间，并不比工作的保障性得到更多的支持。

为了把工作的保障性作为一种潜在的选择放在其他选择之中，我们要求受访者必须在稳定的有保障的工作和相对不稳定但可能获得更多报酬的工作之间作出选择。工作常常会涉及这方面的考虑，需要衡量它们要付出的代价和带来的报酬。任何其他工作选择都比某人当前的工作包含更多不确定性，因此必须使它所带来的挑战和潜在的收益之间达到平衡。这种平衡和它的意义，部分依赖于工人的年龄、职业地位、教育程度、个人的能力和价值观。工作更换的风险，尤其是雇佣者更换的风险，随年龄的增大而增大。对于那些没有一技之长的人，这种风险更大。

我们要求受访的男性在下面两者中作出选择：一为收入合理且有保障的工作，一为有风险但有可能获得更多报酬的新工作。尽管那时年龄并不是主要考虑的因素（平均年龄为38岁），但还是有差不多一半的男性宁愿选择前者，而非后者。对变迁的抵制通过关注工作的保障性表现出来，这在那些过去选择受限和失业的男性中表现得最为明显。如表A-25所示，经济受损的背景和较低的成人地位，都与研究对象偏好工作保障性有关，尽管这两种因素对这种价值观的预测作用都不强。在这种选择中，能力有限显然是最重要的因素。那些没能超越其父亲的社会地位的男性，若在大萧条中碰上经济受损，他们的保障意识增长得最迅速。这个结果和有关价值观的其他发现相似，但是看重工作的保障性又曾流动的次群体规模太小了，以至于无法进行有效的比较。

作为对工作生活选择的反应，具有保障性倾向的男性，常常以其对大萧条的记忆为情境来解释他们现在的境遇，这又能解释他们为什么选择稳定、有保障性的工作。这些男性中有一个印刷工，他的父亲在30年代的大部分时间里都没有工作，他宣称他是由于母亲的鼓励才接受学徒训练的，因为他母亲希望他有一份"稳定而有保障的工作"。他现在的工作，正如他自己指出的那样，是"一种只要你能好好干，就几乎不会失业的工作。这份工作的报酬低于许多其他工作。不过你不能干得太糟糕。比如，木匠每年几乎都有三个月没活干，卡车司机常常罢工"。因为他将工作稳定的重要性铭记于心，所以确信自己"最终会领先于从事这些工作的人"，并享有"当今任何工作所能提供的"同样的保障性。有一个会计用类似的方式反映了他父亲的损失——"金钱、工作和一切"，他还承认"我现在完全变得小心翼翼，而不是雄心勃勃"。大学毕业后不久，他进入了一家大公司的人事部门，这份工作晋升机会很少但却有保障。公司如"家"的氛围让他感觉很舒服，他没有离开的欲望。"如果有足够吸引我的东西，我可以冒险。但是理智地来看，稳定的工作是最好的。"在这两个个案中，都有迹象表明这些男性对工作保障性的关注来源于过去的困窘，这导致人们选择相对没有什么风险、压力和挑战性的工作，而由此产生的工作境遇又反过来增强了这种价值取向的重要性。在这里，我们看到了一种循环性强化关系（reinforcing relationship）的例子，一种在偏好的和实际的行动方案之间的自我实现预言（self-fulfilling prophecy）。如果在职业问题上越是强调工作的保障性，并且拒绝作出选择，那么他们就越被困在以这种保障性为关注焦点的体系之中。

从家庭经济中的生产性角色到职业认同和职业生涯，来自经济受损家庭的男性的经历使他们把工作作为生活方式中的核心因素，成为相对于其他领域的活动而言占主导地位的活动。我们发现，总的来看，他们赋予工作的价值高于赋予家庭生活、休闲或社区角色的价值，但是有着良好背景的男性也持有这样的看法。这些男性之间的基本差异不在于价值观，而在于这些价值观的意义。这也基本上表现在那些没能超越其父亲的社会地位的儿子们中。在这些人中，经历经济受损状况的男性和他们父亲在受损的经历上最为相近，他们评价自己的工作也是以大萧条中非常普遍的问题为基础。和经济未受损的男性相比较，他们一般更重视工作的保障性，而不会冒险接受另一份可能报酬更多的工作，还会对自己工作的低报酬横加批评。

从边疆开发和经济扩张的时代开始，美国成功的标准——一个男人是否能够超越自己父亲的地位——需要未流动的人付出相当大的代价。就像在30年代丢失了工作和收入的许多工人一样，和更加成功的人相比，50年代职业生涯没有流动的奥克兰男性感觉自己成了生活环境的牺牲品，感到生活没有意义（这方面更多的内容，参阅Elder，1969b）。就如在大萧条中曾失业的父辈一样，他们成年后也最可能沉溺于酒精之中。和他们失业的父辈相比，职业上未流动的男性经历的受损并不那么绝对；但是在一个富裕的时代，相对受损也是挫折感的潜在来源。

家庭、孩子和婚姻：家庭生活中有价值的方面

知道男性在家庭生活中重视什么，使我们能更加近距离地了解家庭取向和大萧条经历之间的关系。婚姻本身有内在的价值，比如最基本关系中的陪伴和互相了解；还有通过婚姻获得的外在的好处，比如人们结婚才有机会生育和抚育孩子，才能有一个舒适的家，有给自己提供保障的地方。如果说家庭生活中缺乏这些因素反而会增加它们的价值，那么对于来自经济受损家庭的儿子们来说，家、孩子和婚姻就有着特殊的重要性。家在大萧条时给人的避难所的感觉，在富裕时代似乎变得陌生而又过时；但是，对于谋生过程中遇到麻烦的男性而言，可能就不这样。

为了评估家、孩子和婚姻的相对重要性，我们要求男性（在1964年的调查中）把婚姻的六个方面从最有价值到最无价值进行排序。第一和第二选择的比例如表8所示。其他对婚姻的研究发现，和配偶的关系始终被排在第一位（Blood & Wolfe，1960），我们的研究也发现了这种优先性。对于大多数的男性而言，陪伴和相互了解都是婚姻中有价值的方面，接下去的是"生育和抚育孩子的机会"，以及家能带来的好处。然而值得一提的是，对于大萧条年龄组而言，强调婚姻带来物质和安全保障方面利益的人如此之少。

表8　男性认为婚姻中最有价值的方面

（按照经济受损和家庭出身分类，以百分比表示）

婚姻的六个方面	中产阶级出身 经济未受损 N=16	中产阶级出身 经济受损 N=13	总样本 经济未受损 N=19	总样本 经济受损 N=21	总数 N=40
家					
生活标准——住房、衣物等标准	6	8	5	10	8
家的舒适性和保障性	6	16	16	14	15
孩子					
生育和抚育孩子的机会	13	46	10	48	30
和妻子的关系					
性关系	30	15	30	19	26
做事时的陪伴	71	46	70	50	59
相互了解对方的问题和感情	70	69	70	64	67

注：婚姻这些方面的数据都经过修正，运用了布拉德（Blood）和伍尔夫（Wolfe）在他们对底特律的婚姻研究中扩充的有关类别的描述："总体来看，下面卡片上的五件事中，你认为哪一件是婚姻中最有价值的？"对于妻子，这些事包括生育和抚育孩子、生活标准、丈夫的理解、丈夫爱的表达和陪伴，参阅 Robert O. Blood, Jr. and Donald M. Wolfe, "Husbands and Wives"（Glencoe, III.:The Free Press, 1960），p. 283。

我们要求受访者按照重要性对这六个方面进行排序，每个百分比代表每组中把该项排在第一位或第二位的人数。

来自经济受损家庭的男性最突出的价值观是他们以孩子为导向，而不是以家的保障性和婚姻带来的人际交往的好处为导向，这与来自经济未受损家庭的男性以婚姻关系为中心的情形形成了鲜明的对比。[34]除了相互理解（它对两个群体都有重要价值）之外，来自经济受损家庭的男性都认为陪伴和孩子是婚姻中有价值的

---

34 "家的保障性和舒适性"尽管在这些男性的选择中地位不突出，但是来自经济未受损家庭的男性把它们放在第五位或第六位的比例更大（53%对经济受损群体的33%）。比较而言，"生活的标准"更常被经济受损家庭的后代放在最后一位（81%对47%）。

东西，但对于来自经济未受损的男性而言，这些相对都不重要。婚姻幸福（martial happiness）是这些价值观之间存在差异的一个潜在因素，当婚姻无法激发或提供情感上的满足时，孩子就可能成为家庭生活中的一个重要因素，但是并不必然会导致这样的结果。根据样本中男性的回答，是现在的社会地位，而不是过去经济受损程度的差异，导致了婚姻幸福的差异。社会地位越高，从婚姻中获得的满足就越多。

那些不能超越其父亲社会地位的男性，其婚姻价值观和那些与家庭受损相关的群体相似，尤其体现在孩子的重要性方面。这同样也适用于中产阶级和劳动阶级父母的儿子，但是在两个流动群体中，过去的经济受损都强化了这种偏好。甚至在向上流动的群体中，有着经济受损背景的男性有1/3把孩子当作婚姻中最重要的方面，而父母富裕的男性只有8%这样认为，他们更强调婚姻中的陪伴（66%对55%）。经济受损的经历对价值观的累积效应，从孩子这个因素在三个群体中的受欢迎程度上看得最清楚：经济未受损却有流动经历的、经济受损并有流动经历的、经济受损却没有流动经历的，这三个群体中孩子受欢迎的比例依次为8%、35%和70%。因此，如果儿童时代和成年期经济受损的经验不断累积，孩子就变成了婚姻中一个更为重要的因素。

职业的报酬或成就与孩子在婚姻中的价值负相关，这种关联和下面的假设是一致的：当婚姻关系和工作都没有回报时，孩子就变得更为重要。如果我们依照这种解释，那么对于那些偏好家庭生活超过工作角色的男性而言，孩子将成为婚姻中的中心价值，数据也的确表现出这种关系。就全部样本而言，这两种偏好是中度相关的（$r=0.31$）。尽管家庭的价值观受到宗教信仰的影响，或者更具体地说是受到天主教的影响，这个因素也无法解释成人的社会地位或经济受损这两点对孩子在婚姻中的优先地位的影响。分析中即使剔除全部的天主教徒，这种结果也不会改变。教养院中孩子的数目也不会使经济受损和婚姻中孩子的重要性之间的关系出现明显差异。

如果奥克兰男性是因自己在大萧条中的经历而学会重视孩子，那么即使他们成年后并没有遇到父母经历过的经济窘迫，大多数人也会有这种偏好。而这些认为孩子是婚姻最有价值的方面的人，也可能会有很多孩子。通过1964年的调查，我们发现这种价值观和孩子数目有着中度相关（$r=0.31$），在向上流动的群体中这种相关程度有所增强。在中产阶级父母的儿子们的家庭规模和经济受损之间的关联中，实现偏好的能力同样是一个重要因素。经济未受损的群体平均有2.3个孩子，经济受损的群体平均有3.4个孩子。在劳动阶级出身的男性中，家庭规模并没因大萧条时经济受损的不同出现差异，他们的家庭平均有2.7个孩子。

这种生育率的差异，在某种程度上与理查德·伊斯特林（Richard Easterlin）关于战后出生组生育率的效用理论（utility theory of cohort fertility）相关。[35] 这个理论关注两个变量之间的关系：生命历程中的相对收入和对物质产品的消费偏好。在相对较低的物质消费品味中的新婚出生组，经历潜在收入的大幅增加时，他们的生育率就会上升。伊斯特林把这种差异作为解释战后"婴儿潮"的一个主要因素。这些出生组的消费偏好都是在萧条的30年代形成的，但是却在一个充分就业和富裕的时代进入家庭角色。比较而言，40年代的出生组是在一个更加富裕的情境中形成消费偏好的，但是在抚育孩子时从经济繁荣中获益相对较少，消费者需求的提升比相对经济状况的好转更为迅速。在这种情况下，该年龄出生组的生育率应当是下降的，事实也的确如此。

除了效用模式的其他特征外，它在哪些方面与奥克兰男性的生育率相一致呢？和其他阶级中经济受损的群体相比较，从大萧条时期到其中年时期，中产阶级中经济受损家庭的儿子在经济地位上获取了最大量的相对收益，而且就他们平均养育的孩子数目来看，他们在生育能力方面也很突出。我们发现两个社会阶级的经济受损家庭之间，其绝对家庭收入（1933年）几乎没有差异，然而与那些家境相对富裕的中产阶级男性相比，中产阶级经济受损家庭的儿子们在他们的职业生涯中一般都获得了更高的地位。如果我们假设对廉价物质的喜好是在30年代经济受损的情况下形成的，那么来自经济受损的中产阶级家庭的男性有着较强的生育力，效用模式则对此提供了一种似乎合理的解释。同时，我们应该指出，在这种解释中缺乏一个重要因素的信息——妻子是否也有经济受损背景和她们有什么消费偏好。要对整个生

---

35 有关伊斯特林的效用理论的讨论和延伸，参见 Hawthorn, *The Sociology of Fertility*（1970）。非常感谢 R. 希尔（Reuben Hill）提出了伊斯特林理论对奥克兰数据的某些影响。

命历程中的生育力作出令人满意的解释，这些情况都必须考虑。

相对收入和消费偏好显然也无法让我们了解，对于奥克兰男性来说，孩子的重要性从何而来，即使这种偏好和生育率是中度相关的。正如效用理论所预测的那样，来自经济受损家庭的男性的婚姻中，孩子更为重要。但是和不太成功的男性相比，那些在事业上取得了成功或向上流动的男性，并不认为孩子是更重要的。职业地位的改变对生育率的影响很小（就孩子的平均数目而言，向上流动的群体稍多于没有流动的），但它的确降低了孩子在婚姻中的重要性。和期望中的家庭规模不同，经济窘迫并没有限制他们看重婚姻中的孩子因素，至少在奥克兰样本中是这样。实际上，这种价值观是和他们在孩童时代和成年时期的相对经济受损状况有关的。这种价值观，是否是孩子们在为家庭的福利作出有价值的贡献之时通过社会化形成的？对于那些从大萧条到中年时期都对经济保障的失效印象深刻的男性来说，孩子（无论一个、两个或更多）可能被当作最持久和回报最高的投资。[36]

对于来自经济受损家庭的儿子们，家庭生活和孩子的价值至少和希望满足孩童时代没有得到满足的要求一致。如果一些处于困境的家庭"齐心协力"，那么就会为年轻人提供一种他们可以模仿的情绪稳定和有效的模式。大萧条时代一般都更强调难以达到的或稀缺的品质，比如安宁、保障、摆脱匮乏和恐惧。匮乏的经历和财富成了大萧条后代关注的焦点，这可以从一个心理医生对战后那代年轻的成年人（young adult）的观察中看出来：

> 作为一个国家，我们从一场伟大的战争中走出来，紧随其后的是一场旷日持久的大萧条。我们所有人，无论男女，都认为在物质上和精神上，需要重新恢复自己，通过运用集体意志来消除过去的精神混乱。我们将获得我们父母生活中不曾有的宁静和安详。男人将在稳定的职业生

---

[36] 偏好大家庭是想把它作为一种保障，L.霍夫曼（Lois Hoffman）和F.怀亚特（Frederick Wyatt）讨论过："Social Change and Motivations for Having Larger Families:Some Theoretical Considerations," *Merrill-Palmer Quarterly* 6（1960）:235–244。

涯中变得无忧无虑，女人将耽于舒适的家中，他们将共同培养完美的孩子。时间将会停止。不管你怎么称呼它——一个秘密、一个幻象、一个神话——它是某种意识形态，常常不言而喻，也许正因为这样，人们最能深切地感受到。这就是**时代精神**。[37]

但是大萧条的经历的确不只是增强了人们对更有意义的家庭生活、孩子以及一切的渴望，而是带来了更多的东西。它提供了在面临经济困境时，家庭作为适应性资源的一个例子，这种资源因女性和孩子占主导地位的角色而显得与众不同。

婚姻中的价值观和影响力

对于经济受损的父母的儿子们而言，孩子的重要性和他们在家庭经济中的作用一致，但是能否据此期望婚姻关系会出现某种程度的代际连续性（intergenerational continuity）呢？也就是说，出现从经济受损家庭中的母亲占主导地位，到妻子在家庭中也有很大影响力的情况？[38] 假定有关婚姻角色的最初概念是通过互动和对父母的观察形成的，那么经济受损家庭的后代就应该比其他人更为习惯和接受妻子对家庭决策的影响。当然，许多男性在反映大萧条中父母的角色时，对占支配地位的母亲持批评态度，但是这种批评更多地集中于牺牲情结上，而不是母亲权力或领导权的合理性。

限制代际间连续性的一个更为重要的因素，是样本中父亲和儿子的生活境遇之间变化的程度。在家庭经济受损的境遇中学习到的角色模式，不适合经济和社会安康的情况：如果一个人"进入了模式形成时的境遇中"，自我–他人的关系最

---

[37] Joseph Adelson, "Is Women's Lib a Passing Fad?" *New York Times Magazine*, 19 March 1972。J. 阿德尔森（Joseph Adelson）的结论——妇女解放是暂时的失常——至少对他那代人有关家庭生活和妇女角色的经验来说是可靠的。

[38] 有关权威模式的代际传递，可以参阅 Ingersoll, "A Study of the Transmission of Authority Patterns in the Family"（1948）; and Leslie and Johnsen, "Changed Perceptions of the Maternal Role"（1963）。在两代人之间，缺乏有关父母角色的重要传承，布朗森（Bronson）等人在"Patterns of Authority and Affection in Two Generations"（1959）中曾提及这一点。

有可能持续存在下去。[39]相应地，在那些没能超越其父亲社会地位的男性中，或者那些在自己的职业生涯中也曾经济受损的（也就是未流动的）人中，妻子影响力的持续性应该是最为明显的。

在衡量婚姻的影响时，我们运用了1964年调查中曾询问过的一系列问题。为了分析的需要，我们挑选出两个决策领域：经济问题领域，这个领域中丈夫最可能做最后决策；孩子的抚育，这是属于妻子的传统领域。如果仅仅依靠丈夫的回答，我们预计会有倾向男性影响的偏差。愿意承认妻子的影响力，可能有赖于他们意识到这种家庭模式是他们所想拥有的。[40]在这方面显得比较勉强的，可能是那些把男性气概和认同他们是家庭的领导者等同起来的男人，而且这种回答本身也反映了可能植根于大萧条时期希求稳定的并以男性为主导的家庭的态度。

在经济领域的决策上，的确出现了一些这类偏差：没有一位男性回答他们妻子在怎样花钱或者挑选与购买一辆小汽车上更有影响力。40%的人认为在这类问题上是共同决策，其余的人认为自己有更大的权力。这种模式在抚育孩子上反了过来，大多数男性都认为他们的妻子更有影响力，63%的人宣称在"孩子应当怎样管束"、什么时候"孩子能约会"和宗教信仰的培养方面，他们的妻子往往更具有最终发言权。在这三个问题上夫妻共同决定的模式，有23%的男性认可，剩下的认为自己承担的角色拥有着更大的影响力。这种传统决策结构，可能和每一例个案中妻子的感觉并不一致。妻子没有在经济事务上起主导作用，就无法支持婚姻权力在代际间的连续性的理论。然而这依旧是可能的：和经济未受损父母的儿子相比，经济受损父母的儿子更倾向于承认，在家庭决策中他们和妻子的关系至少是平等的。正如我们曾看到过的那样，在地位获得上两个群体相对相似，因此直接影响婚姻权力平衡的各种条件也是相似的。

两个决策领域中的题目是相关的，分数会被累加形成两个指标。每一项的回答都是从丈夫经常做决定（1分）到妻子经常做决定（5分），因此每一项指标

---

[39] Leonard S. Cottrell, Jr., "Interpersonal Interaction and the Development of the Self," in Goslin 1969, p. 564.

[40] 有关丈夫和妻子报告的分歧的准确原因，研究文献中依旧不清楚。参阅Donald H. Granbois and Ronald P. Willett, "Equivalence of Family Role Measures Based on Husband and Wife Data," *Journal of Marriage and the Family* 32（1970）: 68–72.

都是分数越高，受访者认为妻子的影响力越大。[41]通过测量定序变量的相关系数（Kendall's tauc），我们首先在全部样本中分析这些指标和经济受损、1929年的家庭地位、成人后的社会阶级的相关性；然后在向上流动和没有流动的群体中，分析它们和家庭受损的相关性。

和大萧条时的家庭关系一致，妻子在经济事务上的影响和她们丈夫所获得的阶级地位呈负相关（$tau_c=-0.16$），但是丈夫在童年的经济富裕对此也有着令人惊奇的强烈影响，尤其是在考虑到这二者之间已经有25年间隔的情况下。即使控制家庭地位和成人的阶级地位，来自经济受损家庭的男性也依旧比相对富裕的父母的后代更倾向于回答决策的分权模式（$tau_c=0.24$）。这种关系是否会因为男性成年后足以担当养家糊口的责任而有所改变？如果妇女的影响和来自经济受损家庭的男性在童年时无法为家庭的经济作出贡献有关，那么这种关系应在那些自己的工作相对于父亲的职业地位毫无长进的男性中最为明显。

数据的确显示出这种差异。在未流动的人群中，有关经济事务决策的分权模式最为普遍，而且和向上流动的人相比，在这些人中，这种模式和家庭困苦的背景关系也更为密切（$tau_c=0.35$对0.15）。对于未流动的人而言，对30年代母亲占主导地位的感觉，代表了他们曾经济受损的背景和报告的婚姻模式之间密切的关联。那些描述母亲是家庭事务中起主导作用的人，也倾向于报告在他们自己的婚姻中，经济事务的决策方面也是分权模式（$tau_c=0.25$）。在有关孩子抚育的决策权方面的平衡上，也有相似的结果。

根据现有的数据，我们无法把婚姻作为一种关系公正地加以评判，而仅仅是间接地通过数据，考虑妻子的感受、感情和活动。工作和家庭的意义、婚姻满意度和权力都是从男性的立场去评判的。来自妻子的信息在就业领域和她们在家庭决策的影响力方面，是最有价值的。妇女可能在经济需要的情况下找工作，而就业地位又会增加她们在经济事务上的影响力。这种顺序最适用于未流动的男性的

---

[41] 另外三种回答类别是"丈夫比妻子决定得更多""丈夫和妻子决定得一样多"和"妻子比丈夫决定得更多"。尽管有关经济权力的分值是从2分到10分，受访者也仅仅分布在四类中，分数从3分到6分。有关对孩子抚育的影响力的分值从3分到15分，而所有的个案都是处于7分到13分之间。经济权力的平均分数是5.1分，有关孩子抚养的平均分数是10.1分。

家庭境遇，但是并没有明确证据预期妻子的就业就会改变我们所获得的结果。

另外一个让我们无法理解的是，在与强调婚姻、家庭生活和工作等不同方面的女性结婚后，男性的价值观究竟有多大程度的改变。可能有一些妻子也是30年代经济受损父母的孩子，而另外一些可能受到相对富裕的家庭环境的保护，没有经历那个时代的艰难和痛苦。择偶的社会同类婚原则，也即"人总是和类似于自己的人结婚"，表明通过婚姻导致的价值观改变，更可能是采取趋同或者强化的形式，而不是其内涵的改变。样本中能证明同类婚的唯一直接证据，就是教育程度的相似性，但是根据其他研究我们能假定，奥克兰男性娶的是许多背景特征和价值观都与其相似的女性。有关大萧条对家庭角色和价值观的影响的更完整画面，将会在我们随后对奥克兰女性的分析中展现出来，但是那时我们会更多地依赖一方的观点——她们的观点，与她们丈夫的观点可能相似，也可能相差很大。

小结

奥克兰男孩们离开中学的时间（1939年），作为决定他们的人生机会和成就的一个关键因素而显得突出。与以前的年代相比，这是一个充满希望的时代：工作更加多种多样，接受高等教育的条件也更为有利。工作、婚姻生活和教育由于被征召服役而中断了，但是这种由于公民的事务而导致的中断，带来的是成熟、丰富的经验和获得教育津贴之类的好处。无论是由于战争年代的收益，《退伍军人权利法案》或军队中的专门培训，还是由于妻子的支持，很明显，30年代的家庭困苦对研究对象的教育前景几乎没有什么全面的影响。只是在劳动阶级中，经济受损才会对这些孩子接受高等教育的机会产生不利影响，但即使是这样，也有相当比例的劳动阶级的男孩接受了大学教育。从接受完正规教育后的第一份工作到50年代末期，我们发现并没有证据表明，经济受损的背景成为职业地位获得的重要障碍，甚至在劳动阶级的男孩中也是这样。

在某一方面，家庭受损对这些孩子的地位获得没什么影响并不让人惊讶，因为经济受损的家庭和大萧条中能力的分布是相似的。除了家庭资源和结构性机会（structured opportunity）外，没有理由认为经济受损和孩子成年后的不同地位之间存在关联。在两个社会阶级中，来自经济受损家庭的男孩并不比经济未受损父母的儿子们更缺乏能力或者动力，但是我们不得不在这些事实之外解释他们所获得的成就的层次，我们要用他们早期的职业认同、更加具体化的职业兴趣和更大程度上的才智运用去解释。在中产阶级和劳动阶级中，和经济未受损父母的后代相比，来自经济受损家庭的男孩们在青春期晚期已培养出了更加确定的职业认同，也更可能被认为在职业兴趣上更为成熟。成年后，他们在较早的时候就进入一种稳定的职业路线，发展出一种更为有序的职业生涯，更可能从事他们在青少年时期所偏好的职业。具体兴趣上的职业成熟度，在家庭受损和职业成就之间建立了积极的关联，至少部分抵消了受损背景所带来的教育障碍的负面作用。两个社会阶级中来自经济受损家庭的男孩，在青少年时期出人头地的渴望，已被证明是他们职业成就的一个最重要的来源，并与智力有着更为密切的关系。就抱负的框架和磨炼而言，职业认同一般能使来自经济受损家庭的男孩获得更高的职业成就。

　　人到中年，大萧条对于样本中的男性而言已是一种遥远的回忆，但是它对他们所重视的事物仍然具有重要意义。在那些成年后的境遇和30年代所经历的经济受损最为相似的男性中，过去的受损和习得的倾向性之间，在当前的关联性上尤其明显；这些关联性既包括中产阶级男性的向下流动，也包括中产阶级的下层和劳动阶级男性地位的延续性和稳定性。来自经济受损家庭的男性并不比经济未受损的男性更多或更少地认同他们的工作角色，但是工作对于他们，尤其是对于未流动的人来说，意义并不相同。经济受损的男性更倾向于选择工作的保障性和一份合理的收入，而不是冒险去追求可能更赚钱的职业，并且他们对工作的外在因素——收入、工作时间等——更为不满。和经济未受损家庭的儿子们的价值观相比，休闲活动对于这些人来说没有什么价值，他们在排序时把它置于工作角色和家庭生活之后。对于有着受损背景的男性而言，婚姻的意义大部分都围绕着"生育和养育孩子的机会"；而父母更加富裕的儿子们唯一强调的是婚姻关系。经济受损家庭的后代认为他们的妻子有更大的影响力。这种价值观和家庭关系方面的差异体现在那些取得了世俗意义上的成功的男性身上，但在未流动的群体中，这种差异更为明显。

第八章
不确定性：奥克兰妇女的成人生活

> 大多数妇女依旧过着不确定的生活……她们中间的大多数人宁愿为其他人工作，从其他人的成功中寻找快乐和补偿。
>
> ——洛林·普鲁厄特[1]

妇女的生活方式取决于婚姻和丈夫的职业生涯，这是妇女不确定的生活（contingent life）的特点。由于依赖她所嫁的男性，一位年轻妇女对自己的职业规划和准备到头来可能是无效的，或者是需要调整的，或者其最终实现是需要依靠他人支持的。由于这些事先都无法控制，并且其他的事情又都要根据这些计划的实现程度而定，所以大部分年轻女性在婚前的岁月中，甚至在婚姻中抚养孩子的阶段之后，都不愿意"认真地对待她们未来的职业生涯"，这是可以理解的（Bernard，1971：172）。[2]

对于妇女来说，除了家庭及其经济上的需要这一点外，其职业生涯在整个大萧条十年都是和公众意见相反的：公众认为"妇女的位置在家里"，而不应去和

---

[1] Lorine Pruett, "Why Women Fail," in Samuel D. Schmalhausen and V. R. Calverton, *Women's Coming of Age*（New York:Liveright, 1931），p. 252。也可参阅普鲁厄特对大萧条中妇女的分析，*Women Workers through the Depression*（1934）。

[2] 对费伯（Farber）"家庭是由一系列相互都不确定的职业生涯（mutually contingent careers）构成"的概念，我们还要加进一点，即：这些女性对婚姻的依赖性一般来说是不一样的。参阅 "The Family as a Set of Mutually Contingent Careers," in Foote 1961, pp. 276–297。

男性争夺为数不多的工作。[3]在战争年代，女性在劳动力中的比例急剧上升，而且在70年代继续上升，但是有关妇女角色的一般观念还是和30年代的极为相似。在大萧条结束之后30年，一位社会学家总结道："有关女性在这个社会中的生命周期的最新观点，可以在那些极为缺乏灵活性的阶段中勾画出来。她的生活是用一系列按时序排列的极其有限的和无可挽回的状态所勾勒的。""人们认为妇女从出生到以家庭为中心的童年时代，再到上学，这段时间已足够她找到一位丈夫。她不应该浪费宝贵的青春去学习一些只是暂时有用的知识。""下一个合适的阶段是结婚前后的工作，生几个子女，抚育他们，照顾劳累的丈夫，寡居，最后是过世。"（Lopata，1971：363）[4]从大萧条早期到中年以后，不确定的职业生涯是描绘奥克兰样本中妇女生命周期的一个基本起点。这些女性（除了3个人以外）都遵循着已婚的成年人角色，而且大部分已婚妇女都至少有两个孩子。

妇女生活中的不确定性

对于奥克兰女孩们成年后的职业生涯来说，妇女生活中有三个方面特别重要：她们在儿童和青少年时期形成的角色偏好；她们结婚和生育第一个孩子的时机；她们所嫁的人。比如，对家庭的兴趣使她们倾向于早婚和基本认同家庭角色。她们的初婚年龄将影响她们获得高等教育的前景，以及限定她们选择配偶的范围。随着时间的推移，有资格成为她们丈夫的人越来越少，配偶选择方面的竞争压力越来越大，婚姻的前景越来越黯淡。最终，她们的成就、心理健康和生活方式，都或多或少地依赖她们所嫁的男性的个人品质和职业生涯。

妇女职业生涯的这三个方面，都在奥克兰女孩们的经历中留下了深深的痕迹，而这些女孩都属于经济受损家庭的劳动密集型经济的一部分。从历史上来说，城

---

3 "最近就像1936年一样，在盖洛普民意调查的样本中，有72%的人认为，如果已婚妇女的丈夫能够供养整个家庭的话，她们就不应再外出工作。在1938年，男性样本中有90%说已婚妇女不应该工作，88%的女性样本同意如果已婚妇女的丈夫要她们放弃她们的工作，她们就应该这么做。"Bernard, *Women and the Public Interest*（1971），p. 149。

4 对妇女生命历程中的双角色模式（two-role pattern）的重要分析，是由A. 米尔戴尔（Alva Myrdal）和V. 克莱因（Viola Klein）在 *Women's Two Roles: Home and Work*（London: Routledge and Kegan Paul, 1956）中进行的。

市中的这些家庭都培养了女性角色的传统意象（traditional image），而且我们也最常在经济受损家庭的女孩们的价值取向中发现这种意象。她们最可能在以女性为主导（female-oriented）的家庭中走向成熟，这种家庭需要她们去准备食物、缝制衣服、清扫房间和照顾孩子。在这些家庭处于经济困境的时候，妇女的作用就增加了，她们的女儿也因此更深地卷入了家庭主妇的传统世界，尽管这并不是绝对的。在这种家庭背景之下，再考虑这些女孩对婚姻和家庭的取向，我们推断经济受损家庭的女孩比经济未受损家庭的女孩更早结婚。这一点在中产阶级中表现得尤其明显。这些女孩也更多地认同"妇女的位置在家里"的观念。

另外一种导致早婚趋势的因素，是与经济艰难有关的情感需求。处于亲属关系遭到破坏的危机境遇之中的人，最需要他人，也最能意识到他人的重要性，她们甚至愿意牺牲自由以换取社会依赖（social dependence）的保障性。我们已经从她们对自己和对他人的意识中，在她们的多愁善感中，在她们对同龄人接纳的渴望中，看到了经济受损家庭的女孩们这种心理适应（psychological adaptation）的证据。实际上，她们大多数人愿意为了同龄人的利益而牺牲自己的利益。而更为重要的是，她们更不容易和自己的父亲保持一种亲密的、互相支持的关系，这种关系能肯定一种女性气质、吸引力和个人价值。这种情感上的剥夺，增加了过早追求异性的价值和急迫性，这是众所周知的，而这种对异性的追求在早婚中表现得最明显。[5]它也唤起了许多罗曼蒂克式的幻想，而且在主观上削弱了女孩们在择偶中讨价还价的地位。无论在哪种关系中，处于上风的都是那些对继续保持这种关系没什么兴趣的人。

30年代末的经济状况和环境对女孩们接受高等教育造成了负面影响，因而增强了这种认同早婚的观点的合理性。过去，美国的家庭根据传统性别角色的观点——男孩必须赚钱养家，而女孩们仅仅需要成为家庭主妇——把儿子的教育置于优先的位置（有关不平等的这方面和其他方面的分析，参阅 Rossi, 1964）。当我们在这些孩子成年后，询问当年父母对他们的期望时，2/3 以上的奥克兰男性宣

---

[5] 参阅 Lee Burchinal, "Adolescent Role Deprivation and High School Marriage," *Marriage and Family Living* 21（1959）: 378–394; and Floyd Martinson, "Ego Deficiency as a Factor in Marriage," *American Sociological Review* 20（1955）: 161–164。

称他们的母亲非常希望他们能接受高等教育，而这么认为的女性只有1/3。如果说家庭的困难（由于其增加了对婚姻角色预期的满意度——家庭的兴趣和情感需求）加大了早婚的可能性，那么这种可能性就会在没有能够替代婚姻的选择（如大学）的情境下变为现实。

除了与婚龄的关系外，女孩的教育程度影响着她对自己婚姻美满程度的预期。随着这些女孩受教育程度的提高，她们选择配偶的机会也增加了。大萧条中的经济艰难给这些女孩带来的接受高等教育的任何障碍，都会减少她们通过婚姻获得更高社会地位的可能性。但是除了她的教育程度和她可挑选的丈夫的范围以外，一位女孩在择偶中是否处于有利地位，还取决于她本身的条件、穿戴、社交技巧和"个性"。在奥克兰样本中，家庭困难仅仅对穿戴打扮产生了负面影响。

在奥克兰妇女中，这种近乎普遍的成婚模式，以及她们的生活道路（life ways）对这种模式的依赖，必然会激发我们对她们嫁与的男性和她们婚后职业生涯的兴趣。值得一提的是，相比于来自经济受损家庭男性——教育和职业经历对他们成就的影响更为直接，这种兴趣的扩展将增加分析的复杂性。尽管因教育和职业而获得的个人成就扩大了女孩们择偶的范围，但是在这种成就转化为婚姻地位的过程中，却出现了一些错位。结婚之后，女性对其生活境遇的控制是有限的。为了防备丈夫职业上可能会有的失败，她可以工作，甚至发展自己的职业生涯，但是她几乎不可能改变丈夫在婚姻中的地位。当我们追踪奥克兰的女性到其成年时，我们将看到家庭经济受损对她们*自己*在婚姻、职业和教育等方面的影响，但是我们这样做的时候，还将考虑她们和丈夫共同分享的生活境遇。

已婚女性不确定的职业生涯，使我们有足够的理由去调查她们丈夫的背景和工作生活。不过，这种研究途径所需要的资料超出了我们现有的数据资源，也不同于我们对在大萧条中成长起来的妇女成年后生活的基本兴趣。我们没有关于这些丈夫们在30年代的儿童经历的系统资料，因此无法追寻大萧条对他们的价值观及其后续职业生涯的影响。不过，除了一点年龄差异外，这些样本中妇女的丈夫遇到的主要历史事件，和奥克兰男性所经历的一样。从现有的证据来看，这些妇女的丈夫所组成的出生组，也是在30年代末中学毕业的，他们也受惠于经济活动的复苏，并受益于战后的各种教育机会。他们中间大部分也曾应召入伍。在这些方面，我们对奥克兰男性从二战到中年时期的特性的描述，给我们描绘已婚妇女的生命历程提供了一个总体情境。

在1954年到1964年的三次追踪调查中，我们和大萧条样本中的76个人至少接触过一次。运用这些数据，成人样本中所有妇女的成人生活史直到1958年才构建起来。比较青少年样本和成人样本，它们在家庭地位（1929年）、种族、家庭结构、智商或经济受损方面并没有任何差异。为了比较代际间地位的变化，我们把1958年通过婚姻获得的地位和1929年的家庭地位进行比较。

当我们开始分析的时候，需要记住四点：（1）家庭的背景、经济受损和阶级出身；（2）成人的生命历程，这是用结婚和成为父母的时机、教育程度、工作生活和通过婚姻获得的地位来界定的；（3）成人后的价值观和社会角色——家庭、工作、休闲和社区中的角色；（4）能够把家庭艰辛和对成年后的影响——比如家庭中的角色及与异性交往的经历——联系在一起的青春期经历和适应。在分析的第一部分，我们将对所有妇女的生命历程中的重要事件和模式做一个总的回顾，重点将放在她们所处的历史情境上。[6]

在第二部分，我们将比较家庭经济受损和阶级出身对妇女生命历程中三个重要事件——结婚时机、教育成就、婚姻选择——的影响，及其对成人地位的影响。那些有助于解释这些后果的关联，将被细化并验证。本章最后一个主要部分，将论及成人的价值观和社会角色，论及在不同社会背景中它们和家庭经济受损的关系，论及将经济受损和成年后的偏好联系在一起的青少年经历。这些女孩在经济受损家庭中的童年经历，和战后"家庭的"十年情况相当一致，但奥克兰妇女的生活方式中以家庭为中心的价值观，是否是根植于这些条件，还有待观察。

生命历程中的事件和模式

在奥克兰女孩长大成人的过程中，婚姻提供了不同的回报：它满足了社会对

---

[6] 奥克兰样本中妇女的生活模式，是由作者随后在论文"Role Orientations, Marital Age, and Life Patterns in Adulthood"（1972）和"Marriage Mobility, Adult Roles, and Personality"（1970）中，用婚龄和婚姻的流动性（marriage mobility）来描述的。我们将在整章中使用这两篇论文。

妇女的一种普遍期望；它使女孩拥有离开其出身的家庭在外居住的权利，这相应地满足了她独立于父母的要求；它提供了一种满足性关系、抚育孩子、获得地位和爱的需求的合法情境。同时，婚姻所要求付出的代价或牺牲是不可避免的，而这些代价或牺牲是用放弃某些活动或者机会来界定的，这是和某个男人建立一种基本的契约关系所带来的必然后果。这些代价包括因生活期望和经历的相互依赖而导致的自主权的丧失，还有对于单身女性而言更容易获得的机会的丧失，比如更高的教育水平、职业生涯和旅行经历。

从结婚到第一个孩子诞生，妇女的家庭角色主要是以丈夫为中心。如果根据收入和社会报偿来说丈夫是成功的，那么这种以丈夫为中心的倾向在生育孩子和抚育孩子的过程最可能依旧保持下去，尽管在第一个孩子出生后，妇女情感上的优先地位一般会给予孩子（Lopata，1971：第一章）。对于中产阶级家庭来说，婚姻中角色的分化和分离在这一点上尤其明显，因为丈夫在工作上花了大量的时间，而妻子的注意力常常是仅仅局限于母亲和家庭主妇的单调而受限的活动中。对于奥克兰样本中的大多数女性而言，婚姻和作为母亲的岁月是共存的，而这代表了全面回顾她们从中学到中年生活的最合适时机。

在经济萧条的高峰时期，结婚和家庭人口的增加常常都被推迟了。在整个30年代，初婚年龄的中位数从1930年的21.3岁逐渐上升，在1940年这个数字稍微高于1930年，达到21.5岁（Moss，1964）。当经济状况得到改善时，适婚的男性应召服兵役，战争动员使早婚变得更为必要和急迫。到1945年，通过估算我们看到，美国女孩的婚龄在这一整年中有明显的下降，这种变化超越了前50年婚龄的变化。奥克兰女孩在1939年离开中学之后，很快就进入这种环境之中，她们的婚姻行为反映了作为这种年龄特征的压力。到了1942年深秋，大约有2/3的女孩都已初次结婚，其中又有1/5的人做了妈妈。到了1950年，我们抽取的样本中仅有3人保持单身。

当女孩们进入了从依赖父母到完全长大成人之间转变的岁月时，生命中的重大事件常常一件接一件地发生。对于样本中至少一半的人来说，开始全职工作、完成正规教育和结婚，都发生在中学毕业后两年或差不多的相对较短的时间跨度内。女孩到了20岁时，1/3都结婚了，2/3离开了学校而且再也不回来了，大约有

2/3正在从事或曾从事过全职工作。因为一位妇女的生命历程依赖于她何时结婚和她嫁与何人，我们将依据婚龄和它对丈夫地位的影响而把这些事件进行排序，然后把职业生涯模式的种类（一个角色、两个角色等）和获得的地位联系起来。

生活模式中的婚龄

奥克兰妇女的婚龄（20.4岁）和1945年全国的平均值（20.5岁）大致相同。我们样本中妇女的初婚年龄和生育第一个孩子时的年龄分布，如图6所示。大约一半妇女在24岁的时候第一次成为母亲，这正是二战的最后一年。为了分析的需要，我们依据这些妇女结婚时的相对年龄把她们分成几组，同时遵循这种假设：女孩进入婚姻的预期时间，是由规范和最佳的社会机会建构的。在各自所处的环境中，那些在这个年龄结婚的女孩是按部就班的，而那些明显偏离的人会处于不利的地位或受到惩罚。青少年可能被认为"太年轻不适合结婚"，并且会有社会风险，而太晚结婚则会产生更大的压力。

根据这些妇女在1940年代结婚的年龄或时间，我们把她们分成三组：早婚（20岁以前）——32%；正常婚龄（从20岁到22岁）——45%；晚婚（22岁以后）——23%。22岁以后结婚的人数急剧下降，晚婚的人中也只有3人在24岁后

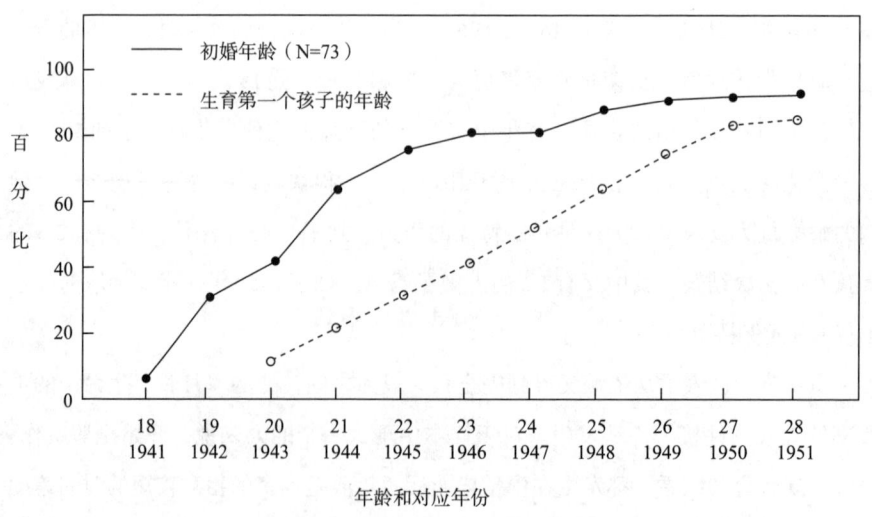

图6 已婚妇女的初婚年龄和初育年龄的百分比分布

举行婚礼。到了1964年，有3/4的初婚依旧保持完整，破裂的婚姻中有7/10是因离婚或1940年代丈夫的死亡而造成的。有3位妇女的丈夫死于二战中，2位死于朝鲜战争中。

在20岁之前结婚的妇女，最不可能在二战中继续全职工作和上大学。在这段时间内，这些人中有85%以上至少曾从事过一年的全职工作，工作一至三年或更长的可能性就和婚龄直接相关（表9）。战后，继续就业在那些结婚相对较晚的妇女中最为普遍，这些妇女生育孩子也相对较晚。和其他的妇女相比较，早婚的妇女开始家庭生活更早，到中年的时候生育的孩子也更多。到1964年，这些妇女差不多43岁了，家庭规模已经没有进一步扩大的可能了。

表9 根据婚龄划分的妇女成年后的生活模式

成人地位	婚龄		
	早婚	正常婚龄	晚婚
1946年前全职工作的时间			
没有全职工作	23%	6%	6%
1—2年	41%	33%	19%
3年或3年以上	36%	60%	75%
1946—1955年全职工作的时间			
没有全职工作	45%	70%	27%
1—2年	27%	10%	33%
3年或3年以上	28%	20%	40%
家庭模式			
初育年龄的中位值	22.3	24.1	27.9
孩子数目的中位值	3.4	2.8	2.6
教育			
大学（一年或一年以上）	13%	50%	69%
中学/职业培训	17%	29%	12%
仅仅上过中学	70%	21%	19%
到1964年为止的婚史			
初婚依旧完整	52%	75%	94%
第一任丈夫死亡	13%	9%	—
一次或一次以上的离婚	35%	15%	6%
婚姻组中个案数的最小值	22	30	15

正如我们估计的那样，很少有女孩能进入大学和完成四年的大学学业（11%），尽管有相当数目的人至少能受某种程度的大学教育。教育程度和家庭地位有关（$r=0.37$），也和婚龄有关。结婚的年龄越晚，受教育的水平越高。尽管大部分早婚者来自劳动阶级，但在这个群体中，阶级出身的差异也和教育程度无关。中产阶级和劳动阶级两个阶级的晚婚妇女中，前者接受过某种程度大学教育的人比后者更普遍（88%对30%）。随着婚龄的增加，能干的女性接受大学教育的可能性也上升了。在智商超出平均水平的一组中，至少接受了某种程度大学教育的比例在早婚组中为39%，到了正常婚龄组中比例上升到62%，在晚婚组中上升到90%。对这些妇女的个人成就而言，智力的作用也取决于其结婚的时间。

大多数早婚的女孩都无法享受到在大学校园中择偶的优势，没能享受高等教育给她们本人所带来的好处，但是她们并不必然被排除在可能遇到受到良好教育又充满抱负的男性的环境之外。白领中的秘书工作就提供了这种接触。而且，晚婚也有潜在的风险：那些一心追寻大学教育而且直到接近30岁才关注婚姻的女性，要面临有资格成为她们丈夫的男性急剧减少的风险。她们通过高等教育所获得的个人发展，却可能成为她们找到适合自己的男性的障碍。在这方面，对于那些期望婚姻和教育的前景都尽可能美好的女孩而言，初婚的模式化年龄（modal age）可能是"最佳时间"或"最合适的时间"。在我们考虑早婚和晚婚的地位前景之前，让我们先看看代际间地位变化的程度。

教育和婚姻的代际变化

代际间的变化和持续性，都是由母亲和女儿在青春期晚期或者青春期之后所处的境遇决定的。在20世纪早期到二战之间，妇女接受高等教育的机会显著增加了，这个变化也可以从奥克兰女孩们和母亲们的教育程度中看出来。但是关于婚姻作为女性谋生的合适途径的这种文化意象（cultural image）改变得很少，或者说没有任何改变。在战争年代，女性的全部心思都放在怎样寻找丈夫上。

婚姻和丈夫的职业生涯优先于女性自身的教育程度或职业生涯，无论这种情形多么隐性，它都是奥克兰妇女生活中一个重大的社会事实（social fact）。在1920年代以前，她们的母亲中仅有18%上过大学，但是她们中大部分都获得了学位。

比较而言，女儿们在大学注册的人数是母亲的两倍，但是仅有1/4留下来完成了学业。在各种影响因素的比较中，婚姻和第一个孩子的出生，是女儿们缩短受教育生涯的决定性因素。就整个群体的水平而言，从母亲到女儿，在教育地位上唯一的进展，出现在通常的结婚时间之前。从许多类似的故事中我们可以看到，如果一个女孩在上大学时结婚，那她受教育的道路一般来说就走到了尽头。因此，女儿们并不比她们的母亲更可能完成四年的大学学业，尽管她们有更多的机会这样做。不过至少在两例个案中，女儿们的大学生涯因其父母不再支持而匆匆结束了（参阅表A-26）。这种牺牲表明了婚姻交换中的各种优先考虑的东西，人们假定一位妻子的命运就是从她的丈夫的成就中获得满足。比如，和他们的妻子相比，大多数上大学的丈夫都完成了他们的学业，还有一小部分继续接受研究生教育。对于这些男性来说，在高等教育上的某些延误是因为服兵役。

如果我们根据大学教育的状况进行代际间比较，数据上唯一显著的增加表现在奥克兰妇女的父亲和丈夫之间。这些妇女比她们的母亲更倾向于嫁给接受更多教育——从中学到大学到研究生教育——的男性。在她们的母亲中，仅有27%的人教育程度低于她们的丈夫，而女儿中这样的有44%（从三代间教育程度变化图中可以看出来，参阅Hill, 1970: 35）。

正如人们所预测的那样，在那些嫁与在职业生涯中获得较高地位的男性的女孩中，这种教育差异尤其明显。大多数来自劳动阶级家庭的女孩，尽管没有大学校园给其择偶带来的有利条件，也都通过婚姻获得了较高的地位。在这些女孩中，有一半以上教育程度低于她们的丈夫。形成鲜明对比的是，仅有14%的女孩嫁与了劳动阶级的男性。在有着中产阶级背景的女孩中，高等教育更为普及，但是她们的丈夫接受了更高的教育。结果是，在向上流动的女性中，有3/4的教育程度低于她们的丈夫，而在婚姻不那么成功的女性中，这一比例略低于1/2。

女孩们的父亲和丈夫之间在职业地位上的主要变化，体现在1940年代到1950年代明显扩大的类别中——专业性的和高薪的管理群体。在这些女孩的父亲中，有22%处于这个类别，而30年后她们的丈夫有40%属于这个群体。两代间比较而言，做店员的上升了1/3，而自雇的下降了1/4到1/5。根据霍林斯黑德的社会位置（soical position）指标，依据丈夫的教育程度和职业，到1958年为止，已婚女性有

41%位于中产阶级的上层（I和II类），29%位于中产阶级的下层（III类），30%位于劳动阶级（除了1人外都属于IV类）。如果根据父亲的教育程度和职业进行划分，相应的阶层比例分别为14%、35%和41%。

那些嫁与成功男性的女孩们，事实上或可能常常是在大学遇到这些男性的。在全部样本中，女孩们的教育程度对丈夫最终地位的影响大于她们的阶级出身（$r = 0.51$对0.27），但是大学教育给婚姻带来的好处取决于她们何时结婚。晚婚者获得的教育成就最大，也最可能利用她们这方面的能力，但是有相当多的人在以她们的地位交换婚姻中类似的地位时并不成功。实际上，她们最可能嫁与那些受教育不多的男性（40%），而更为年轻的新娘这样做的只有15%。

随着年龄的增长，能在婚姻中用作交换的宝贵品质的缺乏，对婚姻前景的负面影响越来越大。比如，在23岁之前结婚且没有接受大学教育的妇女中，有1/3丈夫是专业人士或管理人员；而晚婚且教育程度也相当的女性，却没有一个人的丈夫是这类人士。在出身于劳动阶级的妇女中所作的这种比较，结果也是相似的。没有进过大学的劳动阶级女孩，其婚姻前景随着年龄的增大很快变得黯淡了。对这种差异有一种解释：随着女孩年龄的增大，有资格成为其丈夫的男性（单身和地位较高）越来越少，这就增加了男性在择偶时讨价还价的能力。他们的择偶范围包括更年轻的女孩和与他们同年龄段的女性。无论是选择晚婚还是不得不推迟结婚的女孩，她们都进入了一个更富竞争性的择偶体系，这迫使她们的选择更依赖于个人的资质。

妇女的职业生涯和丈夫的地位

奥克兰妇女属于这样一个出生组：她们对家庭角色（母亲、妻子和家庭主妇）的评价可能远远高于其他任何活动。有一项研究发现，家庭角色的这种优先地位在充分就业或从事公共事务的女性中也存在。总而言之，这些妇女的集体观念（collective opinion）肯定了这种看法："每位女性都应该结婚，应该生孩子。根据生命周期来看，在她完全卷入这些关系之前、之中和之后，只有家庭角色对她是最为重要的。"（Lopata，1971：49）即使家庭角色的这种优先地位和妇女实际上扮演的角色很不一致，这也的确是奥克兰妇女生活中占主导地位的内容。相对于丈夫的工作生活来说，有一定的自主性和平等性的真正的职业生涯，实际上是不存在的。从中学毕业到中年，除了8%的人以外，这些妇女都至少有一年的全职工作经历，尽管她们中间只有不到15%的人在结婚和有孩子后，还保持着相对有序的职业生涯（relatively orderly career），仅有一些短暂的中断。后者既包括完成大学或专业学院学业的妇女——一位园林师、一位注册护士等，也包括只接受过中学教育的妇女——一位IBM的操作员、一位保险推销员、一位制图员、一位商场的采购员。这些工作生涯中几乎没有证据表明，这些妇女的权威或地位在战后有明显的上升。[7]

我们识别了生活史中的四种就业模式。[8]有1/4的妇女遵循的是一种常规就业模式（conventional pattern of employment）：她们离开学校后就参加工作了，但是很快因为结婚或生育第一个孩子不再工作，并且再也没有重新就业。在样本中，有相当大比例（34%）的妇女建立了一种双轨式的（double-track）职业生涯模式。对于她们而言，就业只是暂时因生育孩子或持家而中断。对第三种生命轨迹最好的描述就是不稳定（20%），这和男性无序的工作生涯极为一致。这个群体中的妇女因为工作之外的一些原因，比如经济需要、健康、因丈夫工作变动而变动居所等，在就业和操持家务间不停地变换。第四组（8%）直到结婚和持家之后才进入劳动力市场。

一位妇女在有孩子之后是否继续工作，依赖于价值观之外的许多因素，尤其是她的经济境遇。在属于常规就业模式的妇女的生命历程中，这一点再次得到证实。作为一个群体，有常规职业生涯的妇女婚后尤其美满，因为她们培养了除家庭和工作之外的广泛兴趣。和有双轨式或不稳定的职业生涯模式的女孩相比，她们更有可能接受某种程度的大学教育，嫁与有着较高的教育程度和职业地位的男性，到了1950年代末也更有可能位于中产阶级的上层。这些人中有70%位于中产

---

[7] 妇女在1940年以后就业境遇（employment situation）的变化和母亲就业的影响，在奈（Nye）和霍夫曼（Hoffman）编辑的 *The Employed Mother in America*（1963）中有所概括。

[8] 这些模式改变自 Mary C. McMulvey, "Psychological and Sociological Factors in Prediction of Career Patterns of Women"（1961）。对于妇女职业生涯模式更加详尽的调查，参见 Bernard, *Women and the Public Interest*（1971），chaps. 8 and 9。

阶级的上层，而结婚后继续工作的或有所中断的女性这样的比例只有1/3。在双轨式职业生涯和不稳定的职业生涯的群体之间，这些方面并无差异。在1964年，婚后停止工作的奥克兰妇女，提及自己在家庭之外至少还扮演着一个重要角色（政治、艺术工作者、社区活动分子等），其中有4/5至少参加了两个地方或全国性协会的活动，而婚后继续工作的女性这样的只有1/3。值得一提的是，无论遵循何种职业生涯模式，总有一些妇女在她们的孩子离开家和她所关心的一切改变了的时候，可能改变她们所处的位置。实际上，在常规职业生涯模式群体中，1/3的人有在不远的将来谋求一份职业的计划（1964年）。

经济受损对生命历程的影响

从这些简短的回顾中，我们看到，在奥克兰妇女的生活中，具有影响力的三个因素基本上是择偶方面的，而且它们都容易受到大萧条中家庭环境的影响。这三个因素分别为：她们的婚龄、教育程度、婚姻伴侣的选择（包括伴侣随后在职业上的成就）。对于这些妇女而言，重要的不是她们结婚了，而是什么时候结婚及和谁结婚，因为除了三个人以外，所有的妇女最终都建立了一种取决于男性职业生涯的生活模式。正如我们所看到的那样，结婚的时机在构建生活经验时尤其重要。如果来自经济受损家庭的女性在非常年轻的时候就在婚姻中寻找感情上的满足，那么这将会阻碍她在完成中学教育后继续接受教育（当然缺乏父母的支持也是一个原因），进而限制她遇到受过大学教育的男性的机会。为了把这些因素和30年代的经济受损因素联系在一起，我们首先比较中产阶级和劳动阶级中来自经济受损和经济未受损家庭的妇女，然后再确定家庭的经济受损和阶级出身哪个是更为主要的影响因素。分析中只包括1958年结婚的女性，而划分的依据是经济上是否受损。我们分析的出发点是婚龄，因为它既影响教育程度也影响通过婚姻获取的地位。

家庭的艰辛对婚姻认同的影响

早婚（20岁之前结婚）除了和劳动阶级的背景有关外，还和家庭的经济受损有关。主要的对比出现在早婚者和正常年龄结婚者之间，而晚婚者之间没有出现任何差异。中产阶级中来自经济受损家庭的女孩有1/3是早婚的,而经济未受损父母的女儿们只有8%是早婚的。对于来自劳动阶级的女儿们而言,家庭的经济受损并没有使她们的婚龄出现明显的差异。这些女孩中几乎有一半在20岁之前结婚(46%),这和她们父母的婚姻模式极为相似。

在某些个案中,客观的经济受损可能并不是一种使早婚变得更有吸引力的心理紧张因素。虽然客观艰难(objective hardship)并不总是由心理因素界定,但对所处境遇的界定是决定情感和行动的一个基本因素。女孩们对艰难真正的了解程度,在大萧条中无法直接衡量,但是她们成年后曾被询问过这方面的经历。在1958年的访谈中,无论阶级出身如何,对艰难往事的回忆在早婚的女孩中间尤其普遍,而这种记忆又和在少女时代感觉母亲是个不快乐的人有关。在这些早婚的妇女中,有一半曾在回忆中提到从中度到极度的艰难;而在其他所有的妇女中,这样回忆的只有10%。

通过强化使早婚具有吸引力的各种条件,家庭的经济受损使早婚的可能性增加了。对于来自中产阶级的女孩们来说,这些条件包括:(1)一种以情感淡漠以及与父母(尤其是父亲)之间的非支持性关系为特征的家庭环境,脱离父母的监视后有更多与男孩来往的自由;(2)相对较早的约会以及和异性亲密交往的经历;(3)对于社会接纳的强烈渴望,在情感上极为敏感;(4)缺乏父母的支持而导致的有限的教育前景,较低的学习成绩,并且也更偏向家庭角色。下面对于这些关联的总结,是建立在对现有的文献进行分析的基础上的(Elder, 1972)。

那些结婚相对较早的女孩们,最可能感到与父母的疏远。同正常年龄结婚的群体相比,晚婚和早婚的女性都离父亲(与母亲比起来)更远。年轻的新娘尤其相信父母对她们并不关心。在中产阶级中,父母的冷漠和在情感上更偏向于母亲都与家庭的经济受损有关。

处于早婚和晚婚这两端的群体中的女孩们与其父亲的疏远关系,也呈现在这些女孩成人后的感觉中。在早婚和晚婚这两个群体中,仅有11%的女性说与父亲谈话更为轻松,而在正常年龄结婚的女性中有这种感觉的占了40%。关于父母在提供赞美和关爱方面的差异,可以得到类似的结果。当直接问及她们对于父亲作为家长的印象时,早婚的妇女中仅有1/3表达了正面的看法,晚婚的妇女也只有

50%这样看，但在正常年龄结婚的妇女中，对父亲持有正面看法的却占85%。尽管在来自经济受损家庭的女儿们中，有一些在成年后也不欣赏她们的母亲作为家长的角色，但是早婚和晚婚女性与其父亲的疏远关系却是明显的；她们对母亲的印象并不因婚龄的不同而有所不同。

在中产阶级中，女孩们的社会独立倾向可能是因为她们来自经济受损的家庭，也可能是因为她们在较早的年龄结婚。这一婚姻群体中的女孩们（与晚婚群体中的女孩一样）常常用顶嘴或者批评去反抗父母的权威。与她们的社会独立性相一致的是，早婚的新娘与异性关系发展的早熟模式也与其他女孩的模式不同：首次约会时间早，与男孩交往频繁，与男友的一对一关系较为稳定，性亲密日益增进。婚龄越小，在中学时代与男孩的电话联系、一起消磨的时间及稳定约会的倾向就越明显。早婚群体和正常年龄结婚群体之间差异最大，婚前性关系在早婚群体中也最常见。

多愁善感的性格和对社会地位的渴望，在家庭经济受损和早婚之间构成了一种重要的关联。从第六章中可以看到，来自经济受损家庭的女孩，常常被她们的母亲描述为在情感上极为敏感或者自我意识过剩（情感容易受伤害、容易哭泣等），她们总是低估自己在同学中的声望。在这两种倾向上，早婚的女孩都不同于晚婚的女孩。比较而言，晚婚者倾向于高估她们在社交中受欢迎的程度。

最后，大萧条时的经济状况减少了高等教育的吸引力和可能性，从而使教育对早婚者的限制降到了最低限度。与成长于经济未受损家庭的女孩比起来，成长于经济受损家庭（尤其是在中产阶级的受损家庭）的女孩更容易对家务产生兴趣，我们既能从这种价值观去预测她们的早婚，也能推定这些女孩的教育程度不会超过中学水平。在我们抽取的样本中，很少有女性回忆起自己的父母曾鼓励她们去接受大学教育，甚至在中产阶级中也是如此，尽管这种情况在经济受损家庭中最为普遍。缺乏这种鼓励正是她们早婚的原因之一。如果用智力来衡量，早婚的女性并不逊色。

从以上综述中可以看出，对于来自中产阶级的女性而言，在家庭的经济受损与她们的早婚之间，出现了四种值得一提的关联：（1）与父亲关系疏远；（2）具有社会独立性，并较早卷入异性交往关系中；（3）多愁善感和自我贬低；（4）明显倾向于家庭角色而远离高等教育。这些关联支持一种关于早婚的"匮乏论"（deficiency theory）：自我的（或在自我－他人关系中的）社会关系或情感关系的匮乏，加速了女孩们关注和认同婚姻的进程。[9]作为女性，自我的实现和满足是通过假定婚姻中的情感保障和依赖所带来的回报而获得的。与年轻女孩生命中最重要的男性形象——父亲——之间的情感关系的匮乏，是决定这种异性恋取向（heterosexual orientation）的关键因素。

对于早婚的这种匮乏论解释，无法恰当地说明这些女孩们是如何通过家庭经历进行社会学习（或者说进行社会化）并走向成熟的。无论来自经济受损的中产阶级还是劳动阶级，早婚者都具有以下不同于其他群体的特征：她们在少女时代就对家务感兴趣；她们具有社会独立性，较早卷入异性关系；她们除了中学教育之外受不到什么教育上的支持。情感匮乏并不一定能解释这些因素给她们的婚姻带来的预料之中的后果，在劳动阶级中更是如此，因为这个阶级中的父母更可能用自己的行为表明他们对早婚的观念。至于早婚与大萧条中家庭艰辛的关系，中产阶级女孩们的家内或婚内社会化（marital socialization），在性别分类上和男孩们的职业社会化是一致的，和他们的职业观点和具体的职业前景也是一致的。

30年代的经济受损和低微的家庭地位，明显地与解释早婚的两种因素有关：情感匮乏，特别是与父亲的不正常关系；家内社会化。这些因素在生活境遇中是如此密切地交织在一起，使它们不可能互不干扰。比如，社会独立性似乎意味着某种程度的社会成熟，但它也可能反映了某位父母的冷漠或者对子女缺乏关心，并因此导致了某些女孩所感受到的情感上的被排斥。实际上，与父亲关系的疏远，同女孩们的社交自由和异性之间的交往活动有关。如果我们了解社会独立性潜在的成熟过程，把这种自由与社会或情感成熟区分开来，那么，对奥克兰妇女早婚的心理匮乏（psychological-deficiency）解释和社会化解释之间就不一定会出现冲突。

就样本的总体而言，早婚妇女比其他女性接受的教育更少，更年轻的时候就

---

[9] 这种解释在"自我匮乏"（ego deficiency）的因素中找到支持，这种因素是由F. 马丁森（Floyd Martinson）界定的。我宁愿把这个因素置于自我－他人关系的框架中。参阅Martinson, "Ego Deficiency as a Factor in Marriage," *American Sociological Review* 20（1955）: 161–164。

开始了自己的家庭生活，生育的孩子更多，拥有稳定婚姻的可能性更低。就已看到的这么多社会事实来说，我们估计这种生活模式在中产阶级经济受损家庭的女性身上更为典型。事实上，和家庭更富裕的女儿们相比，这些妇女上大学的可能性更低，但其他差异与基于婚龄的预测并不相符。无论这些女性出身于哪个阶级，一般来说，来自经济受损家庭的女性比来自经济未受损家庭的女性初育时间大约晚8个月，到了中年也没有生育更多的孩子，也并非更难维持她们的第一次婚姻。[10]为了理解这些结果，我们需要考虑这些妇女在婚姻成就（martial achievement）上的差异及其与家庭背景的关系。

教育和婚姻成就

来自中产阶级经济受损家庭的女性，婚姻上的成就比个人成就更大。仅有15%的已婚男性没有受过大学教育，而已婚女性有一半没有上过大学（表A-27）。相比之下，来自经济未受损家庭的女性在婚姻中就没有这么成功。她们接受了更多的高等教育，但是她们的丈夫比经济受损家庭女性的丈夫的教育程度低。人到中年之时，她们通过丈夫的工作只能获得较低的社会地位。在中产阶级中，家庭的经济受损减少了这些女孩接受高等教育的机会，但是却没有降低她们的婚姻成就。

劳动阶级的妇女受过的教育很少超过中学水平，而且她们嫁与的男性大部分的教育程度也属于这一类。不过，就与家庭经济受损的关系而言，她们的婚姻成就和来自中产阶级的妇女完全相当。一般来说，经济受损父母的女儿们，的确比来自更加富裕的家庭的女性通过婚姻获得了更高的地位。这种在中产阶级中尤其明显的未曾预料到的差异，表现出了婚姻的不确定性或者矛盾性：教育本身无法保证一个女孩能嫁与一个有着相同或更高地位的男性。最重要的问题是：为什么这种地位的"下降"，在那些在婚姻中拥有许多社会和经济优势——经济未受损的中产阶级背景——的女性中反而最为典型？比如，我们知道，这并不是因为她们的婚龄，或者更具体地说，也不是因为她们结婚相对较晚而面临的风险。她们并

---

10 在中产阶级的后代中，经济未受损群体生育孩子的中位数为3.2个，经济受损群体为2.7个。在劳动阶级中，经济未受损群体为2.0个，经济受损群体为2.3个。

不比来自经济受损家庭的女孩更晚结婚。我们也不知道有着家庭艰辛背景的妇女取得婚姻成就的原因。为什么我们会发现，中产阶级和劳动阶级中的这些妇女都通过婚姻获得了很高的成就呢？

中产阶级家庭在婚姻上的有利条件，部分是通过上大学产生的，但是它却无法解释家庭艰辛对婚姻成就的正面影响。[11]一些没上过大学的妇女，的确能在工作环境中遇到很有能力的男性，包括她们的丈夫，尽管我们还没有理由相信，这种接触对处于困境的家庭的女儿们有利。同样，来自经济未受损的不太富裕家庭的女性，在个人品质上是基本相同的，而个人品质又决定女性在男性眼中的吸引力，比如身体的魅力、服饰打扮等。

这些群体除了相似之处以外，她们为了引起中意的男性的注意或认同，运用或展示个人才智的程度是有差异的，正如我们所发现那些来自经济未受损家庭的有能力的男性存在动机差异一样。依据传统的教养，妇女们倾向于自我表现以便取悦于男性。通常，"人们期望一位妇女运用她的魅力去获得某种合法的结果，比如受到赏识、获得地位或丈夫"。[12]在成功地嫁给有着较高地位的男性的女性（一个新英格兰样本）的生活史中，记录了这种策略。她们"为了在最广泛的意义上实现流动，常常把社会活动和运用身体的吸引力、魅力和性联系起来……她们在中学和大学奉承和吸引老师。随后，她们对那些在工作中遇到的男性施以同样的技巧"。[13]对奥克兰妇女来说，家庭的经济受损可能增加了这种社会技巧的价值，因为它使她们的未来更多地依赖于通过婚姻所能获得的一切，而这一切又是通过运用包括迷人的身姿、漂亮的脸蛋之类可以让人接受的或有效的手段获得的。为了考察上面提到的这些影响，我们必须首先决定外表和社交抱负是否确实使样本中女性的婚姻成就出现了显著差异。[14]

---

11 这个来源于中产阶级的研究对象的经济受损程度和教育程度负相关关系。对于整个样本来说，家庭的经济受损只能部分预测丈夫的职业低微（$r=0.23$）。如果在回归方程中，阶级出身和经济受损的程度都是给定的，那么研究对象的教育程度的增量，不会使家庭的经济受损的主要影响出现什么明显的差异。

12 Kingsley Davis, *Human Society*（New York:Macmillan, 1949）, p. 404.

13 Jerome K. Myers and Bertram N. Roberts, *Family and Class Dynamics in Mental Illness*（New York:Wiley, 1959）, p. 159.

14 文中下面的分析，很多都引自作者早期的论文"Appearance and Education in Marriage Mobility"（1969）。

根据30年代的评分,那些体形和外貌最具有吸引力的妇女可能会嫁与这样的男性:从事高回报职业的专业人士和中高级管理人员。[15]正如人们预期的那样,对于那些接受大学教育途径有限的妇女(也就是劳动阶级的女儿们)来说,身体资本导致了最大的差异。和中产阶级家庭的后代相比,这些妇女的吸引力和丈夫的地位之间的关系密切得多($r=0.28$对0.46)。这个结果至少暗暗地支持了我们的假设:在各个阶级的经济受损家庭中,女性的外表和她们通过婚姻所能获取的地位密切相关。

精心修饰的外表无法与身体吸引力的影响相比,但在劳动阶级的妇女中除外。大部分中产阶级出身的女性在装扮上高于一般水平,而那些嫁得比较好的妇女,也不是因为她们的外表显得更为出色。不过,那些通过婚姻离开了劳动阶级的女性,在装扮和行为上似乎都打上了她们目标阶级的烙印。和那些嫁入劳动阶级的女性相比,她们在中学时代穿得更好,外表修饰得更具有吸引力,更具有自信,更能被同龄群体所接纳,也更有领导能力。她们不大可能在中学时就和男孩们形成稳定的关系,而且她们在社会友谊(social friendship)上更加谨慎和挑剔。

上述关系隐含着这样一种假设:**漂亮的女孩在社交方面**都有抱负,她们习惯于通过身体的吸引力来为自己的前途铺平道路。[16]事实上,有吸引力的女孩在中学就属于社交上有抱负的人,这些都表现在她们渴望给他人留下深刻印象或控制他

---

15 关于外表的两种衡量方式,都选自在这些女孩上中学时对她们的观察评分:精心打扮的外表和富有魅力的身体。这些和其他的评分,都是研究人员在这些女孩每半年参观一次儿童福利研究所时,在她们在操场玩耍的时候进行的(参阅附录B中有关自由游戏的评分)。参与活动的两三位研究人员,是这些女孩所熟悉的;而且因为他们既有趣又友好,她们也愿意和他们交往。经过这一系列观察后,再用评论的纸片和七级量表把结果记录下来[内在评分人(inter-rater reliability)的信度都在0.80以上]身体吸引力代表了下面量表上的平均分数:富于吸引力的肤色、特征和体形;胖瘦程度;体形或者行为所蕴涵的女人味;令人愉快的表情和性吸引力。为了增加这些判断的稳定性,我们把中学时期用每个量表测量所得到的分数加以平均。对于样本中所有的妇女来说,首先把两个量表和婚姻流动联系在一起,然后再由阶级出身与经济受损界定的群体内部,比较高等教育对她们婚姻成就的影响。

16 在同龄人中的社会奋斗,是用有关对社会权力的渴望的五级量表来衡量的。这种渴望指的是"渴望通过建议、劝说或者命令来控制自己所处的环境"(对于测量程序的更加完整的描述,参阅附录B)。这种动机倾向代表了一种平均分数,这种分数是由三位判断者根据这些女孩在高中的观察资料给出,然后加以平均的。我们还常常根据细微的间接线索和行为外在的特征,去推断潜在的动机。有关非常渴望长大成人的九级指标,选自加州Q分类整理(California Q set)(参阅附录B),它提供了这些女孩上中学时的分数。这一指标代表了三个判断者给出的分数的平均值。

人这些行为之中（$r=0.32$）。但是她们成年后，并不更倾向于追求更高的社会地位。不过在这两方面，这种抱负表现在她们想嫁给那些获得了声望和权威的男性。结婚前，来自中产阶级和劳动阶级的女性对于社交所具有的抱负是相似的，而且两者的这种取向都和她们的婚姻成就有关。对于所有已婚妇女而言，丈夫的地位和她们的身体外表的关系更为密切，而与她们的社交抱负的关系相对疏远（由两个指标测量，两者的$r=0.38$）。对于劳动阶级父母的女儿们来说，抱负和外表都与婚姻成就关系极为密切。

在奥克兰妇女的婚姻成就中，身体吸引力相对不受其教育程度的影响。即使是在那些中学毕业后没有继续接受教育的女性中，只要她们的身体具有吸引力，那么也更可能嫁与地位高或有潜力的男性。影响婚姻成就的这两种因素在图7的路径图中表述得最为清晰。学习天赋（academic aptitude）（由教师评定的七级量表）和研究对象的教育水平，一方面被界定为阶级出身和吸引力之间的中介变量，另一方面又是阶级出身和丈夫地位之间的中介变量。在模型中，智商和学习天赋是可以互换的变量，它们导致的结果是相似的。因为来自劳动阶级的妇女很少在中

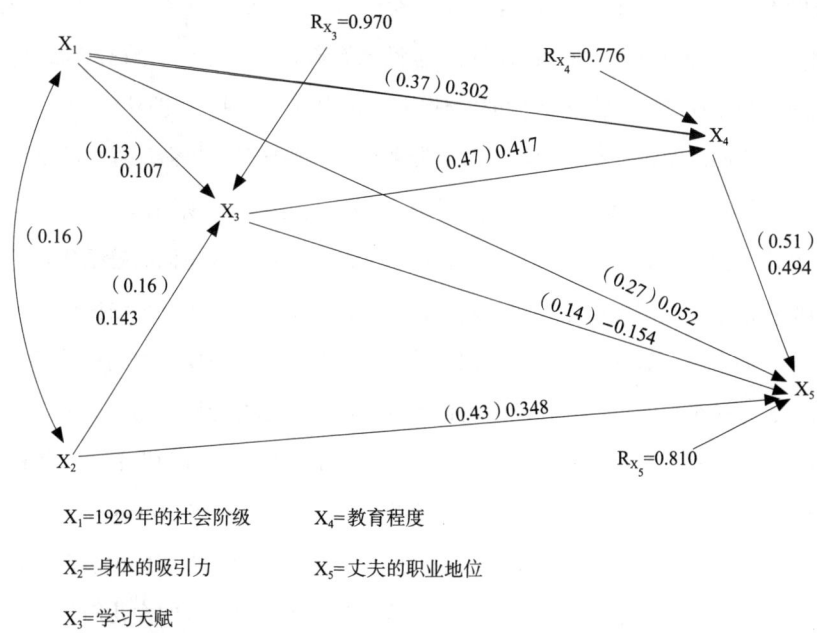

X_1=1929年的社会阶级　　X_4=教育程度

X_2=身体的吸引力　　　　X_5=丈夫的职业地位

X_3=学习天赋

图7　妇女的教育程度、丈夫的职业地位与她成年前的学习天赋、外表、阶级出身之间的路径关系

学毕业后继续接受教育，所以如果模型中包括教育程度，那么每个阶级群体分开来分析是无法实现的。为了方便读者，相关系数写在路径系数的括号中。

与教育程度对婚姻成就的影响相似，身体外表的影响表明，来自劳动阶级和经济受损家庭的女性在职业生涯上是相似的。在这两个群体中，对家务的兴趣加上有限的教育机会，强化了通过婚姻途径达到社会成就的方法，增加了早婚的吸引力。对于来自经济受损家庭妇女的婚姻，外表的作用是否也具有这种一致性？这些妇女和来自经济未受损家庭的妇女相比，吸引力对婚姻成就的影响是否更大？最适当的验证是在由经济受损界定的群体内部，系统地比较吸引力和教育的相对作用。由于有经济受损背景的妇女数量很少，我们决定在每一社会阶级中，把经济受损的群体和全体女性进行比较。这种设计使我们能在不掩盖前面提到的生活选择中阶级差异的情况下，比较经济受损这种背景的影响。

和因社会阶级出现的差异不同，无论这些来自经济受损家庭的妇女出身于哪个阶级，外表都没有对她们的婚姻成就起更为重要的作用，尽管相对于教育程度来说它的影响更大。和其他有着相似才能和阶级背景的女孩相比较，经济受损父母的有吸引力的女儿，嫁给有着较高社会地位的男士的可能性并不更大。我们有关外表和社交抱负之间关系的预测，也没有得到证实。在每一个社会阶级中，家庭艰辛并没有使身体的吸引力和社交抱负之间的关系出现什么差异。

在我们试图解释家庭的经济受损带来的地位差异时，生命历程中的早期事件（比如婚龄和教育程度）比奥克兰妇女通过婚姻获得的地位所引出的问题更少。来自经济受损家庭妇女的婚龄和教育程度，无助于我们理解她们的婚姻成就，这个结论也适用于吸引力的差异。不过，到此为止，我们的分析也无法提供一个辨别奥克兰妇女成人后的价值观和她们童年经历之间关联的情境。家庭对经济受损的适应，直接影响着对妇女在家庭角色上的态度。家庭的这种影响和奥克兰妇女战后十年的家庭活动，以及已婚妇女的生活在二战后更为普遍的发展是一致的。这个现象被斯莱特（Slater）称为"超家庭现象"（ultra-domestication）："当单身的中产阶级妇女正变得越来越自由，已婚的中产阶级妇女却比以前更为信奉完整的家庭。"（Slater, 1970：64）这种生活方式是否在经济受损父母的女儿们中发展得更为充分，就像它在奥克兰男性以家庭为中心的价值观中表现的那样？或者，它是否反映了出生于大萧条和战争中的人更渴望平静的家庭生活？斯莱特采用了后一种立场，认为美国女性对家庭生活的专心致志，是"在战后普遍隐退于世界之外的一部分"（同上，第65页）。

"妇女的位置是在家里"

除了有关女性角色的理念以外，30年代经济受损家庭的妇女和70年代中产阶级妇女相比，她们所生活的社会世界（social world）毫无相似之处。尽管妇女中接受高等教育、参与公众生活和就业的人数都不断增多，而家务所需的劳动力又不断减少，但现在的美国妇女依旧像那时一样，把母亲、妻子和主妇之类的家庭角色放在绝对优先的位置上。[17]从这些发展变化中，我们可以看到一种文化堕距（cultural lag），即社会生活中相互连接在一起的社会、经济和文化单位，由于其变化的速度不同而出现的矛盾问题。[18]

在她们自己的生命跨度中，奥克兰样本中的大部分妇女都从属于家庭，这些家庭对操持家务者的劳动力需求差异很大，从强调传统性别角色的经济受损家庭中的劳动密集型经济，到嫁入中产阶级或中产阶级上层的妇女的相对富裕家庭。她们的成长，是由在遭受严重经济受损的情况下为了维持家庭的需求所塑造的，而不是由妇女未来可能选择的愿景所塑造的，因此对即将遭遇家政技术彻底变革的一代人来说，几乎没有什么帮助。当她们在40年代结婚和生育第一个孩子的时候，"家庭"还是女性世界中未曾改变的中心。与从前相比，更多的女性在工作，但她们所占据的职位并没有很高的技术含量；更多的女性进入了大学学习，但是

---

17 除了洛帕塔（Lopata）的研究外（*Occupation:Housewife*），这种理念的持续性可以在许多论文中发现，见 Athena Theodore, ed., *The Professional Woman*（Cambridge, Mass.:Schenkman, 1971）。尤其可以参阅 Margaret M. Poloma and T. Neal Garland, "The Myth of the Egalitarian Family:Familial Roles and the Professionally Employed Wife." p. 741–776。

18 W. F. 奥格本（William F. Ogburn）为了证明"文化堕距"的概念，常常运用家庭制度中不等速变迁的例子。家庭中的许多变迁"似乎源自这种经济因素：诸如纺纱、织布、制皂、晾晒羽毛等许多生产活动从家庭中转移出去，使这些都变成了工厂里的生产活动，这样就减少了妻子的责任。然而有关妻子的位置的理念还保持着：妻子的位置在家里。" Ogburn, "Cultural Lag as Theory," *Sociology and Social Research 41*（1957）:169。奥格本有关社会变迁的论文集，见 William F. *Ogburn on Culture and Social Change:Selected Papers*,edited with an introduction by Otis Dudley Duncan（Chicago:University of Chicago Press, 1964）。

只有一小部分进入劳动力市场后获得了相应的职位（Kundsen, 1969）。确实，在至少接受过一定程度的大学教育的奥克兰妇女中，虽然已婚的女性大多数人都参与了家庭之外的活动，但很少有人能够学有所用。

有关这种家庭内气氛（domestic climate）的大量证据，我们可以从《女士家庭杂志》(The Ladies Home Journal)中找到，这本杂志迎合的是受过教育的中产阶级妇女的口味。[19]根据内容分析，在40年代末和50年代初，婚姻被描绘为一种全职工作，是一种需要"训练、充分准备和技术"的工作。根据我们的假定，那些把岁月都耗在琐碎的日常家务，而且除了家庭以外再没有其他社交渠道的女性，特别强调婚姻的稳定性和家庭幸福。"这些文章是通过家庭主妇互相传阅的，鼓励这种有点孤立但又容易满足的家庭主妇精神：她们是社会的支柱，对于维持她们所确信的作为美国社会生活核心的稳定而幸福的家庭来说，她们是不可缺少的。"当家务方面的需求在50年代和60年代减少的时候，"闲暇时间"作为一个问题便出现了。通过制作家庭手工艺品，参加志愿者工作和有薪工作的方式来让自己变得繁忙起来，无所事事的情况或厌烦情绪就消解了。根据我们的分析，到60年代末，出现了一种不太明显的趋势：妇女从战后以家庭为生活中心的意象，转变成了更加强烈的自我中心取向。

家庭生活在奥克兰妇女心中的价值

就生活方式而言，奥克兰妇女在战后以家为中心的全盛时期，的确尽了她们的本分。尽管1945年之前只有不到1/5的妇女没有全职工作，但这个比例在战后的十年内增加了两倍，这是一个生育和抚育孩子的活跃时期。如果我们在这个时期调查优先性或者价值观，就会发现家庭和就业、休闲及社区角色之间并无冲突。然而在这个阶段之后，如果假定活动的优先地位能够反映活动的真实情况，那么这些偏好之间可能会更为平衡。一般来说，在我们最后一次进行追踪调查的时候

---

19 Margaret J. Zube, "Changing Concepts of Morality:1948–69," *Social Forces* 50（1972）: 385–93.《女士家庭杂志》在这个妇女解放的时代，是最为传统的妇女杂志之一。根据最近的社论，它的读者大约占全美妇女的1/5。这一段中的所有引文都来自朱比（Margaret J. Zube）的文章。

(1964年),家中最大的孩子已经处于青春期或者是个年轻的成年人了。无论这些妇女从早婚到中年时的活动变化有多大,对于大多数人而言,这种变化都依旧没有改变家庭角色的主导位置(图8)。和样本中的男性相比,她们的情感和满足更多地忠于单一的生活领域。即使把工作和休闲加起来作为成就感、快乐和兴趣的来源,家庭活动的重要性也仍然在它们之上。

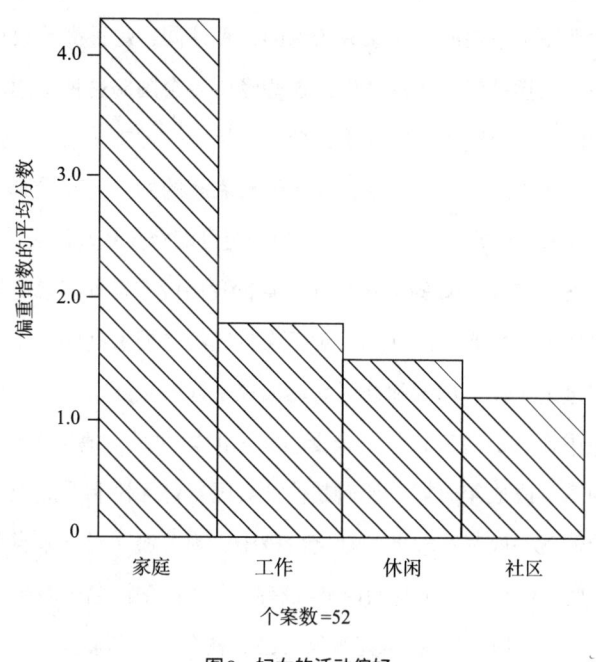

图8 妇女的活动偏好

尽管妇女在家庭外角色的地位一直低于她们在家庭内角色的地位——这其至对最活跃的妇女和对婚姻不满意的妻子来说也是这样,但是对家庭和工作领域的价值观和行为还是有着某种一致性。以家庭为中心的妇女不像其他妇女那样接受了良好的教育,在战后十年或者1964年也更不可能工作。[20]不过那个时候,有相当数量以家庭为中心的妇女就业了或者正计划外出工作。更偏重家庭角色的妇女

---

20 与家庭、工作偏好的关系如下所示:教育程度(r=-0.32和0.17),1964年的全职工作(r=-0.26和0.42),孩子的数目(r=0.15和0.05),丈夫1958年的地位(r=0.11和-0.11)。1964年的就业妇女的孩子更少,嫁的人也是地位较低的男性(平均的r=-0.25)。

生育的孩子更多，但是这种差异太小了，所以信度不高。那些最喜爱工作的妇女，有丰富的劳动力市场经验，所受的教育也略高于其他妇女。然而她们的家庭规模却并不比其他妇女的家庭规模小。虽然在有着有薪工作经历的妇女中，地位较低和家庭规模较小是最为普遍的，但丈夫的地位不是决定她偏重工作或家庭的重要因素。

这些境遇的影响，使我们对从大萧条到进入中年期间这些女性在家庭价值观方面的持续性产生了疑问。对家庭角色的这种认同，受过高等教育且有着良好职业的女性并不乐意接受，而且她们的这些经历还会削弱这种认同。但这样一种假设也是合理的：对家庭角色的偏重，会逐渐形成一种排斥大学、排斥职业甚至有薪工作的生命历程。事实上，来自经济受损家庭的妇女的确受到的教育较少，但是与来自经济未受损家庭的妇女相比，她们更可能嫁与令她们衣食无忧的男性。

从大萧条后25年收集的某些数据来看，我们没有发现能表明经济受损对家庭角色的重要性不产生影响的证据。对于来自经济受损家庭的妇女而言，家庭生活的重要性超过了工作、休闲和社区活动加在一起的重要性，而且很明显，家庭在这些妇女眼中比在那些来自经济未受损家庭的妇女眼中地位更高（表A-28）。在这些妇女的童年或成年时期，任何其他社会因素都无法和家庭艰辛的影响相提并论。家庭价值观一般都在较低的社会阶级中更为普遍，对于来自劳动阶级的妇女而言也是如此，但是阶级出身的影响没有超过大萧条中经济受损的影响（$r=-0.04$对0.46）。丈夫的职业地位、研究对象自己的教育程度和职业以及家庭规模，更多的是经济受损导致的结果，而不是对家庭的偏重所带来的结果。

这些女性成人后所处的情境，也没有使经济受损和家庭生活的重要性之间的关系出现什么不同。在就业的女性和全职的家庭主妇之间，在接受中学教育的女性和接受大学教育的女性之间，在来自中产阶级的妇女和来自劳动阶级的妇女之间，这种关系都没有出现明显的差异。通过婚姻实现的流动，也没有使这种关系出现什么变化。对接受过大学教育和没有接受过大学教育的妇女进行比较，最能清楚地看到这种关系的持续性。经济受损父母的女儿们更没有可能上大学，而上大学的女孩则更不可能把家庭活动置于其他活动之上，但是在教育程度不同的两个群体内，经济受损对这种价值观的影响还是可以比较的。在上过大学的群体中，来自经济受损家庭的妇女中有54%给家庭偏好以高分(5分或6分),而来自经济未受损家庭的妇女给家庭偏好以高分的只有22%。在受教育较少的妇女群体中,这两种比例依次为68%和37%。

从奥克兰妇女在少女时代所处的环境中,我们可以看到家庭的经济受损和家庭活动的重要性之间的一种貌似合理的关联。对于经济受损家庭的成员来说,这种环境中有三个因素有利于培养她们对于家庭的偏好:家内社会化(用参与家庭责任的程度来表示);母亲作为社交和情感的中心(用孩子所感知的母亲在家庭事务中的影响力作为指标来衡量);社会对比(social contrast)(用女孩对家庭事务的兴趣来测量)。对于女孩们而言,社会对比这个因素会增加家庭角色的吸引力,使它的地位超过工作角色的地位。与经济受损境遇中男性不稳定的和有限的经济地位相比,妇女的活动、影响和责任感在经济困境中增加了。

在这些女性进入中年的时候,这三个因素——家庭的任务、对母亲影响力的感知和对家务的兴趣——都与对家庭活动的偏好有关。那些在30年代承担了家庭义务的女性,那些感知到母亲在家庭决策中最有影响力的女性,那些在青少年时期就对家庭角色有所偏好的女性,最可能把家庭角色置于工作、休闲和社区角色之上。在这些因素中,前两个因素界定了每一个社会阶级中经济受损和家庭偏好之间的相似关联,图9是对全部样本进行分析后所得到的结果。经济受损和家庭偏好之间的关系,大约有1/3是源于这些因素和对母亲影响力的感知、家务的参与程度这两个因素的共同关系。

从我们对奥克兰样本中男性和女性价值观研究的结果中,可以得出这样一个

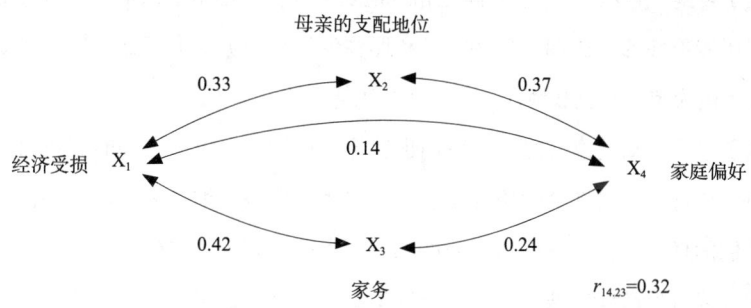

图9 家庭偏好和母亲的支配地位、家务劳动的参与程度、经济受损之间的相关系数

一般性的结论：对于那些生长于大萧条中经济受损家庭的成年人来说，无论其阶级出身和目前的地位如何，家庭都是最重要的。在解释这种价值取向的强度差异时，30年代或孩子成年后的生活中没有任何其他因素更具解释力。对于男女两性而言，数据结果都与这种假设一致：因为这些孩子曾处于因难以获得有报酬的、有保障的关系而显得匮乏的环境中，所以家庭才在他们的心目中价值如此重要。从适应的角度看，家庭也是作为一种应付经济困窘的手段而变得有价值的：家庭是情感的天堂，是生产单位，也是经济支持替代形式的源泉。

正如我们已经看到的那样，经济受损和家庭偏好的关系显然在女性中比在男性中更为普遍。这种差异可能是因为大萧条经历和女性家庭角色的普遍相关性。尽管这些妇女的教育程度、工作地位和阶级地位不同，大部分妇女却仍然在婚姻、为人父母或持家方面扮演着相似的角色。男性的基本角色是工作而不是家庭，而且他们的工作经历和大萧条时父亲的工作经历基本上没有什么相似之处。只有在这些成年人身处与大萧条非常相似的境遇时，我们才能发现经济受损和他们对家庭生活的偏好之间的重要关联。

到此为止，我们的注意力都局限于奥克兰妇女的主要家庭取向及其与大萧条经历之间的关系。但是，对于家庭而言，什么是最重要的？什么是最不重要的？如果一位妇女的其他活动都服从于她的家庭角色，那么她可能是出于许多不同的理由才这么做的，而并不仅仅是因为她对家庭的责任感。在她的脑海中，最重要的可能是丈夫的陪伴、关爱和理解，生育和抚养孩子的成就感，操持家务所能获得的回报，或者是这些方面的不同组合。在家庭生命周期的不同的阶段，从结婚到有孩子再到"空巢"，这些取向也相应地发生变化，但是它们都是由研究对象的童年经历所形塑的。比如，操持家务和那些生长在经济受损家庭的妇女在家中的经历关系极为密切，也和她们少女时代的兴趣一致。

除了家庭活动的意义之外，我们也曾探寻过妇女在家庭之外的职业角色和公民角色，还曾探索过在生命历程中它们与家庭价值观和地位之间的相互作用。虽然在我们的样本中，以家庭为中心的妇女不太可能到家庭之外工作，但也有相当数量的人或曾经就业，或曾参加过社区组织的活动。这里一个重要的问题是：除了这些妇女成年后的教育程度、丈夫的地位和家庭规模的影响外，参与家庭外的活动在多大程度上与大萧条中她们的家庭背景和相关的价值观有关？如果其他条件都一样的话，有经济受损背景的妇女，是否比经济未受损家庭的后代更少参与家庭之外的角色？这些妇女不出去工作和围绕家庭需求安排就业的原因，将为我们洞察以家庭为中心的的价值体系所带来的影响提供帮助。以家庭为先与常见的持家模式——妇女只工作到结婚或第一个孩子出生，尤为一致。

这样，我们围绕着奥克兰妇女的价值观和行动中"妇女的位置"的分析，提出了三个问题：对家庭基本认同的意义，家庭之外的社会角色及其与这种认同的关系，在生命历程中工作和家庭角色的安排。每个问题都会在本章余下的篇幅中论及。

三种社会角色：妻子、母亲和家庭主妇

这些妇女对家庭角色的兴趣因生活境遇的不同而有所不同。众所周知，较低阶层家庭的妇女赋予母亲和家庭主妇的角色较高的价值，而婚姻的满意度一般随着妻子的教育程度和丈夫地位的上升而上升（Lopata，1971：第1—4章）。奥克兰样本中也表现出了这些差异，尽管我们主要对满意度的一般来源更感兴趣。在那些表达了对家庭的强烈兴趣的奥克兰男性中，孩子是家庭基本的吸引力，而这种男性也多是经济受损家庭的儿子。那么，对于样本中的女性来说，对家庭的投入也有着相似的意义吗？

我们通过使用有关婚姻的基本方面的一组问题（1964年调查），来评价妻子和母亲这两种角色的相对价值。我们要求每位至少有一个孩子的已婚妇女，按从最受重视到最不受重视的顺序对婚姻中的六个方面进行排序。这六个方面包括：婚姻关系中的"相互理解"；"陪伴"；"性关系"；"生育和抚养孩子的机会"——衡量母亲角色的方式；婚姻生活的物质利益和安全保障——它提供的"生活标准"；"家庭的保障性和舒适性"。因为家庭主妇的具体责任不包括在这里面，所以我们无法确定家庭主妇这种角色相对于妻子和母亲这两种角色的重要性。不过，我们通过询问每一位受访者照顾家庭（"不是照顾孩子，而是诸如烹饪、缝纫和做清洁之类的活动"）的感觉来衡量她们对于持家的满意度。

丈夫和孩子。婚姻所带来的人际关系方面的益处和孩子，被所有妇女当作婚姻中最有价值的部分。有2/3的妇女把"相互理解"放在第一位或第二位，接下来的是"生育和抚养孩子的机会"（54%），丈夫的陪伴（49%）和性关系（30%）。对于样本中的女性而言，婚姻的突出特点既不是婚姻所带来的物质利益，也不是家庭的保障性。对于男性而言也是这样，只有不到10%的人把这些放在第一位或第二位。这种价值层次体系在具有不同社会地位的成人中是相对稳定的。在按照教育程度、社会阶级、宗教和家庭规模划分的类别中，也存在着同样的排列顺序。然而，对孩子的评价的确随着这些妇女成人后地位的下降而有所下降，并且和家庭规模相关（$r=0.14$）。有着较高地位的妇女普遍认可相互理解的价值。

那些把家庭置于工作和休闲之上的妇女，可能把孩子作为她们婚姻中最为重要的方面（$r=0.32$）。在以陪伴和相互理解（$r=0.22$和0.15）为特征的婚姻关系中，这种价值取向较少居于中心位置。婚姻幸福与否，都不会减少妇女对家庭生活的偏好程度，也不会减少她们对孩子的重视程度，但是的确会影响她们对与丈夫关系的重要性的看法。在以家庭为中心的妇女中，陪伴和理解的价值随她们回答的婚姻满意度的增加而增加。

在妇女对家庭的偏好中，为人父母的突出地位显然和奥克兰男性的价值取向是一致的。作为经济受损父母的儿子们，他们最可能珍视家庭生活，而这种价值观和他们生活中父亲身份的重要性密切相关。重视孩子的男性大部分是经济受损父母的后代，这种价值观与经济受损家庭的妇女在童年时代承担的角色相一致。但是，我们无法追溯这种价值取向的源头至家庭困窘，因为出身于经济未受损家庭的妇女数目太少了。

除了孩子的作用之外，经济受损的家庭还有另外一个明显的特征，它可能决定了人们对于妻子角色的期望：母亲在家庭事务中的主导地位。经济上的失败以及它给家庭所带来的后果，不能引导女孩们过一种能获得独立成就的生活，尽管它的确说明了依赖男性收入的不确定性和它对于家庭主妇这个角色的影响。除了这种经历之外，她们还能学会（尤其是在经济艰难的境遇中）控制她们婚姻中各种事务的方式。在男性样本中，我们发现了这种关系的某些证据：在相对不成功的男性中，其妻子在经济事务和孩子抚养上的影响力与家庭的经济受损及感知到的母亲的影响力关系最为密切。

不过，这里有一个未知数减少了妇女代际延续性的可能性：丈夫对妇女在家庭中角色的态度或观念。在很大程度上，婚姻模式依赖于这种观念和丈夫获得的地位。如果某位妻子的丈夫坚决反对这种安排，那么女性对于在婚姻中实施自己的影响力或婚姻平等的渴望，几乎就没有什么可能实现，除非丈夫像大萧条中的一些父亲那样，对家庭事务不闻不问。

这一保留意见至少和数据是一致的。如果说妇女因为在经济受损的家庭中长大就想在自己的婚姻中施加影响，那么并没有证据表明这种倾向。运用根据1964年调查中的条目构建有关经济事务和抚养孩子方面的决策权指标，我们发现妇女在婚姻中的影响力和30年代的家庭经济受损之间没有可靠的关联。[21]一般都认为，丈夫在经济事务上更有影响力，而妻子却拥有抚养孩子方面的最终决定权。但是婚姻模式并不因母亲的影响力或大萧条中经济艰难的不同而有所不同。代际间生活境遇的相似性，并不像它影响奥克兰男性那样，使家庭损失和妻子的影响力之间出现某种联系。

持家。在公众的脑海中，持家是妇女的主要功能中最传统或最被贬低的事情。斯莱特有关女性的家务琐事"单调冗长，毫无意义"的观点，就反映了这种看法（Slater，1970：67）。虽然节省劳动力的设备减少了对劳动力的需求，但对大部分奥克兰女性而言，持家还是一种有吸引力的活动。实际上，即使我们专门把抚养孩子这一事项从中剔除出去，持家这种传统角色的内容也仍然不是单一的。56%的妇女完全乐于照顾她们的家庭，拒绝那种把烹饪、缝纫和清扫仅仅看作"不得不做"的工作的观念。另外20%的人表示在这个角色中有一些乐趣，而15%的人既没有正面的感受也没有负面的感受，只有10%的妇女可以被算作对家庭主妇的

---

[21] 这两个指标和第7章中构建的有关男性的指标是一样的。经济上的权力是用两个五类问题的累加得分来衡量的：金钱的支出和汽车选择及购买。抚养孩子上的权力是用三道包含着五种回答的题目来决定的：孩子应该怎样培养；他们什么时候才能约会；宗教信仰培养的实践。对每一个问题的回答都是从"总是丈夫做决定"（1分）到"总是妻子做决定"（5分）。这样分数越高，受访者感觉自己对于婚姻的影响力越大。经济和抚养孩子的权力的平均分数依次为4.6分和9.2分，标准差依次为1.2和1.4。

责任有逆反心理。[22]

对操持家务持认同感的人所经历的生活境遇,强化了她们的家庭倾向。如果来自劳动阶级,她在中学毕业之后就终止了学业,在相当年轻之时就走入婚姻并成为父母,所嫁之人是依旧留在劳动阶级的男性。对持家的兴趣,在劳动阶级家庭的女儿们中最为常见。实际上这种兴趣是如此普遍,以至于她们在童年时代曾经历的经济受损对她们没有任何特殊的影响。这些人大部分在少女时代就对家务有所偏好,而且将近有90%的人中年时还在持家的角色中找到了满足。家庭经济受损甚至成人地位的变化都没有对这一价值观产生影响。嫁入中产阶级的妇女,也许和劳动阶级男性的妻子们一样喜爱操持家务。

经济受损家庭对这些女孩家庭倾向的培养,最明显地表现在妇女对持家的态度上,他们所接触的环境(包括中产阶级的背景和高等教育)最不支持妇女角色的传统意象。来自中产阶级经济受损家庭的妇女,比其他妇女更加喜欢操持家务(65%对36%,tau_c=0.35),而且她们的态度和家庭的经济受损有关,这一点是通过大萧条时的社会角色和兴趣实现的。家务责任、母亲在家庭事务中的主导地位、少女时代对家庭角色的兴趣,这三个因素都和这些妇女成年后对于持家的兴趣有关(平均tau_c=0.24)。从那些至少受过一定程度大学教育的妇女对于操持家务所持有感情的社会原因的分析中,我们得到了相似的结果。

对于偏好家庭角色的妇女而言,持家和孩子的重要性对孩子的抚育有着明显的影响。在其他条件相同的情况下,这些妇女一般会比从工作或从公民的角色中去寻求满足的妇女有更多的孩子。一个大家庭可能既是母亲身份或家庭价值观所导致的后果,又是它们出现的原因,然而这两点在样本中的表现都不明显。来自经济受损家庭的妇女,的确在少女时代或者中年时更加认同家庭角色,但是一般来说,她们的家庭规模并不比其他妇女的更大。奥克兰妇女无论是否有家庭倾向,

---

[22] 对于洛帕塔样本中的已婚女性来说,家庭主妇这个角色的全部重要性,和奥克兰妇女的态度十分相近。74%的妇女把母亲的角色当成最为重要的,其次是妻子和家庭主妇(61%和58%)。在这568位妇女中,有4/5的人(包括100位就业的)在回答开放式的问题时,认为"女性参与社会生活的重要性,并不足以让她们忘记这些责任。无论她们的年纪多大,或者她们实际上卷入家庭制度的程度有多深,她们都把妇女的角色局限于家庭之中"(*Occupation:Housewife*,p. 47–48)。

大部分都有两个或三个孩子。在奥克兰的男性中，家庭的价值和生育之间的关系更为密切，但是这次研究无法确定孩子是这种价值观的原因还是结果。从现在有关男性和女性的证据来看，以家庭为中心的价值观不是作为大萧条中的经济受损和随后的生育之间的一种重要关联而出现的。

家庭之外的社会角色

对于奥克兰的妇女而言，工作、休闲和社区活动的重要性都不能和家庭的重要性相比，但是她们中间的大部分人此时或彼时都曾深深卷入过这些活动中，大部分都在离开中学后甚至在婚后曾参与过社区生活。她们进入的劳动力市场和以前相比，有更多的妇女在工作，尽管这些妇女从事的主要是地位较低的工作。随着孩子的出现，外部追求被无限期地搁置了。样本中的大部分妇女在战后都忙于抚养孩子和操持家务。

如果以家庭为中心的妇女主要是满足孩子和丈夫的需求，那么这些需求将是解释她们参与家庭之外活动的一个逻辑起点。她们会寻求就业以缓解经济压力，但是除此之外，她们就把操持家务作为自己的全职工作。根据这条因果线索，就业在那些来自经济受损家庭的妇女中应该是最不普遍的，在战后十年中尤其如此。她们没有更多的孩子，但是她们的价值观确认了这种活动的进程。而且从丈夫的地位来看，她们婚后的经济境遇比来自经济未受损家庭的妇女更好。

就此而言，经济受损的背景并没有使战争期间和战后的全职工作出现什么明显的变化，这是很令人吃惊的（表A-29）。这些差异显示了来自经济受损家庭的妇女的就业水平更高，而不是更低。对就业影响更大的是生命周期的阶段和丈夫的地位。在战后抚养孩子的十年中，这些妇女就业的比例急剧下降，尽管此时工作的妇女更可能是中产阶级下层或劳动阶级的妻子。根据丈夫的职业地位推断，相较于与战后十年这些妇女就业的关系，经济需求和家中孩子数目之间的关系更为密切。[23]

---

[23] 从1946年到1955年全职工作的时间，与丈夫的职业地位（1958年）和孩子的数目负相关（$r=-0.16$和-0.06）。后面两个因素和1964年调查中的全职工作的负相关程度更强（$r=-0.26$和-0.24）。

在1964年的调查中，妇女给出的没有工作的理由中就包含家庭的优先性，而且大部分妇女都属于这一类：中产阶级的妇女有3/4不工作，而劳动阶级父母的女儿有38%不工作，仅有1/4的"失业者"希望在不远的将来能找到一份工作。除了工作地位和工作期望不会因童年时代的经济受损而有什么不同之外，经济受损父母的后代更倾向于用家庭的需求来解释她们为什么不工作，尽管如果客观地去衡量的话，她们面临的家庭需求并不比其他妇女所面临的更多。无论其阶级出身如何，有62%的妇女都提到了如"家里需要我"之类的原因，而来自经济未受损家庭的妇女只有1/3提到了这类原因。后者更经常提到的是：缺乏兴趣或没有合适的工作；喜欢志愿者的工作或者没有能力找到工作。

除了她们对家庭角色的突出兴趣外，来自经济受损家庭的妇女并不比其他妇女对满足家庭在经济上的需求更感兴趣，而这又是她们就业的先决条件。无论是否有这种需求，她们像其他妇女一样喜欢按照自己的意愿去寻求就业，尽管家庭福祉还是她们在生活中考虑得更多的东西。比如，我们在1964年的调查中询问了每一位受访妇女以下的问题："如果你家没有经济方面的需求，而又有一份合适的工作，你会工作吗？"在这种情况下，来自经济受损家庭的妇女和其他受访者对工作同样感兴趣。但是如果她们认为这和孩子或丈夫的兴趣发生冲突，她们的愿望就不可能实现了。我们没有问如果一位母亲的孩子在家需要照顾，她却外出从事全职的工作，她感觉这样是否合理，尽管数据支持这种推断：如果经济环境实际上并不需要这些妇女这样做，那么有着经济受损背景的妇女最不可能接受这种安排。

在妇女工作到结婚或第一个孩子出生时离开并且再也不重返劳动力市场的常规就业模式中，这种家庭态度得到了最充分的表达。有1/4的妇女遵循这种职业路线，但是其中**除了一人外其余全部**是在经济受损家庭中长大的，其中来自中产阶级家庭和劳动阶级家庭的比例相同。在结婚大约20年之后，这些妇女在对家庭生活的依恋方面，在婚姻幸福方面，在参与社区有组织的活动方面，都变得更为引人注目。正是这个群体中的妇女，对有薪就业更没有什么兴趣，或者说她们更加看重家务活动或操持家务。这种价值观既和她们在大萧条中的社会出身一致，也和她们从结婚到中年时的家庭境遇一致。

与作为整体的样本相比较，有常规职业生涯的妇女接受的教育更多，也更可能嫁给受过大学教育并处于中产阶级上层的男性（到1964年为止）。孩子和母亲的身份告诉了我们这些妇女成年生活的诸多情况：她们每个家庭都至少有两个孩子，其中44%的家庭至少有三个孩子。但是，作为她们婚姻中最有价值的部分，孩子排在夫妻关系之后的第二位。所有个案中妇女的初婚都保持了完整性，这也是她们一直感到快乐的源泉。这些妇女都是以丈夫为导向的（husband-oriented），经济上有依赖性，对自己的生活也感到很满意。价值观、家庭境遇和经济需求，都不能成为"推动"她们充当劳动力的因素。

"不确定的生活"是对常规职业生涯的最好描述，而遵循这种生命历程的人，在大萧条中都学会了珍惜家庭生活给她们带来的益处，她们的丈夫通过在情感和经济上支持她们，使她们从自己的这一选择中得到满足。人们可能会认为，只有成功的丈夫才能使那些在童年时就接受了"妇女的位置在家里"这一价值观的女性真正能够选择在经济上依赖丈夫。从一般的标准来看，这些受过大学教育的女性并没有能够学有所用，也没有培养出该自立时就能自立的能力。工作和家庭之间所做的性别分工，对于遵循这种职业生涯模式的妇女的婚姻持续生命力而言并非好兆头，在孩子离开家庭之后更是如此，尽管所有的人都积极参与了这样或那样的社区活动。[24]

仅仅就这些价值观而言，常规的职业生涯可能是样本中大部分女性曾经期望过的生活方式。然而实际上，大部分人只是因为有了孩子或需要操持家务才暂时停止了工作（**双轨式模式**），而经济的压力和婚姻的破裂，则使另外一些妇女采取了和少女时代的抱负不相一致的角色和价值观（就业和持家的**不稳定模式**）。双轨式职业生涯模式在经济未受损失的妇女中更为常见（表10），不过也仅仅限于那些出身于劳动阶级的妇女。

---

24 随着丈夫和妻子活动分离程度的提高，夫妻对婚姻就越来越感到希望幻灭。参阅 Jan Dizard, *Social Change in the Family*（1968）。

表 10　已婚妇女的职业生涯模式（到1964年止）
（按照家庭的经济受损和阶级出身分类，用百分比表示）

职业生涯模式[a]	已婚妇女的百分比				合计
	经济受损与否		阶级出身		
	经济未受损	经济受损	中产阶级	劳动阶级	
1. 固定的操持家务式生活，没有工作经历。在离开学校或短期失业后很快就结婚	9	7	9	6	8
2. 就业的常规模式：结婚、持家后再也不工作。离开学校后就业，但结婚或有第一个孩子后就不再工作	4	36	24	25	25
3. 双轨式：有孩子或持家时会暂时不工作，然后又去工作	44	29	21	47	34
4. 不稳定式：因健康、经济需要或迁移等原因，在就业和持家之间不断转换	22	19	21	19	20
5. 延迟就业：结婚和持家后才第一次就业	13	5	12	3	8
6. 其他	9	5	12	0	6
	101	101	99	100	101
	(23)	(42)	(33)	(32)	(65)

[a] 取自 M.C.McMulvey, "Psychological and Sociological Factors in Prediction of Career Patterns of Women," Unpublished Ph.D. dissertation, Harvard University,1961。

对女性在三种主要职业生涯模式——常规的、双轨式的和不稳定的——中的生命历程的回顾，揭示了这些妇女在表现其价值观时受到的各种境遇的限制。除了完全没有工作经历外，职业生涯中的常规模式是以家庭为中心的价值体系最纯粹的表现，但是对于许多在少女时代就偏好这种生活方式的妇女而言，对于那些不因丈夫的收入和稳定的婚姻而免于承受经济压力的妇女而言，这并不是一种可行的替代性选择。正如我们在职业生涯不稳定的妇女身上看到的那样，那些对就业没有什么兴趣的妇女，有大部分人在结婚或孩子出生的时候并没有停止工作。

这些妇女并不比遵循常规职业生涯模式的女性更不偏好家庭，也非阶级出身更低，但是她们倾向于在更年轻的时候结婚，一般来说通过婚姻获得的地位也较低，并且有着更为复杂的婚姻史。

与常规职业生涯群体相比，经济压力也是双轨式职业生涯妇女的工作生活中的一个重要因素。这些人中有相当大一部分生长在劳动阶级的家庭，嫁与处于中产阶级下层或劳动阶级的男性，而且婚姻也不稳定。与常规职业生涯群体或不稳定职业生涯群体的妇女相比，这些妇女在少女时代对家庭活动更不感兴趣。在1964年的调查中，这个群体中还有相当数量的人回忆起曾"试图找一份工作"。这是样本中唯一表达了对职业的强烈兴趣的妇女群体。根据这些比较，我们发现，**与这些女性在大萧条中的家庭背景或相关的价值观的影响相比，她们成人后的生命历程中所发生的事件更能影响她们的工作生涯。**

这个结论也适用于女性在社区中的相关角色。对于样本中的女性而言，成为社区组织成员的可能性，随着她们教育程度和阶级地位的提高而增加，这在有着较高的社会地位和常规职业生涯的女性中最为普遍，而就业在地位较低的妇女中最为常见。如果我们把这些妇女成年后的地位和工作角色也考虑在内，家庭经济受损的背景根本不会使她们在参与社区活动方面出现什么差异。

下面是**关于阶级和经济受损对成人生活影响的说明**。从迄今为止的分析中我们已经看到，与来自劳动阶级的妇女相比，30年代的经济受损对来自中产阶级的妇女的生命历程和价值观有着更为持久的影响。这些差异表现在婚龄、教育程度和对持家的满意度上。与来自经济未受损家庭的女儿们相比，中产阶级经济受损父母的女儿们在少女时代可能更重视家庭，在成年后更看重家庭主妇的角色。她们也倾向于早婚，在获得中学文凭后也更可能不再接受正规教育。与家庭经济受损相关的这些因素，在来自劳动阶级的女性中更为普遍，它们并不会因经济受损程度的不同而有所不同。在很大程度上，这些阶级差异反映了传统观念对妇女角色相应的影响（劳动阶级），也反映了家庭的艰辛和紧张所带来的适应性影响（中产阶级）。与更高阶层的妇女相比，早婚、有限的教育程度和更重视家庭，是劳动阶级妇女生活的一部分。我们在中产阶级妇女的生活中看到的，是在一般能够提供家庭生活之外的其他选择的情境中，家庭经济受损和适应对于操持家务的意义。

在这一群体中，大萧条的经历在许多女孩的生活中产生了传统式的后果，而她们在1930年前不太可能生活在极为传统并且有着性别差异的文化之中。

早期的家庭生活和成人后的职业生涯对婚姻成功与否的影响

婚姻的成功不是由妻子对家庭成员或经济福祉的奉献来保证的，但是我们更难在来自经济受损家庭妇女的早期经历中找到能让她保持乐观的理由。从结婚开始，这些妇女似乎就注定了不只是面对夫妇间的困扰。极度的经济艰难使她们绷紧家庭的感情之弦——有时甚至到了崩溃的边缘，她们所面临的是一系列婚姻的问题或婚姻的失败。与那些在经济未受损的家庭中成长起来的妇女相比，在这些妇女的家庭生活经历中，婚姻紧张和冲突、诸多不满、酗酒、感情枯竭和家庭破裂更为普遍。她们常常和父亲关系紧张，或与他在感情上保持距离。尽管她们在30年代对母亲的态度总体上是积极的，但也有相当多的女性在回忆起母亲的时候持一种否定态度。在这些情况中，有一部分和早婚及其无常的高风险相关。

这些早期经历的重要性因为下面的假设而变得重要：通过家庭生活的引导，女孩们在认知、动机和信念上都倾向于婚姻角色。无论父母的婚姻是否成功，或者是否对她们有吸引力，都成了这些女孩今后婚姻生活中夫妇角色的模仿对象，而且她们的童年生活就决定了她们的婚姻能否成功。假如把这些女孩的境遇差异考虑在内，这种观点就和权威模式的代际传递的假设相一致，而且也能在数据中寻求到支持："父母处理自己婚姻关系的能力能够传递给孩子们，能使她们提高自己婚姻成功的可能性。"[25] 在回溯性研究中，有人曾提到父母的婚姻调适和后代的婚姻调适之间的相关性，尽管人们对这种传递过程的机制所知甚少。无论如何，研究中有些女性非常了解父母对她们的影响，但她们并不认为这是她们想要的遗产。

这种理解并不是源于经济受损家庭的女性或男性婚姻生活的质量，因为这些人的婚姻也与样本中其他成员的婚姻一样持久或幸福。实际上，他们的初婚更可

---

25 Reuben Hill and Joan Aldous,"Socialization for Marriage and Parenthood," in Goslin 1969, p. 893。R. 希尔（Reuben Hill）和 J. 奥尔德斯（Joan Aldous）在这里具体提到一项有关婚姻调适的开创性研究：Ernest W. Burgess and Leonard S. Cottrell, Jr., *Predicting Success or Failure in Marriage*（New York:Prentice-Hall, 1939）。

能维持到1960年,尽管这种差异太小了因而并不那么可靠。根据1958年的报告,婚姻幸福并没有因家庭经济受损或阶级出身的差异而有什么不同,甚至就不同成人地位的差异进行调整时,结果也一样。这些结果,尤其是在我们没有把配偶的早期经历考虑在内的情况下,并没有排斥奥克兰样本童年时的经济受损和婚姻成功之间的关联,但是它们的确表明,在纵向研究的设计中,需要对代际间的模式进行更为详尽的分析。

这是一个悖论:婚姻最为幸福的,是那些嫁与在职业生涯中获得极大成功的男性的妇女,是那些嫁与处于较高的管理职位或身为专业人士并受过大学教育的男性的妇女。而根据我们对奥克兰男性的分析,正是这个群体中的男性,更可能把自己的职业兴趣放在其他的考虑之上。对他们来说,陪伴妻子和孩子的责任、社区的义务都必须服从于他们以工作为中心的生活方式:他们每个工作日的晚上和周末都要参与和家庭成员不在一起的各种活动。对我们样本中的大部分男性而言,工作在很大程度上是一种自愿的投入,他们愿意把更多的时间放在工作上。不言而喻,这就意味着这些男性很少陪在妻子的身边,这本来是婚姻所要付出的代价。如果我们纵向考察婚姻生活,那么至少有一项纵向研究表明:丈夫在职业上和组织上的外部投入(external commitment),与短暂的婚姻、意见分歧和快乐减少的可能性直接相关(Dizard,1968)。从妻子的角度来看尤是如此。迪扎德(Dizard)发现,如果妻子能够自己参加工作或走出家门参与社区活动,从而可以分享丈夫的某些经历和偏好,那么婚姻就更不可能解体。然而,从早婚到中年时期,婚姻幸福增长最多的是那些对家庭之外的活动投入最少的夫妇。

我们无法确定这种变化是否发生在那些嫁与成功男士的奥克兰女性中,因为我们缺乏这些妇女在40年代的婚姻生活的资料。不过在1956年和1964年的追踪调查中,我们的确发现她们最可能以丈夫为中心,而且对婚姻感到满意。[26]和地位较低的妇女相比较,她们对和丈夫的工作联系在一起的收入和声望更为满意,她们

---

26 用十分量表(1964年),报告的婚姻幸福的程度随着社会阶级的上升而上升($r=0.22$)。在样本的男性中,也发现了相似的关联。

也不特别挑剔工作的要求。[27]所有这些方面，丈夫成功所带来的回报，包括他自己的成就感在内，都超过了缺少陪伴所需要的补偿。这种程度的满足感是否会在以后的婚姻生活中持续下去，还有待观察。

从某种意义上说，我们可以认为，与那些兴趣在于自己的职业的妇女相比，那些以家庭为生活中心的妇女从家庭活动中得到了更多的东西。从对这些女性的定义来看，她们的成就感和认同感理应更多地依赖于家庭成员，而且对那些将会减少丈夫陪伴以及陪伴孩子时间的职业要求也更为敏感。然而从另外一个角度来说，我们看到，以家庭为中心的价值观特别适合于这种安排：把丈夫和妻子的活动截然分开——前者的角色是养家糊口，后者的角色是妻子、母亲和家庭主妇。这种价值观通过尽量降低妇女自己的职业或工作的优先性，从而最大限度地增加了她们对丈夫的依赖性，并增加了她们的丈夫投入职业生涯（无论工作多么繁重）的合理性。这里，我们感兴趣的是遵循常规职业生涯模式的妇女。在工作和家庭之间根据性别的分工，在那些刚结婚或婚后不久就不再工作的妇女的生活中得到了最充分的表现，**而且**她们的婚姻依旧保持完整，并且感情上也得到满足。价值观和社区角色可能都是这幅婚姻图画的组成元素。尽管这些妇女都把家庭中的妇女角色放在优先地位，但她们还是参与了一系列社区活动，并且常常和她们的丈夫分享其中的一些兴趣。

大萧条经历对妇女角色的影响

战后，女性对家庭的专注和"婴儿潮"是一致的，代表了30年代后期（在奥克兰样本中）经历了严重经济受损的父母的女儿们最为普遍的想法。她们对家庭角色的偏好，部分是家庭对经济受损的适应所带来的意外结果，是她们参与家务

---

[27] 我们用妇女对于他们丈夫工作的三个相关方面——收入、社会声望和未来的前景——的回答来构建一个由三道题组成的指标。对每道题的回答按照下面的标准评分，然后再累加："非常喜欢"（3分），"有点喜欢"（2分），"既不喜欢也不讨厌"（1分），"有点讨厌或者非常讨厌"（0分）。分数的范围从0分到9分。对整个样本而言，这个指标和1958年的社会阶级有关（r=0.28），也和经济受损有关（r=0.14）。后一种相关全源自经济受损和婚姻成就之间的关系。有关婚姻流动及其态度相关性（attitudinal correlates）的更为详尽的分析，见Elder, "Marriage Mobility, Adult Roles, and Personality"（1970）。

活动和母亲在家庭事务中的中心地位所带来的意外结果。正如家庭的生存常常以母亲和女儿的贡献为基础一样，女儿常常把她成年后的基本角色定义为服务于自己的家庭。对于这些"大萧条的孩子们"，家庭生活的中心地位可能也表达了他们消除大萧条和战争带来的"精神破坏"的愿望。正如这一代人中有人提到的那样："重新获取我们父母生活中曾失去的平静。"[28]

时代精神、神秘性和远离世界，这些或其他令人感动的概念，出现在对战后年轻女性中的个人主义（privatism）和家庭中心的描述中，给人们留下了一种印象，即我们已经理解或解释了这种现象。其他有关战后趋势的"理论"论及了在战争中家庭分离所带来的创伤和破坏，论及了退役回家的军人对"传统"家庭生活补偿性的兴趣，甚至论及了斯波克（Spock）的《婴幼儿保健》（Baby and Child Care）中的原理。菲利普·斯莱特（Philip Slater）在他的论文《斯波克式的挑战》（"The Spockian Challenge"）中，在论及优秀的医生指导手册通过强调妇女的家庭角色和抚养孩子这种挑战性的任务，来鼓励美国（中产阶级）的女性关爱家庭时，进行了广泛的推理（Slater，1970：64）。这样，抚育孩子就耗费了那些不再需要用于家务的时间，这和有关妇女的帕金森定律（Parkinson's Law）一致："增加工作以填补用于闲暇的时间。"[29]"尽管有许多条件和疑虑的限制，但大部分中产阶级的具有斯波克取向（Spock-oriented）的母亲内心都深深相信，如果她们的工作能够完成得足够好，那么她们的孩子都将是富有创造性的、聪颖的、对人友善的、慷慨的、快乐的、勇敢的、自觉的和善良的——当然，每个人都是独一无二的。"（Slater，1970：64）

我们的数据表明，无论40年代的家庭氛围如何，那些接纳传统角色的妇女，都大多成长于那些在很大程度上依赖家中女性成员的经济受损家庭。与来自经济未受损家庭的妇女相比，从青少年时期到30年代末再到中年时期，专注于家务更多的是这些妇女的生活方式的特征。她们更多地参与家务劳动，更满意于家庭内的活动，如果她们属于中产阶级，还更可能早婚。在每个阶级（1929年）中，与

---

28 Joseph Adelson, "Is Women's Lib a Passing Fad?" *New York Times Magazine*, 19 March 1972, p. 94.
29 Harold L. Wilensky, "The Uneven Distribution of Leisure: The Impact of Economic Growth on Free Time," *Social Problems* 9（1961）: 53.

经济未受损的女性相比，她们进入大学的比例都更小，但是嫁与中产阶级上层的比例却更大。除了价值观之外，许多因素都影响着这些妇女寻找有薪职业的决策，而且她们总的工作经历没有因其在大萧条中经济受损的背景而出现显著差异。然而，经济受损家庭的女儿们最可能在结婚时或在生育第一个孩子时停止工作。如果这些女性来自中产阶级，那么她们将更喜欢操持家务。偏重家庭的意义首先集中于孩子的价值，其次是婚姻给人际关系所带来的好处。

30年代经济受损家庭的女孩与二战中父亲缺位的家庭的女孩，在地位和学习经历上有许多相似之处。在这两种情况下，父亲都无法再维持家庭了，责任全都转到了家中的女性成员身上，而且强化了家庭中女性角色的重要性。就我们所知，女性参与战时工业并没有削弱男性缺位对女性的家庭认同的影响。从我们对奥克兰样本的分析来看，有理由认为，在50年代末和60年代初组建家庭的女性的传统愿望，和她们二战时期在父亲缺位的家庭中的童年经历有着某种联系。

第九章
人格对成人经历的影响

> *个人的健全性，本质上是应对生活所设问题的基本方式……这表现为现实主义、适应性及建立在内心坚定不移的原则基础上的责任感的发展。*[1]

——弗兰克·巴伦

在成人生活中，那些需要新的适应的境遇，通常与转变或变化点联系在一起，比如进入婚姻和为人父母、工作境遇的变化、配偶死亡或离婚、最小孩子的独立成家。能够应付这些境遇却不给自己或他人造成不当伤害的能力，一般都被当作衡量心理健康或心智健全的一个指标。这令我们想起了奥克兰父亲在面对失业和贫困时的不同反应：有些人似乎为了维持全家的生存投入了自己的"全副身心"，而另外一些却推卸家庭责任，整日酗酒。出现这种鲜明对比的原因，除了外部支持的不同和机会的变化不定之外，还可能有适应性资源（adaptive resources）的差异。

研究者对心理功能（psychological functioning）的兴趣，传统上都集中于疾病或损伤，尽管我们都知道健全或健康不仅仅是没有患病症状。[2]本章是有关奥克兰

---

[1] 选自 Frank Barron, *Personal Soundness in University Graduate Students*（Berkeley: University of California Press, 1954）。
[2] 在过去十年，对心理功能的研究明显从强调精神疾病转向强调精神健康。比如，参阅 Bradburn, *The Structure of Psychological Well-Being*（1969）; and Sanford, *Self and Society*（1966）。精神健康这个概念中所蕴涵的价值观，M. B. 史密斯（M. B. Smith）在"'Mental Health' Reconsidered: A Special Case of the Problem of Values in Psychology"中曾讨论过，见 *American Psychologist 16*（1961）: 299—306。

出生组分析的最后一章，我们将采用一个更为广阔的视野来看待心理健康及其与家庭经济受损和成人境遇的关系，这种视野始于表明这些人受到伤害的证据而终于政治和观点上的问题取向（problem orientations）。疾病、有效的适应和心理发育，主要是根据1950年的临床诊断来评估的。关于健康、能力和生活满意度的主观印象，进入了对为人父母的个人后果的评估分析和1930年以来生活经历的回顾中，而为人父母对许多来自经济受损家庭的成年人来说是一种具有吸引力的状态，也是婚姻生活中潜在的危机点。在最后一部分，我们将从健康这一具体层面转向政治和对未来观点中的问题的定义和取向。

童年时代的经济受损对成年后健康的影响

儿童时代的家庭紧张和情绪困扰，增加了孩子们在以后的生活中患病或受到伤害的风险。这一假设在第二章中得到了部分的支持。这种持续性主题的另一方面，也表现在无忧无虑的童年和成年后健康之间这种得到广泛认可的关联中。从大部分指标来看，来自经济受损家庭的孩子们的生活中，大萧条中生活压力沉重的环境相当普遍，但是这种环境给孩子成年后的健康所带来的风险，还取决于许多因素，既包括那些能够影响家庭经济受损所产生的心理冲击的因素，也包括那些从童年开始就持续存在的健康状况。这两个方面的证据都令我们认为，来自劳动阶级家庭的成年人的健康受到经济受损的负面影响最大。

在文献回顾和分析的过程中，我们确定了适应潜力的阶级差异，这种潜力把经济受损带来的更为持久的心理代价和低下的家庭地位联系在一起。对于奥克兰出生组的成员而言，这既包括劳动阶级的经济贫困在客观上的严重性，也包括这个阶层的父母和孩子所拥有资源的更为有限性。客观的经济受损、失业的父亲、支离破碎的家和对公众资助的依赖，大多发生在劳动阶级的经济受损家庭中。如果把这种经济受损看作一个问题，那么这种阶级差异没有那么明显，这部分是因为在中产阶级中它威胁着经济受损家庭的地位，尽管这些家庭更可能把它界定为可能会遇上的或者要解决的问题。对于奥克兰父亲而言，无论是因为他们的机会、教育程度，还是复原力，他们失业的持续时间都没有中产阶级的那么长。适应潜力的阶级差异，还可以从下面这一点看出来：无论是否蒙受经济损失，中产阶级的孩子们都更为尊敬他们的父母，他们也更为聪明、更为同龄群体所接受以及更加自信。

无论是对于中产阶级还是劳动阶级家庭的男孩来说，这些阶级差异在适应方面的意义，与我们观察到的情绪困扰症状和经济受损之间的关系看起来似乎是矛盾的。在这两个阶层中，神经过敏、不快乐、多愁善感与家庭经济受损的关系都一样密切。而且，健康方面的阶级差异，还受到影响心理症状持续性的各种条件的作用（Dohrenwen & Dohrenwend，1969：尤其是9—11章）。如果这些孩子成年后又遇上了在大萧条中导致情绪困扰的境遇，如果对于家庭境遇的情绪反应作为获得支持、关心和爱护等的方式获得了继发性价值（secondary value），如果经济艰难导致他们在处理困境时存在心理匮乏，那么上述心理症状最可能持续下去。在第一种情况下，劳动阶级的后代成年后比地位较高家庭的成员更可能经历经济受损，因为他们的职业和婚姻成就的平均水平低得多，他们中还有相当大比例的人依旧留在劳动阶级中。其次，社会引发的情绪困扰症状，由于其继发性价值而持续存在，在社会底层更为恶劣的环境中最为普遍。心理症状通过继发性价值而持续下去的一个例子，是那些在大萧条时期扮演牺牲角色的自怜的母亲在孩子长大成人后依旧如此。在最后一种情况中，众所周知，无论是对于年轻人还是老年人来说，有限的收入、教育程度和适应技巧会导致其出现心理障碍，这将使来自劳动阶级压力沉重的家庭中的孩子在成年后面临最大的健康风险。[3]

如果根据孩子是否为今后生活中所遇到的问题和压力做好准备来评价其成年前的经历，我们可以看到成长于经济受损和经济未受损家庭的孩子们在健康风险上的重要差异，用境遇需求与适应能力之间的关系可以对这种差异进行最简单的描述。严重的经济损失使孩子们所面临的境遇需求明显地增加了，这些需求有时多得令孩子们无法应付。他们从艰难中获得的可以为成年生活做准备

---

[3] 兰纳（Langner）和他的同事发现，"父母属于低收入阶层的孩子患精神疾病的概率，是父母属于高收入阶层的孩子的两倍"。Thomas S. Langner et al., "Children of the City:Affluence, Poverty, and Mental Health," in Allen 1970, chap. 10, p. 194. 就我们分析的目的来说，这种结果的重要性在于经济状况对于父母没怎么受过教育的孩子的影响最为严重。

的任何益处，都取决于他们在不伤害自己或他人的情况下怎样妥善地安排一切。作为对艰难处境的反应，长远看来成功的适应在困苦发生的当时并不总是明显的。实际上，人们可以根据有关社会运动的文献论证：如果说不满不是处于经济受损境遇中的人们确定问题和采取具体行动的充分条件的话，那么也是关键条件。不满和愤怒不是对家庭收入锐减（一些家庭的收入在1929年到1933年间减少了65%）的不恰当或不适应的反应。当不满没有被引入建设性的行动中，而是导致不与他人来往，或者把不满本身就作为最后的结果时，障碍就出现了。

中产阶级中经济未受损家庭成员所面临的风险，主要是因为他们的生活境遇无法检验他们的适应能力，或者说对他们的适应能力无法提出挑战。他们在被保护的童年中"一帆风顺"，无法培养起今后生活所需的适应技能。桑福德（Sanford）在一篇对心理健康的调适性进行解释的评论文章中提到这一点："一个人如果非常善于调整自己以适应周围的环境，或者他所处的环境极为简单或对他有保护的作用，那么他就不需要处理某些极度紧张的情况。他所处的环境，可能提供了他需要的全部健康，甚至可以提供任何可预见的未来中他所需要的一切，但是他依旧相对缺乏处理各种极度紧张状况的能力。"（Sanford，1966：30）在麦克法兰的纵向研究中，她对成年前过着"信任所引导的生活"（confidence-inducing lives）的某些成年人的状况的观察，也暗示着这个因果假设。"他们还是儿童和青少年的时候，不用面对极度紧张的情况；他们展现了非同寻常的能力和/或卓越的才华，在功课上表现突出，并且是受人追捧的成功形象……（但是）在他们年届30岁之时，有相当多的一部分人变成了脆弱、不满和迷惘的成年人，他们巨大的潜力没有变为现实，至少到目前是如此。"（Macfarlane，1964：121—122）在奥克兰样本中，至于那些来自中产阶级中相对富裕家庭的成年人，是否缺乏促进其发展的经历，我们还没有确凿的证据。然而，作为我们强调的家庭经济受损所带来的心理影响的参照物，这种风险值得注意。

这些孩子成年后的健康数据，基本上是在两次追踪调查中收集的：1953—1954年和1958年。第一次是通过全面的体检、一系列访谈和人格调查获取的。一名叫露易斯·斯图尔德（Louis Stewart）的临床心理学家，根据这众多的信息构建了一种精神病的分类（psychiatric classification），重点在于障碍或疾病的具体类别。[4]我们给这种分类补充了更新的有关酗酒的资料。从建立在1958年访谈文字资料基础上的以下两组测量中，我们可以得到关于心理作用的更为全面的观点：在已卸任的苏珊娜·理查德（Suzanue Reichard）指导下的一组心理学家，对自我功能（ego functioning）进行的临床评分；[5]杰克·布洛克（Jack Block）以Q分类描述（Q-sort description）勾画出的每一位研究对象的人格种类。[6]斯图尔德的健康群体、理查德的临床评分和布洛克的人格种类，代表了理论和方法论偏好上的明显差异；但是作为疾病或健康状况良好的指标而言，它们合起来看是有价值的。我们在下面所要进行的分析中碰到的基本障碍就是：没有一种测量方法对样本中所有的成年人都适用。因此，对我们所获得结果进行的任何解释，都存在着这种潜在的偏差。

斯图尔德的分类包括一个被定义为相对无症状的群体和五个疾病类别。为了把样本中的成员归入适当的群体中，对那些生理和心理上都有疾病特征的人，首先根据他们生理上的疾病归类，再根据主要的症状类型进行归类。对那些既没有被归入行为失调群体又没有被划为身心失调群体的所有研究对象，其疾病分数（illness score）的计算方法则是把他们健康记录上所记载的成年后患病的次数、患慢性病的种类和手术的次数累加起来。如果研究对象的疾病分数属于最低的1/3，则属于无症状群体。**焦虑和紧张的状态**指的是神经紧张、情绪紧张和焦虑、忧郁导致的生理疾病；**身心失调的疾病**，指的是那些最经常被定义为身心失调的、可

---

4 对研究对象进行分类时所运用的程序的详细描绘是现成的，可以通过人类发展研究（伯克利）获得。对于决定成人的心理疾病的先决因素的早期分析，可见斯图尔德的 "Social and Emotional Adjustment during Adolescence as Related to the Development of Psychosomatic Illness in Adulthood," *Genetic Psychology Monographs* 65（1962）:175–215。

5 对编码程序的描述，参见Suzanne Reichard, *Dynamic and Cognitive Personality Variables*, Memorandum on the Oakland Growth Study（Berkeley:Institute of Human Development, University of California, 1961）。

6 在布洛克的项目中，有三位训练有素的判断者总结每一位研究对象的访谈资料，然后把100个评语（比如"天生柔顺"）分成九组，极端的一组包括最符合或者最不符合研究对象的评语。判断者对每一位研究对象的评分都要加以平均，得出一个有关这个人的单一描述。然后把衡量Q分类描述相似程度的Q相关进行分解，产生普遍的人格种类。有关判断过程的详细说明，参阅 Jack Block, *Lives through Time*（1971）, chap. 3。

以清晰感觉到的生理失调,比如胃溃疡、原发性高血压、偏头痛、痉挛性结肠炎、哮喘等;**精神病反应**,包括所有有精神病反应史的对象;**行为失常**,这类人在一个或更多重要的生活领域中存在严重的心理障碍,比如精神病治疗史、酗酒、特别难以维持和异性的关系、由权威的冲突和经常性的失业所表现的职业欠发展等;**生理疾病**,其中的个案包括那些有心脏病、癌症和动过大手术的人。在所有的样本中,将近有1/4的成年人总的来说非常健康,有类似数目的人被归为身心失调的群体,接下来是行为失常和生理上患有疾病的群体(每一类的人数都约占个案总数的1/5)。除了身心失调这一类型在女性中稍微普遍些之外,个案的分布不因性别有什么差异。

我们先比较了每个阶层中健康状况最好的成人百分比,然后再根据每个阶层中家庭受损状况进行计算和比较。第一种比较的结果并不令人惊讶,因为中产阶级的家庭生活和地位获得方面都处于有利的位置。和出身于劳动阶级的成年人相比,中产阶级的儿子和女儿们都更可能是属于无症状群体(15%对27%);如果排除生理疾病这一项的话,这种差异更加明显。这种差异表明,尽管我们可能会发现大萧条中的经济受损(尤其是在劳动阶级中的经济受损)导致类似的差异,但是我们对全部样本的分析得不到这种结果。为了理解结果,我们必须把这些研究对象的阶级出身考虑在内。在较低阶层中,疾病和家庭的经济受损没有什么关系,但是在中产阶级中就不是这样。和其他所有群体相比较,有着经济受损背景的中产阶级男性和女性在最健康的成年人中的人数占比很高。他们中间大约有2/5的人相对来说没有什么健康方面的问题。[7]因为家庭的经济受损并不会因为研究对象的性别而出现什么差异,所以表11中是把男性和女性的这些差异放在一起表示的。

经济困难在健康问题上导致的主要阶级差异,表现在行为失常这一类疾病中。这些孩子成人后生活中一个或多个领域中出现严重问题的情况,在中产阶级经济未受损父母的后代中更为普遍,在出身于劳动阶级经济受损家庭的孩子们中也很普遍。到1964年为止,这种差异也表现在酗酒上。这些数据来自1953—1954年完

---

[7] 经济未受损群体和经济受损群体(中产阶级)之间在无症状人数的比例上的差异,在统计上是显著的($x^2=7.2$,1个自由度,$p<0.05$)。

成的医疗记录，1958年访谈时受访者对某个问题给出的答案，以及1964年进行的入户访谈。我们把所有的男性和女性分成五类：有极其严重问题的、有严重问题的、有中度问题的、有轻微问题的、没有问题的。在这些成年人中，有稍多于1/3的人属于问题饮酒者或酗酒者。

表11 男性和女性被确诊的疾病类别（1954年）
（根据经济受损和阶级出身划分，用百分比表示）

健康状况	中产阶级 经济未受损	中产阶级 经济受损	劳动阶级 经济未受损	劳动阶级 经济受损
相对无症状	11	38	18	13
焦虑或紧张状态	11	7	27	21
身心失调	29	21	36	17
行为失常	26	7	9	25
生理上的疾病（严重）	20	19	9	17
精神错乱	3	7		8
	100	99	99	101
全部个案数	35	42	11	24

注：在最初分类的时候，表中删除了两个儿童时代的类别。

酗酒者、问题饮酒者或其他醉酒者，都在中产阶级中经济未受损的成年人中更为普遍（43%对24%）。这种差异在女性中稍微大一些。而在较低阶层中，这种比例反了过来（36%对45%）。生活上各种问题的出现，常常是因为无法自控或自律，而这又是酗酒者的一个突出特征。在奥克兰男性中，那些问题饮酒者还在少年时代就表现出这些特征：过于倾向于直接表达自己的需要和冲动，而且更为放纵自我，更持怀疑主义，更加桀骜不驯。[8]这些特征和可能出于不同原因集中出现于中产阶级经济未受损家庭和劳动阶级经济受损家庭中的各种条件有关，其中包括缺乏父母的管束、自律和责任感。正如布洛克观察到的那样，那些养成了生产性生活纪律（disciplines of productive life）的孩子们的父母，可能无论作为父母、

---

8 Mary C. Jones, "Personality Correlates and Antecedents of Drinking Patterns in Adult Males," *Journal of Consulting and Clinical Psychology* 32（1968）: 2–12。

同事还是工人，都会表现这些品质。"父母们的贡献在于为孩子提供了榜样和动机，引导孩子们把握特定的行为方式和时机，使他们脱离那种未经塑造的和依靠直觉反应的'自然'状态。"（Block，1971：263）

人们可能会提出，导致这些研究对象健康状况不同的基本原因是他们成人后的境遇，而不是他们的家庭背景或经历。而观察到的成人健康状况和家庭出身（社会阶级和经济受损）之间的关系，是因为获得地位（achieved status）的不同而产生的。实际上，大量的研究都提及了代际流动或者获得地位和心理健康指标间的关系——这种关系也适用于奥克兰样本，尽管这两者之间的因果顺序是成问题的（有关奥克兰研究对象的文献和数据的综述，参阅Elder，1969b and1970）。他们成年后的地位或者健康状况是基本的先决因素吗？或者最好把它们之间的关系看成是相互作用的？无论如何，与那些和父亲地位一致的男性相比，那些在工作生活中获得了比自己父亲更高地位的奥克兰男性，更加能干，也更加具有责任感，道德观念更强，目的性也更强，而前者则常常被看作脆弱的、容易受挫的和自暴自弃的。地位差异对女性心理健康的影响要小得多。

无论是在由社会阶级和经济受损定义的哪一种背景中，斯图尔德的分类中拥有良好健康状况的可能性都和成人地位相关，但是地位并不能解释我们关于中产阶级成年人的发现。尽管在男性中，家庭经济受损的不同使他们的心理健康（psychological well-being）出现了差异，但是对他们的职业成就并没有什么显著的影响。在女性中，甚至和经济受损相关的婚姻成就，也无法解释为何来自经济受损家庭的女性的健康状况更令人满意。

这种或那种持续的健康问题，一般都意味着这些研究对象在应对生活境遇上遇到了困难，但是它们并不能辨别和环境、挫折或者成就相关的潜在模式（underlying pattern），或者控制内在的情感、冲动或需求的方式。尽管失败常常会增强个人和环境的互动中的恶性循环（regression tendency），但也不是只有一种方法会导致心理困境，导致希望的落空、信任的匮乏和适应性效果的不佳。当一个人的适应能力无法达到环境剥夺或匮乏的要求时，就会进入一种"社会性因果关系的恶性循环"（vicious circle of social causation）中，碰上"使他不敢再次尝试的失败。对于他人是挑战的事物，对他却成了威胁。他全神贯注于保护他生命中的小小权利，但是却以牺牲本应投入建设性的竞争中的精力为代价。他渐渐地在获取知识和技能方面落后于他的伙伴们，而这些知识和技能是他在尝试之时要获取成功所必备的"（Brewster Smith，见Clausen，1968：277）。

通过成功地处理生活中的许多问题，这些过程就反了过来。掌握全局能够增强一个人处理事务能力的信心，增强他对自己的作用和获得所希望的结果的信心，同时又使自己对能够建设性地参与这一切感到满意。一般来说，"如果在处理问题的时候确实能够控制局面，那么此时有机体的状态已经比问题刚刚发生时的状态更好，这是从此种意义上来说的：如果再次发生同样的问题，有机体能够比以前更加有效地处理这个问题"（Scott & Howard，见 Lewine & Scotch，1970：272）。在问题情境中能够最大限度地发挥才能的适应性能力（adaptive capacity），反映了这种建设性的参与过程，也即一种对环境积极应对的导向：把个人的需要和他们的满意度与现实的需要协调起来；反映了一种即使面对阻碍，也能够继续努力和维持关系的能力；反映了从错误、挫折中吸取教训和成长的复原力和适应力；还反映了根据内在的已建立的原则计划使用和利用资源的能力。无论怎样分类，无论健康问题存在与否，似乎都无法让我们知道个人对生活问题作出回应的这些特征，以及它们和大萧条经历之间的关系。

在下面对成年人的心理能力（psychological competence）的讨论中，有两个因素十分有趣。第一个是在自我与境遇间相互作用中的主要倾向：是积极地妥善处理问题的倾向，还是消极地以自我保护为中心的倾向。第二个是大萧条中的痛苦症状具有转瞬即逝的性质。如果问题得到了妥善解决，那么由困难境遇引发的情绪紧张这种症状就不可能持续下去。在这种情况下，症状的消失反映了问题解决的潜在过程。如果我们关于中产阶级后代的适应潜力的假设是正确的话，那么他们在大萧条中所感受到的压力是最为短暂的，也最不可能预测这些经济受损父母的儿女们在成年时的相应状态。经济未受损家庭的后代从童年到成年时的持续性更为明显，而这种情况在有着劳动阶级背景的成年人中更为普遍。

当我们第一次收集有关成年人能力的数据时，我们从理查德对于心理功能的机制和认知方面的评估中，选择了一组五级量表。这些方面被描述为自我的效力（ego strength）、个人的整合（personal integration）、天赋的运用、发展的能力与对冲动的接受和对现实的处理。所有的评分都是以1958年的访谈记录为基础的。量表评分者之间的内在一致性（inter-rater agreement）的平均值为0.72。自我的效力指的是承担责任的能力，它在努力的过程中表现出持续性和韧性，为了内在的已建立的价值观而推迟享受短暂的快乐。这些能力是通过生活境遇，用对挫折的耐受性和从挫折中恢复过来的能力来证明的。个人的整合是用这些人的生活来证明的：他们能够根据内在和外在的环境变化灵活地调整自己，留给他人的印象是持重和富有预见性；他们能够把洞察力和对冲动的现实处理、内在潜力的有效运用联系在一起，并能把获得渴望的目标成就的努力协调起来。天赋的运用指的是他们童年时的天资可能导致的结果与成年后所获得成就之间的关系，重点在于他们的职业角色。考察人的一生中的发展潜力，会考虑到从历史经验中吸取教训的能力，克服个人和环境的障碍的能力，完成生命中主要任务的能力。最后，对冲动的接受和对现实的处理，表明的是一种对需求的了解，是根据社会适宜性来表达、抑制或升华它们的灵活而审慎的能力。

总的来说，这些相互联系的特性描述了对生活境遇的一种有效的回应。中产阶级经济受损家庭的后代成年后就是采纳了这种适应方式，他们在心理能力和健康方面都比样本中其他的任何群体处于更为有利的位置。因为这些结果对于男性和女性来说都是相似的，所以我们在每一经济受损的阶级次群体中都把男女放在了一起，如表12所示。

表12 关于男性和女性心理功能的临床评分

（按照经济受损和阶级出身分类，用平均数表示）

临床评分 (Richard, 1958)	中产阶级		劳动阶级	
	经济未受损 (N=25)	经济受损 (N=30)	经济未受损 (N=11)	经济受损 (N=26)
自我的效力	3.24	3.82	3.32	3.06
个人的整合	2.84	3.43	2.86	2.36
天赋的运用	2.73	3.40	3.59	2.71
发展的能力	2.54	3.27	2.50	2.40

（续表）

临床评分 (Richard, 1958)	中产阶级		劳动阶级	
	经济未受损 (N=25)	经济受损 (N=30)	经济未受损 (N=11)	经济受损 (N=26)
对冲动的接受和对现实的处理	2.46	3.22	2.32	2.27

注：对于研究对象中的中产阶级来说，所有的五级量表上的群体间（经济受损的和经济未受损的）平均数的差异，在统计上都是显著的（$p<0.05$）。而在劳动阶级中，仅有"天赋的运用"一项因经济受损与否而有显著不同。

在中产阶级中，经济受损家庭的儿女在以下这些方面都比经济未受损家庭的儿女更加出色：克服困难和吸取经验的能力，为了最终的成就带来的益处而暂时推迟享受快乐的能力，运用自己的才智以获得最绝对的优势地位的能力。在这些适应策略中，天赋的运用有着特殊的重要性。在经济受损的中产阶级家庭的后代中，越能干的人积极性也越高，这和地位丧失对动机的假定影响是一致的。人们一般都认为艰难能够成为对抱负的一种刺激，这种解释在这些人的生活中得到了适当的支持，这些人的生活避开了较低地位的家庭和有限能力的双重阻碍。

这种差异也表现在两种互为对照的人格类型和家庭关系中，这两种人格类型是对成年人Q分类数据图表（参阅注6）进行单因素分析确定的。[9] 一种人格类型包括样本中1/4的研究对象，用"没有韧性"或脆弱描述他们最为合适。这种样本中的男性基本上被看作充满焦虑的和敌意的，他们关注的是个人是否有足够的能力，并且因为未来的不确定性而感到不安；他们倾向于从不利的境遇中撤退，然

---

[9] 这些人格类型是在分析早期确定的。布洛克在最近发表的 *Lives through Time* 一书中，系统地比较了这些人格类型，它们是把研究对象在高中时期和中年时期（大约是1958年）的两组Q分类描述结合起来进行因素分析获得的。这种分析过程产生了五种男性人格发展类型和六种女性人格发展类型。在布洛克的慷慨支持下，我们试图把这些人格类型与经济受损和阶级出身联系在一起。在最后的分析中，我们发现这两项研究之间的差异实在大得无法克服，从那些结果中无法得出什么可靠的结论。在这个方面有两点值得关注。布洛克的样本包括引导研究中的样本（也是人类发展研究所进行的）和奥克兰研究中的样本，因此每一种人格类型包含奥克兰研究对象的人数很少。但更为重要的是，在布洛克的分析中，有大量的奥克兰研究对象无法归于他所区分出来的任何一种人格类型。比如，有28%的男性被归为其余样本。这些个案可能包括从青春期前期到中年时人格特征有重大改变的研究对象，因为在两个时点对Q分类表述同时进行因素分析，可使人格的一致性和连续性最大化了。

后处于防御之势。在女性中，这些特性是和一直无法获得一再的保证、郁郁寡欢、过分自怜以及关注社会印象（social impression）联系在一起的。另外一种以健康的、具有韧性为特征的人格类型，包括了样本中1/3的研究对象。这种男性有着较强的独立性和责任感，他们的生活给人们的印象是富有成效和兴致十足的，他们用一种过分自信的和适合自己性别的行为来表述自己。和其他具有任何一种人格类型的人相比，他们都更不可能有以下几个方面的举动：可能无法满足境遇的要求，不愿意行动，自怜自惜，或者从不利的境遇中逃离。机敏、可信赖和生活富有意义感是坚韧不拔的女性突出的品质。她们被描述为热情有活力的人，并且有着善解人意的性格。

在中产阶级家庭的后代中，许多人都不但适应性强而且富有才干，尤其是经济受损父母的儿女（45%，经济未受损的为32%）。来自中产阶级的成年人，很少具有容易受伤害或脆弱的特征，而具有这些特征的主要是经济受损父母的后代（25%对9%）。在来自劳动阶级的成年人中，从个人能力特征来看，无论其能否控制局面，都不会因家庭受损而出现差异：其中43%被归为没有韧性的人，16%被归为能够控制局面的人。

如果从这个角度考察数据，我们可以根据成年人的健康区分出三类界限相对清晰的群体。从健康和能力来看，由高至低依次是：经济受损的中产阶级、经济未受损的中产阶级、劳动阶级。来自经济受损的中产阶级的成年人更为健康，这一点与他们在大萧条中的经历和认为他们承受着压力因而容易患病的传统看法都不同。家庭经济受损的某些经历可能会促进这些成年人的发展，这可能是因为他们的家庭资源和适应潜力，但是不能据此认为，经济受损对成年人的健康会有正面的影响。

考察这种影响的另外一种方式是，关注那些来自中产阶级中相对富裕家庭（经济未受损）的成年人，以及他们和劳动阶级的后代在症状和适应性差方面令人惊讶的相似性。在大萧条中，他们是一个拥有特权的群体，进入成年人角色的年龄也相对较晚。为什么这些成年人不是奥克兰出生组中最为健康的、最有能力的成员？可能是因为这些年轻人一直受到保护，因此在童年时期不曾面对生活的艰难，这使他们在危机中生活所需要的适应能力无法得到培养或者检验。参与和处理儿童时期和青少年时期生活中真正的（尽管不是过分的）问题，就等于参加了为成年生活做准备的一系列培训活动。准备状况（preparedness）多次被确定为决定人们在新境遇中的适应潜力和心理健康的关键因素。比如，人们发现来自农村的工人的健康状况，因他们对这种工作所做准备的不同而不同。[10]

根据大多数指标来看，在劳动阶级中，成年人的健康状况和家庭受损是负相关的，但是如果我们考虑经济受损的劳动阶级面临的一系列导致压力的因素（stress factor）时——破碎的家庭、酗酒、失业、缺乏公众的信任等，那么这种负面的关系就惊人地减弱了，并且变得不稳定。这个阶层的平均收入比劳动阶级中经济未受损的家庭低很多。然而在经济受损家庭的孩子中，除了这些差异和情绪困扰更为普遍之外，家庭经济受损程度的差异几乎没有给这些孩子成年后的健康带来什么可靠的影响。影响这些成年人健康的最为突出的因素，是他们劳动阶级的出身。在大萧条中，劳动阶级的孩子们拥有的资源——才智、抱负，以及在与同龄群体的关系和学校中所获得的社会回报等——少于中产阶级的孩子们，而这些资源能够增加他们在成年生活中适应的可能性。

我们观察到的这些健康状况表明，在经济受损的中产阶级孩子中，大萧条中表示其情感压力的各种指标主要是他们对困境作出的瞬时反应（transient response）。从自述和母亲的观察中我们可以看到，他们在诸如神经过敏、多愁善感和愤怒等表示他们承受着压力的症状上，比来自经济未受损家庭的人严重得多，但是他们成年后的健康状况却更为良好。根据这种明显的逆转，我们回忆了30年代显示他们适应性差异的种种迹象，他们是积极地作出社会回应而不是消极地退缩，这些都是有利于经济受损的中产阶级孩子们的成年预后的（第六章）。那些感觉不快乐和在社交中被同学排斥在外的经济受损的孩子们，倾向于构建一个由虚构的朋友组成的幻想世界。他们一般更愿选择虚幻的朋友，而不是同龄伙伴。根据田野观察，他们属于样本中最不快乐、消极和不受欢迎的青少年。比较而言，经济受损的中产阶级的孩子们在社交中的不快乐，不是用退缩或被动来表达的，也没有减少他们对社交的兴趣和在同龄群体中受欢迎的程度。

---

10 John Cassel, "Physical Illness in Response to Stress," in Levine and Scotch 1970, p. 197.

对于"瞬时反应"这个概念更为直接的检验，是比较来自经济受损和经济未受损家庭的孩子青春期和成年后的心理状态之间的关系。这种分析选择两个时期的自述量表（self-report scale）：如第六章所述，这些孩子在初中的青春期情感状态报告，用"多愁善感"或"社交中的不快乐"这两个指标来衡量；1953—1954年的追踪调查中采用明尼苏达多维重人格调查（Multiphasic Personality Inventory）中的三种量表——罗森焦虑反应量表（Rosen's anxiety reaction scale）、爱荷华焦虑显示量表（Iowa manifest anxiety scale）和巴伦自我效力量表（scale of ego strength）。我们仅仅计算两组量表测量中产阶级父母的后代所获结果之间的相关性，因为来自劳动阶级中的成年人很少有完成调查的。

和经济未受损家庭的后代相比较，从青春期到中年心理状态的持续性（psychological continuity）在来自相对较为富裕家庭的成年人中更为明显。在前一个群体中，在30年代的情感紧张（比如"你是否担心发生大量你不喜欢的事"）方面得分较高的人20年后的焦虑量表得分往往也较高，同时他们的适应能力比较差（用巴伦的自我效力量表来测量）。在经济受损的中产阶级父母的儿女们中，这些模式反了过来。也就是说，与经济未受损家庭的后代相比，这一群体中在青春期更为多愁善感的人在成年以后焦虑量表的得分不太可能高，适应能力得分则不太可能低。[11]由于样本总量较小，加上我们对这些孩子在青春期的健康测量不足，他们在"社交中的不快乐"上的差异和相应的结果仅仅具有参考价值。不过，这些数据的确指出成长于经济受损的成年人许多是机敏而有能力的，同时也显示了他们在青春期时有情绪困扰的迹象。

如果说经济受损的经历是培养某些中产阶级孩子适应能力的一个工具性因素（instrumental factor），那么我们对这种结果出现的过程或机制几乎一无所知，对大萧条中这种经历的种类或构成也一无所知，或者说也不了解生命历程中经济受损所

---

11 就整个群体来说，这些差异在男性中表现得最为明显。比较这些孩子成人后的心理状态和多愁善感（初中时期）的相关性时，我们发现了经济未受损（N=18）和经济受损（N=16）家庭的男性存在这些下面这些差异：焦虑反应（$r=-0.38$对-0.27）；爱荷华焦虑显示（$r=-0.27$对-0.20）；自我效力（$r=-0.44$对-0.36）。在这些小的次群体的比较中，方向的一致性是需要注意的要点。就青春期中的社交不快乐这个指标来说，这些比较中所获得的相关系数平均差为0.34。

导致的各种条件和适应技巧之间相互作用的细节。要了解这些情况，必须补充大萧条之前、之中和之后的家庭境遇、父母和孩子们的详细资料。但是我们发现，更为普遍的是，这些关联在纵向研究中被忽略了，在发展途径并不单一的情况下尤其如此。对生命历程中的心理模式的解释，使我们重新开始关注这些孩子们的儿童时代中能够预期他们成年后状态的因素，以及心理状态持续的模式。比如，安德森（Anderson）从纵向研究的数据分析中发现，有相当一部分曾在家庭和学校遭遇过困境的青少年，刚刚成年时在"满足他们的义务和责任的要求"方面总是表现出出人意料的能力。他总结道："迫使他们独立，激发出了他们早期在学校和家庭经历中没有以这般程度体现出的品质。但是要确定这多大程度上是因为他们长大了，多大程度上是因为境遇真的改变了，是非常困难的。"[12] 不过，这种事后的解释显然无助于我们理解这种结果。我们需要知道的是这些人在发展过程和生活境遇中，是如何不同于那些从青春期到成年后在处理问题上表现出高度稳定性的人。

作为困境和成长经历的父母身份

当我们考虑某种可以检验适应能力的共同生活经历时，就立刻会想到成为父母这个转折点。这一事件甚至比结婚更意味着这些孩子进入了负有责任的成年生活。在年轻人的生活中，很少有别的事件能比它带来更大的变化或更多的新要求。对于劳动阶级的女性而言，这种变化尤为剧烈，她们会突然发现自己并没有为因要照顾和哺育婴儿而必须承担的责任、面临的束缚和所需的调整做好准备。以下各个方面都会导致各种问题的出现：家庭之外的活动突然减少；养育孩子所带来的意料之外的要求；收入削减的限制；已经习惯了的伴侣关系和性生活的丧失。作为群体扩张（group expansion）的一种形式，父母身份检验了管理有限资源——

---

12 John E. Anderson, "The Prediction of Adjustment over Time," in Ira Iscoe and Harold W. Stevenson, eds., *Personality Development in Children*（Austin:University of Texas Press, 1960）, pp. 28–72, esp. p. 68。就安德森观察到的现象而言，莱文（Levine）和斯托奇（Scotch）指出对压力的毫无根据的观点还包括这种假设："令一个个体感到压力的事件，必然会导致破坏性的或者病态的结果。"Levine and Scotch, eds., *Social Stress*（1970）, p. 9. 特别关注心理状态的稳定性或者持续性的，可以参阅 Kagan and Moss, *Birth to Maturity*（1962）; and in Block, *Lives through Time*（1971）。

时间、精力、知识和收入——的能力。如果认识到这些方面的匮乏，就会知道适应性需求从何而来。因此，第一个孩子的出生创造了一种新的境遇，而当习惯的模式和资源变得匮乏或者不合适的时候，这种新的境遇很快就变成了困境。[13]

在奥克兰出生组中，父母身份对经济受损的儿女们有着特殊的重要性。和样本中的其他成员不同，他们从家庭活动中获得了更多的快乐，而且可能把孩子作为他们婚姻中最有价值的一个方面。但同样重要的是，父母身份所带来的社会要求和限制与大萧条中经济受损的家庭中发生的情况类似。孩子的诞生增加了消费需求，而经济受损却削减了用于满足家庭需求的供给，但是在这两种境遇中的适应性问题都导致了"根据供给削减需求"，也就是说开发新的管理和应用资源的形式。这两种境遇都导致了家务劳动需求的增加，而且在奥克兰女性的生活中都带来相似的后果：妇女越来越多地参与家庭事务，同时以牺牲社区中的社交活动为代价。如果假定家庭责任一般包括儿童抚育，那么在经济受损家庭长大的女性中，为做妈妈做实际准备就是一种潜在的共同经历。从这些方面来说，大萧条经历可以看作为满足成为父母后的适应性要求所需做的准备。

除了和准备有关的事务之外，价值取向也是这些孩子如何处理自己所承担的责任的一个因素。当活动本身和某种有价值的目标或状态联系在一起时，牺牲就被假定为人们最能够接受的自我实现的一种方法。比如，我们比较一下一个不受欢迎的孩子的出生与一个在父母和社会一致期待的家庭中的孩子的出生。但是我们无法假定对父母身份的接纳，是否和家庭的经济受损有关。我们在1964年的调查中询问家庭和孩子的重要性时，大多数成年人都谈到，他们刚刚成为父母时碰到的问题花了很长时间才得以解决。实际上，大多数人都曾承担过把孩子从婴儿培养成青少年所需要完成的全部任务。在这个阶段，孩子的价值被看作成功地抚养孩子所派生出来的结果。

---

[13] 一系列研究都证明了成为父母即意味着走入困境或者危机境遇。参阅 LeMasters, "Parenthood as Crisis"（1963）; and Daniel Hobbs, Jr., "Parenthood as Crisis"（1965）。洛帕塔从她对家庭主妇的深入调查中总结道："导致美国中产阶级妇女的人格出现最大断裂的是第一个孩子的出生，在她们没有在产后第一时间重返全职工作的情况下尤为如此。这不仅仅是一个'危机'（随后是恢复以前的角色和关系），而且是使其生活方式完全改变的事件。" *Occupation:Housewife*（1971）, pp. 200–201。

我们首先询问这些父母：他们的孩子在什么年龄最令他们感到开心或者最让他们感到麻烦，什么样的父母经历最令人感到满意或压力最大。为了确定这些父母经历的某些共性，我们把那些在1964年还没有一个至少已经16岁的孩子的成年人排除在分析之外。第二组问题关注的是这些父母是否感觉自己的能力足以处理和父母身份有关的问题，重点在它与大萧条经历和生命历程的关系。一个人的生活是怎样因"有孩子"而改变的？我们从受访者的角度考察了父母经历的每一个组成部分：境遇、认为自己足以应付一切问题的感觉、个人的成长或发展。

父母都更可能把他们孩子的某一特定年龄和麻烦联系在一起，而不是和快乐联系在一起。大部分母亲无法确定孩子哪一个年龄段是最令人满意的——"孩子在任何时候都让她们感到快乐"大概能描绘出她们的感情。根据这些父母提及孩子各个年龄段的次数来说，婴儿期是最不令人满意的，其次是中学时期（表A-30）。如果我们同时考虑快乐和麻烦的话，父母认为性成熟前期或小学阶段最令人满意，而青春期晚期——相当于高中到接受高等教育的时期，和主流印象一致，是最麻烦的时期，尤其对父亲而言是这样。

这些孩子最让父母感到麻烦的年龄，不太可能是最让他们不快乐的年龄，尽管有1/3的父母在根据这两种标准选择时都提到了同样的一般年龄（general age）。从偏爱青春前期的成年人到那些表明对十几岁或青少年时期最为满意的成年人，正面的和负面的高峰体验同时发生的情况急速上升（从24%到48%）。

父母的满意度和自己被需要或感觉自己有用所带来的回报有关，和看着一个孩子长大、成熟、获取新技能等事情的吸引力有关，和孩子从依赖他人到自我依赖、独立地控制一切的进步有关。当我们要求奥克兰的父母（用一种开放式问题）描述一段曾使抚育孩子的某个时期变得异常令人满意的经历时，他们经常提及这些经历，认为这是令他们感到满意的原因。回答每一种原因的都大约有三分之一。正如人们预测的那样，提及父母作用（parental usefulness）的随孩子年龄的增加而降低：学龄前儿童或婴儿的父母提及这个原因的有75%，而孩子已上初中的父母提及的只有22%，其中没有提及最大的孩子。另一方面，从孩子年龄最小的到最大的父母群体，提及孩子自我依赖的人数的百分比增加了两倍多（20%到66%）。在那些认为处于性成熟前期或初中时的孩子最令他们感到快乐的父母中，"成长的经历"是最经常提到的原因，比例大约是48%。

"性成熟前期"和其他任何年龄段都不一样，它给父母提供了多重满意，并且使极度依赖和寻求独立之间的冲突最小化了。诸如孩子快速的成长、对父母的需要和尊重、没有同龄群体过分压力下适当的自我依赖，这些及其他回报都以某种独特的方式和孩子上小学的年龄段联系在一起。学龄前或更年幼的孩子所面临的困难，主要限于他对父母的依赖——胆怯、不懂事、无法和他人交流或不能照顾自己等，以及对父母资源的需求——时间、精力和财力等（提及每一种资源的比例各为46%）。尽管上初中的孩子需求的种类更多：同龄群体的压力、参加不受监督的活动、学校的问题、经济的需求等，而这对父母而言又是一个难以解决的问题，但父母在谈及年龄较大的孩子时，都很少提及第一类问题。在评价上中学的孩子时，没有什么比独立性冲突这个问题更为突出，有3/4的父母提及这类困难。

无论是父母所面临的问题的种类，还是被定义为压力最大或最令人快乐的年龄段，都不是衡量作为母亲或父亲主观能力的可靠指标。和那些无论孩子多大都令他们感到快乐的父母（或者认为孩子十几岁时最令他们满意的父母）相比，那些感觉更年幼的孩子比处于青春期的孩子更令人满意的父母，并不认为自己更无法胜任父母的角色。对孩子和家庭活动的重视，也和父母对自己是否能够胜任这一角色的评价无关。在这次分析中，我们用一个带有四个选项的问题来衡量受访者做父母的能力：在1964年的调查中，我们问每一个成年人他们作为父母是否够格。除了三个受访者之外，所有的父母都承认他们曾感到自己不足以胜任父母这个角色，或者说至少在某些场合会有这种感觉：26%的回答"大部分时间"；16%的回答"相当频繁"；55%的回答"偶尔"。我们将这最后一种回答理解为总体上认为自己"能够胜任父母身份"。

我们通过儿童时代的四个变量寻找父母身份胜任性的源起：阶级背景、家庭受损、家户责任和家庭规模。作为父母身份胜任性的起因来说，父母榜样、能力、家庭稳定性和解决问题的技能等方面的阶级差异性，都有利于中产阶级背景的人。为人父母经历的类似性，和他们的家庭经济受损背景有关，和他们都曾承担过的家务琐事有关，也和他们都拥有众多的兄弟姐妹有关。比如，一个女孩照顾比其年幼的孩子的责任，可能随着家庭中弟妹的增多而增加。然而，父母身份的胜任性除了和兄弟姐妹的数目有关外，和其他因素的关系并未得到数据支持。在女性中，主观的胜任性和家庭规模直接相关，甚至在控制阶级出身和成人教育程度这两个变量的情况下也是如此。和有两个或更多的兄弟姐妹的女性相比，身为独生女的女性更不可能提到她们感到自己身为父母是够格的（33%对70%）。从另外一方面来说，无论是对于男性还是女性，家庭受损既和他们做父母的能力无关，也和家务琐事没什么关系，而家庭地位的影响和我们预期的正好相反。那些感觉自己身为父母最为合格的，更可能是地位较低的父母的孩子而不是地位较高的父母的孩子。换一句话说，感觉到自己没有足够的能力或者有缺憾的，更多的是中产阶级家庭的后代。[14]

至少在表面上，父母身份的胜任性在不同阶级出身的人群中的分布，与他们众所周知的人际交往能力的来源不一致，与我们关于心理健康的发现也存在着差异。然而从另外一个角度来看，承认经常感到自己作为父母是不够格的，也可以被解释为对父母身份的多维复杂性（multidimensional complexities）和局限性非常敏感。对于来自中产阶级并受过良好教育的成年人而言，"为人父母"可能被看作一项更广泛、更多样化和更具挑战性的任务，这项活动的主要内容是满足孩子不断发展的需求。感到自己作为父母不够格，可能会来自这些敏感性，或者他们给自己定下的高标准。在奥克兰样本中，成年人不胜任父母身份的因素，一般都和这种解释一致。在中产阶级上层受过大学教育的成年人中，无论他们在大萧条中的境遇如何，或有多少个兄弟姐妹，他们都经常提及自己在做父母方面的不足之处。在他们当中（尤其是在女性中），教育程度和阶级地位都可以预测到他们扮演父母角色时公认的局限性。[15]如果把这种关系作为用来解释他们所表达的缺憾——无法使孩子们不犯错误或不受伤害，难以理解后代或与后代沟通，面临激励、引导和约束孩子的问题——的具有代表性的原因，其意义是明显的。绝大多数原因

---

14 父母身份胜任性和家庭地位（1929年）的关系：男性和女性的平均tau_c=−0.18。在女性中，家庭规模和父母身份胜任性的相关系数tau_c=0.28。

15 对于女性来说，感觉自己作为父母是合格的和她们教育程度的相关系数为−0.12，和她们在婚姻中的阶层位置为−0.29（tau_c系数）。在男性中，这些相关稍弱一些。在把为人父母作为一种危机的研究中，有效地解决问题一般和婚姻的满意度有关，我们在奥克兰的父母中，也发现了1964年自述的婚姻满意度和感觉到自己父母身份的确定性之间的相似关系（平均tau_c=0.07），尽管这种相关非常微弱。

描述了以孩子发展为中心的抚育模式所固有的各种问题。

从这个方面说，值得一提的是，在一项有关美国家庭主妇的调查（Lopata，1971：第4章）中有相似的发现。母亲身份成问题的方面，随着她们教育程度的提高而增多，虽然那些受教育程度较低的母亲碰上的客观困难更多。那些受教育程度较低的母亲，常常认为自己作为母亲的身份根本不存在任何问题，或者随随便便地提到一些"抚育孩子"的日常杂事。"这一部分人面临的问题是令人担忧的，但是这些问题并没有得到处理，甚至最好提都不要提。一个人在变化着的社会关系和社会角色中完成整体来说非常复杂的职责时，承认其中存在许多问题，需要至少对自己的某些能力和广阔的视野充满信心。"（同上，212—213页）养育孩子这种活动似乎拥有无限的维度、伸缩性和扩展性，如果夸大在它上面投入的自我和时间，的确会给为人父母者带来心理上的风险。斯莱特在他关于中产阶级迷恋于孩子的教养的讽刺文章中，通过戏仿嘲笑了这种趋势："在我们的社会中，似乎每一对中产阶级父母都注定要培养一个约翰·斯图亚特·穆勒（John Stuart Mill）。他们身上挂着文字招牌走来走去，认为这样他们三岁的孩子就能学会阅读，他们还抱怨孩子在幼儿园没有学到足够的东西——这一切都令人恶心。"（Stater，1970：66）

从预计要做父母到最小的孩子独立成家，对身为父母者的需求和他们所要具备的技能都不同，关于父母身份的胜任性的看法和经历也不可能保持不变。对父母身份的浪漫想象，倾向于强调孩子带来的回报：通过孩子充实自己和实现自我。这种想象和父母在现实生活中的责任互相冲突，导致了危机或问题的出现，因为身为父母就需要对自己的偏好和生活方式作出重大的调整。对于那些正在为第一个孩子的出生而调整自己的夫妇而言，这些现实和它们对个人的影响表现得最为明显（参阅注释12）。奥克兰样本中那些已届中年的父母们，在自我利益和责任问题上可能会持更加和谐的观点。

为了避免预先结构化的回答，我们向每位父母问了一个开放式问题，即有了孩子之后在生活或人格上最重要的变化方式是什么。然后，我们把所有回答按照它们在概念上的同类性归类。有半数成年人除了提到额外责任之外，还强调了某些方面的个人收获，比如说这培养了他们更强的洞察力、更大的忍耐性和更深的理解力；和孩子在一起时，感到兴奋、具有趣味性，并且感觉自己更年轻了；感受到了成就感、自我实现，生活变得更加丰富等。三分之一的男性提到了他们的责任：引导、约束和塑造年轻生命等促进孩子发展的任务，促使这种影响真正能够发挥作用；或是提到了这些任务所带来的负担，这是根据它们给个人造成的约束和限制——更关心、更少的自由等——来说的。提到这两方面的人数都一样。剩下的回答都太模糊、太笼统或太独特，所以无法归类。

尽管男性比女性更经常提到成为父母后所肩负的责任，但是无论在哪一种性别群体中，这种影响都和感觉自己做父母不够格联系在一起：2/5的成年人"很多时候"感觉自己不够格，1/4的人承认仅仅是在"偶尔的时候"才有这种感觉。因此，对自己作为父母的缺憾的了解是和这种看法有关的：抚育孩子是一项要求很高的活动。根据一位有三个孩子、经验丰富的父亲的看法，"有了孩子以后，你才会变得更加成熟"。

和成年后地位和环境方面的差异相比，大萧条的经历和为人父母经历的评价关系更为密切。中产阶级上层的成年人比地位低的人更了解自己作为父母的不足之处，但是在解释孩子如何改变了他们的生活上并无不同。强调父母责任是一种挑战或者负担，和家庭受损有关，而和成人或家庭的地位无关。在那些成长于经济受损家庭的成年人的童年经历中，他们所承担的责任引人注目，他们身为父母时也倾向于强调这一方面。而经济未受损家庭的后代更常提到个人的满足感或充实感。在提到这两种影响之一的成年人中，提到责任的主要是经济受损群体（49%，经济未受损群体为20%）。在把身为父母当作负担或挑战方面，也有着类似的差异。对于女性而言，家庭困难的持续影响最明显。除了一人之外，所有认为母亲身份是额外责任的成年人，都是中产阶级和劳动阶级中经济受损父母的女儿。

人们可能倾向于把这些对父母经历的解释，看作人际交往能力的体现。在直觉的基础上，人们意识到有两类人在心理上的重要差异：一种成年人认为通过抚养自己的孩子，他们会变得更富理解力，更具有丰富的感情；另外一种人对父母角色给身为父母者本身所带来的限制印象深刻。这个评判的重要缺陷在于，关于父母身份的看法可能至少会告诉我们成人前经历的意义，而不是为人父母经历的意义。无论人们是否承认和希望如此，父母的童年都通过对那些塑造和建构其在抚育儿童中的行为的解释，影响着他们现在抚育子女的所作所为。责任及其所带来的限制和挑战，都是经济受损家庭的后代所具有的这个行动框架的一部分。30年代的状况增加了他们肩上所负的家庭义务，而这种价值认同在他们成年后的价值观中得到表现。比如，那些因孩子依赖自己而感到自豪的男性，在30年代很可能生活于经济受损的家庭中，而且要承担工作的角色（参阅第四章）。对于中产阶级经济未受损的孩子而言，他们更为关注的可能是自我导向，而他们成为父母后对个人发展的解释，一般也和这种背景一致。

回顾过去

关于大萧条经历的不同问题，都是在生命跨度中前瞻与后顾之后才提出来的。到目前为止，我们的研究主要从30年代的各种状况开始，从家庭的经济受损、适应和相关的意义开始，到它们在这些孩子成人之后的人格和生活经验中的体现。考察大萧条中各种状况的另一种方式，是确定它们在成年人记忆中的意义。它们在多大程度上以及是如何被记住和承认的？下面这两种人对生活感到满意的时段有什么不同？一种人来自经济受损的家庭，而且记住了大萧条中那些令人痛苦而难以忘却的事件；一种人没有回忆起什么特殊的艰难。如果他们承认生活曾十分艰难，是否表明他们认为30年代以来的生活变得更加令人满意？通过从已届中年的这些人的角度来考察大萧条的经历，我们能更加深入地了解它们对生命历程中情感满意度（emotional satisfaction）的影响。

在我们进行1958年的访谈之前，就要求每个参与我们追踪调查的研究对象，每一年都运用十级量表来描绘他或她生活中的高峰或低谷。最为积极的评价以10分表示。为了增强这些评分的稳定性，我们把下面三个时段的分数进行了平均：大萧条时期、1940—1949年和1950—1958年。关于大萧条经历的记忆，是通过一个访谈问题征集到的。所有收集到的记忆，都是根据家庭艰难对受访者的潜在影响编码的：[16]受到极其严重影响的——家庭的处境十分艰难，而且给家庭成员带来

---

16 两个编码者在对每一次访谈资料进行编码时，都运用这些分类，而且他们在稍多于4/5的个案上意见都是一致的。如果彼此间存在分歧就进行讨论，最终会达成妥协。

深深的痛苦；受到一般影响的——提及某些艰难之处，尽管不是极其困难的；没有回忆起或提起负面影响的。在88个已编码的回答中，15%属于极端类别，17%属于一般类别。有不小比例的成年人不曾谈及他们在30年代的生活曾受到经济条件的负面影响，这在一定程度上是因为无效的调查、受访者的防御性反应等。在处于极端类别的成年人中，特别痛苦的经历是共同的：不得不穿用卡板纸做鞋底的鞋的屈辱；亲戚或邻居的倨傲；靠政府救济或者看见父亲失业的羞耻；没有足够的煤暖和屋子；不得不和祖父母同宿一室；父母精神颓丧和健康恶化。

　　对艰难岁月的记忆和客观的经济受损有关，也和感到生活自从大萧条起越来越有价值的感觉有关。在对大萧条的影响记忆犹新的成年人的早期生活史中，惨重的经济损失、父亲的失业、对公共救济的依赖是常见事件。处于"极端"群体中的所有成员，至少曾经历过这些状况中的一种，大部分至少经历过两种。有一位销售经理是一位在大萧条中失去金店和全部积蓄者的儿子，他表达了这些受访者相对共通的印象："那时候大萧条的影响非常大，我想它使我父亲严重受挫。别以为他已经完全恢复过来了。大萧条岁月明显不同于其他时期，它好像使生活从头开始了，因为许多人失去了他们曾拥有的一切。"有着一般的困难或压力记忆的人，在经济受损和经济未受损父母的后代中分布得更为平均。

　　大萧条的记忆似乎成为评估随后生活经历的一种标准。如果生活在30年代达到谷底，那么评价今后生活变化的唯一切实可行的选择，就是看财富增加与否。实际上，那些记忆中极度艰难的男性和女性从30年代到中年，心理健康度或满意度的确在增长，从大萧条十年的低谷爬上了后来的高峰（$\bar{X}_s$=5.5对6.3）。在那些没有有关负面影响记忆的成年人中，呈现的是相反的趋势。对于这个群体的人来说，中学时代比40年代和50年代的经历更有价值（从6.8到5.4）。成人地位和社会流动的差异的确不能解释这些趋势变化的梯度，即使生活满意度的正向变化趋势和代际间流动的关系也很小。

　　记忆可以增加对过去无法改变的经历——冲突、耻辱、失去的机会等——的理解和接纳。对过去的思索，使人们"重新考虑从前的经历和其中所包含的意义"，"而且常常伴随的是对记忆的修正或深入的理解。这种对过去经历的重新组织，可以提供一幅更加生动的画面，给一个人的生活提供新的和重要的意义"（Bulter，

1963）。对生活的回顾，也可以产生对美好的或成功的过去的防御性幻想，脑海中更多地被关于过去的幻想而不是当前的现实所占据。这种幻想、拒绝性和选择性的记忆，以及心理上的其他花招，都暗含着记忆和大萧条的现实间的差距，但是根据现有资料很难解释为什么来自经济受损家庭的成年人容易表露过去的艰难，而其他人却不是这样。为了解释这种不一致性的心理意义，需要更多的临床证据和专门的知识。

运用记忆来描述这些人在大萧条中的情感满意度是存在着风险的，两位来自劳动阶级经济受损家庭的男性的报告证实了这一点。1958年，这两人都从事着属于中产阶级下层的工作，都被训练有素的临床医师评价为具有高度的防御性。其中一个没有提及他在家中更为痛苦的经历，而这个家庭在1934年丧失了几乎2/3的收入。当问及大萧条怎样影响他的家庭时，他认为自己的父亲（一位自雇的手工业者）做得相当好。他认为作为一个男人，所获取的财富必须足以应付基本需求，正如许多人不得不做的那样。在他的记忆中，青少年时代是一个十分"快乐"的时期。但是在1934年的访谈中，一个受访者认为他的父亲"相当灰心"，而且整个人都被这种情绪所充斥，总是长时间地独处于家庭成员之外。这个家庭刚刚失去了租赁的房子，并且被迫搬到一个亲戚狭窄的住房中。根据母亲的报告，这个男孩显得紧张、容易动怒，而且羞于带朋友回家。就积极的方面而言，这个男孩的同学十分喜欢他，而且在学生活动中表现突出。在他成年后的记忆中，这些社会经历都是"美好的时光"。另外一个受访者对家庭和社会生活的记忆，则正如我们从30年代收集的资料中了解到的那样：收入大幅度减少，随后是母亲生病，父亲偶尔酗酒，男孩出去工作，社交生活有限。

大萧条的印象除了对于他们个人有意义外，对于将这种经验传递给大萧条孩子的后代也有意义。那些无法回忆在30年代童年时代的艰难历程的成年人，和那些对艰难有着鲜明记忆的成年人相比，当然会告诉他们的孩子很不同的故事。在奥克兰的孩子成年后的家庭中，没有任何有关大萧条的道德和社会意义的记录：和孩子讨论大萧条的频数，运用大萧条的例子去强调某种价值观，等等。然而，顺着这条线索，我们能从1965年有关加州大学学生的调查中获取一些有启发性的证据。这次调查的对象是出生在40年代中期的171名加州大学的学生，他们的出生时间和奥克兰出生组生育孩子的时间一致。正如这些孩子的感觉那样，他们的父母讨论大萧条经历的频数和他们在大萧条中生活的艰难程度有关，对于那些相信父母曾运用大萧条经历的某些方面来强调某种价值观的年轻人来说，这两个因素有预测的作用。[17]这些学生也最可能宣称，他们关于大萧条的知识大部分是从父母那里学来的，而且他们本人已受到这方面的影响。特别有价值的影响包括：对社会问题有更多的想法，对当前的机会和有利条件有更清晰的意识，对经济保障需求更为重视。

未能使孩子感受和理解30年代的经济受损，这在奥克兰样本中某些成年人的生活中很明显，他们在相对较晚的生活中才意识到这些状况"真正意味着什么"。在至少两个经济受损的中产阶级家庭中，父母似乎不让孩子们知道家庭变迁的意义。其中一个家庭的儿子回忆到，尽管他的父亲失去了他的服装店，而母亲又精神崩溃了，但是他却没有"充分意识到这种事情正在发生"。"那时我没有意识到这些，但是母亲再也无法承受这些的那一天却到来了，是我父亲的内在力量、决心和乐观精神使生活得以继续下去。"

在奥克兰成年人的经历中，他们的情感轨迹无论是向上还是向下，都和大萧条的记忆有关。一般来说，生活蒸蒸日上的成年人，都把大萧条作为一次痛苦却令人难忘的经历记在心中。无论他们的家庭成就或职业角色有什么不同，他们在成年时的满意度都高于大萧条中的童年。总体来说，这种向上的趋势是否和30年代的经济受损状况的关系更为密切？和来自经济未受损家庭的成年人相比，来自经济受损家庭的家庭是否更可能把大萧条看作生活的最低谷？

为了比较生活满意度的趋势，我们根据生活曲线图（life chart）的评分，把

---

17 父母解释历史经验对孩子的影响，是社会化研究领域中最少涉及的问题之一。比如，注意A.古德曼（Andrew Goodman）的家庭经历中暗含的关联：他是一名大学生，是维护公民权益的活动家，在密西西比被杀害。在他死后不久，他的母亲写道："我和鲍勃多次谈到大萧条，只是想帮助我的孩子们了解他们从未看见或者经历过的痛苦吗？我们多次谈到纳粹的残酷，是因为我们相信这和每个人都有关，甚至和无法记住这一切的我们的孩子有关吗？这些恐怖的事件是我们这一代——鲍勃和我——的真实经历。如果我的孩子现在认为在密西西比为了维护人类的尊严而斗争是他的事，是他们这一代的事，我能说：'不，不，当我说一个人必须按照他的信念去行动的时候是说谎吗？'"Mrs. Robert W. Goodman, as told to Bernard Asbell, "My Son Didn't Die in Vain," *Good Housekeeping* 161（May 1965）:160。

所有的成年人分为三类：大萧条十年是低谷，成年后的生活是高峰（向上）；由高向低的相反模式（向下）；混合或其余种类。根据报告，60%的男性和42%的女性呈向上趋势，向下趋势的群体包括1/4的男性和40%的女性。尽管来自经济受损家庭的男性并不比来自经济未受损的男性获取的地位更高，但他们最可能提到他们从大萧条到中年的生活满意度是呈向上趋势的（81%对47%）。同样，认为成人后的生活是她们生活高峰的女性，更多的来自经济受损的家庭（54%，经济未受损的为1/3）。无论是在中产阶级还是在劳动阶级的家庭中，都曾发现这种差异。

经济受损和生活满意度变化趋势之间的关系，暗含着一种中介概念：把家庭境遇作为一种让人感到很大压力的经历。许多证据都间接地描绘了对境遇的这种定义，但是我们没有充分地询问他们在30年代关于家庭幸福的感觉，没有问他们父母在多大程度上是勉强维持生计的。用来测量痛苦感知的最合适指标，是关于母亲情绪状态的问题（例如在高中组的问卷中，问题是"我希望母亲更加快乐"）。大部分希望母亲更加快乐的孩子都来自经济受损的家庭。而且与其他孩子相比，他们总是认为自己更不快乐，而且更不被同龄群体所接受（第六章）。女孩们比男孩们更易受母亲不快乐情绪的影响，而且在她们长大成人后评价自己的生活时确实能反映这种压力。对于这些女性而言，生命中最糟糕的岁月是从初中到高中结束，因此她们生活满意度的分数在整个1950年代都呈上升趋势。有着不快乐母亲的女儿们，将近有3/4的人表现出这种上升趋势；而在快乐母亲的女儿们中，相反趋势更为明显，这种女性有一多半把大萧条看作生命的高峰。和这些差异形成对比的是，奥克兰男性没有因其对母亲的感知差异而在自己的生活评价方面表现出什么可靠的差异。

通过记忆和30年代的真正经历，大萧条中的艰难使奥克兰的成年人在描绘其生活满意度的方式上出现了重大差异。这种观察到的差异和下面的理论是一致的：大萧条的经历建立了一个参考框架，可以依据它来确定某个生命时段是相对美好的还是相对糟糕的。从相对的角度来看，那些记着在30年代曾一无所有的成年人，在更加富裕和有保障的40年代和50年代，才更可能体会到他们现在生活的境遇。

关于政治和未来的观点

成年后的健康、父母身份的意义、对过去的回顾，全都涉及个体的个人经验。在每一方面，我们都考察了看待和回应生活中问题的方式，它们和大萧条经历的各个方面的关系，以及它们给这些大萧条的孩子成年后所带来的心理影响。但是就对问题的界定和回应来说，经济困难的影响已经超越了个人经验，成了30年代为大家所瞩目的焦点问题，而且更偏向于由政府对经济停滞作出回应。更有希望解决经济危机的方式在于集体认同（collective endorsement），这在1932年的大选中得到体现，民主党史无前例地获得大选胜利。

奥克兰出生组的生命跨度范围广阔，横跨了美国社会的几桩重大事件：从20年代和30年代的孤立主义和关注内政到卷入二战，到联合国的诞生，到战后欧洲的重建，到国际共产主义浪潮和核战阴影的出现。在奥克兰的成年人中，他们在政治上的成熟和对社会的了解，都形成于30年代。当父母因事业和经济的惨重损失而感到痛苦的时候，家庭和经济问题就成了他们最关注的问题。在危机中期，投票给罗斯福就表达了一种希望生活能有所好转的愿望。父母的投票和偏向民主党上台执政都暗含着某种意思："大萧条的孩子们"在政党关系上一般都属于代际连续的模式。也就是说，这些孩子长大成熟之后，都倾向于其父母偏好的党派。[18]

这些考虑表明了可能和30年代经济困难相关的事务的四种成人观点：偏好民主党；更加关注美国国内问题而不是国际问题；全神贯注于国内的经济问题；对当前年轻人拥有的经济机会持乐观态度。政治影响是建立在这样的假设基础上的：在奥克兰的成年人中，无论代际间地位如何变化，从青春期到中年的政党偏好是存在着连续性的。我们还从许多研究中了解到，诸如阶级地位之类的其他因素也会导致政党偏好出现差异。比如就价值观来说，政治偏好上的持续性可能要依赖于社会持续性的程度。这也适用于有关经济问题的敏感性。经济受损和对年轻人的乐观看法之间的联系，是建立在大萧条经历和现在的对比基础之上的。当他们

---

18 参阅 Herbert H. Hyman, *Political Socialization*（Glencoe, Ill.:Free Press, 1959）。

考虑现在和未来的时候,有着家庭困难背景的成年人,应该更为清楚地了解他们的孩子和一般的年轻人在经济方面所拥有的有利条件和机会。

我们曾提到奥克兰样本中经济受损和对民主党的偏好之间两个貌似合理的关联:父母在政治上的榜样或影响;在焦点问题和政治活动上对经济状况和政治气候的敏感。这种影响超越了家庭,尤其适用于对政治开始了解的青春期晚期(也就是30年代后期)。不过,这些年份和新一代最容易受影响或者最可能接受政治变化的年龄不一致——这是肩负主要和全部公民责任的年龄。奥克兰的孩子们是在40年代初而不是在大萧条中达到参加选举年龄的。然而,有关40年代和50年代的选举研究表明,在大萧条十年或二战初期达到参加选举年龄的人,比在相邻的历史时期达到选举年龄的人,更有可能发展他们与民主党的关系。[19]在奥克兰样本中,这种影响应该在经济受损家庭的后代中最为明显。

政治变迁在家庭生活中的表现和样本中的成员有特殊的关系,因为他们在整个30年代都是依赖父母的。如果假定经济受损的父母转而支持罗斯福,这就和政党选择的基础相矛盾了。比如,中产阶级中损失最为严重的人群集中于这样一些人:他们按传统支持共和党,并且鼓吹个人主义和企业的自由经营。在奥克兰样本中,这包括自雇的商人、经纪人、房地产经纪人。从林德对中镇的研究(1937:473)中可以明显看到,在1936年的选举中,许多传统共和党人转而支持罗斯福,即使仅仅是勉强的。[20]

为了确定父母的政党偏好转变对孩子的政治影响,理想的途径是测量30年代之前、之中和之后父母的政党偏好和问题取向,同时收集他们的后代在大萧条时期的社会政治态度和成年后的政党偏好方面的信息。但是,我们唯一的选择是运用追踪调查这些成人所获得的数据(1958—1964年),因为我们没有收集到30

---

19 Anne Foner, "The Polity," in Riley et al. 1972, pp. 140–144. See also Angus Campbell et al., *The American Voter* New York: Wiley, 1960), pp. 153–155.
20 甚至顽固保守的奥伦治(Orange)镇(加州)的居民,在1932年的选举中也多数投了罗斯福的票。在1936年的选举中,民主党人登记的就比共和党人多。不过,这种变化没有改变乡镇的基本保守立场。"大萧条和它导致的政府角色的膨胀,对这种信念产生了一时的震动,但是并没有从根本上摧毁它。" Robert L. Pritchard, "Orange County during the Depressed Thirties: A Study in Twentieth-Century California Local History," in Sternsher 1970, pp. 247–264.

代政治方面合适的数据。这些追踪调查中获得的回溯性报告，提供了有关大萧条中父亲的政党偏好的信息。61%的父亲被描述为共和党人，30%被当作民主党人，其余的为无党派人士或其他。支持民主党的主要是有着天主教或国外出生背景的男性。但即使用宗教和阶级这两个变量来对数据进行调整，支持民主党这种倾向也随经济受损的增加而增强。中产阶级中有1/3经济受损的父亲被描述为民主党人（已用宗教和种族进行过调整），而经济未受损的只有13%。在劳动阶级中，经济受损群体中的民主党的比例是62%，经济未受损的为1/3。

对于父亲的民主党偏好来说，如果经济损失是一个带有因果性质的因素，那么其影响会部分通过对地位或生活条件的不满而进行调节。在这里，我们假设不满与经济受损和对民主党的偏好两者都有关系。衡量不满的最有效的指标，是访谈者在母亲对自己诸多不满方面的评分。在中产阶级中，这个分数与经济损失有关系（参阅第三章），而且还可以因此预测父亲对民主党的偏好。在那些母亲对其地位极为不满的家庭中，经济受损不会影响父亲的政治观点。政党偏好的最大差异，出现在用两种方式测量经济受损而得到的极端群体之间。在经济未受损和生活相对满意的条件下，父亲声称自己是民主党人的仅有5%，而在经济受损且感到不满的群体中，这样做的有54%。从这些差异中，我们断定主观或客观形式的经济损失，是决定奥克兰样本中父亲的民主党偏好的一个重要因素。

从两代人在政治观点上的持续性中，我们可以看到这些差异的重要性。有4/5的父亲和后代的政党偏好一致，而且在中产阶级和劳动阶级中经济受损父亲的孩子大部分（略多于80%）是民主党人。在经济受损家庭的孩子中，即使他们向上流动了，也依旧普遍支持民主党。无论阶级地位高或低，无论是天主教徒或新教徒，在对民主党的偏好上，经济受损父母的后代一直比经济未受损父母的后代多（参阅表A-31）。

来自经济受损家庭的成年人的政治观点支持我们的这种预期：他们十分关注国内的问题，尤其是经济状况。在1958年的访谈中，每个受访者都要回答他们认为国家面临的最重要的问题是什么，为了确保和平应该做些什么。我们对这些问题进行编码，并且根据性质归类。尽管50年代存在着"冷战"氛围和相关的国际冲突，但仅有1/3的受访者提到这种或那种国际问题，包括全球战争。在他们列举出来的国内问题名单中，排第一位的是生活中的道德沦丧，尤其是过度的物质主义（36%）；接下来是经济问题——过度开支、税收、经济衰退或再一次萧条的可能性（32%）；种族动荡、冲突、歧视等（28%）。只有不到样本10%的人提到类似麦卡锡主义之类的问题。从工人的立场来看，在艾森豪威尔执政的年份中，国内状况在逐渐好转，尽管时有起伏。仅有1/6的奥克兰成年人，表达了对严重衰退或萧条前景的担忧。对这个话题的敏感性和过去大萧条中艰难的严重性没有什么关系。

只有对国内性质的问题（开支、税收）的关注会因大萧条经历的不同而不同，对国际问题的关注不会有什么不同。对于两个阶级中来自经济受损家庭的成年人来说，最大的问题是道德的沦丧、物质主义和相关弊病，它们在所有国内问题的排序中占据了首位，而政府支出和税收等问题被放在了末位。几乎有一半成年人对物质主义在美国生活中的表现——"对金钱的贪婪"——进行了批判。尽管他们属于普遍被金钱和财富的吸引力所塑造的一代人，但他们关于物质主义的观点与70年代中产阶级上层年轻人的看法有很多共同之处。正如一位青年所说，我父母关心的是"金钱和保障"，而我倾向于给自己提供"自由和学习"，这并非大言不惭。[21] 尽管和来自经济未受损的人相比，来自大萧条中经济受损环境的成年人明显更不愿意强调物质主义有害的一面（经济受损的人中仅仅有1/4提到这类问题），但我们也没有任何理由认为，金钱和财富只是对于他们的生活方式来说才是异常重要的。在经济领域中，经济受损家庭的后代中有稍多于1/3的人关注（程度相同）政府的过度支出和税收不公平，紧接其后的是种族问题和物质主义；经济未受损家庭的后代关注这些的仅有1/10。在他们提及的所有问题中，只有经济问题是两个政党都一直关注的。从现有的数据来看，我们不能在任何意义上公正地评价他们对于经济问题态度的复杂性，以及它们与大萧条经历各个方面的关系。不过，因各自经济状况的不同而导致的不同着重点，也和人们一般的看法相似。

有关国家问题的"内向视角"（inward-looking perspective），让人想起萧条而孤立的30年代。但我们在这种视角中没有发现任何有关经济受损经历的证据。我

---

21 这些引文都是出自对171名加州大学学生的调查（1965年）。

们的发现是基于对上述问题的分析，并通过比较在1958年访谈中提到的寻求和平的三种一般途径而获得的：孤立——巩固美国，孤立于世界网络之外；国际主义——对其他国家的物质援助、公民的国际交换、巩固联合国；既关注国内事务也关注国际事务。孤立主义是最不为人们所接受的策略（21%），其次是同时关注国内外的事务（27%）和国际主义（35%）。赞成参与国际事务的观点无论是否和国内计划有关，都和大萧条的经历无关。然而，这些观点并没能显示出更具区别性的优先次序。价值观是在所有备选项中的一种选择，但访谈者并没有试图强迫人们去选择它。

当我们转而考察成年人对50年代后期的年轻人（包括他们的后代在内）的看法时，占主导地位的主题从问题转向了机遇。总而言之，至少根据经济福利来说，奥克兰出生组中的男性和女性都过上了比他们所熟悉的大萧条生活更美好的日子。根据他们的判断，40年代末对于大部分人来说都是一段美好的时光，尽管这对于刚开始新生活的年轻人而言，不如50年代末那样有价值。在1958年的访谈中，3/4的受访者感觉现在年轻人获得成功的机会比他们这一代更多。受访者认为机会变得更好了或与之前一样，很少有人说这些年轻人的生活机会变得更差了。

乐观主义是奥克兰样本中父母观点的特征，这是他们对孩子们未来的不变的看法。不过，更有意义且更重要的是，父母们希望在孩子们的生活中实现具体的愿望。有一种理论认为这种愿望是父母感到自己生活被剥夺的一种表达。这种关联在1971年的一项研究中得到了证实，某些父母明确希望他们那些"积极活跃的"上大学的后代，"在重要的自我实现的领域比他们更为成功，肩负一定的社会责任，而不是参与'无休止的激烈竞争'，或者过隐居的生活"（Flacks, 1970: 374）。许多人将这种理论用于解释在大萧条中长大的父母的行为。因此孩子们受到溺爱，是因为父母们想为他们提供自己在童年时代曾失去的一切。父母的希望和大萧条中生活各个方面的问题有关。顺着这条线索，我们可能会认为"经济上的保障性""良好的教育"和"情感健康和快乐"是那些成长于经济受损家庭的奥克兰成年人最为突出的愿望。然而，当被问起（在1964的追踪调查中）他们最希望自己为孩子实现什么愿望时，只有最后一种愿望被频繁提及。最为普遍的四个愿望是"情感健康和快乐"（82%）、"身体健康"（48%）、"职业和婚姻的成功"（46%）和

"成熟、有责任感"（28%）。来自经济受损家庭的成年人更常提到的愿望，是前面两个健康的目标。[22]在匮乏年代和富裕年代，健康同样重要。但是只有在富裕的年代，情感健康才被人们置于优先考虑的地位。

---

22 情感健康和身体健康这两个目标因家庭受损所导致的差异的百分比均值为16%。

第四部分 大萧条经历对生活方式的影响

　　我们已经逐渐看到，要想理解众生男女的人生，理解他们何以变成纷繁多样的个体，就必须结合那些让他们的日常生活情境在其中组织起来的历史结构。历史变迁承载着丰富的意义，不仅对个体的生活方式有意义，也针对性格本身，即人所面临的种种限制与可能。

——C.赖特·米尔斯
《社会学的想象力》

第十章

大萧条的孩子们

我们追踪一群孩子，从他们在大萧条早期的青春期前期到他们步入中年，一步一步追寻经济受损是怎样在这些孩子们的社会关系和职业生涯中、生活方式和人格中留下痕迹的。为了收集那时有关具体影响的资料，我们不得不去整理那些在某种程度上来说支离破碎的、反映生活经历不同方面的数据，这需要付出艰苦的努力，参与的人员也要具备一定的素质。这些努力回答了许多问题，同时为今后的调查提出了至少一样多的问题。

在本章我们将回到经历过大萧条的个人和出生组的发展历史这一主题。我们首先应该考虑到，这里所采用的研究方法的优越性和局限性是概括大萧条影响的基础。在实施调查的时候，最好牢记我们所选择的历史时间、地理位置和战略。只有这样，我们才能检查我们的发现和引导分析的适应性框架之间契合的程度。这种契合的程度是本章第二节关注的焦点。在第三节也就是最后一节，我们将确立自大萧条起社会变迁的一般主题，我们运用了远远超出现有研究的资料：婚姻和家庭、家庭和社区中孩子的角色、年轻时的工作和成就、大萧条和战后一代的集体经历（collective experience）。社会变迁和家庭之间的关系，在很大程度上依旧是一片未开垦的处女地。

我们不能忽略大萧条给其他工业化国家带来的特定影响，因为这对二战中奥克兰出生组的成员意义深远。纳粹运动的出现就是一个主要例子。相对于英国、加拿大和德国的情况，我们对美国经济停滞的程度和持续时间了解多少？因为这个问题远远超出了我们目前研究所关注的范围，所以将在附录C中进行简要的讨论。

研究途径和其他选择

　　在本项研究中，家庭的适应被当作经济困窘与个体的行为、人格和生命历程之间的基本关联。奥克兰出生组的成员出生在20年代早期，父母是中产阶级或劳动阶级的白人，他们在旧金山湾区的城市环境中度过了童年和青少年时期。他们大多数在大萧条中经济严重受损的家庭中长大，其中有相当大的比例来自中产阶级。经济损失和具体阐明大萧条中不同经历（职业、教育、种族等）的社会因素有关，但是这些因素不能足够准确地鉴别他们生活状况的差异。比如，奥克兰样本中有许多身为专业人员的父亲由于失业、经济衰退等而严重受损。因此，我们的研究直接关注的是那些在1929年被划为中产阶级和劳动阶级的家庭在经济困难（用1929年到1930年减少的收入来衡量）上的差异。

　　可以代替上面提到的研究方法的研究设计，是比较大萧条和战后繁荣期两个时期对孩子童年经历的影响。对照组由经济危机之后出生的人组成。这种分析所面临的一个障碍是，除了那些和经济状况有关的因素之外，这两组人的童年时代还存在许多其他的差异。把经济受损或繁荣从其他因素，尤其是对于时代而言独特的因素之中剥离出来确实困难。而通过评估经济受损对单一的出生组的各种影响，我们考察了同一历史事件的不同影响。相同的出生年龄，意味着样本中的成员在大约相同的年纪进入大萧条和开启人生。

　　把分析局限于单一出生组的优势，因其难以普及的局限性而被削弱了。至少需要有一组或大于或小于奥克兰出生组的对照组，我们才能把生活模式放入一定情境之中，才能更加深入地了解我们研究结果的普遍性。从现有的资料来看，我们认为不同年龄组的大萧条经历和它带来的结果会有很大差异。我们知道，30年代各年之间的结构性限制（structural constraint）和机会都不同。此外，年龄差异也可以被看作年轻人在面对社会经济变迁和经济受损的境遇时的适应潜力的一个因素。学龄前儿童（大约1930年）因为依赖家庭，所以在面对经济困难所带来的致病效应时，比奥克兰出生组的成员更容易受到伤害。而出生于1914年左右的年龄更大的出生组成员，就有责任帮助父母为了生计而拼搏，但他们在就业和高等教育的选择上则受到严格的限制。正如一位"退伍军人"所说的那样："你在30年代是二十多岁的实质就是，无论你调整得如何好，你依旧只能留在社会的底层。十年过去了，我们中许多人依旧留在社会的底层，或仅仅在底层上面。"[1]

在这些方面，很明显，那些更年长的或更年轻的出生组所遇到的风险，在奥克兰孩子们所处的年龄组中通常得以减少到了最低限度。在30年代早期，他们还太小，不够进入养家糊口的全职角色，而在战争总动员和经济复苏的初始阶段他们就离开了家庭。当他们进入30年代时，智力发展和社会依赖的关键阶段已经过去，他们已经能够了解家庭和国家所经历的危机，去承担自己在家庭经济中的重要角色。如果要选择一个度过大萧条十年的最佳年龄，那么这一年龄和奥克兰样本中孩子的年龄差异将不会太大。[2] 当然，我们必须认识到奥克兰父母所经受的无法躲避的痛苦。

在未来有关大萧条中的个人和家庭的研究中，我们将倾向于选择一个既包括奥克兰的父母们又包括在20世纪头十年出生的更为年轻的成年人出生组。在目前的研究中，我们无法公正地去评判奥克兰父母们的生命历程，这只是因为没有现成的合适的数据。我们任何时候都没有访谈过他们的父亲，而仅在30年代前半期访谈过他们的母亲。我们无法恰当地描绘从1929年到30年代末再到战争岁月中的家庭经济史，或者追寻它对家庭构成和居住模式的影响，对家庭维持方式的影响，以及对婚姻和亲子关系的影响。在拥有这种家庭数据的情况下，我们至少能开始描绘30年代经济变迁的模式、复苏的时机和性质，以及它们对于家庭变迁的影响。

既然知道大萧条对于奥克兰孩子们的生活意味着什么，那么就有充分的理由认为，大萧条将会在他们成为父母后生活的各阶段产生更深远的影响。在何种条件下严重的经济危机导致了持续时间远远超出30年代的能力匮乏，导致了自卑感、健康状况持续不佳和对经济无保障的深深恐惧？对于一些奥克兰出生组的父亲而

---

1 Hugh MacLennan, "What It Was Like to Be in Your Twenties in the Thirties," in Victor Hoar, ed., *The Great Depression: Essays and Memoirs from Canada and the United States* (Toronto: Copp Clark Publishing Co., 1969), p. 145.

2 在对按照5年划分的出生组进行比较时，L.凯恩（Leonard Cain）发现至少上过一年大学的人和获得大学学位的人差异最大的是1921—1925年的出生组，这是奥克兰成年人所属的出生组。Leonard D. Cain, Jr., "The 1916–1925 Cohort of Americans"（1970）。

言，经济困难意味着绝望、无助、病弱和酗酒；对于母亲来说，则意味着情绪困扰、屈辱和沉重的家庭负担。相对于他们在大萧条中的状况来说，他们在40年代和50年代的心理状态和生活模式依旧是一个谜。

这一段没有考察过的岁月和父母一代早期的生命历程正好吻合。为了了解为什么在面对大萧条中的危机时父母们有那样的反应，我们必须对他们的经济和社会标准、性别角色价值观以及为经济困难的适应性要求而做的准备有所了解。循着这些线索的调查，将会把我们带回到祖父母一代的社会历史中，带入来自欧洲的迁移、城乡转型和父母在儿童和青少年时代所处的社会文化和经济环境中。

祖父母和父母一代之间的关系，使我们把注意力放在了亲属关系网络上。这是一个在大萧条的家庭生活中几乎被忽略的方面，但实际上它在危机时的作用更为普遍。就核心家庭适应惨重的经济受损来说，亲属保持相对独立意味着什么？来自中产阶级的家庭和地位较低的家庭相比较时，又意味着什么？经济援助和亲属的责任怎样影响了亲属体系内部的合作和疏离？要回答这些及相关问题，就必须考虑一个重要的理论问题：在城市－工业化环境中，核心家庭适应危机的能力是相对增强了还是相对削弱了。[3]

对有关奥克兰出生组研究结果的任何解释，都必须考虑他们的童年环境和社会构成。正如我们曾提到的那样，30年代奥克兰经济变迁和美国其他大城市的有相当程度的相似性，但是我们没有把握和运用客观的经济指标，对大萧条和相关经历的影响进行有效的比较。同时还必须考虑社会政治条件和主观现实。除此之外，样本的社会特征就足以限制这些结果应用的范围。大体上来说，我们的样本既不包括1929年前非常富有的家庭，也不包括那之前特别贫困的家庭。大部分成年人来自中产阶级下层和劳动阶级。在整个分析中，我们特别关注中产阶级的孩子们，以及经济受损对他们生活的影响，这与对处于长期严重经济受损境遇中的孩子进行的大量研究形成了对比。中产阶级和劳动阶级家庭的一系列社会经历，

---

[3] 运用芝加哥社区中产阶级家庭的数据（1870年代和1880年代），R.桑内特（Richard Sennett）对核心家庭在城市－工业化环境下的适应性功能的假设提出了挑战。他宣称在敌对的城市环境中，家庭的作用更多的是感情的天堂，而不是一种适应性机制。Sennett, *Families against the City*（1970）。最近有关家庭社会史的回顾，参阅Tamara K. Hareven, "The History of the Family as an Interdisciplinary Field"（1971）。

为我们评估经济受损对他们生命历程的影响提供了广阔的视野。样本的另外一个重要特点是种族构成。在1900年代早期，有相当数量来自南欧和斯堪的那维亚地区的移民定居奥克兰，我们的样本中也包括这些人。在这个城市中，黑人的出现在很大程度上是大萧条后才有的现象，这是南部黑人向战时工业区迁移的西进运动的结果。

另外两个重要的问题是样本规模和代表性。如果可以选择的话，我们愿意选择更大的样本，因为这能确保分析中的测量更加稳定，灵活性更大。不过，对长期研究而言，我们使用的已经是一个大样本了。在进行纵向研究设计建立的过程中，样本的代表性是服从于居住的持久性。不过作为一个群体来说，奥克兰的孩子们和他们学校的同学在社会经济特征上极为相似。所有的考虑，再加上长期纵向研究问题的特殊性，使我们一再强调此项研究的提示性或者启发性。其他的关于相似的或不同的群体——租佃农、农场主、激进的少数派等——的研究，都需要建立在充分了解大萧条的各个方面对个人影响的基础上。

30年代之前、之中或之后收集的数据已经无法改变了，所以不可避免地会导致某种限制。回顾性资料在生活史的研究中是有用的，而且对填充不幸空白的数字常常是必要的，但是它们往往是同时代信息的拙劣替代品。任何巧妙的设计都无法弥补30年代美国失业统计资料不足的缺点，加拿大也存在着这方面的缺陷。在探寻经济损失和失业对奥克兰成年人生活的影响时，我们面临着相似的问题。我们的理想是收集数据来回答预设的问题，就此而言，这些资料的不足会让人对原初的课题组成员未曾设想的调查产生某些怀疑。但是如果我们从奥克兰档案适用于这种研究方法的潜力来看，**相对于**其他选择来说，我们可以将其资源视为一个独特的机会。考虑到这一点，再考虑到档案的局限性，我们研究中的指导方针已经使我们充分利用我们所拥有的一切了。

大萧条经历对人格和生命历程的影响

急剧的变迁和家庭的适应性反应，为我们把大萧条中家庭经济受损与人格和职业生涯联系起来的努力提供了焦点。当常用的适应技巧已被证明无法处理紧急问题的时候，一种不寻常的文化堕距就出现了。从1929年到1930年，奥克兰样本中的家庭收入大约下降了40%，这一变化使家庭走向更具劳动密集型特点的经济。家庭成员生产了更多的商品和服务，以满足其需求。伴随着这种变迁一起发生的，是运用资源和技术去解决问题的新方式，尤其是通过下面几个方面来解决问题：母亲和女儿被扩大了的家庭角色；婚姻影响和子女控制上的调适；以及因不同步的变迁和经济受损带来的不确定感、挫折感和适应性要求而发展成的社会紧张。正如已经提到过的经济受损与孩子们之间的关联那样，这些条件组合起来大体上可以分成三类：**劳动分工**的变化、**家庭关系**的变化和**社会紧张**。

我们根据这三类条件考察奥克兰的孩子们经济受损的境遇，假定他们的经历、人格和生活期望都受伴随着经济受损出现的环境变化的影响。这个视角和下面的观点是一致的：父母是有意或无意地按照自己所经历的生活状况来培养孩子的。但是这种状况的实质依旧还是个问题。它们能够代表由以下几种因素塑造的生活境遇吗？这些因素包括：由经济萧条导致的暂时性压力；建立于匮乏和经济无保障（因此需要最为强化经济保障的形式）之类大萧条的现实基础之上的未来构想；对更加富足的生活中有吸引力的选择的预期。在第一种情况下，我们发现一系列源自家庭适应的未预期后果。家庭维持的模式——依赖公众的帮助、亲友的资助、母亲的就业和孩子在家庭经济中的角色——构成了对家庭生存需求的最为基本意义上的回应，但是它们也构成了互动的环境（interactional environment）和孩子们的学习经历。尽管在个案资料中的确存在第二种情况，但是我们手中相关的证据更少，它是根据现在（大萧条的现实）描绘（有意或无意）未来。比如，一些奥克兰的父母鼓励他们的儿子寻找经济上有保障的工作，事实证明，这些建议更适合于30年代的大萧条时期而不是战后繁荣时期。刻意的社会化（deliberate socialization）与这种境遇一致，也与对一个崭新的、充满希望的世界的预期一致。

大萧条中的经济损失逐渐导致了境遇和个人之间的不一致，这需要个人进行新的适应。我们假设对经济受损境遇的反应，无论是自发地灵活处理面对的一切还是防御和退缩，都取决于既与个人资源（智力等）又与家庭内部环境的支持相关的适应潜力。在适应变化和灾难的能力上，中产阶级的孩子居于劳动阶级的孩子之上。问题解决的资源（problem-solving resources）和对适应性反应的支持，也随着阶级地位的提高而增加。中产阶级的孩子和父母拥有更多的智力资源。他们对现实的观念，更有助于他们在变迁和不确定境遇中做出有效适应。因此，我们认为经济受损对劳动阶级孩子的心理健康和生命历程有更多的负面影响。

在我们评估经济受损对人格和生命历程的影响时，最后应提到的一个因素是：在何种环境中，大萧条经历的影响最可能持续到这些孩子成年以后。尽管很少有问题能比大萧条遗产引起我们更多的兴趣，但我们却最少注意到影响生命跨度中的持续性的境遇和关联的因素。我们仅凭直觉或自我反思，就知道大萧条中的艰难岁月和下列现实有关：特别强烈的敬业精神，对保障的自觉渴望，无法毫无愧疚地参与消遣或娱乐。在有关抚育孩子的愿望的研究领域中，一般的理论都断定在大萧条中长大的父母会尽力使他们的后代不再面对充满艰难和痛苦的生活，这种生活是他们在孩提时代就已了解的。也就是说，"我们如神经质般疯狂地追寻富足的生活，这样我们的孩子就不用经历我们曾经历过的一切"。[4] 我们只要想到导致这种结果的各种条件，就会了解成年人的生活中和境遇变化相关的复杂性。这些结果是否更多的是成人地位和作为中产阶级上层一员所带来的影响，而不是早期的大萧条经历所带来的影响？大部分关于大萧条影响的非正式论述都局限于阶级结构这一部分。

那么我们面临的问题，就是尽可能具体化生命历程中的各种条件，这些条件使大萧条的影响从大萧条持续到中年。如果某个人各个时期的境遇相对相似，那么他在童年所获得的教训最可能在他成年以后得以运用。一般来说，奥克兰样本中男性的数据支持这个假设，经济受损对价值观的主要影响发生在那些没能获得比其父亲更高地位的男性中。女性的地位差异对大萧条影响的持续性几乎没有什么影响，因为家庭角色和过去的联系最为密切。

在对从1929年到60年代中期的奥克兰出生组的分析中，我们简要地确定了三个一般性因素：已提到的**经济受损和个体之间的联系**，它建构了30年代的境遇（劳动分工的变化、家庭关系的改变和社会紧张）；**适应潜力的差异**，它是对境遇变迁及其心理影响回应的决定性因素；**成年境遇**（adult situations），相对于30年代的经历来说，它是决定大萧条经历的心理状态的持续性或者持久影响的一个因素。

---

4 霍尔（Hoar）（参阅注释1），第 iv 页。

我们运用适应潜力和生活境遇的模式,来具体说明那些让家庭经济受损**最可能**或**最不可能**对成年后的孩子产生某种影响的各种条件。根据适应性资源和家庭地位有关这一假设,我们认为经济困难对中产阶级家庭后代的成年人健康的致病性影响,小于对更低阶层的成年人的影响。而且,正如我们所提到的那样,成年境遇(由流动性等来定义)导致家庭受损和男性价值观之间的关系出现差异。这个一般模式的效用和局限性,通过追寻经济受损、人格和生命历程各个方面的关系最容易看到。为了这样做,我们从劳动分工中的适应开始,依据三种关联把我们的发现组织起来。

尽管到了40年代初,绝大部分经济受损家庭都最终恢复了他们原有的社会地位,但中产阶级和劳动阶级中的经济损失和父亲失业都与职业地位的向下流动有关。失业常常意味着失去收入,但是许多家庭尤其是中产阶级家庭,在没有失业之时已经严重经济受损。当收入和储蓄都减少的时候,家庭就会部分地通过使用劳动力以满足消费需求来削减开支,并开发经济维持的替代形式。这些可供选择的替代形式包括母亲就业、亲属的资助和对公共救济的依赖,而依靠这些形式的资助的家庭在劳动阶级中尤其普遍。经济受损家庭的孩子们最可能参与家庭经济:女孩们专于家务劳动;男孩们则专于经济角色,为了满足个人和家庭的需求而外出寻找工作。

在家庭关系的领域中,作为决策者和情感来源的母亲的中心地位是经济受损家庭的基本主题。在中产阶级和劳动阶级的家庭中,儿女们都认为严重的经济损失增加了母亲在家庭事务中可感知到的权力,降低了父亲的社会声望、吸引力和在情感上的重要性。对孩子们而言,这些条件在总体上削弱了父亲对孩子们的控制和父母控制的有效性,不过这在父亲和儿子的关系上表现得尤其突出。它们还鼓励人们依赖家庭之外的人。和其他的孩子相比,经济受损父母的儿女们更可能在家庭之外的人中寻求陪伴和咨询,尤其是在老师和朋友中。只有在职业选择方面,经济受损的父亲对于男孩们来说尤其重要,不过这种发现仅局限于中产阶级。

经济受损的家庭和以母亲为中心的家庭(matricentric family)中的角色,合力构建了有利于传统性别角色的环境,加速了孩子的成熟。匮乏和劳动力密集型调适,都增加了这些尚处于童年时代的孩子承担类似成人责任的可能。女孩无论就业与否，都被迫参与由母亲控制的家务劳动，而且这种经历和高等教育上的局限，使她们未来对家务劳动也情有独钟。经济受损父母的女儿们最可能偏爱家务活动，并与成年人交友，在少女时代就趋于成熟。而且，这些女孩如果来自中产阶级，就会比那些经济未受损的中产阶级家庭中的同龄人更早结婚。家庭经济受损减少了这些孩子获得中学程度之上教育的可能性。一般来说，这些女性到中年之时，她们是否拥有经济受损的背景会使她们对家庭生活、父母身份和持家上的认同出现差异。这些价值观中的每一种，都是通过在以母亲为中心的家庭中所承担的家庭责任来和30年代家庭的经济受损发生关联的。以家庭为中心的价值观和认为生活应肩负着责任的观点（比如认为孩子长大成人的主要标志就是责任感的增加），成了考察生长于经济受损家庭女性生活的主要视角。

与经济受损相关的家庭状况，使男孩们摆脱了父母的控制，使他们对成年人的生活和如何谋生等成年人所关注的问题产生了兴趣，并且还强调了他们在生活中所肩负的责任。通过培养男孩的自主性和他们在工作角色上的职责，通过父亲在家庭事务中的发言权小于母亲的家庭安排（household arrangement），经济困难解放了男孩们。工作角色使经济受损家庭的男孩们在家庭之外获得了类似成人的经历，提高了他们的技能，使他们对于经济独立和职业有了更多的了解。这些经历和家庭困窘的现实一起，加快了他们走向成人世界的步伐。对与成年人交友的兴趣、对长大成人的渴望、对职业的思索和职业目标的具体化，都与经济受损有关。在这些孩子成年后的生活中，无论他们的阶级出身如何，职业的具体化倾向都会使家庭经济受损所导致的教育方面的不利条件、对工作生活和地位获得的负面作用减少到最小程度。在经济受损的群体中，具有价值优先地位的事物包括：相比于虽有潜在好处但是有风险的职业，更优先考虑具有保障性的工作；做父母时的责任感和对孩子的责任感；以及从家庭生活获得的满足感。然而，正如这些孩子对休闲活动的兴趣最低一样，他们所具有的这些价值观也和家庭的经济受损有关，这主要表现在那些没能超越其父亲地位的男性中。

很明显，孩子们在经济受损境遇中的许多社会化特征，与父母在为孩子谋划未来时的意图没有明显的关联。它们反而产生于对家庭需求的适应之中。一些（如果不是大部分的话）大萧条的孩子被教养的方式不同于他们父母经历过的那样，作为这种抚育方式差异的来源,父母的意图比以家庭需求为中心的结构变迁和适应更不可靠。实际上,这种适应在社会化中与父母对孩子的计划或愿景是相反的。这也许表现在中产阶级经济受损的家庭培养女孩对家务的兴趣这一事实中,她们对于婚姻的偏好超过了对高等教育或专业训练的兴趣。社会化的一些未预期后果也被费伯对18世纪的研究所证实。费伯发现,"对那些有着极强的向上流动机的人来说,生于手艺人家庭对他们的社会化是有益的"(Faber,1972:201)。在这一阶层中,获取成就的努力(achievement striving)导致了这样一种生活方式:它强调家庭和亲属关系的重要性,并且把它们作为确保其生计和地位的一种手段。这种对成就动机的未预期影响(从地位丧失对其价值观的刺激,到依赖个人才智取取得成功的压力)在大萧条的经历中也很明显。

家庭经济受损和奥克兰孩子们之间在精神上的联系,源自社会紧张和比较。通过家庭成员间(向女性占主导地位的转变)和不同家庭之间在家庭地位方面转变的不一致性,家庭损失使家庭成员的地位或身份变得不确定。自我意识过剩、情绪敏感性和多愁善感,都产生于模糊不清的境遇(ambiguous situation)之中,而且人们发现无论在哪个阶级中它们都与经济受损有关,尽管在女孩中这种情况尤其明显。这些情绪状态,把经济受损家庭的诸种生活条件和中产阶级家庭中女儿们的相对早婚联系在一起。家庭损失增加了奥克兰孩子们对自己在同龄人眼中地位的判断失误,他们认为自己的受尊重程度比实际情况更低。这种感觉无论是否正确,它与自我评价之间的冲突而导致的后果却都是真实的。它唤起了孩子们对社会精英主义迹象的批判态度和敏感性,而且似乎促使男孩们产生了奋斗的意识。经济受损对地位变迁的动机的另外一种持续性影响,是能力和成就动机之间的联系,我们把它当作衡量能力的运用或使用程度的指标。无论在中产阶级中还是在劳动阶级中,成就动机和能力的关系在经济受损的家庭中比在经济未受损的家庭中更为密切。最后,这些孩子在30年代遭遇的艰难建立了一种心理框架或者对比体验,这使他们从童年到中年的生活呈现出蒸蒸日上的景象。因为经济受损家庭的后代在童年遇上艰苦岁月,所以他们比经济未受损家庭的孩子更可能感到生活变得越来越富裕和令人满意。

最后应该提到的是经济受损与奥克兰出生组在生活成就和健康方面的适应潜

力之间的具体关系。与劳动阶级的子女相比，中产阶级的后代更为聪明，志向更为远大，在解决问题和获取成就上获得的支持更多。这些差异和男性通过教育和工作或女性通过婚姻所达到的成人地位的阶级差异是相似的，而且它们都在一定程度上解释了经济受损对劳动阶级的孩子们负面影响更大。然而在大多数情况下，和经济受损无关的个人素质（智力、女性的身体魅力等）对生活成就的影响，最大程度上减少了这些孩子的家庭境遇和有限教育所带来的障碍。

阶级背景对成年生活的影响，在他们的健康和幸福方面更为明显。尽管在大萧条中出现了相反的结果，但家庭经济受损对中产阶级后代的总体影响通常是积极的，而对来自劳动阶级的成年人的负面作用最为明显。经济受损的中产阶级子女，比经济未受损家庭的子女更可能相对无疾病症状。他们在自我效力、冲动和努力的整合、个人才智的利用和发展潜力上的水平更高，他们也被描绘为更具有复原力、更自信和对他人更少提防。另一方面，大多数出身于劳动阶级的成年人都表现出受到某种程度的伤害，在心理健康方面的问题比经济未受损群体略多。

总结

在此，我们总结了大萧条经历对奥克兰成年人有着持续影响的三个方面：**人们获得成人地位的途径，而不是获得的地位层次；成年人的健康和对生活问题的反应偏好；价值观**。就第一个方面而言，我们推断家庭受损使孩子的生活成就更加依赖于教育系统之外的努力和成效。虽然经济未受损家庭的男性在教育程度上略高，但是经济受损家庭的男性工作资历更深，经验更丰富。同样地，家庭经济受损在教育方面给女性带来的障碍，被她们通过婚姻所获取的社会成就抵消了。与来自经济未受损家庭的男性的生命历程相比，奥克兰出生组在30年代所处的有利的职业阶段，应该被看作那些在经济受损家庭中长大的成年人生活成就的关键因素。我们在第七章中曾提到的历史研究表明，年轻工人（出生于20世纪最初十年）的职业机会受大萧条中各种条件所限，当他们几乎没有接受什么正规教育也没有什么工作技能的时候更是如此。

至于第二种主要影响，有证据表明，成年人的健康和经济困难呈负相关。有关30年代的一些分析都预见了这一点，尽管它仅限于劳动阶级家庭的后代中。在中产阶级的孩子们中，这两者表现出相反的关系。经济困难的影响表现在对家庭领域中经济事务的敏感上，也表现在如何对它们作出反应方面。偏好民主党的人几乎全部是经济受损群体的成员，这也可以看作衡量一个国家政治关注的焦点和偏好策略的粗略指标。

最后，很明显，大萧条中曾经历的经济艰难，对于看待生活中"什么事情更为重要"有着持久的影响。男性和女性共同拥有的价值观是家庭的中心地位和婚姻中孩子的重要性。尽管经济受损家庭的男性并没有把家庭置于工作之上，但他们的偏好和那些有着相似背景的女性的偏好都证明了战后的家庭主义氛围（familistic aura）。因为父母的家庭曾处于经济受损的境遇中，所以无法成为让孩子们竭力效仿的有吸引力的模式，但是它能通过社会化培养女孩对家务劳动的兴趣，并塑造在艰难岁月中所应具备的适应性意象（adaptive image）。

在奥克兰出生组中，在大萧条中长大的男性所拥有的其他价值观也都和经济困难有关。工作的保障性是最好的例子，尽管更为能干和成功的男性很少会优先考虑它。来自经济受损家庭的男性更关注工作的保障性，因为他们的才智和选择都有限，这使他们都更容易受到经济波动的伤害。经济困难使工作变得重要，人们关注的焦点都放在如何获得一份工作上，并且尽可能地鼓励有工作的人努力工作。但是在我们的数据中，没有证据表明来自经济受损家庭的男性比其他男性更加重视工作。在非常成功的男性中，工作优先于家庭和休闲活动这种价值观，更多地源自他们的成就，而非他们在大萧条中的背景。

由于缺乏充分的资料，来自大萧条经历的经济价值观（economic values），在我们的分析中并没有占据应有的位置。这是很遗憾的，因为利用这种假定的30年代遗产的证据进行推论的比例，可能高于利用任何其他"影响"的证据进行推论的比例。我们有理由相信，经济受损增强了人们对"金钱力量"的信仰。较低阶层的家庭在抚养孩子的时候，通常用金钱作为奖赏就证明了这一点。但是我们现在缺乏物质主义态度（materialistic attitude）和30年代经历之间关系的证据。在回顾性报告中，"大萧条"理性（rationale）对于当前经济习惯（economic habits）的影响，无法替代纵向分析所能获得的结果。

我们一再强调经济受损对人格和生命历程的作用，可是对经济未受损群体的诸种生活条件和它们的持续影响却所知甚少。我们只是把经济未受损群体当作对照群体，然而我们也不妨强调一下大萧条中的经济福祉所带来的影响。实际上，也可以从这个角度去解释研究结果。我们在适当的时候也已经这么做了。在生活方式方面，任何比较所产生的差异，都没有经济受损群体之间的比较产生的差异大。经济相对未受损的孩子通常在由父亲领导的家庭中长大，这些父亲在整个30年代还保持就业，有一些父亲甚至还提高了他们的收入和社会地位。在大多数情况下，这些家庭的需求不需要通过母亲就业或者孩子作出重大贡献来满足。在一个普遍匮乏的时代，家庭境遇和机会似乎在大多数方面都确保了这些"生活充裕的孩子"的生活机会最大化。不过从现有的证据来看，这种希望在他们成年后的生活中并没有得到充分实现，至少和来自经济受损家庭的孩子们成年后的经历相比是这样。在对经济受损让人们付出的代价（尤其是在较低阶层中）有了一般性了解之后，大萧条可以使我们更加深入地了解人们在物质充裕时代的社会心理，而这在美国人的经历中尤为重要。[5]当我们开始对来自大萧条经历的中心主题作全面回顾时，不可避免地要对匮乏和充裕的历史时期作出比较。

大萧条经历的中心主题

尽管艰难的岁月一再重现，数百万美国人始终处于贫困之中，大萧条经历的一个持久主题却是它在美国人的生活和心理中的陌生性。[6]它与以富足为导向的经济所塑造的社会特征和体制——无限的资源、持续的增长、持久不衰的生机和机会的平等——格格不入，与繁荣红火的20年代和"使经济崩溃变得特别让人感到

---

5 和这里论述相关的是巴顿有关相对受损的理论论述（1969年）。
6 这一段和下面一段都要感谢波特（Potter）的论文 *People of Plenty*（1954）。尽管有关充裕的研究看起来没什么前景，但是美国的大萧条的确是20世纪充裕的产物：生产力超过了消费需求或者购买力。而且，波特自己的分析表明，在经济匮乏的时期，人们对充裕文化如何运作能够获得非常有价值的深入了解。普遍繁荣时期的贫困和大萧条之间的重要区别，可以参阅M.哈林顿（Michael Harrington）在他一篇非常有说服力的有关战后繁荣时期的贫困的文章 *The Other America*（1962），也可以参阅美国儿童研究协会的报告 *Children of Poverty—Children of Affluence*（New York, 1967）。

痛苦"的"新政"时期完全不同，也与战后的繁荣岁月完全不同。[7] 大萧条把匮乏体系和规则强加于一个习惯"充裕政策"（policies of abundance）的社会头上，这种政策是增加财富以造福所有人，而不是把一个数额固定的财富进行分割或者再分配。尽管这种政策产生了和匮乏经济中的生活境遇相似的某些条件，但它需要的适应性策略（在国家层面上最为显著）依旧忠实于充裕哲学。被波特恰当地描述为"充裕的传道者"的罗斯福总统，为美国人民制定了一整套新政（New Deal），这套新政表达了他对经济有造福所有人（劳动者和管理者、农村居民和城市居民、年轻人和老年人）的潜力的乐观信念。他不是让两个阶级彼此对立，而是在发展规划中引入新的因素以增加经济福利基金，从而使他们的利益达到均衡。美国人用来处理社会改革问题的，正是这种充裕政治学，或者用波特的话说，正是这种"拒绝接受既成事实的策略，这种利用自然之剩余和技术之窍门的策略"（Potter，1954：121）。罗斯福总统是在被一位新闻记者喻为"战时被围困的首都"的严峻氛围中就任的，在他执政的"百日"之内，美国人民的希望和团结一致的精神被重新唤起，而其中"充裕政治学"所起的心理作用极为关键。[8]

除了经济匮乏和由充裕所塑造的文化之间的冲突外，人们还能感觉到对来自大萧条经历的中心主题的探索和我们对它的复杂多样性——跨年龄、阶级、种族和居住种类——的重视之间的矛盾。经济受损及其社会经济情境（城市-工业化、阶级分层等）、文化传统和政治反应，共同构建了美国人在30年代的生活方式。[9]

---

[7] "美国人已经不习惯长期灾难了，他们遭遇大萧条所受到的打击比那些没有享受过20年代繁荣的国家所受到的打击更大。" William E. Leuchtenburg, "The Great Depression," in C. Vann Woodward, ed., *The Comparative Approach to American History*（New York: Basic Books, 1968），p. 297。

[8] 这个比喻来自《纽约时报》记者A.克罗克（Arthur Krock）。"罗斯福上台后采取的迅疾而具有决定性的行动改变了潮流，绝望变成了希望。当他上台后的百日行动结束的时候，信任和信心都达到了巅峰。" Cabel Phillips, *From the Crash to the Blitz, 1929–1939*（New York:Macmillan, 1969），p. 128。

[9] 人类为大萧条所付出的代价，很大程度上来自匮乏状况和在充裕文化中形成的生活方式之间的冲突。在一个经济空前发展的时代（1820—1930年），自然界提供充裕资源的可能性被挖掘了出来，有关不受法律障碍或者地位限制的人人机会均等的信念，培养了所有人可以自由流动的理想，并认为低标准的生活是对不成功者的惩罚。因此，无法向上流动或者获得成就的责任就在于个人本身。在大萧条中，失业和经济受损总是表现出它们似乎已经排除了社会法律天然地为流动或者生存所设置的障碍，即使这种自由只有在拥有非常有利的机会的情境下才有意义。实现经济福利的结构性障碍，并不能阻止男性因为自己无法实现这个目标而责备自己。参阅Potter, *People of Plenty*, p. 93。

仅凭匮乏本身无法说明其产生的背景。波特认为，与经济增长和充裕联系在一起的社会潮流，在国家进入大萧条之前就已经形成了。比如，家庭成员间的关系走向自主、平等和陪伴式（独裁式控制的范围缩小）；妇女在教育、工作和政治方面的活动领域扩大和机会增加；公共教育的扩展（强制的或其他方式的）、进入劳动力市场的年龄限制和承担公众义务的延迟，导致了年轻人（尤其在中产阶级中）依赖家庭的时间延长。

根据奥克兰数据，在这种情境下，严重的经济受损产生了类似于匮乏经济中的生活的某些方面的条件，但是它们采取了对于在城市－工业化背景下的特殊限制和选择的回应形式。家庭经济变得越来越具劳动密集型特征，越来越以服务为取向，而孩子们也参与了按传统性别分工来说属于生产性的角色，包括承担某些成年人的义务。劳动力的剩余和工作的缺乏，鼓励人们延长上学的时间。如果说经济困难增加了尚处于童年的孩子所承担的类似成人的责任，提高了他们在生产领域中的地位，这也仅仅发生在有限的情况下，因为有关的法律保障依旧完整，比如义务教育法和禁止使用童工法、成年的法定年龄等。

就大萧条中的变迁来说，要调查从30年代到充裕的战后岁月中变迁和持续的模式，家庭是异乎寻常的理想领域。不过，任何这样做的企图都必须考虑每一个出生组的特殊成长历史，这些出生组都是由他们在1933年之前的出生日期所界定的。这些出生组从童年进入青春期然后步入成年人的生活阶段，他们遇到的特殊限制、选择和激励是什么？"从某种程度上说，每一代人的职业选择都取决于他们特殊的成长历史。"（Hill，1970：322）这些选择表现为：何时进入劳动力市场，结婚和成为父母的时机，孩子的数目和出生时间间隔，丈夫变换工作的次数和种类，妻子成为劳动大军中一员的时机，以及获得家庭、耐用品、人寿保险和投资的顺序。为了确定为什么某种选择居于优先地位，我们需要考虑这些孩子符合历史事实的童年经历和每一个出生组的社会化。

至于大萧条对婚姻和家庭的影响，我们首先应该根据证据或有根据地推断，考虑我们能就这个问题说些什么。除了这个领域之外，富有启发性的主题是比较大萧条的孩子们的早期生活经历和他们的孩子在战后相对繁荣时期的生活经历。这种对比集中于孩子们在家庭中承担的角色，其范围包括从积极的贡献到在人力过多的环境中的过剩地位；集中于中产阶级孩子的职业成就，其范围包括从机会到激励的问题；集中于中产阶级中在大萧条中长大的父母的集体经历与他们后代之间的深刻差异，这种差异是由在匮乏和战争中需要作出牺牲的生活和年轻人"不劳而获"的富裕之间的比较所决定的。

婚姻和家庭

美国人生活中周期性的混乱或危机和家庭制度的世俗化变迁（secular change）几乎没有什么关联。尽管有不少研究关注战争或萧条导致的危机境遇中的家庭，但是研究者并没有设计一些相关问题，让受访者回答周期性的特殊事件对家庭生活的长期影响。展现在我们面前的广阔画卷是进化式变迁（evolutionary change），各种类型的家庭生活的出现及其与进化式变迁——城市-工业化发展的影响、生产功能与家庭的分离等——的关系（Smelser，1967）。

在二战期间，伯吉斯（Bugress）和洛克（Locke）写了一份描绘美国家庭主要变化的论文，这篇论文至今依旧有影响。1971年论文重新发表之时，他们在文中指出："家庭正处于从传统家庭制度向伴侣式家庭制度（companionship family system）的转变中。传统家庭建立在家庭成员扮演传统角色的基础上，而伴侣式家庭则以相互的爱情、亲密的交流及劳动力分工和决策过程中的相互接纳为基础。"（Bugress etc.，1971）伴侣式家庭的突出特点——爱情、平等和自主——都根植于70年代更具有实验性的家庭生活形式之中。米勒（Miller）和斯旺森（Swanson）提到的家庭变迁的原因中，特别强调社会从个体业主到福利-科层场景（welfare-bureaucratic settings）的组织化趋势，并且将其和抚育孩子的模式在概念上联系起来。他们认为，"在福利-科层制家庭（welfare-bureaucratic family）中长大的孩子，更多地学会了宽容，学会了自主地表达自己的观点，并在参与组织活动的过程中更能找到自己的方向"（Miller & Swanson，1958：58）。这种教养和创业家庭的教养形成了鲜明对比，后者将自律、自主及精通某事视为宝贵品质。

顺着组织化这个主题，我们认为大萧条经历是新的家庭模式形成的一个重要因素，因为就我们今天所知，它赋予了福利国家许多显著的特征。米勒和斯旺森没有发现这一关系，但它是费伯解释家庭变迁的一个关键性因素：大萧条通过增加人们对传统生活方式的不满，鼓励人们和过去断绝关系，鼓励新的家庭模式的出现（Faber，1972）。老一代人在社会经济方面所拥有的保障的崩溃，导致人们开始寻找一种新的有组织的、公正的生活方式，导致人们强调伴侣关系和爱情作为家庭关系的基础。据费伯所言，这些关注的焦点根植于"家庭角色的概念之中，而家庭角色的概念又和现代都市社会所提供的福利国家、平等主义、文化多元性以及个人自由相关。这种新的生活模式进一步得到推广，是因为30年代政府许诺给退休的人和碰上个人危机的人提供保障"（Faber，1972：208—209）。费伯把他的分析延伸到大萧条一代的后代中，这一代人对由传统和大萧条共同塑造的主流家庭模式持批判态度。接着，费伯把这种态度和对科层制让人们付出的代价（失去对命运的控制、成本-效益价值观、非人格化等）的认识及其在家庭生活中的反映联系起来加以考察。

　　费伯在他所处的情境中，无法公正地评判大萧条的经历和家庭变迁的关系，也无法公正地看待30年代新家庭形式出现的过程，如果新的家庭形式确实存在的话。事实上，在奥克兰出生组中很难找到任何支持费伯论点的证据。**在经济受损家庭的后代中，家庭变迁的迹象一直是倾向于保守的、传统的价值观和人际关系。**女性对传统家庭的偏好，可能和她们童年时家庭的经济受损有关。对于经济受损家庭的男性和女性而言，对家庭生活的极度偏好是因为家庭"能够使他们拥有孩子"，而不是因为他们重视婚姻所带来的相互理解和陪伴。对于大萧条的孩子们而言，教育程度和职业都不能解释这种价值取向。人们可能会把来自经济受损家庭的男性的婚姻生活看作伴侣式婚姻模式的证明，因为他们成长于女性扮演主要角色的家庭中，他们最可能和他们的妻子分享决策权。不过一般而言，他们的母亲在30年代的影响力超过他们的妻子在60年代的影响力。

　　从这些粗略的证据来看，伴侣关系模式的显著变化似乎发生在更早的时候，发生在30年代初达到结婚年龄的一战出生组的孩子们身上。如果我们就明尼阿波利斯（Minneapolis）地区的三代人（他们分别于20世纪最初十年、30年代早期、50年代早期成婚）进行比较，我们会发现只在第一代和第二代之间出现了断裂（Hill，1970：第二章；Hill & Aldous，载Goslin，1969）。这种关注婚姻角色和父母角色表现的规范模式的变化，因为以下几方面而显得与众不同：婚姻中夫妻之间更加平等、更乐于分享；女性对母亲角色更为接纳；对孩子更少惩罚而更多支持；

对孩子们的性游戏（sex play）和好奇心更为宽容；在要求孩子服从时也带有更多的灵活性；以及允许孩子们自己做决定。这幅图景通过对难以确定其有效性的回溯性数据的依赖而确立。但是就我们的目的而言，同样重要的问题是变迁的确切来源。为什么这种变迁发生于30年代的年轻夫妇和他们的父母、祖父母之间？因素之一就是中间一代的教育优势，这一代在教育水平上远高于祖父母一代，而在教育成就上和最为年轻的一代非常相似。

虽然曾有一段时间我们不能确定大萧条的各种条件是否深刻地影响了家庭生命周期中事件发生的时机，或者用鲁宾·希尔的话来说，是否影响了"生命周期管理策略"，但这一点现在已经很清楚了。**那些在30年代达到婚龄的出生组的人，结婚时机、成为父母的时机和物质丰裕的时机都被延误了。**但是这种变化并没有伴随着对孩子数目的偏好或价值观的相应调整。[10]消费关系方面价值观的变化，并不像与获取时机（timing of acquisition）有关的行为的变化那样引人注目和令人信服。大萧条经历对家庭生活的这种影响相对比较普遍，因此这些结论值得注意。

30年代中期的人口锐减、二战后出生人数的激增，以及持续到1957年的婴儿潮，比以往任何时候都更为清楚地表明，粗生育率的变化不足以衡量人口总体发展趋势。婴儿潮鼓励人们思索美国妇女中的完全家庭（completed family）规模的普遍增加以及相关的价值观的变化：在战后十年结婚的妇女比20年代或30年代妇女渴望生更多的孩子吗？通过研究每年出生人数［期别率（period rates）］来寻求这个问题的答案的危险在于，出生人数不仅反映了家庭形成和完成的**时机**，也反映了家庭规模的可能变化。为了确定在某种特殊的生育趋势中发生了什么——它是时机变化，还是最终家庭规模变化的作用结果？或者是两者兼而有之的作用结果？我们有必要在妇女出生组累积生育率（cumulative fertility rates）和不同的年出生率之间进行比较。通过对出生组的分析，我们可以看到，大萧条时期的情况导致结婚时间推迟，生育孩子的时间推迟，而这些推迟往往是由女性中较为年轻的出生组"弥补"的。在本世纪美国妇女的各个出生组中，结婚的时机地位突出，因为它是决定生育孩子时间表中一个最为重要的因素。一般来说，弥补生育孩子

---

10 Judith Blake, "Family Size in the 1960's—A Baffling Fad?" *Eugenics Quarterly* 14（1967）:60–74.

时间的推迟，被认为是导致婴儿潮的一个主要因素，另一个主要因素是更年轻妇女组的婚龄和育龄的下降。赖德（Ryder）提出的"先萧条后繁荣的序列"，唤起了一种类似于在生命周期中为应付新的境遇而采用的决策策略："最先被采用的策略是改变结婚时间，其带来的后果最小；最后被采用的策略是改变孩子数目，其带来的后果最大。"（Ryder，1976：18—19）

在大萧条对美国人生活各个方面的影响中，几乎没有什么能超过它对婴儿潮的影响。随着婴儿潮中出生的孩子在年龄结构上的变化，他们对初等、中等和高等教育的教育设施和资源提出了额外的要求。为了缓解教学人员短缺所付出的努力，在这次婴儿潮过后就会导致人员过剩。到了1970年代，在工作市场中，为了获得工作就要参与更加激烈的竞争。在因为经济衰退而选择十分有限的情况下，谁都能体会到这种需求。婴儿潮所带来的后果，在某些方面类似于不断扩大的家庭规模对依赖家庭的孩子的社会经验和机会的影响。除非资源和机会增长的速度和孩子出生率增长的速度相同，否则额外出生的孩子将会减少每个孩子能够分享到的份额。出生在30年代中期或后期的孩子，可能会受到家庭困窘的妨碍，在这一点上他们不同于中产阶级战后的群体。但是在他们长大成人的时期，工作市场对于工人的需求远远超出了他们相对较少的人数。

消费模式与建立家庭的时机、婚龄及生育孩子的时机有关，并以类似的方式对大萧条中的经济限制作出反应。在鲁宾·希尔对三代人的家庭消费进行的对比研究中，代际间的变化和结婚时不同的历史情境有关，也与趋向更加繁荣的计划经济（planned economy）的长期趋势有关（Hill, 1970）。根据希尔的分析，平均来看，祖父母在1907年结婚，父母在1931年结婚，第三代在1953年结婚。祖父母职业生涯策略的特点是，目标相对适当，对资源开发采取谨慎的做法，以及对自己和孩子的期望有限。"谨慎从事"一词恰当地描述了父母一代所采用的策略，尤其是在计划生育和家庭购置、物质和保障方面。预先的谋划在那些于50年代成婚的一代中最为明显。这些夫妇获得保障性物品（人寿保险和退休金）的速度更快，在成家的时机方面最为超前，也最可能通过信用去获得汽车和其他耐用品。为了对生命周期中的这些差异勾勒出一份更加完整的图画，让我们来看希尔富有说服力的总结：

祖父母结婚的时候年龄已经较大了，在计划生育的方法上缺乏知识和能力。和下一代相比，他们在一段较长的时间内以更短的间隔生育了更多的孩子。这一代人因为处于无计划的经济（unplanned economy）以及十分有限的职业机会的条件下，所以不会经常变换工作，而总是使自己身处蓝领阶层。只有在孩子离开之后，他们才能获得自己的家和适当的生活福利设施。因为经济萧条，他们职业生涯的大部分时间都得不到人寿保险的保护，也无法在孩子离家后为退休储蓄一笔钱。这一代让他们的孩子结婚更晚，而且婚姻持续的时间也较长，还有一段较长的时间用在孩子的生育、养育和让孩子独立上。他们对孩子的教育期望是这几代中最低的，而他们的孩子的受教育程度大多在他们期望之上。

（父母一代）在大萧条期间结婚，这是一个对婚姻需要三思而行的年龄。他们生育孩子的间隔最长，结束生育的时间较早，孩子的数目最少。（而且）通过利用战争所提供的就业机会，妻子较早就返回了劳动力市场以增加家庭收入。他们因为年龄和家庭责任而延期服兵役，负担家庭生计的人通过经常变换工作来提升其职业地位。在这几代人中，他们是成家最晚的，而孩子们离开家的时间却早9年，这一代人因此才能在经济上对祖父母一代和子女一代都能有所帮助。

孩子一代的婚龄最小。他们结婚之时，有比其父母稍微合适一些的工作，但是妻子中有一半以上在工作，并且希望婚后继续留在劳动力大军之中。尽管他们对自己的孩子有着最高的期望，但是生育孩子的间隔却是最短的，而且他们所期望的家庭规模比父母的更大……他们在家庭生活福利设施和耐用品的获取上，在职业的擢升上，在收入水平的快速提升上，一年又一年走在这几代人前列。（第310—311页）

根据费伯的分析，生命周期管理的一种新模式表现在那些于大萧条早期成婚的夫妇身上，它与这个时代通过新政的立法提供的保障性物品有关。然而，看重伴侣式婚姻模式与大萧条经历和福利–科层制所带来的保障性利益的关系尚不清楚，尤其是在那些感觉到严重受损所带来的困窘的夫妇中。这些条件常导致工具性价值观处于优先的位置，而使伴侣的关系极为紧张。确实，伴侣关系和感情的丧失都是大萧条生活给人们带来的创伤。如果说，确实有一些家庭因为共同面临的艰难而亲密和睦地聚在一起，那么更多的家庭却无疑因受到大萧条的伤害而濒临破裂，甚或已经破裂。从历史上看，个人选择、平等和互助等理念大多是在社会的中产阶级中产生的，在这个阶级中也传播得最快。

大萧条时的各种经济条件，再加上随后的战争需要，使妇女活动出现了显著的变化，这既包括家中的也包括更加广阔的社区中的行为发展（尤其在家庭影响、分享家务和有薪就业等方面），已远远超出了现有证据中所显示的相应价值观的变化。[11] 这种文化堕距也表现在成长于经济受损家庭中的奥克兰妇女的生活中。尽管她们因为乐于扮演女性的传统角色而有别于他人，但是她们的活动领域实际上更加宽泛，和出生组中其他的妇女没有什么明显区别。但她们那些在50年代末和60年代初已满法定年龄的女儿，其性别角色观念又是怎样的呢？有证据表明，至少在整个1967年，她们在以婚姻、家庭生活和孩子为中心方面最像她们的母亲。在60年代中期，大部分受过大学教育的女性都表达了这种观点。[12] 鉴于美国妇女中那些超越了传统性别角色束缚的知识女性和总体上处于少数派地位的女性不断增强的意识、骚动和反抗，代际间的差异将更可能表现在那些70年代上大学的少数女儿中。

家庭和社区中孩子的角色

自大萧条起，孩子与家庭和成人生活的关系发生了怎样的改变？我们运用一个不仅仅考虑金钱的大框架来看，对于年轻人而言，生产性地位和非生产性地位与30年代和70年代相联系的时候各自的影响是什么。如果我们从奥克兰出生组的童年经历来看，30年代经济受损家庭的劳动密集型经济，常常让年龄较大的孩子

---

11 尽管有大量的女性进入了战时工业之中，但是战争前后的全国调查对比并没有显示出已婚女性外出就业有明显增长。见 Linda B. Dahl, "Effects of World War II on Attitudes toward Women in the Labor Force," M.A. thesis, University of North Carolina, 1971. 参照1940年代和二战的影响，W. 查菲（William Chafe）总结道："妇女的活动领域明显地扩大了，但是对妇女的传统态度依旧在很大程度上没有改变……文化规范和日常行为之间的'堕距'，在很大程度上说明了发生了什么。" *The American Woman*（1972），pp. 188–189.
12 Joseph Katz and associates, *No Time for Youth*（San Francisco: Jossey-Bass, 1968）.

走入成人世界。这些孩子扮演着生产性角色。但就更普遍的意义来说，他们被别人所需要，而由于被人们所需要，他们就有机会和责任为他人的福利作出真正贡献。被他人需要会导致归属感和存在感的增强，导致一种被大于自我的某种东西所认同的感觉的增强。无论任务多么繁重，只要不过分或不具有剥削的性质，那么接受它的挑战就能让人获得满足感甚至促进个人的发展。在这里，我们没有论及一些大萧条孩子所处的毫无希望的境遇，他们的生活和梅休（Mayhew）研究的伦敦穷人的孩子的生活没有什么区别，那些孩子是19世纪中叶伦敦沿街推卖水果、蔬菜和鱼的小贩们的后代（Mayhew，1968）。对于大多数经济受损家庭的奥克兰孩子们而言，尤其是对于其中的中产阶级的孩子们而言，在家庭经济中承担生产性角色并不需要牺牲自己的教育，更不会因此而在与同龄人的社会交往方面受到明显的限制。我们的观点是，经济受损通过使孩子们参与能为他人的幸福作出贡献的、被他人所需要的工作中，改变了孩子与家庭和成人世界的关系。与有薪就业相比，这些工作大部分是"为人民服务"性质的。在大量有关处于自然灾害中的家庭和社区的文献中，也能看到相似的变化，年轻人常常在劳动密集型的社会应急系统中扮演重要的角色。

自大萧条尤其是二战以来，各个方面的发展共同使孩子们远离了具有挑战性的境遇，但只有在那种境遇中，孩子们才能为家庭和社区的幸福创造出有价值的贡献。繁荣、人口集中、工业增长及其资本密集模式和教育事业的进步，都使孩子依赖家庭的时间延长了，并使他们与成年人的日常经历越来越隔离。在这种以消费为取向的社会中，城市中产阶级家庭极少需要后代承担生产性角色，社区也不需要。"单室学校"（one-room schoolhouse）已经过时了，这种机构的特点是人员不足，与为了把孩子教育成人而组建的现代学校明显不同。在现代学校中，几乎不会要求孩子们教授他们的同龄人，无论是年纪更小的还是年纪差不多的。一个重要的例外是按照"孩子教孩子"的原则组建起来的实验学校。[13]

---

13 有关加州一所这样的学校的报告，强调的是按这种组织原则改善教育过程所需付出的最小代价（Ralph J. Melaregno and Gerald Newmark, "Tutorial Community Project, Report of the Second Year, July 1969–August 1970," Santa Monica:System Development Corporation, n.d.）。

从孩子们及其生产潜力的角度来看，我们都市化的、富裕的社会代表的都是一种人员过剩的环境。在这里，年轻人成了剩余人员中的成员，这一类人的生活主要就是和职业介绍所的人接触。罗杰·巴克（Roger Barker）对人员不足或人员过剩的行为环境中的居民进行了深入的研究，发现了这两种境遇所蕴涵的一些重要含义。在人员不足的环境中，居民们更多从事困难但却重要的行动——他们"更忙碌，更生气勃勃，更多才多艺，更适应其所居住的环境，也更加独立"（Barker, 1968：190）。巴克注意到这种人员不足的环境在美国社会中越来越少，他指出这种环境在历史上的显著特点根植于这样一种观点之中，这种观点把人员不足的场景和一种生活方式——充裕的机会、富裕的人民和自由的边界——联系起来："这里有太多的目标需要实现，太多的与居民有关的工作要做，而这些对美国的社会和人民都会产生重要的影响。"（同上，189页）

这种充裕的社会能够也必须养活"相当数量的不从事生产的人"，正如它现在组织起来的方式那样，但是它应该容忍代价，尤其是年轻人付出的代价吗？这些代价包括不被需要的感觉，包括被排斥在能对共同的努力作出有意义贡献的挑战和回报之外。这个问题是在1970年的"白宫儿童会议"上提出来的，这次会议涉及年龄隔离（age segregation）的问题。会议承认了把成人"带回到孩子们的生活中"和把孩子带到成人生活中的必要性，提出必须尽快找到让"孩子们和年轻人到成人世界中从事有意义工作"的方法。[14]一些身为大萧条的孩子的父母，从孩子与社区运作相隔离中感觉到了这种问题，因生活对孩子几乎没什么要求而感到不安。

机会和激励对生活期望的影响

美国的年轻人在30年代缺乏的是机会，而不是志向或抱负。他们的生活前景取决于能否获得稀缺的资源、接受高等教育和找到一份好工作。大萧条十年后不久，玛格丽特·米德（Margaret Meat）使人们想起了美国人对生活机会的看法所受

---

14 *Report to the President*, White House Conference on Children（Washington, D.C., Government Printing Office, 1970）, pp. 248–249.

到的另外一种限制，这个限制来自有关经济扩张（economic expansion）衰退的假说："美国的情况已经改变，我们依旧要求一个孩子达到他实际上绝对不可能达到的成功吗？……如果这样一种成就（对许多人而言）依赖于一种边界的存在和扩张的经济，我们能创造一种成功的条件使儿子能够获得高于其父亲的位置吗？"[15]这个问题和当代中产阶级上层的年轻人（尤其是那些属于婴儿潮出生组成员的人）获得成就的可能性有关。不过从另外一种意义上说，他们的成就可能不是机会的问题，而是激励的问题。对于这一点，用爱德华·希尔斯（Edward Shils）的话来说，"这是特别放纵的一代……对于那些向来受出生之运气（时间、地位等）所宠爱的人来说，一种超越贪婪梦的生活看来是可以企及的了"。[16]

一个充裕的童年能否削弱职业生活所具有的传统激励作用——比如经济收益的刺激，甚至是社会声望价值的刺激？奖励的满足感（reward satiation）对学习和动机的影响，表明了这一结果。根据经济学家斯塔芬·琳达（Staffan Linder）的说法，时间也是决定是否能因获取某种物品而感到满意的一个重要因素。他认为，如果我们获得的财富不断增多，那么我们从中获得的满足感就会不断减少；因为我们不需要什么思考或知识就能得到它们，也就不需要怎么花心思去努力维护它们，我们花在它们任何一方面的时间都太少，所以无法欣赏它们的任何价值（Linder，1970）。

鉴于这些考虑，我们估计成长于大萧条的30年代的父母，比他们成年的后代更为重视财务和财产，尤其是更为重视他们的工作生活所带来的经济收益。中产阶级几代人中的相关证据薄弱，但它至少暗示了这种差异。[17]一项有关进步的重要研究表明，除了代际间的变化之外，现在大学生择业对经济因素考虑得较少。[18]总而言之，研究中所调查的学生都因为奖学金、贷款和父母的支持，而不需要面对

---

15 Margaret Mead, *And Keep Your Powder Dry* (New York: William Morrow and Co., 1942), pp. 68–69.
16 Edward Shils, "Plenitude and Scarcity," *Encounter*, May 1964, p. 44.
17 Flacks, "Social and Cultural Meanings of Student Revolt" (1970)。本特森（Bengtson）和洛夫乔伊（Loveity）认为，在（由处于劳动阶级的祖父界定的）较低的社会阶层中，南加州的三代人的物质至上主义价值观没有什么改变。本特森和洛夫乔伊的 "Values, Personality, and Social Structure" (1973)。
18 David Gottlieb, "Youth and Work," unpublished manuscript, Pennsylvania State University, 1972.

财务的问题。与过去尝尽艰辛的父母不一样，这些学生总是认为一种合理的或者舒适的生活标准是理所当然的，收入和声望不是他们择业中的优先考虑，工作发展的潜力和对他人的贡献才是他们择业中的优先选择。

到目前为止，我们还不知道战后出生组的工作偏好怎样（或是否）与父母一代的大萧条经历有关。不过，20年代以来的工作偏好的确呈现出变化的趋势。而且如果我们从有关美国工人的研究来看，这种变化还很明显。在最近的一项调查中，蓝领工人和白领工人都把一份值得干的工作描述为"提供了个人成长和获得成就的机遇"，或是"获得良好表现和贡献某种独特东西的机会"。[19]正如美好的时光能使工人和学生珍视这些因素一样，退回到不景气的时光（衰退或萧条）将又一次使"柴米油盐"问题——这对于大萧条的男性而言有着特殊的重要性——在人们的考虑中占据优先地位（参阅第一章，注释26）。

历史中的集体经验

关于30年代以来美国人生活的中心主题，我们已经运用婚姻和家庭的优势地位、社区和家庭中孩子的角色及生活前景，从大萧条和战后充裕的历史状况的角度进行了探究。这些比较，使持续和变化的隐含脉络变得清晰起来，但是它们忽略了某些人可能会认为的更重要的比较，忽略了反映历史上不同阶段相互依赖的生活的一般性视角和社会-政治经验之间的比较。

由于重大的危机通常会产生广泛分享的经验，这种相互依赖性在大萧条和二战中就特别值得注意。当在一个国家危机——一种威胁到共同生活方式的大规模紧急状况——的框架中解释问题时，集体经验就会焕发活力。国家的生存超出了个人、团体、社会阶层和区域的特殊的和分散的利益。在两次危机中，美国人民都卷入了为国家生存而进行的斗争中，这成为他们身为公民的责任，他们个人的艰难历程成了国家经历的一部分。

根植于这种经验中的是一种精神框架（psychic framework），这种框架包含的

---

19 Stanley E. Seashore and J. Thad Barnowe, "Demographic and Job Factors Associated with the 'Blue Collar Blues,'" unpublished manuscript, Institute for Social Research, Ann Arbor, Mich., 1972.

是自我牺牲，以及在当前的事件与发展中依旧能发现的以国家为名义获得的成功。在罗斯福总统第一次执政期间，大萧条中的牺牲精神因战争心理和全民总动员而表现得十分明显，然而经济危机消退之时，特殊的阶级利益、冲突和政治就都汇集到眼前。二战并没有像大萧条一样给许多家庭带来经济困窘或灾难，倡导牺牲精神的呼声因重新出现的繁荣而消逝了，但是两次危机中的心理主题却惊人地相似：国家的紧急状态和生存至上的目标；使个人或团体的利益服从于更高目标的呼吁，压力所导致的全国团结一致；号召全民把自己的才智和努力贡献给国家的全面动员；因参与集体的努力并最终获胜所带来的自豪感。[20]

大萧条和战争时期的突出问题和经历，可以在老左派（the Old Left）的意识形态取向中看出来，因为他们的思想方式根植于30年代的经济和政治环境之中。与他们在新政时期的主张一脉相传，老左派一直在寻求通过既定制度和民主程序来改善社会经济和种族的关系。在很大程度上，他们的反应是由国家框架尤其是国家利益建构和赋予特征的（Mauss, 1971）。在30年代早期和二战期间，"以国家利益的名义"行动，呼吁各阶层搁置内部分歧而互相团结起来，去与共同的威胁或敌人作战。在老左派中，这种呼吁压倒了战时的基础性改革问题而被置于更优先的地位，而支持战争的努力——旨在保卫自由世界以免除集权主义统治世界的威胁——更加普遍地表达了这种呼吁。通过它的历史感和对未来的乐观主义，这次运动表明了对中央政府的深深信任。中央政府建立在民主原则之上，是社会、种族和经济改革的发动机。老左派还强烈主张消除种族隔离。

有些分析家认为，60年代出现于公民权利运动中的新左派（学生争取民主的运动），通过家庭社会化和意识形态成为老左派的一种延续（Mauss, 1971；试比较Altbach & Peterson, 1971）。这些研究发现：学生运动中的积极参与者，有很大比例都是有着左派信仰的父母的后代，尽管没有走极端，尤其是在采取共同策略

---

20 在大萧条中运用类似战争中的社会总动员，可以参阅Leuchtenburg, "The New Deal and the Analogue of War"（1964）。索罗金（Sorokin）观察到："在所有测量新政的方法中，很少有发现它所采用的权宜之计的原型，这些权宜之计在不远的过去曾经用来处理类似的紧急状况。" Man and Society in Calamity（1942），p. 134. 有关崇高目标和群体凝聚力之间的关系，可以参阅Muzafir Sherif, Superordinate Goals in the Reduction of Intergroup Tensions," *American Journal of Sociology* 53（1958）:349–356。

方面。在意识形态上，这种联系可以从老左派对收入和财富分配不均的批判，追踪到新左派对权力分配不均（表现为压迫和异化）的攻击。无论他们的相似之处是什么，他们的差异都更让我们感兴趣，因为他们在这些主题上的差异最为明显，而这些主题都代表了大萧条和二战生活的特殊特征——以牺牲基层改革为代价的全国团结一致，以国家利益为名义的政府行动，以及政府的集中权力。在新左派中，我们发现一种对冷战思维和通过军事干涉及经济掠夺实现的美帝国主义的抗拒；对社会的多元力量的支持；以及对官僚机构——政府、商业、军队，甚至劳工组织——中央集权的压迫性、反民主趋势的攻击。

对于那些出生于二战后的美国人而言，从1929年到1946年两次危机中的个人和集体经历，他们仅仅是读到过、看到过或听到过。但即使是在知识渊博的人中，了解和认同在那个时代曾广为人知的"救国"（nation-saving）的优先地位时也会碰到一些困难。在当今代际关系所处的情境中，这些时代的文化证明了我们的调查结果。有人打着国家利益旗帜发出呼吁，要想了解人们对此作出的适当回应，了解大萧条出生组的成长历史中牺牲和成就的含义，我们必须对美国的年轻人和老年人之间的差异知道得更多一些。曾广泛传播的艰难困境，使人们更重视物质产品，更渴望生育孩子，而紧随其后的经济欣欣向荣使这些价值观得以实现。从这种意义上说，这个生活史是独特的。在一个生命跨度中，美国人从匮乏走向充裕，从牺牲走向由繁荣而实现的自由。

生活境遇的改变与战争产生的繁荣及商业周期有关，而不是与个人才智或努力有关。但重要的问题是，它过去（现在仍然）被如何解释，尤其是父母如何向他们的孩子解释。大萧条出生组的经历，使其成员总是把他们的好运气解释为留给下一代的遗产或礼物。如果要进行对比，我们仅需要比较出生于战后富裕家庭的年轻人和他们的孩子之间可能存在的关系。因为这些人不曾在童年面对过贫困与艰难，所以他们最不可能将充裕的生活视为他们对下一代的幸福所作出的特殊贡献。

作为大萧条中的一个突出因素，收入和财富的分配不均再一次成为一个值得关注的问题，而且肯定会成为未来几十年内国内和国际关系中出现的主要政治问题之一。不平等的基本模式在美国并未减少，至少从二战以来是这样，有些人说从一战末期就开始了。[21]无论如何,穷人和富人间的绝对美元鸿沟在过去二十年是变宽了,不同社会之间的经济鸿沟也变宽了。人们只有越来越认识到地球生态系统对经济增长和消费具有可预见的限制时,才会对这个领域需要进行的根本变革重新变得敏感起来。尽管这种资源有限的印象与充裕的文化不一致,与认为所有人的蛋糕都会不断增大的想法(这太容易忽视公平分享的观点)不一致,但是却与30年代大萧条的生活现实极为一致,与"充分利用我们现有的"这一问题一致。对于大萧条的孩子尤其是他们的孩子而言,一些在30年代曾得到实践的原则——储蓄、稳重等——在未来的岁月中很可能会成为更加必需的东西。

---

21 最近的评估,可以参阅 Letitia Upton and Nancy Lyons, *Basic Facts:Distribution of Personal Income and Wealth in the United States*(Cambridge, Mass.: The Cambridge Institute, 1972)。

第五部分　在"大萧条的孩子们"背后

第十一章
在"大萧条的孩子们"背后[1, 2]

"在一个生命跨度中,美国人从匮乏走向充裕,从牺牲走向由繁荣而实现的自由。"

——本书第318页

当我们对自己变成什么人感到惊讶的时候,就能看到变化着的时代在我们的生命中打下的深深烙印。美国人曾经都是农场主,而今却只有不到2%的人在从事着农业生产。这种重要趋势急剧地改变了我们的生活方式,加速了消费社会(consumer society)的发展。它是否也改变了身为美国人的我们呢?几十年来,观察家也曾就战争、和平时代和经济萧条的严峻现实提出了这个问题。当我1962年结束研究生学习离开北卡罗来纳大学,到加州大学伯克利分校开始我的学术生涯的时候,就曾面临这样的问题。本章将讲述我怎样开始研究大萧条和战争对美国人生活的影响,以及这项研究对采用新的方式思索个人的生活和发展会有怎样的贡献。

50年代末毕业于北卡罗来纳大学时,我碰到了一本小书,书名激动人心,其

---

1 本章经作者特许译自《大萧条的孩子们》25周年纪念版,1999,Westview Press。——译者注
2 感谢国立精神健康研究所(National Institute of Mental Health)的支持(MH43270, MH51361, MH57549),美国陆军研究所(United States Army Research Institute)的合作,麦克阿瑟基金研究网络(MacArthur Foundation Research Network)对于处于高风险环境中的成功的青少年的研究给予的支持,以及研究科学家奖金(Research Scientist Award)(MH00567)。本章介绍性的论文是建立在过去30年发表的文章的基础上的,并且从尤里·布朗芬伯伦纳的明智建议中获益良多。有四篇论文非常有帮助(Elder, 1981; Elder and Hareven, 1993; Elder, 1997, 1998)。

中讲述了关于个人生活研究的重要内容。在这本《社会学的想象力》中，米尔斯提出了一个对行为科学有指导性的方向："传记研究、历史研究，以及对它们在社会结构中共同碰上的问题的研究。"（Mills，1959：149）对米尔斯来说，个人生活只能和社会变迁联系在一起来研究。然而，那时他没有什么经验研究的例子来支持他的理论。个人生活并不是一个普遍的研究主题，就其所处的历史和社会情境来说尤为如此。学术文献中还没有出现生命历程的概念，作为重要的研究生活动的讨论会也没有涉及它。我结束研究生的学习之时，对作为一个理论、一个研究探索领域或者一种方法来说的生命历程，还知之甚少。

"大萧条的孩子们"是一个在60年代中期形成的研究计划，那是一个变动特别多的时代。人们常常用父母和他们处于上大学年龄的孩子所处的不同历史背景，来解释代际间的紧张和冲突（Elder，1980）。一个由普通人构成的新史学为越来越多的人所接受，人们更加了解历史的力量对个体生命的影响。在加州大学伯克利分校，我运用了一项纵向研究中的生活记录，开始探索研究和了解一个正在变动的社会中的生活的方法。这种努力导致了**生命历程理论**的逐步形成。"生命历程"指的是一种社会界定的并按年龄分级的事件和角色模式，这种模式受文化和社会结构的历史性变迁的影响。我在这里所使用的生命历程理论这一术语，指的是一种理论倾向，它通过界定指导研究的框架——这种框架的作用是通过问题的明确化和系统化、变量的选择和说明，以及策略的设计和分析几个方面来实现的——建立了一种共同的探索领域（Merton，1968）。

我的专业之旅，从一开始就和六十多年前在儿童福利研究所（现在是人类发展研究所）开展的一系列开创性的纵向研究交织在一起。因此当我现在开始讲述这段旅程的时候，我将从我在这些早期研究中学到的知识，以及这些知识如何使我得以开展致使《大萧条的孩子们》这本书诞生的工作开始。我首先回顾这项研究的早期想法，同时强调生命历程的理论中相互关联的范式性主题（paradigmatic principles）——比如历史的时间与空间、时机、相互关联的生活（linked lives）和个人能动性（human agency）。接下来我将展示这些主题及其概念传统在生命历程理论和《大萧条的孩子们》中是如何融为一体的。最后，我将提及这些年轻人的生活中最令人迷惑的事：他们中间的大部分人成功地消除了大萧条所带来的消极影响。他们是怎样使自己的生活好转的？

这本《大萧条的孩子们》的再版，是在它1974年第一次出版之后大约25年。此时战后的繁荣已经结束，而且据预测将会出现一次世界范围的粮食短缺。当经济状况衰退的时候，分析家就会发现，在评价收入减少和贫困对城乡家庭及其孩子影响上，这种研究设计是很有用的（Duncan，1988；McLoyd，1990；Conger & Elder，1994）。最后，在诸如日本、中国和德国之类的国家中，那些关心急剧的社会变迁对个人影响的社会科学学者的书架上，这本书也能有一席之地。[3] 今天，社会和技术的急剧变迁，对所有的理解依旧是一种挑战，本书所提供的生命历程框架代表了一种富有启发性的研究途径。

早期的想法和范式性主题

从20年代末到30年代初，加州大学伯克利分校的儿童福利研究所进行了三项有关儿童的开创性研究：在哈罗德·E. 琼斯和赫伯特·斯托尔兹指导下的关于奥克兰儿童成长的研究（出生年份在1920—1921年），在麦克法兰指导下的伯克利儿童引导研究（出生年份在1928—1929年），在南希·贝利（Nancy Baylay）指导下的伯克利儿童成长研究（出生年份也是1928—1929年）。在那个时候，还没有人能够想象对于正在出现的儿童成长研究领域来说，这种集体的努力意味着什么。除了伯克利研究所的这些研究，一直没有什么有关儿童的研究课题。这些适当的研究关注的都是生命历程中的个人发展，代表了在纵向研究巨大发展中的一个关键事件。[4]

---

[3] 《大萧条的孩子们》已经翻译成了日文（1985年）和中文（2001年），而以这项工作为基础的研究已在包括德国在内的大量社会中进行（Elder and Meier, 1997）。《大萧条的孩子们》的第一版得到了众多的评论，比如：by David L. *Featherman in Science*（1975）; by John Modell in *Historical Methods Newsletter*（1975）; by Frank F. Furstenberg, Jr., in the *American Journal of Sociology*（1975）; by Robert Coles in *Social Forces*（1975）; and by Howard E. Freeman in *Contemporary Psychology*（1975）。

[4] 对人类发展研究所进行的这三项纵向研究的说明，可以参阅以下著作：Jones, Bayley, Macfarlane and Honzik, 1971; Eichorn, Clausen, Haan, Honzik and Mussen, 1981. 追踪奥克兰成长研究和伯克利儿童引导研究中的研究对象到他们成年后的一本重要书，是Jack Block（with Norma Haan）: *Lives Through Time*（1971）。其他的重要书籍包括克劳森的 *American Lives*（1993）和埃尔德的 *Children of the Great Depression*（1974）。下面一些书都涉及有关成长的纵向研究：Nesselroade & Baltes（1979），Elder（1985），Rutter（1988），Magnusson & Bergman（1990），Cairns, Elder & Costello（1996），以及Giele & Elder（1998）。杨（Young, 1991）等人曾经把大量有关儿童、青少年和成年的纵向研究的调查汇编成册。

这些调查者无法想象一个课题会延伸到他们研究对象的成年期，更不用说延伸到他们的中年和晚年生活了。成年人发展和老龄化的研究要成为一个成熟的研究领域，还需要几十年的时间，但是这并不妨碍有关的研究持续到研究对象成年和人到中年之时。实际上，在1960年代早期到人类发展研究所参观的人，都会发现奥克兰儿童成长研究的对象在1950年代末还曾接受过访谈，伯克利儿童引导研究的研究对象也是这样。另外一次后续研究定在1972—1973年进行，它把研究对象、他们的父母和他们的后代的生活联系在一起，放在一个代际框架中进行研究。接下去对最初研究中的研究对象进行访谈是在1980年代初，这已经是这项纵向研究开始半个多世纪以后了。

作为奥克兰儿童成长研究最初的领导人，哈罗德·E.琼斯和赫伯特·斯托尔兹实际上是对包括生理成熟在内的正常成长和发展模式有兴趣。尽管他们广泛收集了关于奥克兰家庭的社会和经济方面的各种数据，但他们的研究日程中既不包括1930年代的经济萧条和随后的世界战争对儿童发展的影响，也不包括它们对个人健康的影响。这些世界性的事件，共同构成了他们所研究的儿童在15年生命跨度中影响生活的主要因素。在30多年以后，我看到了把这些历史性力量（historical forces）和个人生活联系在一起的可能性，其方法是：运用琼斯和斯托尔兹从1930年代到1960年代之间在玛丽·琼斯（Mary Jones）和其他研究小组成员的协助下建立的数据档案。

我第一次接触奥克兰儿童成长研究是在1962年，那时我刚到人类发展研究所，并和社会学家约翰·克劳森一起进行职业研究。那时，克劳森刚刚成为那个研究所新的所长，这是因为他在国立精神健康研究所（National Institute of Mental Health）作为社会环境研究试验室（Laboratory of Socioenviromental Studies）的组织者和领导者的出色表现。一年又一年的档案记录拓展了我对于生命的看法，也显示了在大萧条中经济状况不断变化的情况下家庭极为不稳定。大量的研究对象都会说他们曾经"相当富裕"，不久后就"相当贫困"。正像那些研究对象曾经经历过的那样，生活史记录了住所和工作的频繁变动。在经济受损家庭中成长起来的孩子，似乎"比他的生理年龄更显成熟"；而在家庭的收入有所改善的时候，他们又重获青春。总而言之，那些成年后过得相当不错的大萧条的孩子，留下了许多令人迷惑之处。

对纵向研究数据的这种探索，鼓励我全面地思索在不断流逝的时间和不断变动的情境中个人的生活和发展。我不得不站在局外来观察在某个单一领域中的早期纵向研究项目的缺憾，比如问题行为（Macfarlane, Allen & Honzik, 1945），这些研究项目忽略了正在变动的社会世界对他们研究对象的影响。我的注意力全放在了思索社会变迁、生活轨迹和个人（诸如行为的持续性和变化的模式之类的个人发展方式）上。这些轨迹代表了最独特的探索领域。在我看来，它们涉及了社会中个体和群体遵循的教育、工作和家庭之类的社会轨迹（social trajectory）。生活的转变（比如进入一年级、孩子的出生等）总是社会轨迹的一部分，它们从中获得了独特的意义和形式。个体的多重轨迹和它们对个体发展的意义是生命历程的基本要素，正如在研究和理论中所概念化的那样。

有关奥克兰研究对象的初步档案研究，使我看到了通过历史性力量理解他们从青少年时期到中年时期生活的可能性。我提出了这个问题：1930年代的经济萧条，如何影响了当时身为中产阶级和劳动阶级的孩子。他们出生于1920年代初，童年恰逢繁荣的10年，在青少年时期因其父母和亲戚的艰难历程而受到了经济崩溃的影响。他们所处的历史位置使他们处于这种经济受损的风险之中。一些人因其家庭而面临极为艰难的岁月，而有一些人则躲过了这一切。这种经济受损和经济未受损群体相互对比的境遇，在经验层面上建立了一次"自然的试验"，这支持了**历史中的时间和空间**这一主题。

1. 个体的生命历程嵌入历史的时间和他们生命岁月所经历的事件之中，同时也被这些时间和事件所塑造着。

通过比较奥克兰出生组和比他们更早或更晚出生的年轻人在青少年时期的经历，这一主题的全部重要性就变得很清楚了。比如，在刘易斯·特尔曼（Lewis Terman）的样本中，极为能干的年轻人中有大量的男性和女性出生于1908—1910年之间。他们在一战期间上小学，大部分在1920年代经历了相对繁荣的中产阶级生活。奥克兰的孩子们在经历过1920年代这一相对有保障的早期发展阶段后遇到了大萧条的艰难岁月，他们在1930年代最糟的时候因为教育、工作和家庭而离开了家。

对于出生于1920年代末和大萧条时期的孩子来说，这种历史模式（historical pattern）会有显著的差异。伯克利儿童引导研究中的孩子们（出生于1928—1929年）年龄更小，在这里是作为一个参照群体，他们在大萧条中最糟的时候度过了童年期最易受伤害的日子。这个时期他们承受着额外的压力，而且生活极不稳定（参阅图10）。[5] 他们的青春期是在"二战中空空荡荡的家"中度过的，因为他们的父母在工厂中从日出一直工作到日落。

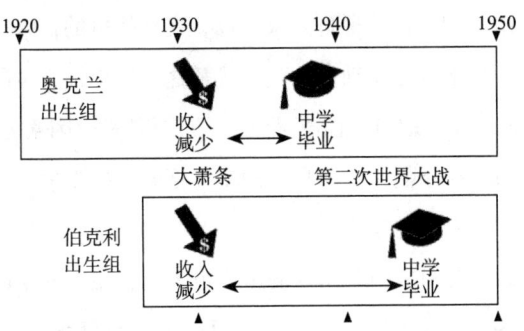

图10 奥克兰和伯克利出生组所处的不同历史时期

[选自"The Life Course as Developmental Theory," by Glen H. Elder, Jr., *Child Development* 69（1），1998, p. 4。**摘录得到了儿童发展研究协会**（the Society for Research in Child Development）的许可。]

---

[5] "大萧条的孩子们"实际上包括加州大学伯克利分校人类发展研究所的两个不同研究课题中的出生组成员。奥克兰成长研究包括200位出生于1920—1921年而且在加州奥克兰东北部上学的儿童。他们的故事已经表述在《大萧条的孩子们》（Elder, 1974）中。引导研究（N=214）的研究对象是1928—1929年出生于伯克利的孩子，大萧条经历对他们成年后的影响，也曾在一系列出版物中提及，其中包括Elder（1979，1981），Bennett和Elder（1979），Elder, Liker和Jaworski（1984），Elder, Liker和Cross（1984），以及Elder, Downey和Cross（1986）。

奥克兰成长研究的样本在本书中已经描绘过了，测量大萧条中经济受损的方法也已提到（参阅第一章）。伯克利引导研究中的出生组包括214名儿童（其中102名是男孩）和他们的家庭，他们从30年代到二战结束的整个生命历程都是研究的对象。大部分孩子是白种人和清教徒，其中有2/3来自中产阶级家庭。他们的家庭中有3/4是由本国出生的父母占据支配地位的。以每年斯坦福-比奈特智力测验（6—15岁）所得分数的中位数作为平均值（IQ =118）。童年和青少年时期的数据资料包括17年的社会经济信息、每年的学业表现记录、教师的评分、对母亲和儿子的定期访谈以及心理评分。

1929年，伯克利样本家庭的平均收入为2300美元，有相当一部分父亲还充分就业。3年之后，也就是在大萧条期间，家庭收入下降了30%，整个加州家庭的一般情况也是如此。在1929年和大萧条最高潮之间，经济状况跌到了低谷的伯克利家庭（不到1500美元）增加了两倍以上。相对奥克兰成长研究中的例子来说，伯克利引导研究中的成员都属于中产阶级和劳动阶级中相对经济未受损和经济受损的群体。对于那些没有收入记录的家庭，我们按照失业和公共救济的情况把他们归为经济受损类别。两个样本中经济受损和经济未受损家庭的百分比差不多：被深入研究的有收入数据的家庭和被研究较少的家庭（36%对57%）。

生长在大萧条的1930年代和生长在战争总动员的1940年代的孩子之间的差异，实际上是生活在两个世界的青少年之间的差异。这种差异与年轻人的重要他人的经历有很大关系，这些重要他人包括他们的父母、兄弟姐妹、朋友和熟人。大萧条中的艰难岁月，通过这些孩子父母的经济损失和失业，也通过大萧条对常常跟着他们从一地搬到另一地的祖父母的影响，对这些青少年的生活产生了影响。对于二战中的年轻人而言，他们青春期的显著特征包括：父母在与战争有关的产业中就业，而且从日出干到日落；哥哥们服兵役、受到战争的伤害；为了保卫国家和战争需要，对学龄孩子进行总动员。为了了解这些历史性力量的作用，就必须寻找一条以转变中的环境为起点，而不是以个人或其他社会因素为起点的途径。这种途径就是《大萧条的孩子们》中所提出的研究框架，这本书追寻的是大萧条中的经济衰败对孩子们生活的影响。

奥克兰和伯克利的研究对象因其所处的出生组不同，碰上的生命事件发生的时间顺序也不同。一些人不到20岁就结婚了，而有些人8年后也没有结婚。早婚可能会导致生活中不利条件的累积，这些不利因素包括从社会经济艰难到丧失受教育机会等。早育会带来相似的后果。在今后的生活中，作为研究对象的孩子们在他们父母生活的不同时期离开了家庭。无论相对早或晚，生活转变的时机都会通过对随后转变的影响而带来长期后果。**生活中的时机**这一主题（principle of timing in lives）表明：

2. 一系列的生活转变或生命事件对某个个体发展的影响，取决于它们什么时候发生于这个人的生活中。

这些"时机"变量的影响，部分取决于它们如何和正在变迁的社会世界的要素融为一体。因此，"十几岁的母亲"是在匮乏的1930年代还是在经济繁荣的二战时期就有不同的影响。而且，遭遇大萧条或二战的年轻人究竟会怎样，部分还取决于那时他或她有多大。**生命阶段的概念**集中描述的就是生命中历史事件发生的时机。

如果用相应的观点来看待大萧条中的艰难，我们认为对于年纪较大和年纪较小的孩子——比如奥克兰出生组和伯克利出生组——来说，它的意义和影响明显不同。年纪较小的伯克利的孩子们面临着更大的风险。我们还发现这些重要事件对男孩的生命历程特别容易产生负面的心理作用——自尊受损、自我调节不足、缺乏自我引导和目标。伯克利的女孩们由于和母亲的关系更为亲密，所以得到了更多的保护，而且，在艰难岁月中，她们生活在母亲占主导地位的环境中。

生命阶段的重要性，与事件发生的情境和生活期望有关。年纪小的和年纪大的孩子们带着各自不同的生活史进入新的境遇，而且因此可能以不同的方式经历社会变迁。在大萧条中，有些劳动阶级的父母生活艰难，又碰上了失业和收入的降低，而中产阶级的父母常常是第一次碰上这种损失。相对而言，后者会因为地位丧失的影响而更感到沮丧，和劳动阶级家庭比起来，他们为艰难岁月所做的准备也少。在经济复苏的时候，这些制约条件的负面影响，因其父母受过良好的教育和拥有更为丰富的个人资源而被削弱了。在伯克利儿童引导研究的样本中（Elder，Liker & Jaworski，1984），大萧条中艰难岁月的持续负面影响，对男性的作用大于对女性的；对劳动阶级女性的作用大于对中产阶级女性的。

通过家庭和家庭成员"相互关联着"的命运，历史性事件和个人经历被联系在一起。一位家庭成员的不幸通过彼此间的关系而得到大家的共同分担。比如，萧条中的生活艰难增加了脾气暴躁的父亲发怒的可能性。在经济压力下，他们变得更为暴躁，这对婚姻质量和为人父母水平的负面作用更大。在整个生命历程中和代际间，不稳定的人格（暴躁、脾气变化无常）和不稳定的家庭关系（婚姻关系、亲子关系）有着相互强化的机制。[6]通过个人人格的持续性和代际间的传递过程，这种机制一代一代地传递下去。在这些方面，我们的发现支持**相互关联的生活**这一主题：

3. 生命存在于相互依赖之中，社会-历史的影响是经由这一共享的关系网络表现出来的。

伯克利儿童引导研究中包括四代人：祖父母（G1），出生于1870年左右；大

---

[6] 有两篇论文探索了四代人之间不稳定的行为和关系的相互作用（Elder, Caspi, & Downey, 1986; Caspi & Elder, 1988）。这些研究还试图调查生命跨度中或者是代际间行为的持续性。在这些论文中，两条分析的方法是结合起来使用的。通过儿童社会化形成的行为模式，必定会持续到这些孩子刚刚进入成年的时候，进而会影响这一代为人父母的方式。

萧条的孩子们的父母（G2），出生于1890—1900年间；研究对象（G3），代表了大萧条的孩子们（出生于1928—1929年）；以及他们战后出生的孩子（G4）。在儿子们和女儿们的眼中（G2），情感上不稳定、易怒的父母（G1）一般婚姻都不和谐，而且对后代颇有敌意。这和第二代（G2）在大萧条中的经历极为相似。G3代在童年的坏脾气和问题行为，与同龄群体和父母给他们带来的社会压力交织在一起。G3代成年之后，他们之中坏脾气的成员（在童年时期和成年时期进行测量）可能被他们自己的孩子（G4）当作无法自制的、冷漠的人。

在父母对孩子们的不稳定影响方面，这种令人厌恶的家庭模式起了中介作用，而且通过那些最不能维持和培养持久关系（图11）的后代的成长，在下一代中再次出现。这些例子包括G2代和G3代中的这些成员：他们在成长的过程中曾经历了父母婚姻的不和谐，而在他们自己的婚姻中这种情况再次出现。尽管许多跨越时间和代际间的关系在统计上是显著相关的，但是注意到大部分变异依旧需要解释，也非常重要。在代际循环（generational cycle）中，有许多转折点和突变处。比如，对于那些父亲在压力下相对平静而且资源丰富的孩子来说，30年代收入的急剧下降给他们的发展所带来的风险小得多。在大萧条时期的家庭中，保护孩子免受严苛养育的因素，包括一位慈爱的母亲和孩子们外在的吸引力。

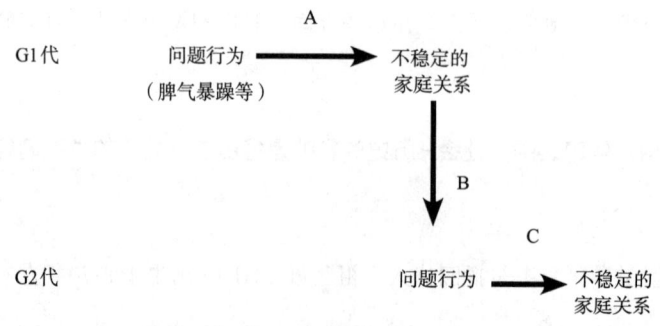

图11　代际内和代际间问题行为与不稳定的家庭关系之间发生关联的过程
[选自 *Human Development and the Life Course:Multidisciplinary Perspectives*, edited by Aage R. Sorensen, Franz E. Weinert, and Lonnie R. Sherrod（Hillsdale, NJ:Erlbaum, 1986），p. 306。此处摘录已经得到许可。]

大萧条留给人们的印象是"失控的世界",我们在暴躁行为和不和谐关系的代际循环中提到了能够说明这一主题的证据。但是这幅画面还有另外一面,那就是许多家庭常常能够成功地适应困难的环境。父母和孩子们可以在有限的选择和制约因素中进行挑选,并采取有效的适应行为。我把这种活动作为一个衡量个人能动性的指标。因为家庭承受着巨大的经济压力,所以母亲们不得不在少得可怜的选择中寻找和发现工作,而她们的孩子则承担了家庭中和社区中的责任。当处于困境的父母们把住所迁到更加便宜的地方,并寻求其他形式的收入时,他们就卷入了一种"建立一个新的生命历程"的过程。正如这类行为所表明的那样,**个人能动性**的主题指的是:

4.个体能够通过自身的选择和行动,利用所拥有的机会,克服历史与社会环境的制约,从而建构他们自身的生命历程。

研究观察者认为那些因为自己的家庭承受着巨大的压力,而在1930年代找到有薪工作的奥克兰的男孩们,比没有工作的孩子更有能力,也更加生气勃勃。有薪工作对于勤奋的人来说是一种吸引力,也是加强自我效能(self-efficacy)这一信念的源泉,而且这种影响是相互的。一位从事有薪工作的男孩的母亲,把她的儿子描述为有着"一个接一个充满活力的兴趣,并常常付诸实践"(Elder,1974:145)。和其他男孩相比较,那些工作的男孩作为社会的一员,在初中和高中时就变得更加独立,人们也认为他们对母亲管理的财务肩负着更多的责任。除了家务琐事外,这些工作的青少年承担了和成人责任类似的义务。从观察者非常仔细的追踪中,我们发现,他们在价值观、兴趣和活动等方面,的确比其他青少年更加成人化。

根据现有的知识,这些早期的经验观察资料已经证明了生命历程理论中的核心主题。正像人们所期望的那样,历史的时间这一主题在今天历史学家的研究中得到了最充分的表述。他们的新社会史学对生命历程研究的发展起了重要的作用。这一群体中尤其突出的是塔马拉·哈雷温(Tamara Hareven,1978,1982,1996),他开创了对家庭和生活的历史性研究。在和他合作的关于曼彻斯特的新汉普郡人(New Hampshire men)的研究中,我们发现历史的时间和空间(即区域)对生活机会和成人职业生涯都产生影响(Elder & Hareven,1993)。另一个重要贡献的是莫德尔（Modell，1989）关于20世纪美国有关青少年社会制度（比如约会、求婚）的出现的研究。历史学家和个人发展学家的富有成效的合作，在《时空中的孩子们》(*Children in Time and Place*) 一书中得到了证明（Elder，Modell & Parke，1993），这也包括对在历史脉络中研究孩子们的方法的深刻阐释（Cahan，Mechling，Sutton-Smith & White，1993）。

时机的主题和50年代以来伯尼斯·诺嘎藤（Bernice Neugarten）关于成人发展的研究有关（Neugarten，1968；Neugarten & Datan，1973；Hagestad & Neugarten，1985）。在60年代，学界对年龄的社会学研究极大地拓展了我们关于事件的时间模式对社会和个人的影响的了解（Riley，Johnson & Foner，1972）。有计划地改变生命事件的时机，是一种对个人能动性这一主题的表达。人们对时机的选择构建了他们自己的生命历程（Clausen，1993）。对生命历程这一理论的思索中，个人能动性的基本地位得到了一系列发展的支持，这包括班杜拉（Bandura）关于自我效能（1997年）的开创性研究，以及更多的关于遗传影响环境选择的了解（Dunn & Plomin，1990；Scarr & McCanney，1983）。但是确定某个选择的可能性取决于所拥有的机会和历史的制约因素。

相互关联的生活这一主题，是对个人生命**模式**最早的社会学解释中的一个关键前提（Thomas & Znaniecki，1918—1920），而且因为它包含着角色序列和共时性（synchronization）等概念，所以依旧是今天的生命历程理论的一块基石。现在，相互关联的生活的概念成了个人发展生态学中的核心（Bronfenbrenner，1979），并且表现在研究个人网络模型之中（Granovetter，1973），表现在个人与朋友和家人在时间流逝中的相互扶持中（Kahn & Antonucci，1980）。生活计划（life planning）和行动中的共时性，指的是生活的同舟共济，特别是指时机方面（Hareven，1991）。家庭管理（family management）的概念（Furstenberg，199；Sampson，1992）一般关注的是伴随着其他适应的情况下，家庭成员生活共时性的有效性。[7]

---

[7] 对于这些主题更加完整的说明，参阅 Elder，"The Life Course and Human Development" in *Handbook of Child Psychology*; ed. W. Damon, vol. 2, *Theoretical Models of Human Development*, ed. R. M. Lerner and Wiley 1998。也可以参阅 Elder 1995 and 1996。

从生命历程理论的角度来看，历史性力量塑造着家庭、学校和工作的发展轨迹，反过来这些轨迹又影响着行为和特定的发展路线。人们能够选择他们所要走的路，但是他们的这些选择并不是在社会真空（social vacuum）中作出的。所有的生活选择都取决于社会的和文化的机会以及历史的制约因素。这种想法既促使了我使用伯克利研究所中的记录对大萧条的孩子们进行研究的方式的形成，也促使了我在以后数年中对不同时间和空间的生活和发展——二战和朝鲜战争（抗美援朝）、中国的"文化大革命"、当代美国农村的不利地位和城市内部的贫困——进行一系列调查的方式的形成。

奥克兰和伯克利出生组除了受到大萧条的影响外，还受到了主要的历史事件（尤其是二战和朝鲜战争）的影响。比如，奥克兰的男性在二战时的年龄都足以参战了，而更为年轻的伯克利男性一般都是在大后方的全民总动员的生活中感受这场战争的。这些孩子主要在朝鲜战争中服役。在本章的后半部分，我将利用一系列论文中谈及的这种经历来进行描述。[8] 刘易斯·特尔曼的样本（出生在1903—1920年）中能干的男性和女性也都遇上了大萧条和二战，但那是他们生命中较晚的时期。我的研究也显示，他们碰上这些历史事件的时间较晚，这对他们的生活有着持久的影响，在这一点上有大量的证据证明二战的影响。[9]

另外一次验证社会变迁的影响的研究，是我们1980年代末在上海开展的关于"文化大革命"对人们的生活之影响的生活史研究。这次调查是由上海大学社会学系和卡罗来纳人口中心（Carolina Population Centre）合作进行的。我们运用回溯生活史的研究方法，在1987—1988年冬季调查了上海的1300个成

---

[8] 有关服役对奥克兰和伯克利出生组影响的研究，关注的是入伍年龄（Elder 1986, 1987）和参加战斗的影响（Elder and Clipp 1988, 1989）。这方面研究的综述，可以参阅Clipp and Elder（1996）。

[9] 刘易斯·特尔曼对加州高才能的人的研究，是在1922年进行的，包括大约1500位男性和女性，他们一般都出生于1903—1920年间。在1928年、1936年、1940年、1945年、1950年、1955年、1969年进行了后续研究，然后在1972年、1977年、1982年、1986年和1992年再次进行了后续研究。Holahan和Sears（1995年）提供了到1986年男性和女性生活的总的回顾。我们对特尔曼数据的全部分析关注的都是男性，强调的是二战的影响。为了使数据更加适合有关战争总动员的影响的问题，我们怎样处理数据的说明，可以参阅 *Working With Archival Data: Studying Lives*（Elder, Pavalko, and Clipp 1993）。入伍年龄的影响，可以参阅Elder, Pavalko & Hastings（1991）和Elder, Shanahan & Clipp（1994）。

年人。[10]尤其是对于那些上山下乡的城市年轻人来说,"文化大革命"的破坏力和制约力导致了组建家庭的延迟,也使他们失去了受教育的机会和获得常规职业生涯的可能性。因为在发展中的社会,没有关于或近或远的过去的前瞻性纵向研究,所以这种研究被证明是非常有价值的,因为它显示了回溯生活史的技术对重新获得有关过去事件的持续影响的知识是有效的。

在1980年代,因为地价的暴跌,美国的农村地区又重新面临艰难的岁月,这又触发了人们对大萧条所引起的震动的回忆。这一事件促使了我们和艾奥瓦州立大学的合作,我们对经济压力如何影响家庭关系和孩子们的生活经历进行固定样本追踪研究(panel study)。[11]在艾奥瓦州北部中心地区有1/3的家庭从事农业,1/5的人口无论是在童年还是成年后都没有从事过农业。这项研究开始于1989年,利用"大萧条的孩子们"的研究中所采用的分析模式对451个家庭进行了研究,而且由于有关"关联"或者干预的经历资料更为丰富,所以在各个方面扩展了上述的分析模式。

在大萧条的研究中,家庭及其适应被作为普遍的经济衰退和孩子们的福祉之间的关联。债务、收入的减少和不稳定的工作,增加了孩子对家庭所承受的经济压力的感觉。他们提及的这种压力越大,父母感到沮丧和婚姻不和谐的风险就越大。这些过程逐渐使父母在做父母方面变得不够格,并增加了男孩和女孩出现情绪困扰、学业困难和问题行为的可能性。

在1980年代末,最为痛苦的年轻人和父母集中出现于那些在危机中失去农场

---

10 有关"文化大革命"对生命历程影响的描述性解释,参见Elder, Wu & Yuan(1993)。有关"文化大革命"的这种影响的更加概括性的综述,参阅Elder & Ge。

11 艾奥瓦的年轻人和家庭课题(the Iowa Youth and Families Project),是由艾奥瓦州埃姆斯的家庭研究中心的R.康格(Rand Conger)指导进行的。这个课题开始于1989年,收集了这个州北部中心地区的451户农村家庭的数据。这个样本包括451户完整的家庭,这些家庭在1989年都有上七年级的孩子,孩子的数目也相似。我们是通过调查、访谈和录像来收集资料的,并用录像来说明家庭中的互动。在1992年、1994年(研究对象上高中了)、1995年和1997年对每年的资料进行收集。第一次调查的基本报告,在1992年3月提交给华盛顿的青少年研究协会了(Elder, 1992)。*Families in Troubled Times*是从第一次调查所得的数据中获得的发现,由Aldine DeGruyter(Conger and Elder 1994)出版。第二次名为*Leaving the Land:Rural Youth at Century's End*(Elder and Conger)的专题报告,在1999年由芝加哥大学出版社出版。这项研究是建立在1989年到1994年五次收集的数据的基础上的。

的家庭中。流离失所的年轻人受到的情绪困扰最大，对父母的冷漠和拒斥也感受最深。他们的父母也最为痛苦。当我们追踪这些年轻人到高中时，流离失所的影响开始减弱了。实际上，我们发现流离失所的年轻人在上十年级的时候和其他年轻人的心理健康没有什么差异，这让我们十分惊讶。在这段时间内，农场家庭的总收入急剧下降，但是他们的孩子在学习成绩、自信心和目标方面并没表现出收入减少的负面影响。

这种结果使我们认识到家庭资源可能会削弱这种收入损失所带来的负面影响，为这个地区的年轻人创造通往更多机会的途径。从历史上来看，中西部和土地有密切关系的家庭在他们的社区——在教会生活、学校和公民活动——中扮演着重要的角色。这种联系的强度在全都从事农业生产的家庭中得到了最充分的表述，但是这也适用于那些只是部分从事农业生产的家庭，适用于那些不再务农的家庭，适用于那些父母成长于农场但是不再和农业有什么联系的家庭。我们把那些成长于农场但是不再和农场有什么联系的父母作为参照群体。为了判断"和土地的纽带"的影响，我们把上面每一个群体和不务农的家庭进行比较。

完成了十二年级的学业并在学业上和社会上获得成功的年轻人，都与家庭和土地相关的丰富的特征有关，同时也和父母的教育水平、收入和居住地的变化等其他因素有关（参阅注释11）。和其他的年轻人相比较，这些年轻人很少出现问题行为，而且在对自己和他人的态度上更为积极。这里尤其应该提到的是，这些结果是在农业家庭的总收入损失惨重的时候获得的。除了这些条件之外，从事农业生产的家庭的父母和社区机构（教会、学校和公民团体）的关系比其他家庭更为密切，这些父母的孩子也可能在学校、教会和社区中更擅长社交、更活跃。这种形式的参与，是最能预测中学时的青年成就和心理健康的因素之一。

在艾奥瓦的研究中，随着我们北部大城市附近地区贫困率的稳步上升，城市内部的贫困也变成了一个重要问题。为了了解这种变化对少数族裔儿童的影响，我参加了一个开始关注费城市中心的家庭和少年的课题组。[12]在贫困率为10%到40%的不同社区中，这项研究调查了非洲裔美国人和欧洲裔美国人成功途径的差异和面临的不同困难。

首先，我们提出了一个模型。在这个模型中，社区通过塑造家庭的互动和父母的行为来影响年轻人的生活机会和发展。我们假定，具有社会优势的社区提供制度性资源，既能使父母允许他们的孩子参与当地的娱乐活动和教育活动，也能够鼓励他们在抚育孩子的时候采用更为集体性的策略，也就是说让邻居和孩子们相互认识。因此，我们认为处于更加有利地位的家庭，既更能使孩子们免受危险，又能通过和亲属居住在一起及上私立学校来为这些孩子提供更多的机会。

不过，研究发现，所有社区都有能干的年轻人和抚养孩子的有效方式，即使是在那些因暴力和毒品而出名的社区也是这样。此外，社会资源、父母实践和青少年结果的差异，在社区"内部"比社区"之间"明显得多。和邻里关系这个因素相比较，家庭的资源和策略在促进个别年轻人取得成功的结果方面更有效。这些发现和以下假设明显冲突：邻里文化对产生学业成就和问题行为方面都发挥着重要作用。但是他们也强调了家庭和年轻人在寻找摆脱社区不利地位影响的途径时的重要作用。

生命历程理论的出现

在伯克利和其他地方，有关儿童发展的开创性研究在追踪他们的研究对象到了成年和中年的时候，都发现对于个人发展方面的知识存在着严重的局限。以儿童为基础的发展观不适用于成年人，家庭也不再足以作为行为持续性和变化的情境。特别是有三个方面的挑战加快了生命历程理论框架的出现。

（1）用适应整个生命历程的发展和衰老模式替代了以孩子为基础和以成长为

---

[12] W. 威尔森（William Wilson）的 *The Truly Disadvantaged*（1987）中提到了大量有关城市内部贫困集中化（concentration of poverty）的资料，也可参阅 Jargowsky（1997）。由 MacArthur Network on Successful Adolescents in High-Risk Settings 资助，费城研究（Furstenberg, Cook, Eccles, Elder & Sameroff）在1991年访谈了487位年龄在11—14岁之间的青少年和照顾他们的人，并计划在1998年对这些青少年进行后续研究。

取向的发展观。

（2）对个人的生活在社会交往中是怎样组织起来和怎样演化的思考。

（3）把生活和不断变化的社会相联系，强调变动着的环境对个人发展的影响。

从1960年代以来，对这些挑战的回应促进和推动了生命历程理论的形成。在这些进展的基础上，生命历程理论家一步步建立了发展阶段、个体的生命历程和社会中不断发生的变迁之间的概念桥梁。个体的生命历程及其与发展轨迹的关系，构建了发展科学和生命历程理论相融汇之处。

第一个挑战因素来自生命跨度心理学（life-span psychology）这个在1969年才获得命名的研究领域，它通过寻求整个生命跨度中有关发展和衰老的更加令人满意的概念，对生命历程理论提出了挑战（Baltes & Baltes，1990）。例子包括选择、优化和补偿机制的概念等，这些机制在整个生命跨度中使个人在发展中的获益最多，而损失最少。因此，年轻人选择那些他们擅长的活动，无论是体育活动、学术活动还是街头生活，并通过精力和时间之类资源的投入使他们获取的利益最大化。其他例子包括在整个生命历程中累积优势和累积劣势的概念。优势往往带来更多的优势，导致一个不平等不断累积的过程。同样，劣势往往增加更多劣势出现的风险。最后，转型（状态的改变）、轨迹（连接状态和转变）和转折点（生命历程方向的改变），这些概念贯穿了整个生命历程理论。

当伯克利的研究持续到这些研究对象成年之后，他们更加关注这些人对生活的"思考方式"，以及流逝的事件在他们身上留下的痕迹。社会关系提供了一些已被证明非常有用的概念差异。关系理论（relationship theory）是根据社会关系的缔造者来看待生活组织的，尤其是亲属关系和代际间的传承。比如，生命周期指的是为人父母的过程中的一系列阶段，从孩子的出生、离开家到他们自己也开始生育。这个角色系列描绘了总是适用于某一群体的再生产过程。在代际传承的周期中，新生婴儿通过社会化而变得成熟，开始生育下一代，自己逐渐衰老，死亡。人类一代又一代地重复着这个周期，但是显然它并不是对所有的个体都合适，比如对那些没有孩子的人就不合适。

当我们在1960年代中期开始对"大萧条的孩子们"进行研究的时候，关于社会演变过程有两种思考方式，但是没有一种是放在历史中的个体身上。生命周期是其中一个概念，职业生涯是另外一个。一般来说，职业生涯指的是不断变化着的工作生活，这对于在同一时间扮演多重角色的人的生活来说就过于简单化了。母亲大规模进入劳动力市场，导致了一种有利于证实多重相互连锁的轨迹（但在共时性上有所不同）这一新概念形成的环境。职业生涯这一视角，既不能用一种系统的方法把按年龄划分的期望这些概念组合到一起，也无法指导我们分析不同世代生活的历史情境。

生命周期的概念能够有效地把所有的生命阶段和世代连接起来。它也提供了关于个体的生活如何嵌入社会关系之中的深刻见解，使我们能够更加深入地了解把发展着的个体和他们的职业生涯联系在一起的社会化和社会控制的过程。但是这个概念的焦点放在再生产和对孩子养育之上，削弱了它作为一种看待生活的方式的价值。生命周期这一概念有自身的局限性，因为它不适用于那些没有结婚的、没有孩子的和多次离婚的人。还应该提到的一点是，这个概念也无法表现多重家庭和工作生涯。一般来说，每个人在同一时刻都要扮演多重角色，无论是配偶和父母还是配偶和雇员。这些同时存在的角色不是生命周期这一概念所能包含的。因此，它无法应用于对多重角色的研究。

作为父母养育孩子后承担的一系列角色，生命周期的概念也无法反映社会时机和历史定位（historical location）。不同的角色并不是和年龄相关联的，因此我们不知道什么时候转变发生了，是早了还是晚了。养育孩子的各个阶段，可以发生在生命历程中从15岁到45岁这一广阔的生命跨度中。养育孩子的一系列模式，也不能较为准确地确定人类在历史中的定位。生命周期中包含世代这一概念，但后者同样对暂存的事物具有盲目性。相对于事件和长期的趋势来说，祖先世代的成员在历史上的定位是不会相同的。比如，父母这一代生育的时间可能跨越30年或者更多，这个时间段可能会包括大萧条、世界大战及和平时期。

首先，在我们考虑大萧条是怎样通过奥克兰成长研究中孩子的家庭来影响他们的时候，生命周期和职业生涯这两个概念间的差异是很有帮助的。这些研究对象都出生在20年代早期，其青春期都处于萧条的30年代，然后又都响应了二战对劳动力的需求（N=167）。鉴于上面提到的这些客观情况，生命周期和代际间的框架似乎完全适合调查大萧条的历史影响。我们按照经济受损（在1929年到1933年期间收入损失了35%以上）或者经济未受损、收入损失较小，对1929年的中产阶级和劳动阶级中的所有家庭进行划分。在这一段时期内，生活支出减少了25%。在每一个社会阶级中，我们都假定经济困难通过改变三种家庭进程，使孩子们的生活呈现完全不同的面貌（图12）。这些进程中的每一种都代表了一种有关收入的急剧减少和奥克兰孩子们的生活之间关系的宏观理论。

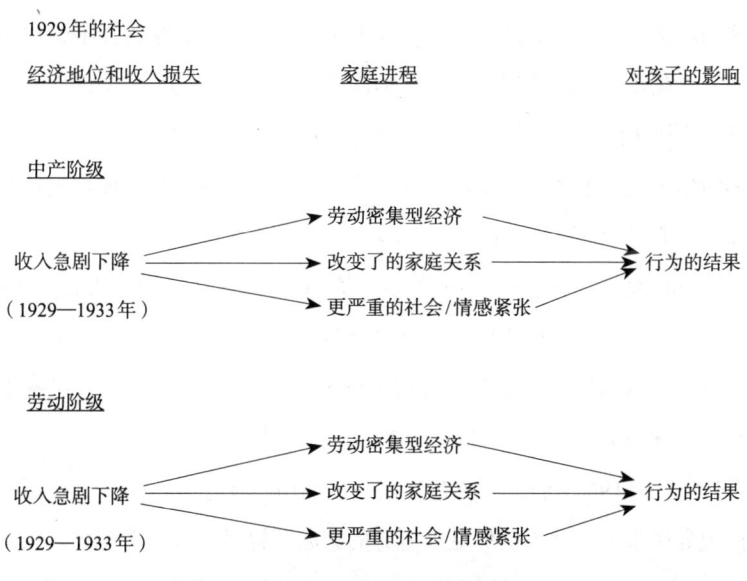

图12　通过家庭的进程把收入的急剧减少和儿童的行为联系在一起

（1）**家庭经济类型的改变**：收入的减少使家庭经济更具劳动密集型的特点，这包括母亲和孩子进入生产领域，开始养家糊口；孩子们参与从准备食物到洗衣服等家务劳动；消费支出的减少。

（2）**关系的改变**：父亲收入的减少，以及由此产生的家庭支持的适应，增加了母亲的相对权力，减少了父母控制的程度和有效性，减少了作为偶像的父亲的魅力。在情感、权威和基本任务的完成方面，母亲成了家庭的核心。

（3）**增加了家庭的紧张气氛**：严重的经济损失增加了家庭不和、家庭瓦解和非道德化的可能性。家庭不和指的是婚姻和代际关系中的紧张、冲突甚至暴力。家庭不和导致了家庭瓦解，导致家庭成员的行为失控，导致了古怪的、无法预期的行为，比如任意破坏纪律等。

从20年代到30年代末生活经历的这种急剧变迁带来了许多问题，这些问题是无法从生命周期的角度来处理的。比如，这些变迁的影响取决于许多事情：家庭成员面临的经济损失和失业、孩子的发展阶段、父母的年龄。因此，经济和家庭环境的巨变造成什么影响，要看父母和孩子的年龄。这些观察结果表明，彼此不同的以年龄为基础的概念——**出生组、生命阶段和生活事件的时机**——实际上关系十分密切。奥克兰父亲所处的出生组和生命阶段，是决定他们怎样对1930年代的艰难岁月作出反应的重要因素。他们的反应之一就是改变了特定的生活事件发生的时机，比如从租房子到自己拥有房子的转变延迟了。

相邻的出生组在急速变迁中的差异是最大的，它作为一个载体代表社会变迁导致出生组之间出现差异的程度。当不同的出生组碰上同一历史事件时，因为他们处于不同的生命阶段，所以他们经历的变迁中就有了不同的内容。相应地，任何历史事件对生命历程的影响也依出生组所处生命阶段的不同而不同。赖德（Ryder）也再三强调这一"生命阶段的主题"。他指出，每一个出生组碰上同一历史事件时，无论是萧条还是繁荣，"都因其所处职业生涯阶段的不同而有明显的不同"（Ryder，1965：846）。不过在面临相同历史变迁时，同一出生组的不同成员之间差异也很大。并不是奥克兰所有的家庭都曾经历过经济受损。在某个单一出生组中，这项研究比较的是中产阶级和劳动阶级中经济受损和经济未受损的家庭。

我们通过比较奥克兰成长研究和伯克利引导研究中的出生组，来验证生命阶段主题。在经济崩溃的时候，奥克兰的孩子已经八九岁了，他们告别了依赖家庭的日子，在经济开始复苏时他们已经进入了成年时期。比较而言，伯克利的孩子比奥克兰的孩子小七到八岁，在大萧条十年中最糟糕的年份里，他们还要依赖家庭（表13）。出生组的差异表现在年龄的这种对比中，也表现在这些孩子从由儿童早期到成年这一段时间中经历艰难岁月和繁荣的不同次序中。这些差异表明了变迁如何影响家庭成员而不是家庭如何适应他们在经济上的困难。

表13 奥克兰和伯克利出生组的成员在不同年龄遇到的历史事件

年份	事件	出生组成员的年龄 奥克兰[a]	伯克利[b]
1880—1900	奥克兰成长研究（OGS）中的孩子的父母出生		
1890—1910	伯克利引导研究（GS）中的孩子的父母出生		
1921—1922	萧条		
1923	伯克利大火	2—3	
1923—1929	经济的普遍繁荣："借债生活模式"的增加，有关性观念文化的改变	1—9	
1929—1930	大萧条的开始	9—10	1—2
1932—1933	大萧条的深入发展	11—13	3—5
1933—1936	部分复苏，生活支出的增加，劳动者罢工	12—16	4—8
1937—1938	经济衰退	16—18	8—10
1939—1940	战争动员的开始	18—20	10—12
1941—1943	战争产业（造船、军需工厂等）的主要发展时期，部队不断增兵的主要时期	20—23	12—15
1945	二战结束	24—25	16—17
1946—1949	战后经济的增长	25—29	17—21
1950—1953	朝鲜战争和麦卡锡时代	30—33	22—25
1954—1959	公民权利时代的开端	34—39	26—31
1960—1973	民权运动：城市公民的冲突，越南战争	40—53	32—45
1974—	美国战后繁荣时代的结束，能源危机，通货膨胀加剧	54—	46—

a 奥克兰出生组：出生的年份为1920—1921年。
b 伯克利出生组：出生的年份为1928—1929年。

比如，收入的损失增加了债务，促使了低消费，导致更多地使用家庭劳动力以及花费母亲和孩子赚的钱。它增加了母亲的相对权力，以及在男孩和女孩的心目中母亲相对于父亲的地位。它也使父母变得更容易动怒，增加了婚姻冲突和酗酒的可能性。所有的这些差异都使年幼的伯克利男孩处于更大的风险中。和更年幼的伯克利女孩及更年长的奥克兰出生组的成员相比，他们受到大萧条经历的负面影响更大。他们变得更加不抱希望，更加缺乏自主性，对未来也更加没有信心。

和更为年幼的伯克利男孩相比，来自承受着沉重压力的家庭的奥克兰男孩更可能参与家庭经济中属于成人的工作，更渴望获得成人地位，也较早进入婚姻和工作的成人角色。在青少年时期，自我意象的问题（自我意识过剩、情感脆弱、渴望得到社会的接纳）是普遍存在的，但是在来自经济受损的年轻人中尤其普遍，不过这种差异在这些研究对象进入中年之后就消失了。来自经济受损家庭的男孩到了成年后，对自己未来的职业有更加具体的设想。尽管他们在教育方面有些障碍，但是也打算在中年的时候能获得一个地位较高的职位。他们强调工作的价值，但是也比那些有着更加优越的背景的人更可能把孩子看成是婚姻中最重要的方面，也比那些人更加喜欢家庭活动和孩子对家庭的依赖。

当我们把两个出生组的男性加以比较的时候，发现了家庭艰难对他们有着相似的影响，这包括：集中体现在青春期和正式教育中的发展障碍；对于来自经济受损家庭的男性而言，他们的工作成就在某种程度上的确受到教育程度的限制；他们都感觉成年后的生活变得更加令人满意（Elder & Rockwell，1978）。这些差异的特点是，伯克利出生组中经济受损的男性在青春期碰上持续的发展障碍越大，经济困难对他们教育的负面影响也越大，而且这些人直到1950年代在心理健康上还有更为不安的感觉。即使是这样，我们还是在经济受损的伯克利男性中，发现他们在童年和成年健康状况之间有最大的非连续性，这既包括他们受损的发展状况，又包括他们心理能力。

出生组的差异在女性中则相反（Elder，1979）。这是一个看似矛盾的发现，可能反映了在家庭收入减少的情况下，男孩和女孩面临最大风险的年龄是不同的。如果处于这种情况下的女孩还处于青春期早期，那么她的处境就更为危险，这部分是因为家庭贫困所带来的社会后果；而处于这种情况下的男孩如果处于童年早期，那么他的处境最危险。我们发现有经济受损历史的伯克利女孩和奥克兰女孩不同，与相对于经济未受损的同龄人相比，她们在情感的自我满足和情绪的稳定性方面做得相当好。除了她们家庭的经历对她们来说无疑是一种磨炼外，伯克利的这些女孩大多数因为大萧条的历史而变成能干而又机敏的年轻女性。虽然家庭的艰难限制了这些女性受教育的程度，就像奥克兰的女性那样，但是这种心理健康的状况一直持续到她们成年直至中年。而奥克兰女性直到成年后建立家庭和开始工作的时候，心理健康的状况才得到改善。

伯克利的男孩更容易因家庭的经济受损而受到伤害，这和表明这些条件对处于童年早期的男性特别不利的发现是一致的（Rutter & Madge，1976）。但是为什么奥克兰的男孩过得挺不错呢？部分解释集中于他们在那个时候的家庭角色和地位上。他们更可能在家庭之外找到工作，更可能给他们经济上发生危机的家庭提供帮助。这种变化加强了他们的社会独立性，减少了他们面对家庭压力的可能性。而奥克兰的女孩因为要做家务，所以不得不更多地处于这种压力之下。在伯克利出生组中，经济受损家庭的女孩由于母亲的保护，而免遭同龄男性所处的困境。进入青春期后，这些女孩变得和母亲更加亲密，而男孩则变得和母亲更加疏远。

正如上面提到的那样，这项对大萧条的孩子们的研究始于生命周期传统所包含的各种概念，比如抚养孩子的阶段和世代。为了寻找能把家庭和个人的经历（尤其是出生组和生命阶段）与历史变迁联系起来的方法，为了确定整个生命历程中按照年龄等级划分的轨迹，我的研究很快转向了年龄的概念化意义（conceptual meanings）。关系和年龄这两个理论线索，提供了生命历程理论在时间、情境和进程方面的基本特征（图13）。生命历程在各种制度和社会结构中是按年龄等级划分的，它嵌入制约和支持主体行为的关系中。人们归属于一定的出生组，从而被置于某一特定的历史环境中，各个世代中的他们也通过亲属关系联系在一起。

通过把关系概念和以年龄为基础的区分结合在一起，再加上个人的生命跨度的概念，生命历程在1970年代和1980年代变成了一种富有生命力并不断扩大的研究领域。个人的生命历程和发展轨迹是同他人的生活和发展交织在一起的。在这个意义上，生命历程理论是通过对生命跨度的研究来考虑问题的，后者把个人的发展当作一种展开的过程，这个过程和历史时间上的社会和文化进程是不同步的。生命历程理论和布朗芬伯伦纳的生物生态学理论（bioecological theory）（1989）有很多相似之处，与伦那（Lenner，1991：27）呼吁把更多的注意力放在情境的可变性（contextual variability）上也有相似之处，和发展科学中正在出现的视角也有相似之处（Cairns, Elder & Costello, 1996）。

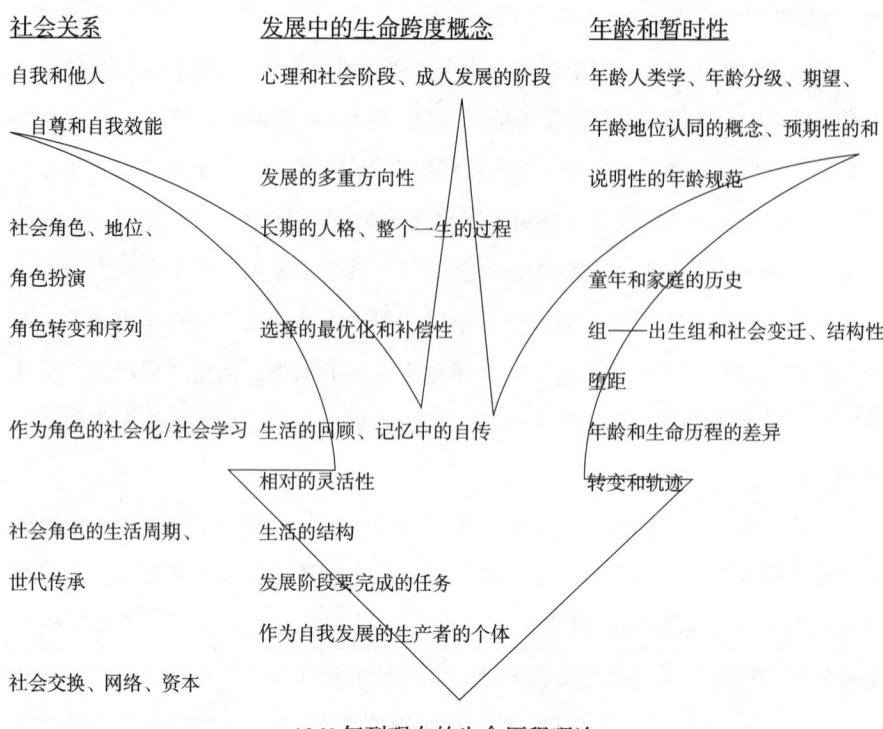

图13 生命历程理论的出现：研究传统和概念

在1960年代以来的这些进展的基础上，这种新兴理论在发展的进程、生命历程和社会的变迁之间建立了概念上的联系，而且这种联系还是建立在如下前提基础上的：年龄使每个人处于社会结构的不同位置上和特定的出生组中。根据现有的这些研究，安妮·科尔比（Anne Colby）提出，"在过去三十年，生命历程的研究方法对社会科学产生了巨大的影响"。她总结道："这种被国际和各学科所广泛使用的研究途径的形成，是20世纪下半叶社会科学中最重要的成果。"（Giele & Elder, 1998: viii, x）

使生活好转

对1930年代的普遍看法使大家都认为这些孩子的未来是黯淡无光的，因为他们的未来是由公共资助、失业的父亲和父母间激烈的争吵所塑造的。大萧条中这些人的工作没有保障，在经济上又损失惨重，这些都和二战所带来的压力融在了一起，对于参加过战斗的男性来说尤其如此。在奥克兰的研究中（1959年），一位前海军陆战队士兵由于对自己在南太平洋登陆的一切记忆深刻，总是摆脱不了使他痛苦了多年的噩梦——"午夜的呼喊和尖叫"。虽然二战已经结束了20年，但他只要闭上眼睛仍然能够"感觉到自己的胳膊浸泡在水中"。"这种恐惧是令人窒息的……它使我的勇气丧失殆尽，使我控制不了自己，无法走下登陆艇。"

在70年代我们又找到了这位退伍军人，他已经是一位退休的成功工程师，并负有管理责任。他有一个家庭，孩子已长大成人。我们问他服役对他成为什么样的人是否有影响。在他的记忆中，在前线服役的岁月培养了他在不利的环境中生存下去的能力——"每个人所需要的就是生存的意志，与他人合作的能力，以及变得可以让人信赖"。在这些能力中，有一些可能来自1930年代他的经济受损家庭的背景。其他的研究对象也设法克服了童年给自己带来的不利影响。实际上，和那些生长在经济未受损家庭的人相比，我们没有发现那些生长于经济受损家庭中的男性和女性健康受损或事业受损。这个结论也适用于伯克利出生组和奥克兰研究中的男性和女性。

出人意料的是，这些大萧条的孩子们沿着一条具有复原力的轨迹进入他们人生的中年。从他们的社会出身来看，他们过得比人们预期的要好。根据米歇尔·拉特（Michael Rutter，1985：608）的说法："这种复原力的性质，在于人们怎样应付生活的变迁，在于他们对自己所处的境遇做了些什么。"这种复原力从何而来，为系统性的调查提出了许多问题。最让人惊讶的是，在伯克利出生组中，那些成长于经济受损家庭的男性的生活也出现了好转。尽管这些年轻人缺乏自信和情感幸福感，在青春期也没有制定将来要达到的目标，但是他们在中年时和那些没有经历过艰难的年轻人在所获得的成就上几乎没有什么差别。我们该怎样解释这种转折点呢？是什么样的经历和社会因素使这些人的生活好转，使他们拥有更多的机会和更大的成就？

在大萧条和二战后许多年，伯克利儿童引导研究的主任琼·麦克法兰（1963：338）同样惊讶于这些男性的成功。她提供了一些值得考虑的有关潜在影响的思索成果。和那些基于不同的理论基础进行探索的研究小组的预期相比，伯克利的一些男性成年时更加稳重，做事也更加有效。在她的观察中最值得一提的是，那些在青少年时期学习成绩比较差的男性，许多"都拥有他们现在所处位置需要的创造力，但是当时完全被掩盖了"。"在我们全部的研究对象中，大部分最为杰出的成熟的成年人……来自那些曾面对极为不同的境遇的人，来自那些对我们来说其在童年和青少年时期的性格使其面临的问题更加复杂的人。"（Macfarlane，1971：413）

这些反思绝不是基于科学的观察，但是它们显然和我们发现的结果一致。麦克法兰试图为如下问题寻找解释：为什么在早期经历和成人后的生活历程之间，个体的精神和感觉世界之间会出现差异？首先，她提及人们都没能认识到艰难的历程所能够带来的潜在的成熟价值观。正如她所说的，"我们都知道，一个人不经历痛苦、困惑的过程就不可能真正成熟起来"（Macfarlane，1971：341）。其次，她公开批评我们对于这些孩子在青春期晚期和成年早期的经历（包括后期可能发生的改变生命轨迹的事件）缺乏足够的了解。根据麦克法兰所说，伯克利的男孩中大部分都没有获得一种自我认同的感觉和力量，直到后来的境遇"逼迫他们或者给他们提供了一个机会，让他们承担能够使他们获得成就感的角色"（同上，1971：341）。因此，每一步发展都可能与离开家及原来生活的社区有关，因为这种改变提供了一种机会，使他们能够"摆脱早期的困惑和压抑"。

这种解释无法说明伯克利和奥克兰的男性与女性不断变动的世界。社会变迁可以通过开创新的机会和新的职业而使生活好转，也可以结束特定的选择。有三种变迁和加州人的生活有着直接的关系。首先，能够接受高等教育的年轻人越来越多，而适用于退伍军人的《退伍军人权利法案》又为这些重新回到祖国的退伍军人提供了前途远大的教育机会。对于"大萧条的孩子们"来说，大学教育代表着摆脱了过去的不利影响。

比如在伯克利的男性中，只有进入大学学习一段时间才能构建一条使他们具有复原力的途径；而且无论是否获得学位，他们总能因此在工作中获得一定的成就。"进入大学后，那些有着经济受损历史的男性比经济未受损的男性更有可能取得实质性的工作生活成就。"（Elder & Rockwell，1979：281）不过我们也必须提及，那些在30年代处境更不利的家庭比其他的家庭更不可能送他们的儿子上大学，而那些上了大学的孩子无疑更想获得成功。

第二个重要的因素是婚姻以及在大学和工作场所交往的机会同婚姻的关系。40年代的初婚年龄下降，也许是战争的不确定性所导致的。这种不确定性贯穿了整个朝鲜战争（1950—1953年）。婚姻为这些年轻人提供了重要的支持。

第三个因素是服兵役。1940年代早期全国范围的战争总动员，迫使男性和女性走出他们的家庭和当地社区，扩展了他们面前的生活机会。那些由于战后对人员的需求和朝鲜战争而参军的男性也经历了类似的过程。甚至从二战开始，服兵役就被看成是为来自弱势家庭与社区的年轻人提供更多机会的桥梁。

作为一个转折点，服兵役成为我们关注的焦点，因为它常常为年轻人提供结婚和获得更高教育的新选择。这些男性响应总动员参军入伍后，有可能找到潜在的配偶，而且能够获得技术培训和高等教育的机会。奥克兰的男性中有9/10参与了二战，而伯克利的男性中将近70%服过兵役，主要是与朝鲜战争相关。

旧金山湾的动员

对于那些成长于30年代并参加过二战的经济受损的年轻人而言，服兵役在三个方面和他们明显的复原力有着直接的关系：它使年轻人离开家庭获得社会独立性；它提供的暂时休整使年轻人摆脱了年龄等级的压力；到海外执行任务拓宽了他们的视野，丰富了他们的经历。

首先，进入部队服役意味着脱离家庭的影响，意味着在建立了新的社会关系的同时获得了社会独立性。服兵役使好几万来自不同地区和极端孤立的社区的年轻人汇聚到一起，并且对他们进行大规模的训练，这都使得有利于他们适应巨大生活变迁的各种条件形成，同时使他们冲破了大萧条导致的家庭艰难、意志消沉和机会消失的束缚。入伍训练"切断"和过去经历的联系，无论是不利的还是有利的。对于这些新兵来说，基本的训练通过使他们和过去分离，使同龄人之间彼此平等，并且形成了同志般的友谊。它提供了（至少是暂时提供了）除了种族以外的新身份，因为它要求统一的着装和外表，使隐私减少到最低限度，并且以集体的成败来看待个人的表现。一位奥克兰的退伍军人谈及那是一种"无情的环境"，在那里个人的失败会被当成整个集体的失败。

其次，服兵役可以使年轻人和那些根据年龄等级确定的职业生涯的传统期望一刀两断，这是一个不承担职业发展责任的暂时休整或延迟实现的时期。在一个结构性很强的环境中，服兵役的义务为他们提供了一个摆脱教育、工作和家庭压力的合理时间段。通常，人们不会对一个服兵役的人有所质疑，不能说他的职业生涯毫无进展。服兵役的行为本身，就为那些和年龄有关的职业发展期望不一致的行为提供充分的理由。事实上，斯托夫（Stouffer）和他的同事都曾提到，对于二战中的许多士兵来说，也许对于大多数人来说，这些人的生活由于服兵役而中断，但这意味着他们"获得了一个机会，能够评估他们的生活已经走到了何处，考虑他们将往何处去"（Stouffer et al., 1949: 572）。

动员的第三个特点是它拓宽了入伍者的视野，增加了他们的社会见识。动员通过丰富入伍者和他人互动的经历，包括能让他们碰上新的人和到新的地方，增加了他们对自己和他人的了解。这些人通过这种经历，可能会更了解自己和他人，而且可以通过增加他们的行为模式和社会支持的来源而使他们获得更加丰富的互动经历，可能还使他们对差异更具社会容忍度。哈维格斯特（Havighurst）和他的同事在一项研究中，于二战结束后不久访谈了一位退伍军人，这位退伍军人曾谈及他在部队中的许多熟人之间存在着令人不可思议的差异，他们都影响了他对人对事的看法。正像他所说的那样，这种经历"拓宽了我的眼界……我开始用比以前更加长远的眼光来思考问题"（Havighurst, 1951: 188）。

和这些成长经历的每一种都有关系的，是《退伍军人权利法案》所提供的教育机会。因为政府害怕回国的退伍军人群体存在的广泛失业可能会导致社会和政治危机，所以他们努力促进《退伍军人权利法案》的实施，因为它能给这些退伍军人带来教育和居住方面的各种好处。从许多方面来看，这个议案是"1944年的产物；它象征着一个国家还沉浸于战争中的情绪，这种情绪令人回想起大萧条，令人为未来感到担忧"（Olson, 1974: 24）。从加州的研究中可以看出，至少在教育领域，《退伍军人权利法案》成了影响那些退伍军人的生活机会的基本因素。比如，几乎有一半的加州退伍军人提到，他们因为《退伍军人权利法案》而完成了某种程度的教育（Elder, 1987）。议案的教育部分是为那些年轻的男性所设计的，因为这些男性最可能需要完成大学学业。因此，对于那些更年轻的男性来说，因为他们缺乏能够替代高等教育的富有吸引力的替代品——比如婚姻、家庭和全职工作，生命历程的普遍结构会使该议案及其福利变得更有吸引力。

长期以来，参军入伍都被看成是年轻人摆脱不利的背景而获得新机会的途径，但是这种过程仅仅对那些在战争中生存下来的人适用。不过幸运的是，这些出生组中的人在战争中伤亡相对较轻，因此我们必须权衡这一事实，以及与战时动员重塑性的影响作斗争所留下的遗产。伯克利的退伍军人中只有1/5参加过战斗，而奥克兰的退伍军人中几乎有一半参加过战斗。但是激烈战斗让人们的精神健康所付出的代价，在这两个出生组的某些人后来的生活中依旧能够观察到。当走到了生命中的第六个十年的时候，曾经历过激烈战斗的退伍军人中还有1/5提及创伤后应激障碍所带来的症状（Elder & Clipp，1988，1989），其中包括睡眠障碍、抑郁和焦虑、眼前总是闪现战斗的场景。但是，这些退伍军人仍然倾向于认为，战时的经历使他们懂得了应对的技巧、自律和对生命价值的欣赏。

总而言之，我们对作为转折点的服兵役的解释包含两个部分。一个是把大萧条的艰难和服兵役联系在一起，尤其对于那些年纪比较小的时候就入伍了的人来说是这样。在这种情况中，那些缺乏功绩和个人成就感的经济受损的男孩们，会为部队的自豪感和自尊、男子汉气质的表现和军服的作用所深深吸引。似乎他们变成了仅仅因为入伍才值得一提的人。解释的第二部分假定服兵役减少了这些孩子一直面对的不利条件。现在我们来看看条件最为不利的一组：伯克利的男性及其战时经历。

当1940年代开始进行战争动员的时候，更为年幼的伯克利的孩子还在上中学，周围都是努力备战的景象（Elder，1986）。动员和提高意识的标志随处可见。当地的广播电台播放了一系列冠之以"我的战争"的节目，戏剧性地表现了"每位男性、每位女性和每个有孩子在前线的家庭对于这个战争时代的贡献"。孩子们在看周六日场电影时，又通过纪录片看到了战争的实况。来自附近军事基地的一队队士兵，迈着整齐的步伐嘎嚓嘎嚓地通过奥克兰，军舰在旧金山湾进进出出。许多家庭都在空地建造胜利花园——据报道，1943年期间在东部海湾地区这种花园就超过了40,000个。在备战过程中，年轻人所承担的充满生机的角色和他们因此获得的重要感，明显是通过似乎永无止境地收集肥羊、废纸、废金属，甚至乳草属植物的种子的冲动实现的。

"战争"成了伯克利男孩中同龄人最流行的话题，排名超过女孩、学校、父母和"我想要的东西"。当战争开始变得对美国和同盟国有利的时候，孩子们被问到最喜欢和朋友谈论的是什么。这个清单包括大众文化（比如电影）的各个方面、和女孩的关系、家庭和学校事务，以及和战时有关的各种事情——一般意义上的战争、人们会选择的武装部队、新的国防工作者和他们的家庭及战后的计划。有一半以上的男孩承认他们经常和其他孩子谈论战争，偏好谈论和服兵役有关的事情的比例稍微少一些（53%对41%）。对于许多男孩来说，他们主要关注的是是否要在未成年的时候参军。

这些偏好既反映了这些男孩未来的生命历程，又反映了能够追溯到大萧条的不利条件。将近70%的伯克利男孩最终到部队服役，而那些发现战争特殊之处的男性一有机会就参军了，这常常发生在二战的最后几个月。较早入伍的孩子进入部队时年龄还不到21岁，较晚入伍的年龄最小都有21岁。在1943—1944年的调查中有关于"您将要做什么"的题目，差不多有70%的早期入伍者最终选择了军职，而较晚入伍者选择军职的只有一半。而在他们上中学的时候，不到40%的从未服役过的人选择了军职。

诸如低贱的家庭地位、经济受损、分数较差和对自己不满等这种或那种不利条件，使军旅生涯的作用越来越突出。不利的背景和入伍时机的关系大于和入伍本身的关系。这些孩子所处的条件越不利，他们入伍的时间越早（Elder，1986，1987）。实际上，那些较为年轻的时候入伍的男孩们，被证明是自己所属出生组中条件最为不利的一群人。他们在1930年代最可能生活在经济困难的家庭中，他们在学校的表现也显得更没有前途。和其他成年人相比，他们更没有目标取向，更没有信心，也更缺乏自信。

服兵役对男性生活的影响

刚刚入伍的新兵如何摆脱这种不利的背景？为了回答这个问题，我们不得不区分入伍相对早的和相对晚的退伍军人。和较晚入伍者相比，较早入伍者（年龄不到21岁）的家庭和个人条件更为不利。这些新兵和那些根本没有参过军的男性有更多的共同之处，但是他们后来在教育方面更加成功——70%的人都完成了至少某种程度的大学课程，而没有参军的只有58%。《退伍军人权利法案》使上大学对许多较早入伍的退伍军人来说成为可能。

把服兵役作为大萧条的孩子们的一个潜在转折点的概念，部分基于如下假设：服兵役的经历明显地减少了原来的不利条件的持续性。能够实现这个假设的一种方法是使男性能够运用他们的个人才智，对自己的教育、工作和家庭产生良好的影响。动机可以部分解释这些情况，其次是个人的品质，因为退伍军人常常把它当作服役给自己带来的好处。在这些品质中，自律、应付逆境的能力和管理人的技巧等尤其突出。这些品质最可能在30年代经历过困境的孩子的身上发现。他们必须运用自己所拥有的一切才能在生活中获得成功。而优质教育和有报酬的工作都无法确保这一点。

带着这种视角，我们假定服兵役对那些来自经济受损家庭的男性职业成就的预期作用，大于其对那些来自经济未受损家庭的男性的作用，而且服兵役的影响基本上是通过高等教育实现的。为了验证这些观点，我们对来自两种背景——经济受损的和经济未受损的——的男性都设计了相同的预期公式，也就是说把他们童年时的IQ和服兵役作为他们中年时所获取的职业地位的先决条件（Elder & Caspi, 1990）。从我们的分析中可以看出，服兵役只对经济受损的人有着重要的影响，而IQ对于两种人一般都有预期作用。其次，服兵役的影响一般都是通过高等教育实现的。这些结果表明，一些大萧条的孩子们通过服兵役打破了不利条件所带来的恶性循环。来自经济未受损家庭的男性的成就，相对来说最可能依赖他们自己的能力。

生活的转变是如何表现在孩子的人格和社会行为中的呢？较早入伍者和根本没有参军的人组成的两个群体的对比，为这个问题提供了答案（Elder, 1986）。和较晚入伍的人不一样，这两个群体有着相似的阶级背景和经济困难的经历。可以在他们成人后和40岁的时候，通过测量这两个群体的四种明确的心理能力来比较它们：自我不足（self-inadequacy）、目标取向或成就动机、社会竞争能力、服从性。成年的时候，这些没有参军的人在这些方面都强于那些较早入伍的退伍军人。到了中年的时候，这些差异就变得不那么明显了。和那些没有参军的人相比较，那些较早参军的人在发展上获益多得多。后者到了40岁的时候，对待自我的态度变得更加积极，而且更加自信和更有社会能力。

两位来自经济受损家庭的男性的生活经历，证明了《退伍军人权利法案》在这些人取得成就的过程中所起的作用。第一位年轻的男性来自劳动阶级的家庭，他在二战中十几岁时就对参军这件事持相当积极的态度。他列举了一系列不同的军职，尽管"成为海军陆战队员"依旧是他主要的目标。就像他妈妈那时候说的那样："无论我想让他干什么，他都想成为海军陆战队员。"他坚持这个目标，在17岁的时候就中断了学业，劝他的父母同意他加入海军陆战队。他在中东服役4年后，重新开始过平民生活，并通过《退伍军人权利法案》开始在印刷业中当学徒，而且和他中学的恋人结成连理。另外一个年轻人，也有着相似的成为军人的愿望。他在中学时就辍学了，最终加入了海军。服役后，他成了空军预备役中的一员，并获得了中学文凭。最终，他飞行的梦想使他进入大学学习电气工程，这也是因为《退伍军人权利法案》才得以实现的。

30多年过去了，这些人如何看待他们服役的这一段经历呢？在1985年的调查中，我们提到"生活经历中常常有既令人快乐又令人不快乐的方面"。从频繁的访谈和大量的文献中，我们列出了一个包含13个正面影响和14个负面影响的表格（Elder & Clipp, 1989）。我们要求所有的退伍军人在其中选择服役的经历中最令他们快乐的3个方面和最不快乐的3个方面。从积极的一面来看，这些男性中有60%到70%的人选择了"更宽广的视野""更加独立""自律"和"学会应对逆境"。有一半的男性选择了"学会合作"，接下来是1/3或不到1/3的人选择"教育的益处""更加珍视生命""对自我的感觉更加积极""一生的朋友"，"工作技能"排名垫底。

人们可能会认为，参与激烈战斗的人很少会提及令人快乐的结果，但是有三种经历明显地和激战有关。考虑到战斗只是一个相当有限的经验模式，退伍军人们确定了三种来自他们战时经历的能力：学会应对逆境、习得自律和更加珍视生命。那些感到自己能够很好地处理战时压力的人，认为他们也获得了在最为困难的环境中支撑下去的技巧。一位二战中和朝鲜战争中曾担任实习医生的伯克利的孩子，在回忆起他在前线令人难受的经历时曾说道："我们救护那些受重伤的和垂死的人，在一直存在战亡的风险下持续工作数小时。我设法表现出极大的勇气和良好的判断力。在我的生命中我第一次认识到自己也能处理极端的境遇。"他引用了上面提及的每一种结果：应对自如，当他人"失控"的时候还能控制自己，对他生命中的每一天都心怀感激。

自律对于身处前线的男性来说尤其有用。一位奥克兰退伍军人提到："当战斗紧张激烈时，你唯一的希望就是整个排的人都消化吸收了以前所学的一切，因为很多生命的丧失不是因为敌人的射击，而是由于自己'已经吓坏了'。"另外一位参加过二战和朝鲜战争的退伍军人，认为部队教会了他遵守相当多的良好纪律，"无论新补充的兵员如何一直在消耗，你都要控制自己的感情并保持清醒的头脑，这能尽量减少你所承受的压力"。一位参加过瓜达尔卡纳尔岛战役的退伍军人记得，当时他就是靠控制住自己的感情才活下来的。那时他在敌人防线的后面用止血带捆扎自己的胳膊，强抑伤口所带来的疼痛。这种经历深深地烙在他的灵魂深处，几乎伴随了他的一生。在奥克兰研究中，一名退役的海军陆战队员今天描述了自己的问题："做噩梦，至少一个月一次——它们如此令人沮丧，还有抑郁的感觉……曾于1968年和1970年到医院治疗……相信这一切都源自服兵役。"

最后，86%参加过激烈战斗的人认为，他们退役后都对生命怀有更高的崇敬。而没有战斗经验的退伍军人只有18%有这种感觉。一位奥克兰退伍军人声称他"在整个太平洋地区看到这么多人正在受苦受难，他逐渐养成了一种新的同情心"。伯克利的一位退伍军人认为他能够承认生命具有更深刻的价值，是"来自他们所经历的深厚友情、受伤和死亡"。家庭背景和高等教育可以解释为什么经受了战争的创伤之后会形成这种社会价值观，而不是变得更加麻木不仁。

人们很少选择令人不快乐的结果，但是有三种负面影响非常突出："混乱的生活经历""与爱人分离"的痛苦和"职业生涯被耽延"（选择的比例均在40%到50%之间）。那些入伍较晚（中学毕业后5年或5年以上）的男性最经常提到这些选项。这个结果并没有因他们是否拥有战斗经历而出现差异。不到20%的人提及"战斗的焦虑"和"失去朋友"。这种经历正像人们认为的那样，集中表现在有过战斗经历的退伍军人身上，尤其是那些提及激战的人。经过激战的退伍军人中一半以上回忆起自己在感情上所承受的痛苦、亲眼看见的死亡、各种破坏和朋友的失去。

关于通过部队走向成年后成功的最重要的问题之一就是这种途径的普遍性。

较早入伍是不是服兵役对男性的生活产生有益影响的一个重要因素？看看有关大约1000名美国人的同组研究，这些美国人在1920年代和1930年代成长于波士顿低收入地区（Sampson & Laub, 1996）。这些人中70%以上都曾服兵役。配对控制设计（matched control design），最初是谢尔登（Sheldon）和埃利诺（Eleanor）在对少年犯罪进行纵向研究时使用的（Sheldon & Eleanor, 1968），这项研究是关于青少年犯罪的开创性研究。两个样本中的男性一般都在18岁或19岁时参加二战，大部分人都至少服役了两年。

正如人们所预期的那样，少年犯更可能卷入不光彩的退伍和其他形式的渎职罪中；但是和对照组相比，他们的生命历程也更可能从服兵役中获益，而且那些入伍较早的人尤其可能这样。因为这些年轻人足够年轻，所以他们能够通过部队的教育、在海外承担的职责和《退伍军人权利法案》而利用这段经历。特别是，那些有着犯罪史的男性如果在较为年轻的时候就入伍，那么《退伍军人权利法案》所带来的益处对他们来说更为明显。而且直到他们的中年，所有这些经历都提高了他们的职业地位、工作的稳定性和经济收益，与他们的童年差异和社会经济出身无关。

总的来说，这些发现一直都支持服兵役是一种"早期时机"的假设。相对而言，这对于那些年龄很大（如30多岁）才参加二战的退伍军人一直很不利。刘易斯·特尔曼在他关于高才能孩子的著名研究中，也在加州男性的身上发现了这些影响（Elder & Chan）。年龄较大的出生组都是在自己生活中"不合时宜的时候"遇上大萧条和战争年代的。和更年轻的出生组相比，这种不利条件将伴随他们一生，并且一直伴随到他们晚年。他们的工作更不稳定，随着时间的流逝，收入更少，离婚率更高，50多岁的时候身体健康状况急剧下降的风险更大。因此，是否合时宜（timeliness）是决定服役从1930年代到战后岁月的持续影响的一个重要决定因素。如果时机适当，服役对很多人来说的确是获得更多机会的桥梁。

在1940年代和1950年代，并不是所有的伯克利退伍军人都继续接受高等教育和利用《退伍军人权利法案》。这里有三个相关的看法。第一，服役并没有加强或增加所有人的求学欲望。一些精通某种技术（比如电工）的人复员后就开始从事相应的工作。第二，战斗的经历使某些男性的心理受损，而这些人一般在青少年时期的自我复原力（ego resilience）就是最差的（Elder & Clipp，1989）。第三，某些人回家后要承担家庭责任，这阻碍了他们开始或继续高等教育。这些人无法得到妻子、孩子和父母的支持，而只有得到这些人的支持他们才可能利用《退伍军人权利法案》：个人牺牲的时代已经过去了。

但是配偶给予关键支持的情况更加普遍。动员常常使奥克兰和伯克利出生组的退伍军人和他们未来的妻子聚集在军事基地或者医院。在某些情况下，战时可能分离的前景导致了匆匆结婚或早婚。对于那些对自己的未来失去了信心和希望的男性来说，一位乐观的妻子将会改变他们沮丧的外表，使他变得更有生气和抱负。

那些成功摆脱1930年代艰难生活的女性，一般都是通过嫁给有潜力的年轻男性来实现的。实际上，大萧条的经历通过增加人际关系的重要性和减少高等教育对女性的价值，来引导女性通过婚姻实现生活成就。就像一位父亲指出的那样，她们"只能结婚"。一位中产阶级母亲对女儿的愿望就是"上大学、获得社会知名度和早婚"。这位年轻的女性在大学碰上地位比她更高的配偶，然后很快就退学结婚了（Elder，Downey & Cross，1986）。这一代女性常常为了丈夫的工作和假定的家庭需求而牺牲了自己的教育和职业生涯。在塑造奥克兰和伯克利妇女的婚姻经历的过程中，战时的就业、大学的校园和因为战时的需要而混杂在一起的人群都起了重要的作用。丈夫参与了二战和1950—1953年的朝鲜战争的婚姻不知道有多少。

尽管两个出生组的女性在生命的不同时点遇上了大萧条和战争，但是她们都是在充满机遇、物质富足和关注家庭的战后繁荣时代共同追求成人职业。然而她们成年后的生活还继续反映出过去的经济受损。那些成长于经济受损家庭的女性，尤其是中产阶级女性，在战后多拥有以家庭为中心的价值观，成为母亲后就业的情况也最为普遍。在两个出生组中，和经济未受损的女性相比较，她们都更可能早婚（Bennet & Elder，1979），都更可能为了婚姻和丈夫的职业而牺牲自己受教育的机会（与男性相比，她们更倾向于在完成学位前就离开大学），更可能为了家庭的需要而就业。从丈夫的职业地位来看，她们至少和经济未受损的人嫁得一样好，而那些嫁入中产阶级上层的女性比其他女性生育的孩子更多，抚育孩子的模式和理查德·伊斯特林在战后提出的生育率的相对收入理论（relative income theory of fertility，1980）一致。在两个出生组中，尽管通过婚姻所实现的社会地位的提高使女性能够克服经济受损家庭所带来的匮乏和限制，但这种背景导致的许多偏好依旧继续影响着她们的选择。

对于两个出生组中经济受损的男性而言，社会地位的提高大多要依赖于教育程度和他们通过工作所获得的个人成就。与那些经济未受损的男性相比，他们更可能在非常年轻的时候就进入劳动力市场，更可能在年轻的时候就建立起自己的职业生涯，更可能在中年之前的大部分时间里都有稳定的职业生涯。工作和家庭是他们成年生活中优先考虑的东西。在这两个出生组中，主要是那些生长于经济受损家庭的男性，在中年时的地位超过了根据他们的家庭背景和教育程度对他们的预期（Elder & Rockwell，1978）。这种成就的深远意义，表现在大萧条的艰难对成人的价值观和健康的长期影响上。大萧条时代的童年和麻烦琐碎的工作生活互相作用，强化了收入、工作的保障性和家庭作为避难所的概念的重要性（Elder，1974；Elder & Rockwell，1978）。那些通过攀登职业阶梯来克服家庭受损所带来的局限性的男性，则更关注生活的质量。

奥克兰和伯克利两个出生组在大萧条的童年和他们后代的童年嵌入于两个完全不同的世界之中。"在一个生命跨度中，美国人从匮乏走向充裕，从牺牲走向自由，而这一切都是因为繁荣才成为可能的。"（Elder，1974：296）这些出生组成员的后代，大部分都只是通过家里或朋友那里的印刷品、电影和故事才知道大萧条和二战的。和他们的父母不一样，这些孩子一般来说在整个青少年期都在享受着繁荣；而作为"婴儿潮"出生组的一员，他们现在都面临着生命中的最后一个阶段：此时围绕在他们身边的都是成年的子女和孙子女。通过这种或那种联系，"每一代人都受着命运的摆布，都与他人的生命历程中的事件有着密切的关系"（Elder，1984：119）。[13]

---

[13] 在这一点上，我们没有谈及奥克兰和伯克利研究对象的父母。奥克兰的父母在1930年代之后就没有继续追踪了，但是伯克利引导研究中的研究对象的父母在1969年还接受了访谈。这种后续研究成了两本已经出版的评估大萧条影响孩子心理健康的著作的基础（Elder & Liker，1982；Elder, Liker & Jaworski，1984）。中产阶级妇女在30年代碰上经济损失的时候，比劳动阶级妇女拥有更多的资源，而且这个阶级的经济困窘状况没有持续那么久。因此，经济困窘使中产阶级的母亲保持心理健康，并对劳动阶级的母亲产生了相反的结果。在伯克利父亲组成的规模更小的样本中，无论他们属于哪个阶层，大萧条和失业对于他们精神健康的影响都是负面的。30年代的经济损失对男性产生了最为直接的影响，而且个人才智或者教育程度都无法减少他们在心理上付出的代价。

反思

任何人都难以理解，在1960年代早期的伯克利人类发展研究所进行的一项开创性的纵向研究能对原有的概念和研究带来什么挑战。什么样的理论和方法适合于研究一个急速变迁时代的个人生活和个人发展？更为重要的是，是什么样的能够激发大家兴趣的问题诱导和激励我们去从事这项工作？那时这些问题几乎还没有怎么被提及。研究所的核心研究小组的成员大多是心理学家，有一些人曾经在1920年代和1930年代从事儿童发展研究时进行过纵向研究。在1960年代，这些调查者和研究对象都步入中年。普遍流行的以儿童为基础的发展模式几乎无法解释这些人的成年生活。

这些问题使人们想起在1920年代W. I. 托马斯倡导的从情境中看个人发展（human development in context）的观点，他是著名的托马斯定理——"如果人们把所处的情境定义为真实的，那么它们的后果也是真实的"——的合著者。在20世纪的头十年，也就是美国社会发生巨变的十年，为了研究作为"自然的试验"（用布朗芬伯伦纳的术语，1979）的移民及其孩子生活的转变，托马斯做了一个颇具说服力的个案。受到W. I. 托马斯和弗洛里安·兹纳涅茨基的《身处欧美的波兰农民》一书的启发，研究者开始运用生活记录的数据来调查社会变迁的影响。

在大部分开创性的纵向研究实施之前，托马斯（Volkart, 1951: 593）就强烈要求重视"对生活史的纵向研究途径"。他宣称那些研究应该调查"不同类型的个体的经历，以及他们在过去不同时期不同境遇中的生活"，接下来是一直追踪"个体组成的群体，当各种经历发生的时候要持续记录下来"。他还做了一个社会干预（social intervention）的个案：通过把问题儿童放在一个更有利于发展的环境中来改善他们的生活环境。托马斯（和多萝西·托马斯一起）在1928年出版的一本名为《美国的儿童》（The child in America）的书中，提及了一些开创性研究和有可能按照他所提倡的方法——一直追踪处于不同时间和不同境遇中的儿童——去做的研究计划。这些研究中有一些是直接由在加州大学伯克利分校中的儿童福利研究所的琼·麦克法兰指导的。

研究所的研究人员从这些人成年后的资料中发现，奥克兰成长研究中研究对象的贫困童年和他们中年时所获得的巨大成就和良好的健康状况是不一致的。这些贫困的孩子到中年时，有些是高管，有些是教师和工程师，有些人非常乐于在他生活的社区中扮演领导人的角色。琼·麦克法兰在1960年也提到同样的不一致性。尽管两个出生组（奥克兰和伯克利）的成员都是"大萧条的孩子"，但他们的故事并不是1930年代艰难岁月的延伸。相反，他们的故事的特点是，许多男性和女性都成功地摆脱了他们生活中的不利条件给他们带来的影响。有一些人通过服役克服了他们童年的制约，有一些通过教育和一份体面的工作来达到这个目的，还有一些则是因为他们的家庭是充满温暖的世界。

在逆境中获得这些成就并不是不需要付出个人代价的，奥克兰一位能言善道的中年妇女就表达了这一观点（Elder，1974：113）。大萧条的童年给她留下的难以磨灭的印象，是她母亲的牺牲情结。"妈妈总是使我们感到自己有责任，而且现在依旧是这样。她用一只手给予，另外一只手击打。你想要感情，却害怕接下来会发生什么。"另外一个有着经济受损背景的女性，宣称她总是担心母亲带来的阴影，以及这种阴影对她和她孩子的影响。"你认为你的生活是你自己的，但是每一个人的生活都会影响下一个人的生活，每一代的生活都会影响下一代的生活。"在《美国人的生活》（*American Lives*）一书中，约翰·克劳森（1993）形象地描绘了奥克兰和伯克利出生组中男性和女性生活中的这种持续性。它们包括战争的压力，这些压力继续在退伍军人的生活中存续，尽管许多人"学会了如何驾驭这种情况"。在后方的支前活动中，如果需要持续工作数小时，妇女们就把全家聚集在一起。其他的妇女则从家庭虐待中幸存下来，而且有效地处理着几乎伴随一生的各种压力。生活的成功部分可以用这些条件来评估。琼·麦克法兰（1963，1971）在多年以后谈及经历了生命的痛苦和困惑而变得逐渐成熟的工作经历时，可能已经想到了这一点。

但即使是极端聪明和勤奋的人，如果没有机会，也不能超越逆境的影响而获得生活的成功。奥克兰和伯克利出生组在空前繁荣的时代进入了战后的美国。相反，德国类似年龄的女性和男性所遭遇的世界则完全不同，这个世界充斥的是社会的混乱、毁坏的城市和已被摧毁的经济制度。从柏林生活史的研究项目中，我们发现1930年左右出生的德国孩子受到战争的打击尤其严重（Mayer &

Huinink，1990：220）。战争毁了他们的家庭和教育，他们进入的是被战争摧毁的经济中的劳动力市场。工作安排常常很差，同时还混杂着失业，职业地位的提高更是不可预测。甚至1950年代和1960年代的经济繁荣，也不能完全弥补这个出生组在战时所蒙受的职业发展方面的损失。日本的这个出生组也有着相似的经历（Elder & Meguro，1987），区别仅仅在于日本的这些人是因为受到动员而离开学校，到工厂和农村去劳动的。许多人都描述了被炸毁的家庭和被强迫疏散到农村去的经历。

在美国衰败的城市中，那些才华横溢的年轻黑人获得更多机会的途径也是十分有限的（Wilson，1987；Furstenberg etc.）。教会、服务机构、可以选择的职业和商业都迁到其他地方去了。选择的匮乏也源自国家的政策和措施。在"文化大革命"中，中国大城市里的年轻一代也碰上了这种制约因素，因为他们一生中的重要决定都是由工作单位替他们作出的。数百万年轻人被迫离开城市，被下放到农村。"上山下乡的一代"在教育、工作生涯、择偶和家庭组成等方面都处于很不利的地位（Elder，Wu & Yuan，1993）。在刘易斯·特尔曼的研究中，出生于1900年至1920年之间的有才华的女性，也都是在自己选择的领域中的职业生涯无法进展的时候，才了解到社会的制约因素（Holahan & Sears，1995：第5章）。即使是特尔曼样本中的男性，他们在大萧条时期离开大学后，生活也没有着落，然后被动员参加第二次世界大战。社会系统对个人的制约是十分真实的。

在过去40年里，对于这个真实世界——一个人们生活着的，按照自己所能选择的最好途径去发展自己的世界——的研究，对于它对人们的制约、它所提供的选择和社会变迁的研究，不断地修正着生命历程理论。这个理论告诉我们，生活是如何在生理的、社会的和历史的时间上在社会中被组织起来的，引导人们去解释由此产生的社会模式是如何影响着我们的思考、感觉和行动的。所有的这一切对于说明我们对个体生命的理解是相当重要的。个人的发展和衰老嵌入生命历程之中，嵌入它的社会结构、人口和文化所构成的历史情境之中。对他们特有的研究激励我们通过各个世代（从婴儿到年老得足以做祖父母的阶段）之间相互关联的生活，把所有的生命阶段考虑在内。

结语

在《大萧条的孩子们》一书修订的结尾，我将用自传的方式探讨我对这个真实世界的研究。富有挑战性的问题常常来自我们个人的经历。1934年2月28日，就是在大萧条最严重的那一年过了两个月，我在克利夫兰出生。我的父母诺尔玛（Norma）和格伦德·埃尔德（Glennard Elder）都是中学教师，我是他们的第一个孩子。他们既是教练也是给学生上课的老师：母亲是女子篮球教练，父亲是足球教练。我的弟弟（出生于1937年）和我都曾经历过这种生活："教练"成了我们家庭生活中的某种文化主题，"竭尽全力"成了这个家庭的座右铭。父亲在大萧条时参加了夜校，他试图通过1936年的医学委员会的考试（Medical Board Examination）获得进行脊椎指压治疗的资格。几十年后，我发现那时他写给妈妈的小纸条："我们是一个幸运的家庭——有很多事情我们必须心怀感激。如果我们做得正确并有信心，事情总会如愿以偿。"1937年，我们搬到了克利夫兰的郊区，这样他就能建立一家诊所，在整个二战期间，这里一直是我们的家。在我的记忆中，战争代表了巨大的强制性力量。我还记得那个时候通过收音机和新闻报道了解到裂成碎片的发动机、定量配给、附近某个大型轰炸机厂，以及海军学员的训练。

父亲一直想拥有一个家庭农场，这缘于他在俄亥俄州牧场和农场所度过的童年。无数个周日的下午，他们都是策马从丰饶的农场驰骋到北部的俄亥俄。在1949年5月，他的希望突然变成了现实，因为他告诉我们他在宾夕法尼亚的西北部买了278英亩的奶牛场，大约离蒂土斯威尔（Titusville）12英里。在一个星期内，埃尔德家的男孩都要在农场努力学习务农的方法。令克劳福德县（Crawford）森特威尔（Centerville）地区的一些当地农民非常惊讶的是，格兰·希尔（Glen Hill）农场已经有了30多头注册的荷兰奶牛和相同数量的幼畜，因此变成了一个成功的企业。

因为抱着可以想见的十几岁的少年对农场的幻想，我进入了宾夕法尼亚州立大学农学院。然而，我很快发现了自己对社会和行为科学的强烈兴趣，令人着迷的高级社会心理学和行为病理学课程巩固了我的这种兴趣。这一迟来的发现使我开始选读社会科学的研究生课程。因为我被任命为俄亥俄州肯特市的肯特州立大学的男教员主任，我选择了社会学作为我的硕士学位课程。1958年秋天，在众多专家无形的引导和支持下，我得以在北卡罗来纳大学继续我的博士研究，我同时成为查尔斯·包尔曼（Charles Bowerman）教授的研究助手。这时，我刚刚和凯伦·比克斯勒（Karen Bixler）结婚，这是我一生的愿望。肯特州立大学的男教员主任格伦·尼格林（Glen Nygreen），曾是包尔曼在西雅图的华盛顿大学授课时的博士生。包尔曼计划从事一项庞大的研究——研究父母和朋友在青少年时期的生活，他碰到的问题和我在宾夕法尼亚州立大学的最后一年写论文时碰到的一样。它也和我关于"学生通往大学之路上不断变化的参照群体"的硕士论文有某种相同之处。

我的博士论文关注的是家庭对父母角色和青少年对同龄群体偏好的影响，论文的指导委员会由欧内斯特·坎贝尔（Ernest Campbell）、理查德·辛普森（Richard Simpson）、约翰·蒂博（John Thibaut）和丹尼尔·普赖斯（Daniel Price）组成，查尔斯·包尔曼是主席。由国立精神健康研究所资助的博士后研究使我能够完成对样本的分析。当我在市场上寻找机会的时候，包尔曼为我安排了一个在北卡罗来纳大学教堂山分校与社会学家约翰·克劳森交谈的机会。约翰是加州大学伯克利分校人类发展研究所的新任所长。包尔曼和克劳森是老朋友了。二战后不久，他们一起在芝加哥大学社会学系读研究生课程。事后来看，这次会面导致了社会学中的早期芝加哥学派对我的工作的持久影响，该学派强调采取在真实世界里研究生活中的社会变迁的方法（real-world study）。

在伯克利研究所中，许多关于研究对象的纵向研究数据还没有编码，因此克劳森非常有兴趣聘请一个新的博士和他一起从事这个项目，一起研究成人职业生涯。我非常高兴地接受了这个提议，它使我既获得了研究所的聘用，又获得了新组建的明显包括了许多杰出教员的社会学系的聘用。[14]这样，我开始了"第二个阶

---

[14] 伯克利的社会学系是50年代中期在赫伯特·布鲁默的领导下建立起来的，它很快就成了吸引出色的高级教员的磁石。当我在1962年受雇成为助理教授的时候，这个系的系主任是金斯利·戴维斯（Kingsley Davis），他是人口学中的个人研究（study of human population）领域的泰斗。我还非常清楚地记得我在1962年秋季开学之前见到这些教员时候的情景。坐在屋子里的有 Kingsley Davis, Reinhard Bendix, Seymour Martin Lipset, Philip Selznick, Erving Goffman, Neil Smelser, John Clausen, Herbert Blumer, Martin Trow, Charles Glock, Hanan Selvin, David Matza 和其他人。

段的研究生学习",开始转到对急速变迁世界中的生活的研究上来。我意识到可以用北卡罗来纳大学教堂山分校所做的青少年研究中的20000多名青少年的横截面样本（用Platte River故事似的语言说——"一英里宽一英尺深"）和伯克利纵向研究的数据资料进行比较。这些30年的数据，包含出生在1920年代的大约500名研究对象。我从横截面的研究转向纵向研究，需要新的理论和方法。最终生命历程理论适应了这种需要。

在我的专业之旅中，许多同事起了重要的作用。我尤其感激约翰·克劳森，我还很高兴能在1996年他去世前和他分享《大萧条的孩子们》一书将再版的好消息，因为他为此书的成功付出了巨大的努力。约翰把我带到了伯克利的人类发展研究所，并为此书写了前言。他和研究所的许多其他同事——保罗·马森（Paul Mussen）、琼·麦克法兰、马乔里·霍尼克（Marjorie Honzik）、玛丽·琼斯（Mary Jones）、多萝西·艾科霍恩（Dorothy Eichorn）、珍妮（Jeanne）和杰克·布洛克（Jack Block）——一起为了帮助我巩固已取得的成就做了大量的工作。我们大家组成了一个精神上的家园，这些年来研究所代表了我们中间的每一个人。尤里·布朗芬伦纳从各个方面指导了我的研究生涯。他坚持我应该在研究中更加充分地考虑发展科学。无数从事历史学、人类学、社会学和人口研究的同事，也坚持认为我应该同时关注生命的社会历史和文化背景。最后，我也受惠于卡罗来纳人类发展研究会，以及它在北卡罗来纳大学教堂山分校校园中的发展科学中心。

附录A 表格

（包括表A-1至表A-33，不带前缀A的表格在正文中，在表格目录中能找到这些表格的页码）

表A-1 用经济变迁的指标比较所选择城市的萧条状况

I. 已发建筑许可证的数目

城市	1929年已发建筑许可证	相对于1929年，其他年份已发建筑许可证的百分比（%）			
		1931年	1933年	1935年	1937年
奥克兰	4,624	64	40	90	119
旧金山	5,505	95	62	74	106
洛杉矶	31,722	80	50	68	104
底特律	26,554	38	15	38	62
克利夫兰	9,863	67	30	36	48
亚特兰大	2,946	110	60	79	73
费城	10,388	53	34	42	113

注：表中的数据包括新建筑和准备修缮的旧建筑，但是不包括安装许可证（installation permits），因为严格来说这不属于建筑行业。1929年和随后年份所有的数据包括的是已发建筑许可证的数目，而不是建筑许可证的数目。

资料来源：
《美国统计摘要》：1931年，871—873页；1935年，789—791页；1939年，867—868页。

II. 零售业中的净销售额

城市	1929年零售业中的净销售额	相对于1929年，其他年份净收益的百分比（%）	
		1933年	1935年
奥克兰	204,437	51	69
旧金山	499,060	51	60

（续表）

城市	1929年零售业中的净销售额	相对于1929年，其他年份净收益的百分比（%）	
		1933年	1935年
洛杉矶	914,071	50	65
底特律	882,087	42	62
克利夫兰	534,241	52	67
亚特兰大	165,107	57	83
费城	1,122,168	46	59

资料来源：
《美国统计摘要》：1931年，326—328页；1935年，781—782页；1939年，854—855页。

III. 零售业中的就业人数

城市	1929年零售业中的就业人数	相对于1929年，其他年份零售业就业人数的百分比（%）	
		1933年	1935年
奥克兰	16,392	66	98
旧金山	44,562	68	88
洛杉矶	74,398	75	107
底特律	68,315	69	100
克利夫兰	46,347	73	103
亚特兰大	18,495	73	106
费城	102,318	69	89

资料来源：
《美国统计摘要》：1931年，326—328页；1935年，781—782页；1939年，854—855页。

表A-2　维持家庭生计的来源[a]

（按社会阶级、经济受损状况和父母的就业来划分）

1929年的社会阶级和经济受损状况	个案数	维持家庭生计的来源（百分比）	
		母亲就业（1934年）	从亲属和寄宿者处获取金钱（1929—1933年）
中产阶级			
经济未受损	45	9	7

（续表）

1929年的社会阶级和经济受损状况	个案数	维持家庭生计的来源（百分比）	
		母亲就业（1934年）	从亲属和寄宿者处获取金钱（1929—1933年）
经济受损			
父亲就业	29	39	17
父亲失业	33	21	27
劳动阶级			
经济未受损	21	19	10
经济受损			
父亲就业	23	30	26
父亲失业	24	27	25

a 为了能够绘制这张有关每个社会阶级的三维表，我们把所有包括社会经济信息的奥克兰个案都囊括其中。其中有些个案我们在1935年之后不再研究了，因此不包括在167名基本的青少年核心抽样（core sample）中。这一程序适用于表A-2、A-3、A-4。

表A-3　在两个时期从公共机构所获得的资助

（按照社会阶级和经济受损状况的划分）

1929年的社会阶级和经济受损状况	个案数	从公共机构获得的资助（百分比）	
		1929—1933年	1934—1941年
中产阶级			
经济未受损	46	2	4
经济受损			
父亲就业	29	—	9
父亲失业	33	21	48
劳动阶级			
经济未受损	21	4	15
经济受损			
父亲就业	23	13	15
父亲失业	24	46	60

表A-4 访谈者给母亲评分的平均分数

（按照社会经济、经济受损状况和父母的失业状况划分）

1929年的评分和社会阶级[a]	经济未受损	经济受损且失业	统计上的显著性
诸多不满			
中产阶级	3.3	4.5	$p<0.01$
劳动阶级	3.9	4.2	
感觉空虚			
中产阶级	3.2	3.7	$p<0.10$
劳动阶级	3.8	3.6	
疲乏、劳累			
中产阶级	3.4	4.0	$p<0.01$
劳动阶级	3.8	3.8	
感觉有保障，自信			
中产阶级	4.0	3.7	$p<0.01$
劳动阶级	4.0	3.7	
外表不整			
中产阶级	3.2	3.8	$p<0.01$
劳动阶级	4.1	4.0	
总个案数			
中产阶级	46	33	
	21	24	

a 表中的评分是根据七级量表来确定的三次评分的平均值，这三次评分是访谈者在1932年、1934年和1936年三次访谈中所给出的。量表每一项目的高分都可以从它的标题看出来。因此，7分是对于该项目不满意的最高评分。

表A-5 在1937年对女孩可靠性和勤劳的评分

（按照1936年的工作地位和家务来划分）

所选择的境遇评分（1937年秋）	平均分数			次群体比较的P值：T检验
	既工作又做家务 N＝17（A）	做家务 N＝25（B）	什么也不做 N＝21（C）	
可靠性	55.5	50.2	49.1	A＞B**A＞C**
反抗权威	43.8	49.0	52.7	A＜C**
勤劳	56.5	47.6	48.0	A＞C**

**$p<0.01$

注：A组包括有一份工作且有关家务指标的分数为3—5分的女孩，B组包括没有工作且有关家务指标的分数为4分和5分的女孩，C组包括没有工作且家务指标的分数为0—2分的女孩。在0.05的水平上，B组和C组没有统计意义上的显著差异。

表A-6 母亲所报告的孩子们的社会独立性
（按照社会阶级、经济受损状况和性别划分，用百分比表示）

地位	周末晚上和朋友外出[a] 男孩	周末晚上和朋友外出[a] 女孩	在上学日的晚上和朋友外出[a] 男孩	在上学日的晚上和朋友外出[a] 女孩
中产阶级				
经济未受损	28（28）	35（17）	32（28）	24（17）
经济受损	43（28）	57（21）	54（24）	29（21）
	−15%	−22%	−22%	−5%
劳动阶级[b]				
经济未受损	33（9）	64（11）	22（9）	45（11）
经济受损	47（17）	46（24）	61（18）	32（25）
	−14%	18%	−39%	13%

a "朋友"包括男孩和女孩。
b 尽管两项的百分比差异是一致的，但是经济未受损的劳动阶级家庭的数目太少，无法提供可靠的取值。

表A-7 在经济受损的中产阶级和劳动阶级家庭中，作为母亲占支配地位的决定因素的父母的能力、传统主义和角色表现

母亲权力的潜在来源[a]	和母亲占支配地位相关的诸因素在经济受损的家庭中 中产阶级（N=35）	和母亲占支配地位相关的诸因素在经济受损的家庭中 劳动阶级（N=32）
父母的能力		
母亲受过更多的教育	0.09	−0.26
父亲的年龄	0.23	0.06
国外出生的父母（作为传统主义指标）	(b)	−0.08
角色表现		
家庭向下流动	0.42（$p<0.01$）	0.18
不稳定的工作	0.23	0.39（$p<0.05$）
1934年，母亲就业	0.10	0.06

a 根据霍林斯黑德指标将相对教育程度分成五类：父亲比母亲高两个等级；父亲比母亲高一个等级；两人相同；母亲比父亲高一个等级；母亲比父亲高两个等级。除了父亲的年龄外，其他的项目都是二分变量。不稳定的或无序的工作生活指的是工作路线的变动，在地位结构中向上或向下的流动等。
b 中产阶级中出生于国外的父母的个案太少了，无法进行分析。

表A-8 男孩和女孩的交往偏好（1933—1934年）
（按照阶级和经济受损状况划分）

社会对象	男孩 平均等级 ($\bar{X}$)	男孩 较低地位的影响[a]	男孩 经济受损的影响[b]	女孩 平均等级 ($\bar{X}$)	女孩 较低地位的影响[a]	女孩 经济受损的影响[b]
父亲	1.84	−0.17	−0.26	2.17	−0.21	−0.07
母亲	2.29	+0.06	+0.10	2.21	+0.18	+0.13
朋友群体	2.71	+0.05	+0.34	2.13	−0.03	+0.25
最好的朋友	2.22	+0.06	+0.23	2.43	+0.19	+0.18

注：每一个受访者都要回答：在去看马戏的途中，他愿意父亲、母亲陪伴，还是一群朋友或最好的朋友陪伴。每一对象都有三种选择：第一、第二或第三，最高等级是"1分"，最低等级是"3分"。

a 社会阶级影响取值为正数表明，和中产阶级的受访者相比，劳动阶级的受访者偏好的社会对象等级高于中产阶级（趋向于"1"）。也就是说，劳动阶级偏好的社会对象的平均等级高于中产阶级的。类似地，可以用来比较的经济受损的影响表明，经济受损群体中的孩子对社会对象的偏好等级高于经济未受损的群体的孩子。对于中产阶级和劳动阶级而言，每一组男孩的数目是41和22，而经济未受损和经济受损的孩子的数目分别为29和34。女孩中用来对比的群体，社会阶级一栏的数目是33和34，而经济受损状况一栏分别是23和42。

表A-9 孩子们愿意选择的给其建议和帮助的人（1933—1934年）
（按照家庭的社会阶级和经济受损状况划分）

家庭的社会阶级和经济受损状况	受访者的数目	依赖的人[a]，百分比 父亲	母亲	兄弟姐妹	老师	同龄人
中产阶级						
经济未受损	40	50	70	13	5	5
经济受损	47	43	83	23	23	19
劳动阶级						
经济未受损	18	33	67	11	11	6
经济受损	33	36	88	21	24	27

a 因为受访者可以选择1人以上，所以百分比相加超过100%。

表A-10　中学时期男孩、女孩与父母的关系（1929年）
（按照经济受损状况、母亲占支配地位和家庭阶级划分）

和父母的关系 （9级量表）	相关系数（r）		
	经济受损状况： 损失的百分比（1929— 1933年）[a]	母亲占支配地位 （1—5分）	1929年的家庭阶级 （最高分数＝ 最高地位）
男孩（N＝34）			
和母亲更为亲密	0.22	0.38（$p<0.05$）	0.11
受母亲的吸引	0.11	0.25	0.41（$p<0.01$）
受父亲的吸引	0.10	0.10	0.49（$p<0.01$）
女孩（N＝33）			
和母亲更为亲密	0.41（$p<0.01$）	0.40（$p<0.01$）	−0.24
受母亲的吸引	0.21	0.30（$p<0.05$）	0.13
受父亲的吸引	−0.20	−0.08	0.18

a 在收入损失的百分比上，我们运用连续变量（而不是常用的二分测量）有两个原因：个案的分配类似正态分布；收入的数字十分精确，足以证明把它用于某些个案较少的家庭的评分是合理的。

表A-11　成年后的女儿们对于萧条时期父母的评价
（依照经济受损状况和家庭阶级划分，用百分比表示）

1958年的评价	经济受损状况（1929年）		家庭阶级（1929年）	
	经济未受损 （N＝16）[a]	经济受损 （N＝26）[a]	中产阶级 （N＝24）[a]	劳动阶级 （N＝23）[a]
对女儿相当了解或十分了解				
母亲	62	57	58	57
父亲	73	44	54	50
认为父母为人父母相当够格				
母亲	87	56	64	60
父亲	87	52	64	67

a 在四个项目中，次群体都不具有统计意义上的显著相关性。

表A-12 对父亲和母亲作为父母身份的正面评价（1958年）
（按照青少年时期和母亲的亲密程度划分）

成年人的性别	成年后对于父母的正面评价（相关系数 r）	
	母亲	父亲
男性（N = 45）	0.01	0.06
女性（N = 42）	0.19	−0.28

注："和母亲比与父亲更为亲密"是用九级量表来测量的，而对父母的正面评价是用四级量表来测量的。

表A-13 男孩和女孩的情感状态
（按照初中时期的经济受损状况和社会阶级来划分，用平均分数表示）

测量情感状态的指标	男孩		女孩	
	中产阶级	劳动阶级	中产阶级	劳动阶级
社会幸福感				
经济未受损	8.7	9.0	9.4	8.7
经济受损	8.6	8.7	8.4	7.8
			ND＞D**	MC＞WC*
情绪化				
经济未受	2.5	2.5	3.1	3.9
经济受损	2.1	2.8	2.9	3.9

* $p < 0.05$（检验平均值的差异，比如经济受损群体和经济未受损群体间的平均值差异）
** $p < 0.01$
a 对于中产阶级的男孩而言，经济未受损群体和经济受损群体的个案数最少的分别为25和24；对于劳动阶级的男孩而言，这两个值分别为7和24；
b 对于中产阶级的女孩而言，这两个值分别为15和23；对于劳动阶级的女孩而言，这两个值分别为10和23。

表A-14 男孩和女孩所感知到的同学排斥
（按照中学时期的经济受损状况和社会阶级划分，用标准化平均分表示）

按社会阶级划分的经济受损状况	感知到的排斥	
	男孩	女孩
中产阶级		
经济未受损	48.9（26）	44.0（15）
经济受损	49.5（24）	52.7（23）

（续表）

按社会阶级划分的 经济受损状况	感知到的排斥	
	男孩	女孩
劳动阶级		
经济未受损	50.0（8）	47.3（10）
经济受损	52.3（14）	52.1（24）
经济未受损对经济受损		ND＜D p＜0.05

表A-15　成年观察者对整洁的外表的平均评分
（按照初中时期的经济受损状况和社会阶级划分）

社会阶级和 经济受损状况	整洁的外表	
	男孩	女孩
中产阶级		
经济未受损	57.1（28）	61.2（18）
经济受损	52.5（30）	53.3（29）
		ND＞D*
劳动阶级		
经济未受损	51.8（10）	50.2（10）
经济受损	48.1（21）	47.2（30）

*p＜0.05（t检验）

注：这一量表选自儿童福利研究所的观察人员制定的自由游戏评分量表（Free-Play Rating）。

表A-16　成年观察者对男孩和女孩社会交往的平均评分
（按照初中时期的经济受损状况和社会阶级划分）

根据经济受损状况划分 社会地位[a]	男孩		女孩	
	中产阶级	劳动阶级	中产阶级	劳动阶级
社交领导才能				
经济未受损	50.2（28）	41.2（10）	51.3（18）	47.4（10）
经济受损	50.2（28）	52.3（21）	48.5（29）	47.3（30）
		ND＜D*		
社交受欢迎程度				
经济未受损	50.2（28）	44.8（10）	52.4（18）	50.4（10）
经济受损	52.6（30）	52.3（21）	48.3（29）	50.0（30）
		ND＜D*		

* p＜0.05（t检验）

a 自由游戏评分表。这些评分表会在附录B中介绍。

表A-17　和社交幻想有关的情感因素和社会因素

（按照初中时期的性别和经济受损状况划分）

情感状况和社会地位[a]	衡量社交幻想指标的相关系数（r）			
	男孩		女孩	
	经济未受损（N＝30）	经济受损（N＝36）	经济未受损（N＝24）	经济受损（N＝43）
社会幸福感	-0.41	-0.40	-0.19	-0.16
情绪化	0.60	0.06	0.42	0.02
受欢迎程度	-0.29	0.19	-0.32	0.08
受男孩们欢迎	-0.33	0.13	-0.22	0.15
受女孩们欢迎	-0.31	0.14	-0.25	0.08

a 除了最后受不同性别欢迎程度的两个指标外，其他的都适用于初中时期。"受欢迎程度"参考的是自由游戏评分表，其他两个受欢迎程度的量表来自"1937年的境遇表"（参阅附录B）。在男孩中，只有"情绪化"一项的相关系数r在0.05水平上具有统计意义上的显著差异。

表A-18　男孩和女孩的智力和学业能力倾向

（按照经济受损状况和社会阶级划分，用平均分数表示）

社会阶级和经济受损状况	智力：IQ[a]		学业能力[b]	
	男孩	女孩	男孩	女孩
中产阶级				
经济未受损	118.4（28）	116.2（16）	4.6（28）	5.0（14）
经济受损	115.9（28）	109.0（25）	4.2（28）	4.7（22）
		ND＞D*		
劳动阶级				
经济未受损	109.5（7）	105.3（10）	4.1（7）	4.6（9）
经济受损	113.1（16）	107.2（25）	4.0（14）	4.6（25）

*$p<0.05$（双尾t检验）。在中产阶级和劳动阶级男孩对比的各项中，只有智力一项具有显著差异。把男孩和女孩放在一起，在0.01水平上，差异是显著的。
a 在计算平均分前，先计算1933年和1938年的斯坦福-比奈智力测验分数的平均值。
b 这种测量包括用七级量表对学业兴趣和学业表现进行衡量所得分数的平均值。这些分数是由在中学时期就非常了解孩子的3位老师给出的。

表A-19　男孩们的动机取向

（按照经济受损状况和社会阶级划分，用平均分数表示）

社会阶级和经济受损状况	获得成就的需要[a]	获得权力和地位的需要[b]	有兴趣的职业的声望（1938年）[c]
中产阶级			
经济未受损	2.4（27）	47.2（25）	47.3（23）
经济受损	2.4（25）	54.7（24）	48.8（19）
劳动阶级			
经济未受损	1.5（7）	44.8（6）	42.0（7）
经济受损	2.2（15）	50.0（15）	43.1（10）
根据经济受损状况来比较		ND＜D*	
根据阶级来比较			MC＞WC*

*$p<0.05$（t检验）

[a] 我们用七级量表来测量获得成就的需要，"1分"表示需要程度最低。为了使高分等同于一种强烈的成就需求，我们把分数首末倒置了。

[b] 对权力和地位的需要是两种动机评分累加的：社会认可的需要和社会控制的需要。为了使高分和强烈的需求等同，我们也把这些分数首末倒置了。这些值是先相加，然后再标准化。

[c] 职业目标的水平是用"强烈职业兴趣量表"中的职业层次量度表来测量的，这些测量是在1938年对男孩们进行的。

表A-20　职业生涯开始的时机

（按照1929年的经济受损状况、阶级出身分类，用百分比表示）

职业生涯开始的时机[a]	中产阶级 经济未受损	中产阶级 经济受损	劳动阶级 经济未受损	劳动阶级 经济受损
1945年前	9	25	25	39
1945—1948年	39	55	38	31
1949年以后	52	20	38	30
	100（23）	100（20）	101（8）	100（13）

[a] 这里的年份指的是受访者进入一个行业干了至少6年的时候。

表A-21 工作和雇主的平均数目
（按照1929年的阶级出身、经济受损状况和时段来划分，用平均值表示）

| 阶级出身和 | 工作 | | 雇主 | |
经济受损状况	1940—1946年	1946—1955年	1940—1946年	1946—1955年
中产阶级				
经济未受损（N=23）	2.00	2.92	1.96	2.38
经济受损（N=18）	2.56	2.94	2.17	2.53
劳动阶级				
经济未受损（N=8）	2.13	2.38	2.12	2.00
经济受损（N=13）	4.00	2.75	3.85	2.67

注：在经济受损群体和经济未受损群体（同时考虑阶级出身）之间，唯一具有统计意义的显著差异是1946年前的平均工作数目，$p<0.05$。

表A-22 成就动机和智力对于职业流动的影响
（按照阶级出身和经济受损状况来分类，用平均分表示[a]）

| 阶级出身和 | 成就动机[b] | | | 智力（IQ） | | |
经济受损状况	流动	不流动		流动	不流动	
中产阶级						
经济未受损	2.6（11）	2.3（12）		123.1（11）	112.8（12）	M＞N**
经济受损	2.8（11）	1.9（9）	M＞N*	119.9（11）	113.7（9）	
劳动阶级						
经济未受损	2.6（14）	2.2（15）		119.4（14）	111.6（17）	M＞N**
经济受损	2.7（19）	1.9（12）	M＞N*	117.4（21）	113.2（13）	

*$p<0.05$（双尾t检验）
**$p<0.01$

a 只有在经济受损群体中，流动的人和未流动的人的成就动机才具有统计意义上的显著差异；而只有在经济未受损群体中，流动的人和未流动的人的智力才具有统计意义上的显著差异。这两种差异适用于中产阶级和全部样本。

b 为了使高分等同于强烈的成就动机，我们把分数也首末倒置了（5＝高成就动机，1＝低成就动机）。

表A-23 职业成就（1958年）和选中的先置因素之间的关系
（按照经济受损状况和阶级出身划分：多元回归分析）

因素	中产阶级出身 经济未受损 (N=23) r	beta	中产阶级出身 经济受损 (N=20) r	beta	全部样本 经济未受损 (N=31) r	beta	全部样本 经济受损 (N=34) r	beta
成就需求（5＝高，1＝低）	0.13	0.19	0.32	0.27	0.07	0.07	0.33	0.27
智力（IQ）	0.60	0.62	0.28	0.20	0.50	0.52	0.19	0.09
家庭地位（1929年）（5＝高，1＝低）	—	—	—	—	0.14	0.04	0.32	0.27
	R^2=0.39		R^2=0.14		R^2=0.26		R^2=0.19	

表A-24 奥克兰男性活动偏好选择性决定因素
[零阶相关性和标准模式的偏回归系数（β），N＝46]

决定因素	工作 r	β	家庭 r	β	休闲 r	β
成人的社会阶级（1958年）（5＝高，1＝低）	0.29	0.27	−0.15	−0.17	−0.39	−0.39
IQ（1933—1938年）	0.32	0.25	−0.16	−0.08	−0.24	−0.16
经济受损状况[a]	0.01	−0.02	0.30	0.33	−0.30	−0.26
阶级出身（1929年）（5＝高，1＝低）	−0.10	0.01	0.01	0.14	0.14	0.17
	R^2=0.14		R^2=0.18		R^2=0.29	

[a] 经济受损状况被当作二分变量，经济未受损取值为0，经济受损取值为1。

表A-25 偏好工作的保障性，不愿为了获取更高收入而承担风险
[按照成人地位、智力和家庭背景划分：标准模式的偏回归系数（β）]

保障性偏好的决定因素	对工作的保障性的偏好优于对风险的偏好 r	β
较低的成人地位（1958年）	0.22	0.20
较低的能力（IQ，1933—1938年）	0.46	0.45
经济受损状况	0.19	0.27
出身背景为劳动阶级（1929年）	0.05	−0.07

注：在这项分析中，所有的项目都被二分了，并被分别赋值0和1。高分对应于项目的具体描述。对于工作保障性的偏好是这样的：更看重工作的保障性和合理的收入而不是工作不稳定但收入更高的为1，相反的答案为0；较低的成人地位（1958年）指的是阶级类别中的III、IV和V级，相反的是I和II级；较低的能力指IQ值在平均中间分以下；经济受损状况是把经济未受损的和经济受损的进行对比；而1929年的劳动阶级指的是霍林斯黑德指标的IV和V级。

表 A-26　已婚女儿及其父母和丈夫的教育程度的代际比较

教育程度	百分比分布			
	父亲	母亲	女儿	丈夫
大学毕业	15	10	11	36
一些大学教育	10	8	31	18
中学毕业	14	21	58	39
一些中学教育	22	19	—	7
9年或9年不到	39	32	—	—
未知	—	10	—	—
	100（72）	100（72）	100（72）	100（72）

表 A-27　已婚妇女成年后的生活状况
（按照阶级出身和经济受损状况划分）

成年时的状况	中产阶级出身		劳动阶级出身	
	经济未受损（N=13）	经济受损（N=20）	经济未受损（N=11）	经济受损（N=23）
20岁时完成的教育（百分比）	23	45	80	78
自己的教育程度（百分比）				
大学毕业	23	15	—	9
一些大学教育	54	35	9	17
不到大学程度	23	50	91	74
丈夫的教育程度（百分比）				
大学毕业	54	55	18	22
一些大学教育	—	30	9	17
不到大学程度	46	15	73	61
妻子接受的教育少于丈夫接受的教育	46	75	27	30
丈夫的职业地位（1958年）(X)[a]（1=高，7=低）	2.8	2.2	4.1	3.2
社会阶级，（1958年）(X)[a]（1=高，5=低）	2.6	2.2	3.5	3.0

a 因为p值都大于0.05，经济未受损群体和经济受损群体在平均职业地位和社会阶级上不具有统计意义上的显著差异。

表A-28　妇女的活动偏好

（根据经济受损状况分类，用平均分数表示）

经济受损状况	家庭	工作	休闲	社区活动
经济未受损（N=20）	3.4	2.0	1.5	1.6
经济受损（N=32）	4.8	1.6	1.5	1.0
	ND＜D*			

* $p<0.05$（双尾t检验）

表A-29　妇女从事全职工作的年限

（按照阶级出身和经济受损状况划分，用百分比表示）

从事全职工作的年份	中产阶级 全部	中产阶级 经济受损	劳动阶级 全部	劳动阶级 经济未受损
1946年以前				
没有	27	25	14	12
1—4年	46	40	50	52
4年以上	27	35	36	36
	100（33）	100（20）	100（36）	100（25）
1946—1955年				
没有	54	45	56	50
1—4年	30	40	24	29
4年以上	15	15	21	21
	99（33）	100（41）	101（34）	100（24）

表A-30　孩子们给父母带来最多快乐和最多麻烦的年龄（1964年）

（按照父母的性别划分，用百分比表示）

年龄段	孩子们给父母带来最多快乐 男性	孩子们给父母带来最多快乐 女性	孩子们给父母带来最多麻烦 男性	孩子们给父母带来最多麻烦 女性
没有什么特定的年龄段	20	61	13	20
婴儿	3	5	10	12
学龄前	19	7	16	2
小学	23	12	3	7
初中	16	10	10	24
高中以上	19	5	48	34
	100（31）	100（41）	100（31）	99（41）

注：表格中包括的所有对象都在28岁之前生了第一个孩子。在1964年的调查中，最大的孩子至少16岁了。

表A-31　奥克兰成年人所属政党（1958—1964年）
（按照多元分类分析的选中因素划分[a]，用百分比表示）

阶级出身和经济受损状况	共和党	民主党
中产阶级		
经济未受损的（N=33）	79	9
经济受损的（N=41）	54	32
劳动阶级		
经济未受损的（N=13）	74	23
经济受损的（N=24）	48	41
总的百分比[b]	61	27

a 还有三个变量表中没有显现，但是作为控制变量包括在分析中：成人阶级、宗教和性别。
b 对于全部样本来说，经济受损状况和政党偏好（共和党vs民主党/无党派）之间关系的 x^2 值为7.17，1个自由度，$p<0.01$。

表A-32　青少年家庭在三类样本中的百分比分布
（按照父母的种族、家庭结构和父亲职业划分）

背景因素	在奥克兰长大（1934年）	初中学生（1934年）	高中学生（1934年）
父母是本地人	72	68	—
家庭结构完整	74	84	75
父亲的职业			
专业、管理人员	27	19	25
白领、小商人等	36	33	33
蓝领	31	36	28
样本总数	167	951	1,722

表A-33　青少年和成人样本中研究对象的智力和家庭特征

特征	青少年样本	成人样本
IQ		
120	31	30
110—119	30	31
100—109	26	26
100以下	13	12
	100	100
1929年的社会阶级[a]		
较上层的中产阶级（I+II）	19	19
较低层的中产阶级（III）	38	37

（续表）

特征	青少年样本	成人样本
劳动阶级（IV + V）	43	44
	100	100
家庭结构		
完整的百分比	74	74
父母的种族		
本地人的百分比	72	74

a 建立在霍林斯黑德的二因素指标（教育和职业）的基础之上。

附录B 样本特征、数据来源和方法论问题

本附录的目的在于为奥克兰样本、参与对象的选择及其与同学的相似性、教育环境等方面提供更加详尽的细节，描述1930年和研究对象长大成年后的数据来源，回顾关于测量误差、外在效度（external validity）和分析程序等问题。在探讨这些问题之前，那些与需要使用现有数据的研究策略有关的背景资料还是应该被提及。

为其他目的收集的现有数据，一般来说只能近似于研究者根据他自己选择的设计收集的数据。现在的研究除了使用数据库外别无选择。进行第二手研究，成本是一个考虑因素，尽管更重要的问题是在过去决策、资源分配和知识限制的约束下，投入是否可以被证明是值得的。由于研究技术的变化，资料的时间跨度越大，人们感到这些约束可能更大。就这一点而言，可以通过编码程序、不同时代数据的汇总等方式来改善数据档案对于现有研究的适宜性。在奥克兰研究中，这些资料在许多领域中和我们的概念模型是不完全吻合的。在前面的分析中，我们在不同的地方都曾提及这些约束对样本设计和数据收集方面的影响。

奥克兰样本和这些孩子所处的教育环境

奥克兰成长研究始于1931年1月，当时是在奥克兰东北部五个学校的5年级孩子中挑选了一些孩子来参与研究的，对这一正态样本（normal sample）中的男孩和女孩进行智力、社交和生理发育方面的纵向分析。样本的挑选基于两个标准：愿意参与研究和预计永久居住于该地区。经过这种挑选产生的样本由84个男孩和

83个女孩组成，对他们进行了从1932年到1939年（中学结束）的持续追踪研究。所有的孩子都是白人，80%以上的是新教徒（只有4个孩子是犹太教徒，12个是天主教徒），大约有3/5的家庭是完整的，而且是本地出生的父母为户主。

尽管挑选样本的程序不能确保样本具有代表性，奥克兰样本中的家庭和在这些研究对象就读的初中和高中上学的其他学生的家庭极为相似。1934年对在这些学校上学的所有学生进行的问卷调查，收集了有关父母的国籍、家庭地位和父亲职业的数据。根据表A-32所显示的对比，奥克兰样本中的家庭只是在职业地位上稍高一些。在这些背景因素上，奥克兰孩子的青少年样本也可以和那些被追踪研究到其成年的那些研究对象进行比较（参阅表A-33）。

在奥克兰孩子上学的中学中，学校的氛围和所秉承的基本原则突出的是关于新进步主义的教育理念。初中和高中都宣扬这样的基本原则：学校将使学生间的阶级差异最小化，给所有的孩子提供相同的教育，重点在于使学生学会适应社会、调整自己、宽容他人，以及成为一名好公民。这些学校和加州大学的教育学院有联系，而且是1930年代新进步主义运动的实验机构。就像人们估计的那样，他们在高中更为强调的是传统的学科和出色的智力。

在30年代早期，初中的运动场所就已人满为患，它服务的学生已经超过了1000人，而且其中大部分人上课都是在临时建筑中进行的。所有的教职工包括34名教师和4名学校顾问。临时建筑是用小煤炉取暖的，配备的是从小学搬来的尺寸过小的桌椅。那些在家无法吃饱的学生，可以在位于临时建筑的食堂中享用免费的或者价格低廉的食物。伯克利的儿童福利研究所（现为人类发展研究所）建造的一座充当俱乐部的房子，被研究人员用来观察那些在自然状态下的研究对象，但是欢迎所有的孩子前去。因此，它很快就成了同龄人进行社会活动的热门场所。

被研究的孩子从初中进入高中，这给他们的社会经历带来了重大变化。离开了熟悉的环境和朋友的保护，他们走进了一所更大的学校，该学校因其大学预科课程和艺术、自然科学和社会研究方面多样化的课程而备受推崇。学校在奥克兰所有的地区都招生。在这所有着1900多名学生和教职员工的学校（此时研究对象在上高中）中，社交训练和公民教育是主要的课外活动。师资队伍素质很高：2/5

的教师是研究生，将近90%在学校教书时至少从事过某些高级工作。在整个社区内，这所学校以其向州立大学输送过许多合格学生的优异记录而被大家认可。

社会活动中的"非民主"模式，受到教职员工和学生领袖的广泛批评。在教师和学生的小组讨论中，他们关注的是尽量使社会差异最小化。这种交流所带来的一个后果是女孩们形成了一系列着装的规范。从上学的第二个星期开始，她们被要求穿裙子和水手衫，而且这种规则因为一名学生的"水手衫牌"（Middy Board）而得到强化。为了避免穿着破衣烂衫带来的社会后果，经济受损状况更为严重家庭的男孩决定穿后备军官训练队的制服。周一被定为"便服日"，孩子们在这一天可以选择他们自己想穿的衣服。

30年代的数据收集

在奥克兰研究中，有关儿童的纵向数据的深度和丰富性为我们实施现在的研究提供了机会。虽然这些数据并不是直接为了这项研究而收集的，但是对于我们来说非常幸运的是，这项数据收集的工作涉及的范围非常广泛，而且获得了这项研究中所关注的家庭在两个重要的时间点（1927年和1933年）上的经济信息。我们在分析中广泛地使用了四组数据：在1932年、1934年、1936年和母亲的访谈；孩子上初中和高中时进行的问卷调查；孩子上高中时有关家庭关系的量表评分；研究人员对孩子行为的评分。前面两类数据没有按照现在研究中可以使用的模式编码，因此需要做很多准备工作。训练有素的编码者、计算机操作者和作者参与了准备工作，历时两年。现在大量有关家庭关系和父母人格的信息都来自这些数据。不幸的是，这些数据中没有有关父亲的访谈，也很少问母亲有关她们丈夫的问题。对这些数据的概述如下所示。

和母亲的访谈

儿童福利研究所的研究人员每年都拜访了每一个家庭，而且用日志的形式记录下有关家庭生活的观察。这些定性资料对于我们的分析来说，是提供深刻见解和例证的无价源泉，但是它们还是不够系统，无法进行编码。只有1932年、1934年和1936年的访谈是系统的。第一次和最后一次访谈，都获得了有关抚育儿童的实践、家庭关系和同龄人的活动等信息。1934年的访谈补充了经济和职业的数据。

访谈了这些母亲的研究人员，还运用七级量表对她们的个人特征进行了评分。现在分析中运用这些量表的例子包括诸多不满、感觉低人一等、疲倦和个人外表。为了提高每一种量表的稳定性，我们把每一特征的三个分数加以平均。

有关孩子们的问卷

对孩子们实施了两类问卷调查：在1932年到1938年期间进行了有关社会和情感行为的7次问卷调查，在1938年进行了强烈职业兴趣量表测量。后者提供了有关职业目标的数据，而且因为它太出名了所以无法对这方面的描述进行公正的判断。在我们的分析中，第一类问卷是更为重要的数据来源，因为它们是卡罗琳·特赖恩（Caroline Tryon）专门为奥克兰研究设计的。[1] 受访者被告知，这些问题是为了"帮助我们了解人们在想些什么，以及他们希望做些什么。这里无所谓'错误'或者'正确'的答案。每个人的回答都可以不同。只是尽量记下你真正的想法和愿望"。问题涵盖的主题包括家庭的情感氛围、亲子关系、和同龄人的关系以及对待自我的态度。为了获得更加稳定的测量，我们把对七年级和八年级、十一年级和十二年级进行调查的所有二分问题和定序问题所获得的分数加以平均。这些时期中每一时期所使用的工具，在分析中都标出来了，就像在孩子上初中和高中时进行调查的问卷上标的那样。

有关家庭关系的评分

在孩子上高中的时候，用九级量表衡量他们对父母和家庭关系看法。在这段时期内，由三个受过训练的评判者，用一组相同的数据对每一个研究对象进行判断，内容包括父母的访谈、自述、同学的印象和研究人员的观察，并且独立地把一组人际关系的判断整理成为九级定序类型变量，从1分（非典型）到9分（最典

---

[1] Caroline Tryon, *U.C. Inventory 1:Social and Emotional Adjustment, Rev. Form*（Berkeley: Institute of Child Welfare, University of California, 1939）.

型）。[2]那样有关每一陈述的判断就平均得到每一个主观分数（subject's score）。对每一个时段数据的Q分类的平均信度系数将近0.70。在现有的分析中使用的评分例子包括："感觉和母亲比和父亲更加亲密""认为父亲是个有吸引力的男性"和"感觉按照社会标准父亲是一个受尊重的人"。

研究者的评分

现有的研究中用了三类研究者的评分：在初中和高中阶段的自由游戏的评分；在1937年进行的有关境遇的评分；[3]高中时期的需求的评分。

为了对这些孩子进行生理和智力测试，这些孩子每半年就到儿童福利研究所一次。在这个过程中，观察者会对处于自由的社会境遇（free social situation）中儿童的一系列广泛的社会行为和个人的特征进行评分（因此这是自由游戏评分）。这些来访都是以同性别的小群体为单位的，一般是6个或8个孩子一起来。观察的环境是研究所的运动场。时间安排在非正式的午餐时间，或是在孩子和至少两个研究人员一起进行的野营中。孩子们对研究人员都很熟悉，而且把他们当作有趣友好的成年人。然后再把对这段时间的系统观察记录下来，内容包括各种评论和评分的清单。对于至少两个观察者而言，每年40个七级量表的信度系数一般都在0.70以上。初中和高中时期的每年评分都要加以平均。

代表了三个研究人员的平均判断的境遇评分，是建立在对研究对象在俱乐部会所中的行为的密切观察的基础上的，这个会所是为其和同性异性朋友们聚会而特殊设计的。俱乐部会所一开始设在初中的校园内，后来移至高中的校园，并保持了一年之久。当孩子上高中的时候，安排了一系列补充的活动——跳舞、旅行、晚会，以方便研究者的观察。我们用七级量表衡量了各种行为，包括责任感、勤

---

2 参阅Jack Block, *The Q-Sort Method in Personality Assessment and Psychiatric Research*（Springfield, Ill.:Charles C. Thomas, 1961）。我非常感谢布洛克博士允许我使用这些经过Q分类整理过的数据。也可参阅布洛克的 *Lives through Time*（1971）。

3 Francis Burk Newman在"The Adolescent in Social Groups:Studies in the Observation of Personality"（*Applied Psychology Monographs 9*（1946）;1–94）中描述了自由游戏和境遇评分。有关需求或者需要的评分，参阅Else Frenkel Brunswik, "Motivation and Behavior," *Genetic Psychology Monographs* 26（1942）:121–265。

奋和受欢迎程度。这三个量表的信度系数一般都超过了0.75。

这些研究人员中有三个在埃尔斯·弗兰克尔-布伦斯威克的监督下，使用直觉和运用来自观察、问卷和访谈的资料，对孩子们的一系列需要进行了评分。有三种评分和大萧条中地位丧失对孩子动机的影响有直接的关系：认同的需求——"渴望获得赞扬或赞赏，获得尊重、社会的赞许、声望、荣誉和名声"；控制的需求——"渴望通过建议、劝解和命令控制自己所处的环境"；成就的需求——"渴望获得高标准的客观成就，通过成功地把自己的才智付诸实施来增强自信，选择艰巨的任务"。这些判断者都是把自己的判断建立在假定的动机之上，而不是社交技巧（social technique）的基础上。因此，通过争斗、领导才能或社会接受获得的地位被排除在考虑之外。比如说，对于社会认同的需求强度，"不一定要描述孩子相对于群体位置而言的真正声望或者社会地位，而是描述孩子受到社会声望的目标激励的强度有多大。这种迫切的需求有时候是公开表现出来的，不过有时可能隐藏于外在的行为之下"。[4]分数从1分（最强烈）到5分（最不强烈）。这些判断的信度系数大约为0.70。

1940年代和1960年代的数据收集

研究人员在1940年代的两个时间点，有计划有步骤地努力收集各种数据，或者和奥克兰研究中的研究对象建立联系：在1941年运用简短的问卷就职业兴趣和活动偏好等问题进行调查，在1948年通过电话或者信件和研究对象建立联系。两次重要的后续研究是在1950年代进行的，后来还在1964年进行了邮寄问卷调查。76名女性和69名男性至少参与了这些重要后续研究中的一次。这些样本在智商、1929年家庭所属的社会阶级、种族和家庭结构上与青少年样本都没有什么区别（参阅表A-33）。

在第一次后续研究中（1953—1954年），研究对象就各种问题接受了广泛的访谈，参与了一次全面的体检和精神病学的评估，完成了一系列有关人格的调查。在这个时期除了收集有关生活史的信息外，还运用精神病学的评估作为衡量孩子

---

[4] Frenkel Brunswik, "Motivation and Behavior," p. 144.

成人后心理健康的方法（参阅第9章）。进行第二次后续研究（1957—1958年）的时候，进行了一次历时长久的访谈。这次访谈包括五次及以上的会面，每次历时两三个小时，包括对青少年时期的回忆、对于父母的看法、婚姻关系、职业和家庭信息，以及对于大萧条的记忆。然后对到1958年为止的生命周期的每一年的回溯性资料进行评分，这些资料也是在这个时间从研究对象那里获得的。第三次后续研究（1964年）主要依靠邮寄问卷。根据所有这些数据，研究人员构建了每一个研究对象到1958年为止的家庭史和职业史。这些历史是根据年龄和年份排序的，因为研究对象的年龄大致相同。比如，人们可以先填从初婚时的年份或进入稳定行业的年份到接近的某个年份的情况，然再回过头来填其他年份的情况，数据准确性也不会受太大的影响。这些职业史和家庭史，是我们在第七章和第八章分析那些男性和女性的生命历程时的主要数据来源。

测量误差、外在效度和分析的程序

前面有关数据档案的描述，对于输入数据的质量和数据分析结果之间的关系有着特殊的意义。我们的分析结果受到我们测量核心变量的程度的限制，更重要的是受到我们对相关变量及其相互关系假设的限制。比如，如果我们对于经济受损和生命历程的结果之间关系的假设不准确，也就是说这个假设所提供的画面和实际相差很远，那么无论多少完善的测量方法也不能挽救这个结果。对模式的错误估计，会产生误导或无意义的评估。此外，我们从奥克兰档案馆检索资料并进行改编的操作，是基于改编模型的问题构建的。但是在整理档案资料的工作中最重要的问题在于测量的问题，在于分析模式中衡量变量指标的有效性以及这些指标的充分性。我们寻找内在具有高度有效性的一致的测量方法，也就是说它们描述了我们认为它们所描述的内容。但是有时候，我们对分析和解释中什么样的误差是适当的还是不能确定。[5]

测量中的误差来自境遇因素，这些因素导致了在不同的时间、地点和来源（母

---

[5] 有关信度和效度，参阅 Samuel A. Stouffer, *Social Research to Test Ideas*（New York: Free Press of Glencoe, 1962），p. 265。

亲、孩子等）出现了相对于"真实"值不稳定的或者不一致的值。测量中的误差也来自测量工具本身的限制。暂时性因素（transitory factors）会产生和"真实"值不一致的分数变化。比如，这种无信度可能是因为受访者对自己提及的家庭关系持有某种情绪，也可能是因为访谈方式的差异或者观察情境的不同。只要可能而且适当，我们就要采用下面的程序去处理这种测量问题。为了使1930年数据中的观测值尽可能地保持稳定，我们把得到的分数加以平均，或者在不同的时期——初中和高中——运用相同的测量工具进行测量。就像前面部分提到的那样，这种程序适合处理对孩子进行问卷调查所获得的数据，也适合访谈者对于母亲的评分，还适合观察者对其普遍情况的评分，以及对于个案资料的客观判断（家庭关系和需求的评分）。数据档案中最具信度的测量，是那些建立在研究群体观察基础上的测量。

只要存在选择的余地，我们就会运用多个指标共同测量一个因变量。这种测量能够比较对于同一行为的不同观点（参阅第6章），在某种程度上符合我们的理论兴趣，也是处理单一指标不确定的信度的一种方法。比如，和经济受损有关的心理状态，可能会部分反映一种测量工具的特性，比如某种包含指标的问题。如果这些结果和其他有关心理健康测量的答案一致，那么我们就对它们更有把握。我们在评估经济受损对孩子成人后健康的影响时就运用了这个方法（第9章）。

一般来说，在孩子处于童年时代时和长大成人后，我们都用单一的指标来衡量各种变量，无论这个变量是因变量还是自变量。这种指标还被用在分析孩子在家庭经济中的作用上（母亲提及的孩子对家庭经济上的帮助和有薪就业），用在孩子原生家庭的婚姻权力结构的分析上，用在对孩子总体态度的分析上。除少数例外情况外，孩子成年后的职业生涯、态度和看法，也都是用建立在自述的题目的数据基础上的指标来测量。许多测量方法甚至既有单一题目所带来的局限性，又因是回溯性报告而使所获数据的效度成了问题。从这些测量方法与其他指标的关系中，从它们和理论呼应的程度，以及和研究文献中经验研究获得的证据一致的程度中，我们获得了有关它们对变量测量充分性的一些了解。比如说，有关性别差异的累积性资料，为我们评价奥克兰研究中有关30年代和孩子成年后的性别差异的发现提供了基础。有关经济受损对孩子精神影响的阶级差异的文献，有关家庭对经济艰难适应的阶级差异的文献，有关地位获得的阶级差异的文献，也为我们提供了比较奥克兰研究中所获得结果的标准。尽管受到测量方法的阻碍，这些结果却在很大程度上支持了这项研究的理论框架，也和相关文献中的发现一致。

由于纵向研究有其独特的性质，所以要推广这种研究所获得的结论是危险的。奥克兰样本并不是通过随机抽样获得的，因此不知道它的总体是什么。实际上，这个样本最准确的是被描述为奥克兰东北部五年级学生这个特殊的总体（1931年），是根据居住的永久性和合作的意愿挑选的。作为研究中的客体，奥克兰的孩子有了他们的同学一般都不曾有的经历，包括频繁的生理测量和人格评估，与不承担权威角色的成年人的友好接触，还有特殊的休闲和教育。因为缺乏控制组，所以没有令人满意的方法可以确定对测量的反应和独特的项目经历对孩子的影响。不过，我们还是通过和其他研究的比较，粗略估计了这项研究的外在效度。如上所述，我们能够在众多领域中这么做，但是由于缺乏可以对比的研究，这种努力无法实施。到现在为止，还没有其他的研究调查过萧条经历对于生命历程的影响。

除了对美国同一年龄组的孩子中的一个样本进行不太可能复制的另一次奥克兰研究外，把这个出生组和其他的出生组进行对比，似乎是将奥克兰研究普遍化的最有希望的来源。按照这种设计开展的纵向研究现在正在实施当中，而且将把从1929年到1970年这40年时间中的奥克兰样本，和更年轻的出生组（出生年份在1928—1929年）比较。而且对比也要在这些出生组的成员和他们最近曾接受访谈的后代之间进行。如果要进行这项计划，就要调查代际的价值观和政治见解的异同与大萧条经历之间的联系。如果一切进行顺利，这项分析将极大地增加我们现在对个人生活和社会史中的大萧条经历的理解。

从传统上来看，测量的层次和样本的特征，作为有效运用分析技术和检验中的假设的基础，作为决定有关统计分析的假设的基础，还是相当重要的。参数统计对分析来说更加有力，提供了比非参数统计更为有利的地方，但是这需要满足在社会学研究中很少能够满足的测量层次（定距或者定比）。如果我们像在这项研究中那样喜欢使用参数统计，那么违反参数统计有关测量层次的假设会带来什么后果呢？对这种违反假设行为的一种评估所得出的结论是："几乎在任何设想的研究环境中，（参数）统计检验本身的完善足够让研究者使用它们，而不用担心会出现大的误差，无论数据是否定距或者定比，只要它的定序测量和潜在的真实量表单调相关即可。"[6]在回归分析中，正态的假设主要适用于因变量，而测量误差通过自变量影响了估算。

尽管在奥克兰的档案资料中，大多数指标在测量层次上是定性的或定序的，但只要我们断定运用参数统计对分析是有利的，而且似乎不可能出现严重的误差，我们就采用这种统计方式。为了使这种误差最小化，我们一般都会比较使用参数统计和使用非参数统计（也就是说交叉表分析）的结果，比较关联的定序测量和相关分析的结果。用来处理二分或者虚拟变量（dummy variable）的路径分析技术，我们用于测量模型间的关系，[7]这是为了估计经济萧条（经济未受损的和经济受损的）的主要影响，以及它在大萧条中通过家庭适应产生的间接影响。

在我们的评价中，和独立的统计检验相比，关系的特有形式受到了特殊的关注。当我们在勾勒研究的分析结构并提出具体的假设时，我们对于发现的解释集中于一个更加广泛的框架，比如说家庭中的劳动分工和权力的关系，家庭经济受损对于地位获得和孩子成人后的健康的可以对比的影响等。尽管存在非概率样本，但显著性检验仍很少被用作确定可靠的、非偶然的发现的最低标准。[8]在一个相对较小的样本中获得统计上显著的结果，的确表明了相当大的影响或者差异，在这方面作为一个评估标准对我们还是相当有帮助的。在分析中，另外一种能够发现可靠结果的非常有用的指标，即一致性指标，需要比较基于衡量同一概念的不同指标所获得的结果，以及比较理论上相关的分析所得出的结论。就评价结果来说，每一种方法都只能被看作一种指导原则。

---

[6] George W. Bohrnstedt and T. Michael Carter, "Robustness in Regression Analysis," in Herbert L. Costner, ed., *Sociological Methodology* 1971（San Francisco: Jossey-Bass, 1971）, p. 131.

[7] Otis D. Duncan, "Path Analysis: Sociological Examples," *American Journal of Sociology* 72（1966）:1–16; K. C. Land, "Principles of Path Analysis," in Edgar F. Borgatta, ed., *Sociological Methodology* 1969（San Francisco: Jossey-Bass, 1969）, pp. 3–37.

[8] 这种使用统计检验的方法，与David Gold在"Statistical Tests and Substantive Significance," *American Sociologist* 4（1969）第43页中的解释一致。

附录C 大萧条的比较

美国人在反省他们的大萧条经历时，不可避免地会作出比较性的判断，如"这些情况对我们来说并不像对其他人那样糟糕"，或者"他们的情形更加糟糕"，或者"我们都在同一条船上"。他们还可能回忆起在大萧条经历方面美国不同群体或类别之间的差异，不同阶级间的差异，年轻人和老年人的差异，盎格鲁-萨克逊人和其他种族间的差异，流水线上的工人和手艺人之间的差异。但是很少有人会把30年代美国的生活状况和同时期的德国、加拿大或者英国的情况进行对比。与二战不同，大萧条对普通美国人来说并不是一种国际危机，只有面临战争和战争的威胁时海外事务才会引起公众的关注。这些美国人能记起的最小的或者最简单的大萧条生活，不会超越其本国的边界。

但是为了理解美国30年代的大萧条、它的前因及它的发展过程和后果，我们必须有国际的视野，必须看到战争总动员和一战的影响，了解美国在世界经济中的主导地位以及它和其他国家相互依赖的情形，知道革新模式的传播，了解法西斯主义的兴起和由二战促使的经济复苏。现在，我们对于大萧条不同的比较维度知之甚少，一种遵循这些思路的全面的社会史研究尚未完成。[1] 不过，并不缺乏

---

1 William E. Leuchtenburg, "The Great Depression," in C. Van Woodward, ed., *The Comparative Approach to American History* (New York: Basic Books, 1968), p. 312。关于对比较历史研究兴趣的大量涌现，James Patterson 断定"很少有历史学家真正这么做，也很少有人成功地进行了有意义的比较"。Federalism in Crisis: A Comparative Study of Canada and the United States in the Depression of the 1930's," in Hoar (1969), p. 1 (也可参阅第10章的注释1)。C. B. Schedivin 在 *Australia and the Great Depression* (Sydney: Sydney University Press, 1970), pp. 43–46 中曾讨论过对经济指标进行有意义的比较的问题。

有关大萧条不同方面的比较性论述，这些论述有的是建立在适当的资料基础上的，有的不是。有些比较只是把经济指标作为衡量大萧条影响的指标，似乎假定社会问题或者危机是一种客观的已知事实，或者假定相同的失业率在不同社会历史情境中的意义也是相似的。许多国家在30年代的惊人发展，比如人们都能感知到美国和德国的崛起成为新的现实，这大大地增加了这个假设的分量："社会问题基本上是根据它在社会中如何被界定和感知而存在，而不是具有明确构成的客观条件。"（Blumer，1971）一个民族的情绪和客观的艰难之间的联系是没有一定之规的。就这个方面来说，戈尔（Gorer）认为：从客观上来说，美国的经济损失更严重，但英国的集体情绪更不乐观，"这种闷闷不乐的绝望只有到二战已变得不可避免的时候才结束"（Gorer，1967：16）。甚至使用不同的经济标准，也会导致对大萧条的影响作出相反的解释。因此，美国受到大萧条的伤害比德国更加严重这个结论，一般都受到用经济指标测量获得的结果的支持，尽管可能得不到通常引用的失业率的支持。

通过考察把大萧条的一般模式作为一种集体压力（collective stress）或者危机境遇的比较陈述，我们能够澄清某些东西。一个基本的例子，就是把老百姓的集体反应看作对境遇的解释和境遇的客观特征之间的函数。有四个客观的维度在解释萧条时特别合适：范围、蔓延的速度、影响的持久性和社会准备的程度。[2]前面三个维度（作为衡量境遇需求的指标）和社会准备，通过对境遇的共同定义直接和间接影响了反应的方式。对大萧条的比较评估，通常都参考这些境遇变量中的一个或多个。"范围"指的是受到这一事件影响的人口的比例和分布。就大萧条而言，还涉及失业、相对收入损失等的广泛程度和分布状况（社会的和地理的）。这种标准也表现在加尔布雷思（Galbraith）的判断中，他认为在美国人生活中所发生的危机里，大萧条的影响超过了二战（只有一小部分美国人曾经历了战争中极为

---

2 这些层次摘自阿兰·巴顿（Allen Barton）对灾难研究的高超分析 Communities in Disaster（1969），p. 41。巴顿并没有把社会当作一个分析单位，但是他精致的概念框架为大萧条的比较研究提供了很多东西。这四个维度只是巴顿的模式中的一小部分。除了提及的参考书目，有关德国经济状况的数据得自于C. W. Guillebaud, The Economic Recovery of Germany, 1933–1938（London: Macmillan, 1939），尤其是附录中的表6。

艰难的时期，曾因战争而受到损失等）。[3]

在大萧条的蔓延速度和持续时间上，国家间的显著差异曾多次被提到。和英国、德国和澳大利亚相比，美国和加拿大的经济萧条期发生得较晚，经济下降趋势的持续时间更长，国民收入下降幅度更大。潜在的因果因素超过了我们对大萧条相对影响的有限兴趣。不过，还有两个问题值得注意。第一个问题是国家之间在社会准备方面的差异对危机持久性的潜在影响——我们将结合适应能力的社会历史因素来讨论这一点。第二个问题是美国经济的急剧滑坡给全球带来的影响。到了20年代末，美国工业产值占了全世界的2/5强，将近英国和德国总和的两倍。1929年的经济崩溃所带来的震荡和国际贸易的严重下滑，诸如澳大利亚之类的国家都会敏锐地感觉到，因为这些国家容易受到海外因素波动的影响。

从社会准备的社会历史方面来看，它对解释大萧条的相对影响有着特殊的意义。应该考虑的相关因素包括：一战后复苏的步伐，对出口和农产品的依赖，作为经济萧条对比的20年代的相对繁荣，以及能够满足萧条经济（公共保障物品）的急迫要求的适应性机制的有效性。巴顿（Barton）对"做好了准备"的社会系统的定义，与美国和加拿大萧条前共同的弱点有密切的关系。巴顿的定义是这样的："如果一个系统已经为个人界定了适当的角色，界定了他们如何才是受到适当的训练，而且这些角色在经营组织和计划中相互融合成一体"，那么它就为某种特定的集体困境做好了准备（Barton，1969：41）。在20年代，美国和加拿大"在应增强凝聚力和为了即将到来的经济萧条努力向前的时候"，却分散了政府的权力。[4] 这两个国家都缺乏国家负责（state responsibility）的传统，没有适当的协调和控制机制。从比较的观点来看，两个国家在公共事务和它的社会立法（social legislation）上都较为落后。如果正如洛伊希滕贝格（Leuchtenburg）所断言的，"世界上没有一个主要国家像美国这样根本没有为应付大萧条做好准备"，加拿大至少是紧随其后的。[5] 这两个国家在没做好准备上有许多相似之处，但佩特森（Patterson）的

---

3 John Kenneth Galbraith, American Capitalism, 2d ed.（Boston: Houghton Mifflin, 1962）.
4 Patterson（参阅附录C第390页的注释1），第5页。
5 Leuchtenburg（参阅附录C第390页的注释1），第279页。

比较研究（参阅附录C第390页的注释1）也提出由于加拿大的固定成本（fixed costs）、地方的巨大债务和对出口商品的严重依赖，可能受灾更为严重。

从美国人对大萧条的描述来看，萧条相对持续时间比较长，影响又是逐步的，因此尽管他们在最初没有怎么做准备，对困境的适应方式也可以通过尝试和试错逐步调整。所以，大萧条不同于核攻击，因为后者是突然出现的，持续时间很短，人们也没怎么做准备。我们通过关注衡量"范围"和"准备"的指标，以及它们与集体解释和反应的关系，可以最清楚地证明对大萧条影响比较研究中可能存在的问题和疑点。

衡量大萧条相对影响的最常见指标，都和其影响范围有着或多或少的直接关系，但这些指标也包含着一系列令人气馁的缺憾。失业率说明了这一点。因为各个国家在失业的定义、数据收集的时间和来源方面不一致，所以无法对失业率进行国际比较。另外，失业这一结果取决于这个国家经济和技术的发展阶段，取决于城市工业的进展和公共部门的重要性。正如谢德温（Schedvin）的分析那样，通过运用工业化程度最高社会的可比较的资料（如图10所示），可以使这些问题不再是问题。除了美国和日本（官方数据）外，所有国家的估计数字都是工会提供的。这些数字最突出的特点是，它们能够表明各个国家大萧条范围的大致顺序。在谢德温对实际国民生产（real national product）、工业生产、国民支出下降的比较中，美国受到的影响比德国稍微严重些，比英国严重得多。

如果只是把失业率作为衡量大萧条影响的指标，那么就会产生一幅未失业家庭经济状况良好的错误画面，特别可能对自雇的小商人的经济境遇作出错误的估计。在奥克兰研究中，那些失去了绝大部分收入的男性可能以某种方式维持他们的商业活动。失业数据夸大了对阶级差异的评估，这种趋势可以在朗西曼（Runciman）对英国萧条时期（大约1931年）阶级关系的分析中看到。那些职业地位急剧下降的数据，现在被当作体力劳动者作为一个整体受到大萧条的影响比办公室职员大的基本证据（Runciman, 1966: 81）。无论如何，这些解释仅仅适用于失业的客观状况，因为朗西曼的分析得出了有关感知到的幸福或者相对经济受损的阶级分布的相反结论。"在大萧条期间……体力劳动者及其家庭在经济上的相对损失，似乎无论是在频率还是在幅度上都是较低的。"和战时不断繁荣的时期不同，萧条的经济状况使得他们的社会比较仅限于劳动阶级（同上，64页）。比较而言，在中产阶级中有一种范围更广也更加苛刻的社会对比框架（和损失之前相对较高的社会地位相比较），这使中产阶级的社会地位的下降变得特别真实、特别明显。顺着这一思路，舍恩伯姆（Schoenbaum）对纳粹德国的观察也适用于其他工业社会："失业对白领和蓝领的冲击是相似的，但是在心理上它对于白领的冲击更大一些。"[6]

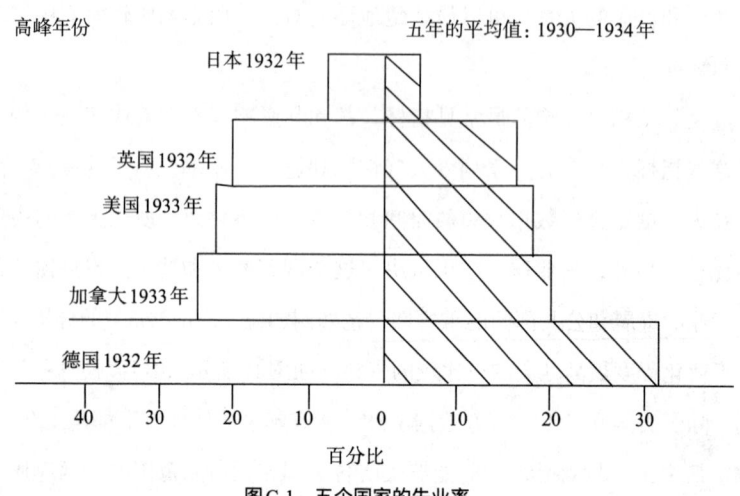

图C-1　五个国家的失业率

有人可能会进一步论证道，习惯了美好时光和较高期望的人越多，逆境对人的心理影响就越大。加拿大人和美国人可能在这方面特别突出，这两个国家的人在1929年根据世界的标准来看不再那么幸福了，他们是在充裕的和自我依赖的文化中长大的，承受了相对严重损失所带来的痛苦。根据这个思路，洛伊希滕贝格断言："美国人比那些在1920年代没有享受过繁荣的人受到萧条的冲击更大。"[7]不过，除了在极端的情况下，因为还有许多未知的因素和情境差异，现在是否能对大萧条的冲击或影响作出有意义的比较评估还是值得怀疑的。比如，人们认为有

6　David Schoenbaum, *Hitler's Social Revolution:Class and Status in Nazi Germany, 1933–1939*（Garden City, N.Y.:Doubleday, 1966），p. 9.

7　Leuchtenburg（参阅附录C第390页的注释1），第297页。

不同的因素组合（长期政治的和道德的堕落等）形成了德国的心理氛围（1929—1932年），形成纳粹极端主义出现的情境，这种氛围被格伦伯格（Grunberger）描述为"世界末日来临的情绪，这预示着或是一片混乱或是'无法避免的转型'"。[8] 很明显，我们对不同国家在大萧条危机、它的心理影响和经济状况方面的差异都知之甚少，无法帮助我们理解当时的政治现实。

这些现实的一个突出表现，就是中央政府权力的迅速扩大。在危机时期，有效的紧急行动需要崇高的目标、控制和牺牲。在美国和其他受到重创的国家（尤其是德国），这种行动被战时总动员的意象和机制所塑造。对这种政治上反应的早期陈述表现在赫伯特·斯宾塞的著作《社会学原理》（*Principles of Sociology*）之中：战争导致了政府监管的扩张和政治变迁朝着极权主义的方向发展。索罗金（Sorokin）后来把斯宾塞的论点延伸到所有全国性的重大灾难或者危机——饥荒、经济崩溃、战争、瘟疫——之中。在一大堆历史的和比较的资料的基础上，索罗金把这种对危机的紧急反应界定为"历史上促使普遍化最强有力的动机之一"。"灾难对社会政治和社会结构的主要影响，是政府监管的扩张，管辖权的增大，对于社会关系控制的增加。同时，个体或私人群体对社会关系的调节和管理减少了。"（Sorokin，1937：122）这种发展可以采用不同的形式，全依当时的情境而定，而且一般也受到民主准则这一传统的约束。然而美国人自己的私人世界受到政府的控制，在罗斯福第一次在任时期，大萧条已经到了异乎寻常的地步。

来自一战总动员中有关战时总动员的心理和机制方面的教训，也很适用于新政中全国复苏所碰到的问题。"新政中很少有行动或者机构不在某种程度上归因于一战。"（Leuchtenburg, 1964: 109）[9] 这种成功的经验和大萧条危机的急迫性，使人们相信"战时的国家一切都为了生存"是唯一的最高理念，这一理念能够在牺牲和认同中发展必要的团结和协调。正如一位新政的倡导者提到的那样："事实上，至今只有战争被证明是这样一个超越性的目标，以致于为了它可以牺牲原则。"

8　Richard Grunberger, *The Twelve-Year Reich: A Social History of Nazi Germany, 1933–1945*（New York: Holt, Rinehart and Winston, 1971），p. 10.

9　Leuchtenburg, "The New Deal and the Analogue of War"（1964），p. 109。文章中后面的引文全都出自这篇论文。

"拯救国家"这个崇高的目标，通过一战中采用的总动员技术，很明显地体现在两个新政机构中：全国复兴总署（the National Recovery Administration）（参考一战的战争工业部设立），以及更为知名的民间资源保护队（Civilian Conservation Corps）。罗斯福招募退伍军人担任这两个机构的领导或者工作人员。在休·约翰逊（Hugh Johnson）将军强有力的领导下，全国复兴总署命令得以实施，证明了战争对于国家和个人自由之间关系在心理上的深刻影响。为了国家的利益牺牲和彼此合作协调是值得称道的，而对于不遵守规范者和"逃避职责的人"——不合作的人——进行社会惩罚是"另一方面"。现在，大众心理产生的顺从压力比伯纳德·巴鲁克（Bernard Baruch）的话陈述得更为清楚。巴鲁克是第一个提出设计全国复兴总署徽章的人，这个徽章后来采用了"蓝鹰"的形式，是用来表彰在全国复兴总署的运动中合作的"荣誉徽章"。关于战时，巴鲁克认为"如果人们普遍认识到那些正在合作的人是反对国内敌人的战士，而那些逃避责任的人则是站到了对立的一方，那么人们这么做的时候就不会退缩了。门口、信笺抬头和发票上表示政府批准的徽章，是必须开始实施的一件事"。在当时这种战争精神的号召下，家庭主妇的消费力被"买带有蓝鹰的东西"这种口号带动起来了。更为普遍的是，在罗斯福第一次执政的早期，许多不符合复苏计划这一新政的行为，都被当作对国家不忠诚，甚至被当作搞破坏。劳工的罢工也被新政者从国家利益的角度进行解释。当危机消失的时候，这种限制和压力就会缓和，而且可能矫枉过正。

就像一战的总动员提供了应对大萧条的模式一样，新政中的总动员也使美国在技术上和资源上为欧洲出现的法西斯威胁做好了准备。这种联系在民间资源保护队这个机构身上能清楚地看到，这个机构的目标（向国家青年灌输"尚武美德"等）是由军队实施的。"民间资源保护队的新成员是在军队的新兵招募战征集的，他们穿越军营，并且穿着一战的服装，坐着军列去到森林，睡在部队的帐篷中，在'熄灯号'的压力下睡去，在'起床号'中惊醒。"尽管人们担心这支和平时期的部队的军事控制和军国主义，但该计划还是通过"引导国家青年和物质资源"这一意象受到了广泛的欢迎。然而，很少有议员不知道民间资源保护队的退役成员是军队在战争中的潜在核心。当整个国家进入二战的时候，类似于全国复兴总署和民间资源保护队的总动员机构出现了，它们传达着团结、牺牲和致力于超越性事业的信息。

参考文献

Baltes, Paul B., and Margret M. Baltes, eds. 1990. *Successful Aging: Perspectives from the Behavioral Sciences*. New York: Cambridge University Press.

Bandura, Albert. 1997. *Self-Efficacy: The Exercise of Control*. New York: W. H. Freeman.

Bennett, Sheila K., and Glen H. Elder Jr,. 1979. "Women's Work in the Family Economy: A Study of Depression Hardship in Women's Lives." *Journal of Family History* 4(2):153–176.

Block, Jack, in collaboration with Haan, Norma. 1971. *Lives Through Time*. Berkeley, Calif.: Bancroft.

Bronfenbrenner, Urie. 1979. *The Ecology of Human Development*. Cambridge, Mass.: Harvard University Press.

Bronfenbrenner, Urie. 1989. "Ecological Systems Theory." In *Six Theories of Child Development: Revised Formulations and Current Issues*, edited by Ross Vasta, pp. 185–246. Greenwich, Conn.: JAI Press.

Callan, Emily, Jay Mechling, Brian Sutton-Smith, and Sheldon H. White. 1993. "The Elusive Historical Child: Ways of Knowing the Child of History and Psychology." In *Children in Time and Place*, edited by Glen H. Elder, Jr., John Modell, and Ross D. Park, pp. 192–223. New York: Cambridge University Press.

Cairns, Robert B., Glen H. Elder Jr.,, and E. Jane Costello, eds. 1996. *Developmental Science*. New York: Cambridge University Press.

Caspi, Avshalom, and Glen H. Elder Jr., 1988. "Emergent Family Patterns: The Intergenerational Construction of Problem Behavior and Relationships." In *Relationships with Families*, edited by Robert Hinde and Joan Stevenson-Hinde, pp. 218–240. Oxford, UK: Oxford University Press.

Clausen, John A. 1993. *American Lives: Looking Back At the Children of the Great Depression*. New York: Free Press.

Clipp, Elizabeth Colerick, and Glen H. Elder Jr., 1996. "The Aging Veteran of World War II:

Psychiatric and Life Course Insights." In *Aging and Post-Traumatic Stress Disorder*, edited by Paul E. Ruskin and John A. Talbott, pp. 19–51. Washington, D.C.: American Psychiatric Press, Inc.

Coles, Robert. 1975. "Book Review of *Children of the Great Depression: Social Change in Life Experience*." *Social Forces* 54(1):300.

Conger, Rand D., Glen H. Elder Jr., in collaboration with Lorenz, Frederick O., Ronald L. Simons, and Les B. Whitbeck. 1994. *Families in Troubled Times: Adapting to Change in Rural America*. Hawthorne, N.Y.: Aldine DeGruyter.

Duncan, Greg J. 1988. "The Volatility of Family Income Over the Life Course." In *Life-Span Development and Behavior*, edited by Paul B. Baltes, David L. Featherman, and Richard M. Lerner, vol. 9: pp. 317–358. Hillsdale, N.J.: Lawrence Erlbaum Associates.

Dunn, Judy, and Robert Plomin. 1990. *Separate Lives: Why Siblings Are So Different*. New York: Basic Books.

Easterlin, Richard A. 1980. *Birth and Fortune: The Impact of Numbers on Personal Welfare*. New York: Basic Books.

Eichorn, Dorothy H., John A. Clausen, Norma Haan, Marjorie Honzik, and Paul H. Mussen, eds. 1981. *Present and Past in Middle Life*. New York: Academic Press.

Elder, Glen H., Jr. 1974. *Children of the Great Depression: Social Change in Life Experience*. Chicago: University of Chicago Press.

Elder, Glen H., Jr. 1979. "Historical Change in Life Patterns and Personality." In *Life-Span Development and Behavior*, edited by Paul B. Baltes and Orville G. Brim Jr.,., vol. 2: 117–159. New York: Academic Press.

Elder, Glen H., Jr. 1980. "Adolescence in Historical Perspective." In *Handbook of Adolescent Psychology*, edited by Joseph Adelson, pp. 117–159. New York: Wiley.

Elder, Glen H., Jr. 1981. "Social History and Life Experience." In *Present and Past in Middle Life*, edited by Dorothy H. Eichorn, John A. Clausen, J. Haan, M. P. Honzik, and P. H. Mussen, pp. 3–31. New York: Academic Press.

Elder, Glen H., Jr. 1984. "Families, Kin, and the Life Course: A Sociological Perspective." In *Review of Child Development Research: The Family*, edited by Ross D. Parke, pp. 3–31. Chicago, Ill.: University of Chicago Press.

Elder, Glen H., Jr, ed. 1985. *Life Course Dynamics: Trajectories and Transitions, 1968–1980*. Ithaca, N.Y.: Cornell University Press.

Elder, Glen H., Jr. 1986. "Military Times and Turning Points in Men's Lives." *Developmental*

Psychology 22(2):233–245.

Elder, Glen H., Jr. 1987. "War Mobilization and the Life Course: A Cohort of World War II Veterans." *Sociological Forum* 2(3):449–472.

Elder, Glen H., Jr. 1992. "Children of the Farm Crisis." Paper presented at the Society for Research on Adolescence, March, Washington, D.C.

Elder, Glen H., Jr. 1995. "The Life Course Paradigm: Social Change and Individual Development." In *Examining Lives in Context: Perspectives on the Ecology of Human Development*, edited by Phyllis Moen, Glen H. Elder, Jr., and Kurt Lüscher, pp. 101–139. Washington, D.C.: APA Press.

Elder, Glen H., Jr. 1996. "Human Lives in Changing Societies: Life Course and Developmental Insights." In *Developmental science*, edited by Robert B. Cairns, Glen H. Elder Jr.,, and E. Jane Costello, pp. 31–62. New York: Cambridge University Press.

Elder, Glen H., Jr. 1997. "The Life Course As Developmental Theory." 1997 Presidential Address at the Biennial Meeting of the Society for Research in Child Development, April 5, Washington, D.C.

Elder, Glen H., Jr. 1998. "The Life Course and Human Development." In *Handbook of Child Psychology*, edited by William Damon. Vol. 1, *Theoretical Models of Human Development*, edited by Richard M. Lerner, pp. 939–991. New York: Wiley.

Elder, Glen H. Jr.,, and Avshalom Caspi. 1990. "Studying Lives in a Changing Society: Sociological and Personological Explorations." In *Studying Persons and Lives*, edited by Albert I. Rabin, Robert A. Zucker, Robert A. Emmons, and Susan Frank, pp. 201–247. New York: Springer.

Elder, Glen H., Jr., Avshalom Caspi, and Geraldine Downey. 1986. "Problem Behavior and Family Relationships: Life Course and Intergenerational Themes." In *Human Development and the Life Course: Multidisciplinary Perspectives*, edited by Aage B. Sørensen, Franz E. Weinert, and Lonnie R. Sherrod, pp. 293–340. Hillsdale, N.J.: Erlbaum.

Elder, Glen H. Jr.,, and Christopher Chan. In press. "War's Legacy in Men's Lives." In *A Nation Divided: Diversity, Inequality and Community in American Society*, edited by Phyllis Moen and Donna Dempster-McClain. Ithaca, N.Y.: Cornell University Press.

Elder, Glen H., Jr., and Elizabeth C. Clipp. 1988. "Wartime Losses and Social Bonding: Influences Across 40 Years in Men's Lives." *Psychiatry* 51 (May):177–198.

Elder, Glen H., Jr., and Elizabeth Colerick Clipp. 1989. "Combat Experience and Emotional Health: Impairment and Resilience in Later Life." *Journal of Personality* 57(2):311–341.

Elder, Glen H. Jr.,, and Rand D. Conger. In press. *Leaving the Land: Rural Youth At Century's End*. Chicago, Ill.: University of Chicago Press.

Elder, Glen H., Jr., Geraldine Downey, and Catherine E. Cross. 1986. "Family Ties and Life Chances: Hard Times and Hard Choices in Women's Lives Since the Great Depression." In *Life-Span Developmental Psychology: Intergenerational Relations*, edited by Nancy Datan, Anita L. Greene, and Hayne W. Reese, pp. 167–186. Hillsdale, N.J.: Erlbaum.

Elder, Glen H. Jr.,, and Xiaojia Ge. In press. "Human Lives in Changing Societies: The Life Course and Its Chinese Relevance." *Chinese Social Sciences Quarterly*.

Elder, Glen H. Jr.,, and Tamara K. Hareven. 1993. "Rising Above Life's Disadvantages: From the Great Depression to War." In *Children in Time and Place: Developmental and Historical Insights*, edited by Glen H. Elder, John Modell Jr.,, and Ross D. Parke, pp. 47–72. New York: Cambridge University Press.

Elder, Glen H., Jr., and Jeffrey K. Liker. 1982. "Hard Times in Women's Lives: Historical Influences Across Forty Years." *American Journal of Sociology* 88(2):241–269.

Elder, Glen H. Jr., Jeffrey K. Liker, and Catherine E. Cross. 1984. "Parent-Child Behavior in the Great Depression: Life Course and Intergenerational Influences." In *Life-Span Development and Behavior*, edited by Paul B. Baltes and Orville G. Brim Jr., vol. 6: 109–158. New York: Academic Press.

Elder, Glen H. Jr.,, Jeffrey K. Liker, and Bernard J. Jaworski. 1984. "Hardship in Lives: Depression Influences from the 1930s to Old Age in Postwar America." In *Life-Span Developmental Psychology: Historical and Generational Effects*, edited by Kathleen McCluskey and Hayne Reese, pp. 161–201. New York: Academic Press.

Elder, Glen H., Jr., and Yoriko Meguro. 1987. "Wartime in Men's Lives: A Comparative Study of American and Japanese Cohorts." *International Journal of Behavioral Development* 10:439–466.

Elder, Glen H., Jr., and Artur Meier. 1997. "Troubled Times? Bildung und Statuspassagen von Landjugendlichen. Ein Interkultureller und Historischer Vergleich." *Berliner Journal Far Soziologie* 7(3):289–305.

Elder, Glen H., Jr., John Modell, and Ross D. Parke, eds. 1993. *Children in Time and Place: Developmental and Historical Insights*. New York: Cambridge University Press.

Elder, Glen H., Jr., Eliza K. Pavalko, and Elizabeth C. Clipp. 1993. *Working with Archival Data: Studying Lives*. Newbury Park, Calif.: Sage Publications.

Elder, Glen H., Jr., Eliza K. Pavalko, and Thomas J. Hastings. 1991. "Talent, History, and the

Fulfillment of Promise." *Psychiatry* 54 (August):215–231.

Elder, Glen H. Jr.,, and Richard D. Rockwell. 1979. "Economic Depression and Postwar Opportunity in Men's Lives: A Study of Life Patterns and Health." In *Research in Community and Mental Health*, edited by Roberta G. Simmons, pp. 249–303. Greenwich, Conn.: JAI Press.

Elder, Glen H., Jr., Michael J. Shanahan, and Elizabeth Colerick Clipp. 1994. "When War Comes to Men's Lives: Life Course Patterns in Family, Work, and Health." *Psychology and Aging, Special Issue* 9(1):5–16.

Elder, Glen H., Jr., Weiqiao Wu, and Jihui Yuan. 1993. "State-Initiated Change and the Life Course in Shanghai, China." Carolina Population Center: Unpublished manuscript.

Featherman, David L. 1975. "Aftermaths of Hardship: Book Review of *Children of the Great Depression: Social Change in Life Experience*." *Science* 189:211–213.

Freeman, Howard E. 1975. "A Very Relevant Longitudinal Study: Book Review of *Children of the Great Depression*." *Contemporary Psychology* 20(6):511–512.

Furstenberg, Frank F., Jr. 1975. "Review Essay: Book Review of *Children of the Great Depression: Social Change in Life Experience*." *American Journal of Sociology* 81(3):647–652.

Furstenberg, Frank F. Jr., 1993. "How Families Manage Risk and Opportunity in Dangerous Neighborhoods." In *Sociology and the Public Agenda*, edited by William J. Wilson, pp. 231–258. Newbury Park, Calif.: Sage.

Furstenberg, Frank F. Jr.,, Thomas D. Cook, Jacquelynne Eccles, Glen H. Elder Jr., and Arnold Sameroff. In press. *Managing to Make It: Urban Families and Adolescent Success*. Chicago, Ill.: University of Chicago Press.

Giele, Janet A., and Glen H. Elder Jr.,, eds. 1998. *Methods of Life Course Research: Quantitative and Qualitative*. Thousand Oaks, Calif.: Sage.

Glueck, Sheldon, and Eleanor Glueck. 1968. *Delinquents and Nondelinquents in Perspective*. Cambridge, Mass.: Harvard University Press.

Granovetter, Mark S. 1973. "Strength of Weak Ties." *American Journal of Sociology* 78(6):1360–1380.

Hagestad, Gunhild O., and Bernice L. Neugarten. 1985. "Age and the Life Course." In *Handbook of Aging and the Social Sciences*. 2d edition, edited by Robert H. Binstock and Ethel Shanas, pp. 46–61 New York: Van Nostrand Reinhold.

Hareven, Tamara K. 1978. *Transitions: The Family and the Life Course in Historical*

Perspective. New York: Academic Press.

Hareven, Tamara K. 1982. *Family Time and Industrial Time*. New York: Cambridge University Press.

Hareven, Tamara K. 1991. "Synchronizing Individual Time, Family Time, and Historical Time." In *Chronotypes: The Construction of Time*, edited by John Bender and David E. Wellbery, pp. 167–182. Stanford, Calif.: Stanford University Press.

Hareven, Tamara K. 1996. "What Difference Does It Make?" *Social Science History* 20(3):317–344.

Havighurst, Robert J., J. W. Baughman, E. W. Burgess, and W. H. Eaton. 1951. *The American Veteran Back Home*. New York: Longmans, Green.

Holahan, Carole K., and Robert R. Sears. 1995. *The Gifted Group in Later Maturity*. Stanford, Calif.: Stanford University Press.

Jargowsky, Paul A. 1997. *Poverty and Place: Ghettos, Barrios, and the American City*. New York: Russell Sage.

Jones, Mary Cover, Nancy Bayley, Jean W. Macfarlane, and Marjorie H. Honzik, eds. 1971. *The Course of Human Development: Selected Papers from the Longitudinal Studies, Institute of Human Development, the University of California, Berkeley*. Waltham, Mass.: Xerox College Publishing.

Kahn, Robert L., and Toni C. Antonucci. 1980. "Convoys Over the Life Course: Attachment, Roles, and Social Support." In *Life-Span Development and Behavior*, edited by Paul B. Baltes and Orville G. Brim Jr.,, vol. 3: 253–286. New York: Academic Press.

Lerner, Richard M. 1991. "Changing Organism-Context Relations As the Basic Process of Development: A Developmental Contextual Perspective." *Developmental Psychology* 27(1):27–32.

Macfarlane, Jean W. 1963. "From Infancy to Adulthood." *Childhood Education* 39:336–342.

Macfarlane, Jean W. 1971. "Perspectives on Personality Consistency and Change from the Guidance Study." In *The Course of Human Development: Selected Papers from the Longitudinal Studies, Institute of Human Development, the University of California, Berkeley*, edited by M. C. Jones, Nancy Bayley, J. W. Macfarlane, and Margery P. Honzik, pp. 410–415. Waltham, Mass.: Xerox College Publishing.

Macfarlane, Jean W., Lucile Allen, and Marjorie P. Honzik. 1954. *A Developmental Study of the Behavior Problems of Normal Children Between Twenty-One Months and Fourteen Years*. Berkeley: University of California Press.

Magnusson, David, and Lars R. Bergman, eds. 1990. *Data Quality in Longitudinal Research*. New York: Cambridge University Press.

Mayer, Karl Ulrich, and Johannes Huinink. 1990. "Age, Period, and Cohort in the Study of the Life Course: A Comparison of Classical A-P-C Analysis with Event History Analysis or Farewell to Lexis?" In *Data Quality in Longitudinal Research*, edited by David Magnusson and Lars R. Bergman, pp. 211–232. New York: Cambridge University Press.

McLoyd, Vonnie C. 1990. "The Impact of Economic Hardship on Black Families and Children: Psychological Distress, Parenting, and Socioemotional Development." *Child Development* 61:311–346.

Merton, Robert K. 1968. *Social Theory and Social Structure*. New York: Free Press.

Mills, C. Wright. 1959. *The Sociological Imagination*. New York: Oxford University Press.

Modell, John. 1975. "Levels of Change Over Time: Book Review of *Children of the Great Depression: Social Change in Life Experience*." *Historical Methods Newsletter* 8(4): 116–127.

Modell, John. 1989. *Into One's Own: From Youth to Adulthood in the United States 1920–1975*. Berkeley: University of California Press.

Nesselroade, John R., and Paul B. Baltes, eds. 1979. *Longitudinal Research in the Study of Behavior and Development*. New York: Academic Press.

Neugarten, Bernice L. 1968. *Middle Age and Aging: A Reader in Social Psychology*. Chicago: University of Chicago Press.

Neugarten, Bernice L., and Nancy Datan. 1973. "Sociological Perspectives on the Life Cycle." In *Life-Span Developmental Psychology: Personality and Socialization*, edited by Paul B. Baltes and K. Warner Schaie, pp. 53–69. New York: Academic Press.

Olson, Keith W. 1974. *The G.I. Bill, the Veterans, and the Colleges*. Lexington, Ky: University Press of Kentucky.

Riley, Matilda White, Marilyn E. Johnson, and Anne Foner, eds. 1972. *Aging and Society: A Sociology of Age Stratification*. Vol. 3. New York: Russell Sage Foundation.

Rutter, Michael. 1985. "Resilience in the Face of Adversity: Protective Factors and Resistance to Psychiatric Disorder." *British Journal of Psychiatry* 147:598–611.

Rutter, Michael, ed. 1988. Pp. 184–199 in *Studies of Psychosocial Risk: The Power of Longitudinal Data*. Cambridge, UK: Cambridge University Press.

Rutter, Michael, and Nicola Madge. 1976. *Cycles of Disadvantage: A Review of Research*. London: Heinemann.

Ryder, Norman B. 1965. "The Cohort As a Concept in the Study of Social Change." *American*

Sociological Review 30(6):843–861.

Sampson, Robert J. 1992. "Family Management and Child Development: Insights from Social Disorganization Theory." In *Advances in Criminological Theory, Volume 3: Facts, Frameworks, and Forecasts*, edited by Joan McCord, pp. 63–93. New Brunswick, N.J.: Transaction Books.

Sampson, Robert J., and John H. Laub. 1996. "Socioeconomic Achievement in the Life Course of Disadvantaged Men: Military Service As a Turning Point, Circa 1940–1965." *American Sociological Review* 61(3):347–367.

Scarr, Sandra, and Kathleen McCartney. 1983. "How People Make Their Own Environments: A Theory of Genotype—Environment Effects." *Child Development* 54:424–435.

Stouffer, Samuel A., Arthur A. Lumsdaine, Marion Harper Lumsdaine, Robin M. Williams Jr., M. Brewster Smith, Irving L. Janis, Shirley A. Star, and Leonard S. Cottrell Jr., 1949. *The American Soldier, Volume II: Combat and Its Aftermath*. Princeton, N.J.: Princeton University Press.

Thomas, William I., and Dorothy Swaine Thomas. 1928. *The Child in America: Behavior Problems and Programs*. New York: A. A. Knopf.

Thomas, William I., and Florian Znaniecki. 1918. *The Polish Peasant in Europe and America*, Volumes 1–2. Urbana, Ill.: University of Illinois Press.

Volkart, Edmund H. 1951. *Social Behavior and Personality: Contributions of W. I. Thomas to Theory and Social Research*. New York: Social Science Research Council.

Wilson, William J. 1987. *The Truly Disadvantaged: The Inner City, the Underclass, and Public Policy*. Chicago, Ill.: University of Chicago Press.

Young, Copeland H., Kristen L. Savola, and Erin Phelps. 1991. *Inventory of Longitudinal Studies in the Social Sciences*. Newbury Park, Calif.: Sage.

部分参考书目

本参考书目仅包括文本中引用的那些与本研究及其影响最直接相关的文本和注释。此处未列出与奥克兰成长研究和数据分析相关的方法和统计参考文献，因为读者可以在附录B"样本特征、数据来源和方法论问题"的注释下轻松获取这些参考文献。不用说，任何有限的参考书目都无法公正地反映有关大萧条的全部社会历史著作，而且文献评论使此类报道变得不必要。(参见Sternsher在 *Hitting Home* 中的文章，这里引用了它的简要介绍。)

Aiken, Michael; Ferman, Louis A.; and Sheppard, Harold L.1968. *Economic Failure, Alienation, and Extremism*. Ann Arbor: University of Michigan Press.

Allen, Vernon L., ed. 1970. *Psychological Factors in Poverty*. Chicago: Markham.

Altbach, Philip G., and Peterson, Patti 1971. "Before Berkeley: Historical Perspectives on American Student Activism." *Annals of the American Academy of Political and Social Science* 395:1–14.

Angell, Robert Cooley. 1936. *The Family Encounters the Depression*. New York: Charles Scribner's Sons.

Atkinson, John W., ed. 1958. *Motives in Fantasy, Action, and Society*. Princeton: Van Nostrand.Bahr, Stephen J., and Rollins, Boyd C. 1971. "Crisis and Conjugal Power." *Journal of Marriage and Family* 33:360–367.

Baker, George, and Chapman, D. W., eds. 1962. *Man and Society in Disaster*. New York: Basic Books.

Bakke, E. W. 1940. *Citizens without Work*. New Haven: Yale University Press.

Barker, Roger. 1968. *Ecological Psychology*. Stanford: Stanford University Press.

Barton, Allen. 1969. *Communities in Disaster*. Garden City, N. Y.: Doubleday.

Bengtson, Vern L., and Lovejoy, Chris. 1973. "Values, Personality, and Social Structure: An

Intergenerational Analysis." *American Behavioral Scientist* 16:880–912.

Bensman, Joseph, and Vidich, Arthur J. 1971. *The New American Society*. Chicago: Quadrangle Books.

Bernard, Jessie. 1971. *Women and the Public Interest*. Chicago: Aldine.

Bird, Caroline. 1966. *The Invisible Scar*. New York: McKay and Co.

Blau, Peter M., and Duncan, Otis Dudley. 1967. *The American Occupational Structure*. New York: John Wiley and Sons.

Block, Jack (in collaboration with Norma Haan). 1971. *Lives through Time*. Berkeley: Bancroft Books.

Blood, Robert O., Jr., and Wolfe, Donald M. 1960. *Husbands and Wives*. Glencoe, Ill.: The Free Press.

Blumer, Herbert. 1939. *An Appraisal of Thomas and Znaniecki's "The Polish Peasant in Europe and America."* New York: Social Science Research Council, Bull. 44.

Blumer, Herbert. 1958. "Race Prejudice as a Sense of Group Position." *Pacific Sociological Review* 1:3–7.

Blumer, Herbert. 1971. "Social Problems as Collective Behavior." *Social Problets* 18:298–306.

Bowerman, Charles E., and Glen H. Elder, Jr. 1964. "Variations in Adolescent Perceptions of Family Power Structure." *American Sociological Review.* 29:551–567.

Bradburn, Norman M. 1969. *The Structure of Psychological Well-Being*. Chicago: Aldine.

Breer, Paul E., and Locke, Edwin A. 1965. *Task Experience as a Source of Attitudes*. Homewood, Ill.: Dorsey Press.

Bronson, Wanda S.; Katten, Edith S.; and Livson, Norman. 1959. "Patterns of Authority and Affection in Two Generations." *Journal of Abnormal and Social Psychology* 58:143–152.

Brunswik, Else Frenkel. 1942. "Motivation and Behavior." *Genetic Psychology Monographs* 26:121–265.

Burgess, Ernest W.; Locke, Harvey J.; and Thomes, Mary Margaret. 1971. *The Family: From Tradition to Companionship*. 4th ed. New York: Van Nostrand.

Butler, Robert N. 1963. "The Life Review: An Interpretation of Reminiscence in the Aged." *Psychiatry* 26:65–76.

Cain, Leonard D., Jr. 1970. "The 1916–1925 Cohort of Americans: Its Contributions to the Generation Gap." Paper presented at the annual meeting of the American Sociological Association, Washington, D. C., September 1, 1970.

Cavan, Ruth S., and Ranck, Katharine H. 1938. *The Family and the Depression: A Study of*

100 Chicago Families. Chicago: University of Chicago Press.

Chafe, William Henry. 1972. *The American Woman: Her Changing Social, Economic, and Political Roles, 1920–1970*. New York: Oxford University Press.

Christensen, Harold T., ed. 1964. *The Handbook of Marriage and the Family*. Chicago: Rand McNally.

Clausen, John A., ed. 1968. *Socialization and Society*. Boston: Little, Brown and Co. (See especially chap. 7, by M. Brewster Smith, "Competence and Socialization," and chap. 2, by Alex Inkeles, "Society, Social Structure, and Child Socialization.")

Coles, Robert. 1967. *Children of Crisis*. Boston: Little, Brown and Co.

Cooley, Charles H. 1922. *Human Nature and the Social Order*. New York: Charles Scribrner's Sons.

Dizard, Jan. 1968. *Social Change in the Family*. Chicago: Community and Family Study Center.

Dohrenwend, Bruce P., and Dohrenwend, Barbara S. 1969. *Social Status and Psychological Disorder: A Causal Inquiry*. New York: John Wiley and Sons.

Easterlin, Richard A. 1961. "The American Baby Boom in Historical Perspective." *American Economic Review* 51:869–911.

1968.*Population, Labor Force, and Long Swings in Economic Growth: The American Experience*. New York: National Bureau of Economic Research.

Elder, Glen H., Jr. 1968. "Achievement Motivation and Intelligence in Occupational Mobility: A Longitudinal Analysis." *Sociometry* 31:327–354.

Elder, Glen H., Jr. 1969a. "Appearance and Education in Marriage Mobility." *American Sociological Review* 34:519–33.

Elder, Glen H., Jr. 1969b. "Occupational Mobility, Life Patterns, and Personality." *Journal of Health and Social Behavior* 10 : 308–323.

Elder, Glen H., Jr. 1970."Marriage Mobility, Adult Roles, and Personality." *Sociological Symposium* no. 4:31–54.

Elder, Glen H., Jr. 1971. *Adolescent Socialization and Personality Development*. Chicago: Rand McNally.

Elder, Glen H., Jr. 1972. "Role Orientations, Marital Age, and Life Patterns in Adulthood." *Merrill-Palmer Quarterly* 18:3–24.

Elder, Glen H., Jr. 1973. "On Linking Social Structure and Personality." *American Behavioral Scientist* 16:785–800.

Erikson, Kai. 1970. "Sociology and the Historical Perspective." *American Sociologist* 5:331–338.

Estvan, Frank. 1952. "The Relationship of Social Status, Intelligence, and Sex of Ten- and Eleven-Year-Old Children to an Awareness of Poverty." *Genetic Psychology Monographs* 46:3–60.

Farber, Bernard. 1972. *Guardians of Virtue: Salem Families in 1800*. New York: Basic Books.

Festinger, Leon. 1957. *A Theory of Cognitive Dissonance*. Evanston, Ill.: Row, Peterson.

Flacks, Richard. 1970. "Social and Cultural Meanings of Student Revolt: Some Informal Comparative Observations." *Social Problems* 17:340–357.

Foote, Nelson N., ed. 1961. *Household Decision-Making*. New York: New York University Press.

Freud, Anna, and Burlingham, Dorothy T. 1943. *War and Children*. New York: International Universities Press.

Fromm, Erich. 1941. *Escape from Freedom*. New York: Farrar and Rinehart.

Gerth, Hans, and Mills, C. Wright. 1953. *Character and Social Structure*. New York: Harcourt, Brace and World.

Gewirtz, Jacob L., and Baer, Donald M. 1958. "Deprivation and Satiation as Social Reinforcers on Drive Conditions." *Journal of Abnormal and Social Psychology* 57:165–172.

Ginsburg, S. W. 1942. "What Unemployment Does to People: A Study in Adjustment to Crisis." *American Journal of Psychiatry* 99:439–446.

Glaser, Barney G., and Strauss, Anselm L. 1964. "Awareness Contexts and Social Interaction." *American Sociological Review* 29 : 667–679.

Glaser, Daniel, and Rice, Kent. 1959. "Crime, Age, and Employment." *American Sociological Review* 24:679–689.

Goode, William J. 1968. "The Theory and Measurement of Family Change." In *Indicators of Social Change: Concepts and Measurements*, edited by Eleanor Bernert Sheldon and Wilbert E. Moore. New York: Russell Sage Foundation.

Gorer, Geoffrey. 1967. "What's the Matter with Britain?" *New York Times Magazine* 31.

Goslin, David A., ed. 1969. *Handbook of Socialization Theory and Research*. Chicago: Rand McNally. (See especially chapters by Reuben Hill and Joan Aldous, "Socialization for Marriage and Parenthood"; and by Leonard Cottrell, "Interpersonal Interaction and the Development of the Self.")

Gouldner, Alvin, and Peterson, William. 1961. *Notes on Technology and the Moral Order*.

Indianapolis: Bobbs-Merrill.

Greven, Philip J., Jr. 1970. *Four Generations: Population, Land, and Family in Colonial Andover, Massachusetts*. Ithaca and London: Cornell University Press.

Hamblin, Robert L. 1958. "Leadership and Crisis." *Sociometry* 21:322–335.

Hansen, Donald A., and Hill, Reuben. 1964. "Families under Stress." In *The Handbook of Marriage and the Family*, edited by Harold T. Christensen, chap. 19. Chicago: Rand McNally.

Hareven, Tamara K. 1971. "The History of the Family as an Interdisciplinary Field." *Journal of Interdisciplinary History* 2: 399–414.

Harrington, Michael. 1962. *The Other America*. New York: Macmillan.

Hawthorn, Geoffrey. 1970. *The Sociology of Fertility*. London: Macmillan and Co.

Heer, David M. 1963. "The Measurement and Bases of Family Power." *Marriage and Family Living* 25:133–139.

Hill, Reuben. 1949. *Families under Stress*. New York: Harper and Bros.

Hill, Reuben. 1970. *Family Development in Three Generations*. Cambridge, Mass.: Schenkman.

Hinkle, L. E., Jr., and Wolff, H. A. 1957. "The Nature of Man's Adaptation to His Total Environment and the Relation of This to Illness." A.M.A. *Archives of Internal Medicine* 22:449–460.

Hobbs, Daniel, Jr. 1965. "Parenthood as Crisis: A Third Study." *Marriage and Family Living* 27:367–372.

Hobsbawm, E. J. 1971. "From Social History to the History of Society." In *Historical Studies Today*, edited by Felix Gilbert and Stephen R. Graubard, pp. 1–26. New York: W. W. Norton.

Hoffman, Lois W. 1960. "Effects of Employment of Mothers on Parental Power Relations and the Division of Household Tasks." *Marriage and Family Living* 22:27–35.

Huntington, Emily H. 1939. *Unemployment Relief and the Unemployed*. Berkeley and Los Angeles: University of California Press.

Hyman, Herbert H. 1942. "The Psychology of Status." *Archives of Psychology* 38, no. 269.

Hyman, Herbert H. 1972. *Secondary Analysis of Sample Surveys: Principles, Procedures, and Potentialities*. New York: John Wiley and Sons.

Ingersoll, Hazel L. 1948. "A Study of the Transmission of Authority Patterns in the Family." *Genetic Psychology Monographs* 38:225–302.

Inkeles, Alex. 1955. "Social Change and Social Character: The Role of Parental Mediation." *Journal of Social Issues* 11, no. 2: 12–23.

Jackson, Elton F. 1962. "Status Inconsistency and Symptoms of Stress." *American Sociological Review* 27:469–480.

Jackson, Elton F., and Burke, Peter J. 1965. "Status and Symptoms of Stress: Additive and Interaction Effects," *American Sociological Review* 30:556–564.

Jahoda, Marie; Lazarsfeld, Paul F.; and Zeisel, Hans. 1970. *Marienthal*. Chicago: Aldine.

Jones, Mary C. 1958. "A Study of Socialization Patterns at the High School Level." *The Journal of Genetic Psychology* 93:87–111.

Kagan, Jerome, and Moss, Howard. 1962. *Birth to Maturity*. New York: John Wiley and Co.

Kasl, Stanislav, and Cobb, Sidney. 1967. "Effects of Parental Status Incongruence and Discrepancy on Physical and Mental Health of Adult Offspring." *Journal of Personality and Social Psychology Monograph* 7, no. 2, pt. 2.

Kirkendall, Richard S. 1964. "The Great Depression: Another Watershed in American History?" In *Change and Continuity in Twentieth-Century America*, edited by John Braeman, Robert H. Bremner, and Everett Walters. New York: Harper and Row.

Knudsen, Dean O. 1969. "The Declining Status of Women: Popular Myths and the Failure of Functionalist Thought." *Social Forces* 48:183–193.

Kohn, Melvin L. 1969. *Class and Conformity: A Study in Values*. Homewood, Ill.: Dorsey Press.

Komarovsky, Mirra. 1940. *The Unemployed Man and His Family*. New York: Columbia University Press.

Komarovsky, Mirra. 1962. *Blue-Collar Marriage*. New York: Random House.

Koos, Earl L. 1946. *Families in Trouble*. New York: King's Crown Press.

LaFollette, Cecile T. 1934. *A Study of the Problems of 652 Gainfully Employed Married Women Homemakers*. New York: Teachers College, Columbia University.

Langner, Thomas S., and Michael, Stanley T. 1963. *Life Stress and Mental Health*. New York: Free Press.

LeMasters, E. E. 1963. "Parenthood as Crisis." *Marriage and Family Living* 25:196–201.

Lenski, Gerhard. 1954. "Status Crystallization: A Non-vertical Dimension of Social Status," *American Sociological Review* 19 (1954): 405–413.

Leslie, Gerald R., and Johnsen, Kathryn P. 1963. "Changed Perceptions of the Maternal Role." *American Sociological Review* 28:919–928.

Leuchtenburg, William E. 1964. "The New Deal and the Analogue of War." In *Change and Continuity in Twentieth-Century America*, edited by John Braeman, Robert H. Bremner, and

Everett Walters. New York: Harper and Row.

Levine, Sol, and Scotch, Norman A., eds. 1970. *Social Stress*. Chicago: Aldine (See especially chapter 10, by R. Scott and A. Howard, "Models of Stress.")

Levinger, George. 1965. "Marital Cohesiveness and Dissolution: An Integrative Review." *Journal of Marriage and the Family* 27:19–28.

Linder, Staffan B. 1970. *The Harried Leisure Class*. New York: Columbia University Press.

Linton, Ralph. 1942. "Age and Sex Categories." *American Sociological Review* 7:589–603.

Lipset, Seymour M., and Todd, Everett C. 1971. "College Generations—from the 1930s to the 1960s." *The Public Interest* 25:99–113.

Lopata, Helena Z. 1971. *Occupation: Housewife*. New York: Oxford University Press.

Lynd, Robert S., and Lynd, Helen Merritt. 1937. *Middletown in Transition: A Study in Cultural Conflicts*. New York: Harcourt, Brace, and Co.

McClelland, David C. 1961. *The Achieving Society*. Princeton, N. J.: Van Nostrand.

Macfarlane, Jean W. 1964. "Perspectives on Personality Consistency and Change from the Guidance Study." *Vita Humana* 7:115–126.

McGrath, Joseph E., ed. 1970. *Social and Psychological Factors in Stress*. New York: Holt, Rinehart, and Winston.

McMulvey, Mary C. 1961. "Psychological and Sociological Factors in Prediction of Career Patterns of Women." Ph.D. dissertation, Harvard University.

Malewski, Andrzej. 1966. "The Degree of Status Incongruence and Its Effects." In *Class, Status, and Power*, edited by Reinhard Bendix and Seymour M. Lipset, 2d ed., pp. 303–308. New York: Free Press.

Mannheim, Karl. 1952. "The Problem of Generations." In *Essays on the 1952 Sociology of Knowledge*, translated and edited by Paul Kecskemetic, pp. 276–322. London: Routledge and Kegan Paul.

Maslow, Abraham H. 1954. *Motivation and Personality*. New York: Harper and Row.

Mauss, Armand L. 1971. "The Lost Promise of Reconciliation: New versus Old Left." *Journal of Social Issues* 27:1–20. (The entire issue is devoted to Old and New Left.)

Mayhew, Henry. 1968. *London Labour and London Foor*. Vol. 1. New York: Dover. (Originally published by Griffin, Bohn, and Co. In 1861–1862.)

Mechanic, David. 1968. *Medical Sociology*. New York: Free Press.

Miller, Daniel R. 1970. "Personality as a System." In *A Handbook of Method in Cultural Anthropology*, edited by Raoul Naroll and Ronald Cohen, pp. 509–526. Garden City, N. Y.:

The Natural History Press.

Miller, Daniel R., and Swanson, Guy E. 1958. *The Changing American Parent*. New York: John Wiley and Sons.

Mills, C. Wright. 1951. *White Collar*. New York: Oxford University Press.

Mills, C. Wright. 1959. *The Sociological Imagination*. New York: Oxford University Press.

Minturn, Leigh, and Lambert, William. 1964. *Mothers of Six Cultures*. New York: John Wiley and Sons.

Mitchell, Broadus. 1947. *Depression Decade: From New Era through the New Deal, 1929–1941*. New York: Rinehart and Co.

Miyamoto, Frank. 1970. "Self, Motivation, and Symbolic Interactionist Theory." In *Human Nature and Collective Behavior: Papers in Honor of Her bert Blumer*, edited by Tamotsu Shibutani, pp. 271–285. Englewood Clifis, N. J.: Prentice-Hall.

Mogey, John M. 1957. "A Century of Declining Paternal Authority." *Marriage and Family Living* 19:234–239.

Moss, J. Joel. 1964. "Teenage Marriage: Cross-National Trends and Sociological Factors in the Decision of When to Marry." *Acta Sociologica* 8:98–117.

Mussen, Paul H., ed. 1960. *Handbook of Research Methods and Child Development*. New York: John Wiley and Sons. (See especially William Kessen, "Research Design in the Study of Developmental Problems.")

Mussen, Paul H., ed. 1970. *Carmichael's Manual of Child Psychology*. New York: John Wiley and Sons.

Nam, Charles. 1964. "Impact of the GI Bills on the Educational Level of Male Population." *Social Forces* 43:26–32.

Nesbit, Robert A. 1969. *Social Change and History*. New York: Oxford University Press.

Nesbit, Robert A. 1970. *The Social Bond*. New York: Knopf.

Nye, F. Ivan, and Hoffman, Lois W., eds. 1963. *The Employed Mother in America*. Chicago: Rand McNally.

Ogburn, William F. 1964. *William F. Ogburn on Culture and Social Change: Selected Papers*. Edited and with an Introduction by Otis Dudley Duncan. Chicago: University of Chicago Press.

Parsons, Talcott, and Fox, Renee. 1952. "Illness, Therapy, and the Modern Urban American Family." *Journal of Social Issues* 8:31–44.

Perry, Stewart E.; Silber, Earle; and Bloch, Donald A. 1956. *The Child and His Family in*

Disaster: A Study of the 1953 Vicksburg Tornado. Washington, D.C.: National Research Council, Study no. 5.

Plant, James. 1937. *Personality and the Cultural Pattern*. New York: The Commonwealth Fund.Potter, David M. 1954. *People of Plenty*. Chicago: University of Chicago Press.

Pruett, Lorine. 1934. *Women Workers through the Depression*. New York: Macmillan.

Rahe, Richard H. 1969. "Life Crisis and Health Change." In *Psychotrophic Drug Response: Advances in Prediction*, edited by Philip R. A. May and J. R. Wittenborn. Springfleld, Ill.: Charles C. Thomas.

Reissman, Frank; Cohen, Jerome; and Pearl, Arthur, eds. 1964. *Mental Health of the Poor*. New York: Free Press.

Riesman, David. 1950. *The Lonely Crowd*. New Haven: Yale University Press.

Riley, Matilda White; Johnson, Marilyn; and Foner, Anne. 1972. *Aging and Society: A Sociology of Age Stratification*. Vol. 3. New York: Russell Sage Foundation.

Rosenberg, Morris. 1965. *Society and the Adolescent Self-Image*. Princeton, N. J.: Princeton University Press.

Rossi, Alice S. 1964. "Equality between the Sexes." *Daedalus* 93:607–652.

Runciman, W. G. 1966. *Relative Deprivation and Social Justice*. Berkeley and Los Angeles: University of California Press.

Ryder, Norman B. 1965. "The Cohort as a Concept in the Study of Social Change." *American Sociological Review* 30:843–861.

Ryder, Norman B. 1967. "The Emergence of a Modern Fertility Pattern: United States, 1917–1966." Paper presented at a conference on "Fertility and Family Planning: A World View," University of Michigan, 15–17 November 1967.

Sanford, Nevitt. 1966. *Self and Society*. New York: Atherton Press.

Scanzoni, John H. 1970. *Opportunity and the Family: A Study of the Conjugal Family in Relation to the Economic-Opportunity Structure*. New York: Free Press.

Sennett, Richard. 1970. *Families against the City*. Cambridge, Mass.: Harvard University Press.

Shanas, Ethel, and Streib, Gordon F., eds. 1965. *Social Structure and the Family: Generational Relations*. Englewood Cliffs, N. J.: Prentice-Hall.

Sherif, Muzafir. 1958. "Superordinate Goals in the Reduction of Intergroup Tensions." *American Journal of Sociology* 53:349–356.

Simons, Rita J., ed. 1967. *As We Saw the Thirties*. Urbana: University of Illinois Press. (See especially Hal Draper's essay, "The Student Movement of the Thirties: A Political History.")

Slater, Philip. 1970. *The Pursuit of Loneliness*. Boston: Beacon Press.

Slote, Alfred. 1969. *Termination: The Closing at Baker Plant*. Indianapolis: Bobbs-Merrill.

Smelser, Neil J. 1967. "Sociological History: The Industrial Revolution and the British Working-Class Family." In *Essays in Sociological Explanation*, by Smelser. Englewood Cliffs, N. J.: Prentice-Hall.

Sorokin, Pitirim A. 1942. *Man and Society in Calamity*. New York: E. P. Dutton and Co.

Spiegel, John P. 1968. "The Resolution of Role Conflict within the Family." In *A Modern Introduction to the Family*, edited by Norman W. Bell and E. F. Vogel, pp. 361–381. New York: Free Press.

Srole, Leo; Langner, T. S.; Michael, S. T.; Opler, M. K.; and Rennie, T. A. C. 1962. *Mental Health in the Metropolis*. New York: McGraw-Hill.

Sternsher, Bernard. 1969. *The Negro in Depression and War: Prelude to Revolution, 1930–1945*. Chicago: Quadrangle Books.

Sternsher, Bernard. 1970. *Hitting Home: The Great Depression in Town and Country*. Edited by Bernard Sternsher. Chicago: Quadrangle Books.

Stotland, Ezra. 1969. *The Psychology of Hope*. San Francisco: Jossey-Bass.

Stouffer, Samuel A., and Lazarsfeld, Paul F. 1937. *Research Memorandum on the Family in the Depression*. New York: The Social Science Research Council.

Straus, Murray A. 1962. "Work Roles and Financial Responsibility in the Socialization of Farm, Fringe, and Town Boys." *Rural Sociology* 27:257–274.

Straus, Murray A. 1968. "Communication, Creativity, and Problem Solving Ability of Middle- and Working-Class Families in Three Societies." *American Journal of Sociology* 73:417–430.

Sullivan, Harry Stack. 1947. *Conceptions of Modern Psychiatry*. New York: Norton.

Super, D. E.; Starishevsky, R.; Matlin, N.; and Jordan, J. P., eds. 1963. *Career Development: Self-Concept Theory*. Princeton, N. J.: College Entrance Examination Board.

Taft, Philip. 1964. *Organized Labor in American History*. New York: Harper and Row.

Terkel, Studs. 1970. *Hard Times*. New York: Pantheon.

Thernstrom, Stephan. 1964. *Poverty and Progress: Social Mobility in a Nineteenth-Century City*. Cambridge, Mass.: Harvard University Press.

Thernstrom, Stephan. 1973. *The Other Bostonians: Class and Mobility in the American Metropolis, 1880–1970*. Cambridge, Mass.: Harvard University Press.

Thomas, Dorothy S. 1927. *Social Aspects of Business Cycles*. New York: Knopf.

Thomas, William I., and Znaniecki, Florian. 1918–1920. *The Polish Peasant in Europe and America*. Vols. 1 and 2. Chicago: University of Chicago Press.

U.S. Department of Health, Education, and Welfare. 1968. *Perspectives on Human Deprivation*. Washington, D.C.: U.S. Government Printing Office.

Volkhart, Edmund H., ed. 1951. *Social Behavior and Personality: Contributions of W. I. Thomas to Theory and Research*. New York: Social Science Research Council.

Warner, William F. and Abegglen, James. 1963. *Big Business Leaders in America*. New York: Atheneum.

Weinstock, Allan R. 1967. "Family Environment and the Development of Defense and Coping Mechanisms." *Journal of Personality and Social Psychology* 5:67–75.

Wilensky, Harold L. 1961. "Orderly Careers and Social Participation: The Impact of Work History on the Social Integration of the Middle Mass." *American Sociological Review* 26:521–539.

Wolff, Sula. 1969. *Children under Stress*. London: Penguin Press.

Zawadski, B., and Lazarsfeld, Paul F. 1935. "The Psychological Consequences of Unemployment." *Journal of Social Psychology* 6:224–251.

Zollschan, George K., and Hirsch, Walter, eds. 1964. *Explorations in Social Change*.Boston: Houghton Mifflin. (See especially David Kirk's essay, "The Impact of Drastic Change on Social Relations: A Model for the Identification and Specification of Stress.")